Stephan J. Meier

Erfolg im Einzelhandel durch Franchising

GABLER EDITION WISSENSCHAFT

Unternehmerisches Personalmanagement

Herausgegeben von
Professor Dr. Karl-Friedrich Ackermann
Universität Stuttgart
und Professor Dr. Dieter Wagner
Universität Potsdam

Unternehmerisches Personalmanagement ist Kernstück eines ganzheitlich angelegten Change Management, das durch diese Schriftenreihe neue Impulse erfahren soll.

Die Reihe bietet ein Forum für theoriegeleitete, praxisorientierte Arbeiten, die der Weiterentwicklung des Personalmanagements im globalen Wettbewerb dienen und zur Lösung von Implementierungsproblemen in Industrie- und Dienstleistungsunternehmen beitragen. Entscheidend ist, dass das Potenzial des Personalmanagements zur Sicherung dauerhafter Wettbewerbsvorteile und damit zum Erhalt von Arbeitsplätzen erkannt und in Abstimmung mit anderen Teilbereichen der Unternehmensführung optimal genutzt wird. Dabei fällt der Personalabteilung eine entscheidende Rolle als Change Agent und internes Kompentenzzentrum zu.

Stephan J. Meier

Erfolg im Einzelhandel durch Franchising

Steigerung der Prozesseffizienz durch Web Services-Technologien

Mit einem Geleitwort von Prof. Dr. Dieter Wagner

Deutscher Universitäts-Verlag

Bibliografische Information Der Deutschen Bibliothek
Die Deutsche Bibliothek verzeichnet diese Publikation in der Deutschen Nationalbibliografie; detaillierte bibliografische Daten sind im Internet über <http://dnb.ddb.de> abrufbar.

Dissertation Universität Potsdam, 2004

1. Auflage Dezember 2005

Lektorat: Brigitte Siegel / Stefanie Brich

Der Deutsche Universitäts-Verlag ist ein Unternehmen von Springer Science + Business Media.
www.duv.de

Umschlaggestaltung: Regine Zimmer, Dipl.-Designerin, Frankfurt/Main
Druck und Buchbinder: Rosch-Buch, Scheßlitz
Gedruckt auf säurefreiem und chlorfrei gebleichtem Papier
Printed in Germany

ISBN 3-8350-0163-9

Meiner verstorbenen Mutter Sofie Meier, geb. Heigl

Geleitwort

Franchising-Netzwerke stellen eine Organisationsform von zunehmender praktischer Relevanz dar, deren theoretische Wirkungszusammenhänge noch relativ unerforscht sind. Dies betrifft insbesondere Fragen der informationstechnologischen Verknüpfung und der Prozesseffizienz. Im Mittelpunkt der vorliegenden Arbeit stehen Web Services als „State of the Art"-IuK-Infrastruktur", die auf ihre prozesseffizienzsteigernde Wirkung hin untersucht werden sollen. Derartige Fragen stellen sich insbesondere im Einzelhandel beim Vergleich von Franchising-Netzwerken mit Filial-Systemen, dabei auch speziell, ob spezifische (organisationsbezogene) IuK-Bedarfe bestehen, und ob ein prozesseffizienzsteigerndes Potential von Web Services-Technologien besteht.

Im ersten Kapitel werden Filial-System und Franchising-Netzwerk als relevante Organisationsformen gegenübergestellt. Sodann werden relevante Forschungsansätze vorgestellt. Dabei steht die Gidden'sche Strukturationstheorie mit ihren inzwischen stattgefundenen Erweiterungen im Vordergrund. Institutionenökonomische Ansätze (z.B. Principal-Agent) werden zwar auch angesprochen, wegen der inhärenten Ganzheitlichkeit von Struktur und Prozess bei der Strukturationstheorie aus nachvollziehbaren Gründen jedoch nicht weiter verfolgt.

Zunächst wird die wirtschaftliche und die informationstechnische Vernetzung stationärer Einzelhandelssysteme behandelt. Es wird von der interorganisatorischen Vernetzung von Geschäftseinheiten ausgegangen, um dann auf die spezifischen Informations- und Kommunikationsbedarfe in Franchising-Netzwerken einzugehen, aber auch auf die Potentiale und die Grenzen. Dabei werden die Ergebnisse einer Befragung mit eingebracht, die der Autor mit Unterstützung der SAP AG bei Franchisegebern und –nehmern im Handel selbst durchgeführt hat.

Anschließend werden die in Kapitel 2 ausgewählten Kernprozesse im Rahmen einer Informationsflußanalyse im Detail empirisch untersucht und strukturationstheoretische Schlußfolgerungen daraus gezogen. Vor diesem Hintergrund, insbesondere, um Vertrauen in formalisierte Kontroll- und Informationsflüsse im Rahmen des Franchising-Netzwerkes zu stabilisieren, werden anschließend als Optimierungsmöglichkeit zur „Prozesskoordination lose gekoppelter Komponenten" und im Rahmen der Separation von Prozess und Funktion Web Services eingeführt, vorgestellt und zu den traditionellen Informationssystemen abgegrenzt, bevor Kriterien zu ihrer Einsetzbarkeit entwickelt und ihr Beitrag zur Steigerung der Prozesseffizienz in den einzelnen Kernprozessen beschrieben wird. Hieraus soll sich wiederum die Vorteilhaftigkeit ihres Einsatzes in Franchising-Netzwerken belegen lassen.

Insgesamt werden integrierte Geschäftsprozessmanagement-Systeme angestrebt, wodurch eine einheitliche Prozessinfrastruktur ermöglicht und trotzdem sämtliche IuK-Systeme eingeschlossen sind. Die Implikationen eines derartig flexiblen Geschäftsprozess-managements auf Basis der Web Services-Technologien werden anschließend anschaulich beschrieben und der bereits erwähnten Wirtschaftlichkeitsbetrachtung unterzogen. Dabei eignet sich der Einsatz von Web Services über alle Kernprozesse hinweg zur Steigerung der Prozesseffizienz vor allem in Franchising-Netzwerken.

Abschließend erfolgt die Zusammenfassung und die Schlußbetrachtung. Insgesamt sollten die Bedarfe und die Gestaltungspotentiale der IuK-Infrastruktur von Franchising-Netzwerken im Vergleich zu anderen Organisationsformen des stationären Einzelhandels herausgearbeitet und zugleich der Beitrag von Web Service-Technologien zur Steigerung der Prozesseffizienz verdeutlicht werden. Die entsprechenden Ergebnisse, beruhend auf strukturations-theoretischen Überlegungen und einer gründlich durchgeführten Informationsflussanalyse, werden entsprechend gewürdigt. Es wird aber auch auf weitere Untersuchungsbedarfe hingewiesen. Dabei geht es insbesondere um die bessere Integration bislang heterogener Insellösungen mit dem Ziel, flexible, prozessorientierte Anwendungen eher zu ermöglichen.

Insgesamt ist die Aktualität des Themas zu würdigen, welche theoretisch anspruchsvoll hinterlegt wird und zugleich empirisch fundiert durchgeführt und ausgewertet wird. Hier wären vielleicht mehr einordnende und erläuternde Informationen sinnvoll gewesen. Web Service Technologien werden im Zusammenhang mit Franchising-Netzwerken sehr anschaulich vorgestellt, eingegrenzt und bewertet. Insofern handelt es sich um ein Musterbeispiel einer engeren Zusammenarbeit zwischen der betriebswirtschaftlichen Organisationslehre sowie dem modernen Informationsmanagement bis hin zur Wirtschaftsinformatik. Deshalb ist diesem Band eine weite Verbreitung zu wünschen.

Prof. Dr. Dieter Wagner

Vorwort

„So eine Arbeit wird eigentlich nie fertig,
man muß sie für fertig erklären,
wenn man nach Zeit und Umständen
das Mögliche getan hat."

Johann Wolfgang von Goethe

Im Einzelhandel herrscht Verdrängungswettbewerb. Geringes Wachstum, beschleunigter Preiswettbewerb und daraus resultierend kleine Margen treiben im Kampf um Marktanteile die Konzentration voran: Reaktionsfähigkeit wird zum entscheidenden Wettbewerbsfaktor. Mehr noch als in der Vergangenheit werden diejenigen Unternehmen langfristig erfolgreich am Markt bestehen, die schneller über die besseren Informationen verfügen. Vor diesem Hintergrund ist die Qualität der Informations- und Kommunikations-Infrastruktur der entscheidende Hebel für wirtschaftlichen Erfolg.

Die vorliegende Arbeit, die sich mit der Frage nach der Existenz spezifischer Informations- und Kommunikationsbedarfe in Franchising-Netzwerken im Vergleich zu Filial-Systemen auseinandersetzt, wurde von der SAP Retail Solutions GmbH unterstützt. In diesem Zusammenhang möchte ich besonders Herrn Peter Kabuth und Frau Prof. Dr. Arendt-Fuchs für die überaus fruchtbare Zusammenarbeit danken. Weiterer Dank gilt meinem ehemaligen Arbeitgeber Roland Berger Strategy Consultants GmbH, vertreten durch Herrn Dr. Gerhard Hausruckinger, der mir stets mit konstruktiver Kritik zur Seite stand. Nicht ungenannt bleiben sollen selbstverständlich auch die zahlreichen Interviewpartner aus den Handelsunternehmen, deren namentliche Aufzählung diesen Rahmen sprengen würde.

Zu überschwenglichem Dank bin ich meinem akademischen Lehrer und Doktorvater Prof. Dr. Dieter Wagner verpflichtet – für seine fundierten Hinweise in fachlicher Hinsicht genauso wie für seine Hilfestellung bei organisatorischen Belangen und das Schaffen eines vertrauensvollen Klimas. Mein Dank gilt auch Herrn Prof. Dr. Christoph Rasche für die Übernahme des Zweitgutachtens.

Last but not least möchte ich meinem Vater Gernot Meier und meiner Frau Elvire von ganzem Herzen danken, die mich in den Höhen und vor allem Tiefen meiner Promotionszeit geduldig ertragen und immer wieder von Neuem in meinem Streben bestärkt haben.

Meiner verstorbenen Mutter Sofie Meier, die dem Promotionsvorhaben skeptisch gegenüber stand, widme ich diese Arbeit in der Hoffnung, sie von deren Sinnhaftigkeit überzeugen zu können.

Stephan J. Meier

Inhaltsübersicht

Geleitwort VII

Vorwort IX

Inhaltsverzeichnis XIII

Abbildung- und Tabellenverzeichnis XVII

Abkürzungsverzeichnis XXI

1 Einführung 1

1.1 Problemstellung und Untersuchungskonzeption 1

1.2 Überblick und Situationsdarstellung von Einzelhandels-Systemen 6

1.3 Bestandsaufnahme und Würdigung von Forschungsansätzen mit Bezug zur interorganisationalen Organisationsforschung 35

2 Wirtschaftliche und informationstechnische Vernetzung stationärer Einzelhandelssysteme 55

2.1 Interorganisatorische Vernetzung von Geschäftseinheiten 56

2.2 Spezifische Informations- und Kommunikationsbedarfe in Einzelhandels-Systemen 71

2.3 Potentiale und Grenzen der Informations- und Kommunikations-Infrastruktur 87

3 Einsatz von Web Services-Technologien zur Steigerung der Prozeßeffizienz 105

3.1 Informationsflussanalyse zur Untersuchung spezifischer Bedarfe der Informations- und Kommunikations-Infrastrukturen 106

3.2 Informations- und Kommunikationsprozesse in den Kernprozessen von Einzelhandels-Systemen 115

3.3 Web Services-Technologien als „State of the Art“-Informations- und Kommunikations-infrastruktur 139

3.4 Auswirkungen der Web Services-Technologien auf den Informations- und Kommunikationsfluß 148

3.5 Prozesseffizienter Einsatz von Web Services in Franchising-Netzwerken 164

4 Zusammenfassende Schlußbetrachtung und Ausblick 173

5 Anhang 181

5.1 Interviewleitfaden der empirischen Untersuchung 182

5.2 Aufzählung der befragten Unternehmen 229

Literaturverzeichnis 233

Inhaltsverzeichnis

1 Einführung ... 1

1.1 Problemstellung und Untersuchungskonzeption ... 1

1.1.1 Zielsetzung ... 1

1.1.2 Gang der Untersuchung ... 4

1.2 Überblick und Situationsdarstellung von Einzelhandels-Systemen ... 6

1.2.1 Aktuelle Krise des Einzelhandels ... 6

1.2.2 Handelsbegriff und Systematisierung von Handelsunternehmen ... 8

1.2.3 Evolution der Organisationsformen im Handel ... 11

1.2.3.1 Häufigste Konzentrationsform des Handels: Filial-Systeme ... 15

1.2.3.2 Kooperationsform Verbundgruppe ... 17

1.2.3.3 Kooperationsform Franchising-Netzwerk ... 18

1.2.3.3.1 Definitorische Abgrenzung ... 21

1.2.3.3.2 Strategische Franchising-Netzwerke ... 26

1.2.3.3.3 Business Format Franchising und Strategische Franchising-Netzwerke ... 27

1.2.4 Zusammenfassung der Konzentrations- und Kooperationsformen des Handels ... 32

1.3 Bestandsaufnahme und Würdigung von Forschungsansätzen mit Bezug zur interorganisationalen Organisationsforschung ... 35

1.3.1 Anforderungen an eine Theorie zur Erklärung von Netzwerkorganisationen ... 36

1.3.2 Notwendige Integration der Informationstechnik in die Organisationstheorie ... 36

1.3.3 Problemsicht der Principal Agency-Theorie ... 37

1.3.4 Problemsicht der Transaktionskostentheorie ... 38

1.3.5 Kritik an der organisationsökonomischen Analyse ... 39

1.3.6 Problemsicht der Strukturationstheorie ... 40

1.3.6.1 Strukturationstheorie und effizienter Einsatz von Informations- und Kommunikationsinfrastruktur ... 43

1.3.6.2 Dualität von Struktur ... 47

1.3.7 Informations- und Kommunikationsinfrastruktur und Franchising-Netzwerke als Anwendungsgebiete der Strukturationstheorie ... 51

2 Wirtschaftliche und informationstechnische Vernetzung stationärer Einzelhandelssysteme ... 55

2.1 Interorganisatorische Vernetzung von Geschäftseinheiten ... 56

2.1.1 Ziele der wirtschaftlichen Vernetzung ... 56

2.1.2 Kernprozesse des vernetzten, stationären Einzelhandels ... 59

2.1.3 Ziele der informations- und kommunikationstechnischen Vernetzung ... 61

2.1.4 Anforderungen an die Informations- und Kommunikationsinfrastruktur in Einzelhandels-Systemen ... 65

2.2 Spezifische Informations- und Kommunikationsbedarfe in Einzelhandels-Systemen ... 71

2.2.1 Informationsmanagement und Qualität der Kommunikation in Einzelhandels-Systemen ... 71

2.2.2 Aufgaben und Zielsetzung netzwerkweiter Kommunikation ... 73

2.2.3 Organisation und netzwerkweite Kommunikation ... 75

2.2.4 Einsatz von Informations- und Kommunikationsinfrastruktur zur Steigerung der Prozeßeffizienz ... 76

2.2.5 Spezifische Informations- und Kommunikationsbedarfe in Franchising-Netzwerken im Vergleich zu Filial-Systemen ... 84

2.3 Potentiale und Grenzen der Informations- und Kommunikations-Infrastruktur ... 87

2.3.1 Koordination durch IuK-Infrastruktur ... 88

2.3.2 Informationssysteme der IuK-Infrastruktur ... 90

2.3.2.1 Enterprise Ressource Planning ... 90

2.3.2.2 Workflow-Management-Systeme ... 94

2.3.2.3 Middleware zur Daten- und Anwendungsintegration ... 96

2.3.3 Status Quo der in Franchising-Netzwerken eingesetzten IuK-Infrastruktur .. 98

3 Einsatz von Web Services-Technologien zur Steigerung der Prozeßeffizienz ... 105

3.1 Informationsflussanalyse zur Untersuchung spezifischer Bedarfe der Informations- und Kommunikations-Infrastrukturen ... 106

3.1.1 Ausprägungen des Informationsflußmerkmals ... 106

3.1.2 Inhalt des Informationsflusses ... 109

3.1.3 Wertigkeit des Informationsflusses ... 109

3.1.4 Form des Informationsflusses ... 111

3.2	**Informations- und Kommunikationsprozesse in den Kernprozessen von Einzelhandels-Systemen**	**115**
3.2.1	Kernprozeß Sortimentspolitik	117
3.2.1.1	Sortimentsgestaltung	117
3.2.1.2	Absatzplanung	121
3.2.1.3	Preispolitik	123
3.2.1.4	Kundenmanagement	125
3.2.2	Kernprozeß Warenbewegung und Abverkauf	127
3.2.2.1	Bestandsführung	127
3.2.2.2	Disposition	131
3.2.3	Strukturationstheoretische Schlußfolgerungen	136
3.2.4	Zusammenfassung	138
3.3	**Web Services-Technologien als „State of the Art"-Informations- und Kommunikations-infrastruktur**	**139**
3.3.1	Grundlagen der Web Services	139
3.3.2	Konzept der Service Oriented Architecture	139
3.3.3	Definition und Funktionsweise von Web Services	140
3.3.4	Orchestrierung und Choreographie	143
3.3.5	Technische Anforderungen	144
3.3.6	Zusammenfassung	145
3.4	**Auswirkungen der Web Services-Technologien auf den Informations- und Kommunikationsfluß**	**148**
3.4.1	Web Services als Enabler für prozeßeffizientes Geschäftsprozeß-Management	148
3.4.1.1	Web Services als Basis für einen flexiblen Infrastrukturansatz	148
3.4.1.2	Bedeutung von Web Services für die IuK-Infrastruktur	150
3.4.2	Integrierte Geschäftsprozeßmanagement-Systeme	153
3.4.3	Implikationen eines flexiblen Geschäftsprozeßmanagements auf Basis der Web Services-Technologien	156
3.4.3.1	Anwendungsnutzen integrierter Geschäftsprozeß-Management-Systeme	156
3.4.3.2	Wirtschaftlichkeitsbetrachtung integrierter Geschäftsprozeß-Management-Systeme	159
3.4.4	Kriterien zur Einsetzbarkeit von Web Services in Einzelhandels-Systemen	161
3.5	**Prozesseffizienter Einsatz von Web Services in Franchising-Netzwerken**	**164**
3.5.1	Web Services und der Kernprozeß Sortimentspolitik	164
3.5.2	Web Services und der Kernprozeß Preispolitik	165
3.5.3	Web Services und der Kernprozeß Kundenmanagement	166

3.5.4 Web Services und der Kernprozeß Warenbewegung/Abverkauf und Bestandsführung 167
3.5.5 Web Services und der Kernprozeß Disposition 168
3.5.6 Zusammenfassung und kritische Würdigung 168

4 Zusammenfassende Schlußbetrachtung und Ausblick 173

5 Anhang 181

5.1 Interviewleitfaden der empirischen Untersuchung 182

5.2 Aufzählung der befragten Unternehmen 229

Literaturverzeichnis 233

Abbildung- und Tabellenverzeichnis

Abbildung 1-1: Zusammenhang zwischen IuK-Einsatz und wirtschaftlichem Erfolg 3
Abbildung 1-2: Zukunftsperspektiven der Betriebstypen des Einzelhandels 7
Abbildung 1-3: Systematisierung von Handelsunternehmen 9
Abbildung 1-4: Zielhierarchie Handelsunternehmen 11
Abbildung 1-5: Evolution der Organisationsformen im Handel 12
Abbildung 1-6: Vergleich Wachstumsraten Filial-Systeme – Franchising-Netzwerke im stationären Einzelhandel 13
Abbildung 1-7: Umsatz und Wachstum des Franchising weltweit für 2001 14
Abbildung 1-8: Organisationsstruktur filialisierter Handelsunternehmungen 16
Abbildung 1-9: Grundtypen des Franchising 19
Abbildung 1-10: Grundprinzipien des Franchising 22
Abbildung 1-11: Systemmerkmale des Franchising 23
Abbildung 1-12: Organisationsstruktur von Franchising-Netzwerken 25
Abbildung 1-13: Typologie Business-Format-Franchising 30
Abbildung 1-14: Übersicht der unterschiedlichen Handelssysteme 32
Abbildung 1-15: Idealtypische Unterschiede/Gemeinsamkeiten der Organisationsformen ... 33
Abbildung 1-16: Wirkung der organisationalen Voraussetzungen der Netzwerk-Kompetenz 45
Abbildung 1-17: IuK-Infrastruktur als Stellwerk zur Anbahnung, zum Austausch und zur Koordination von Informationen 46
Abbildung 1-18: Zusammenhang von Struktur, Modalitäten und Handeln 47
Abbildung 1-19: Dimensionen der Dualitität von Struktur 48
Abbildung 1-20: Operationalisierte Modalitäten in Organisationen 50
Abbildung 1-21: Strukturationstheoretische Perspektive des Einsatzes von IuK-Infrastruktur 52
Tabelle 2-1: Gemeinsam verwendete Ressourcen durch Vernetzung 56
Tabelle 2-2: Ziele der Vernetzung 57
Tabelle 2-3: Beispiele für Detailziele wirtschaftlicher Vernetzung 58
Abbildung 2-1: Funktionen des Managements in Unternehmungs-netzwerken 59
Abbildung 2-2: Idealtypische Abwicklung der Kernprozesse im Systemvergleich 60
Abbildung 2-3: Auswahlmatrix handelsspezifischer Kernprozesse; 1. Phase Empirie 61
Abbildung 2-4: Elementare Ziele der Vernetzung 64
Abbildung 2-5: Relevanzverschiebung von der Warenlogistik zur Informationslogistik 66

Tabelle 2-4:	Anforderungen prozeßorientierter Organisationen an die IuK-Technik und Lösungspotentiale	67
Abbildung 2-6:	Das Drei-Ebenen-Modell des Informationsmanagements	68
Abbildung 2-7:	Informationsbedarfsanalyse	69
Abbildung 2-8:	Funktionen netzwerkweiter Kommunikation	74
Abbildung 2-9:	Kategorien der Organisationseffizienz	78
Abbildung 2-10:	Zusammenhang Autonomie-/ Abstimmungskosten und Zentralisationsgrad	79
Abbildung 2-11:	Ist-Aufwand pro Mitarbeitergruppe in Einzelhandels-Outlets	82
Abbildung 2-12:	Ist-Aufwand pro Mitarbeitergruppe in der Einzelhandels-Zentrale	83
Abbildung 2-13:	Stellhebel zur Steigerung der Prozeßeffizienz durch den Einsatz von IuK-Infrastruktur	84
Abbildung 2-14:	Spezifischer Informationsbedarf in Franchising-Netzwerken	85
Abbildung 2-15:	Optimaler Integrationsgrad	92
Abbildung 2-16:	Zusammenhang zwischen Automatisierungsgrad und Flexibilität der IuK-Infrastruktur	97
Abbildung 3-1:	Operationalisierung der Informationsflußanalyse	108
Tabelle 3-1:	Ausprägungen des Merkmals Informationsflußinhalt	109
Tabelle 3-2:	Ausprägungen des Merkmals Informationsflußwertigkeit	111
Tabelle 3-3:	Ausprägungen des Merkmals Informationsflußform	113
Abbildung 3-2:	Struktur befragte Unternehmen	115
Abbildung 3-3:	Beschreibung der untersuchten Franchising-Netzwerke	116
Abbildung 3-4:	Kernprozeß Sortimentspolitik und seine Teilbereiche	117
Tabelle 3-4:	Vergleich Franchising-Netzwerke zu Filial-Systemen im Teilprozeß Sortimentsgestaltung	120
Tabelle 3-5:	Vergleich Franchising-Netzwerke zu Filial-Systemen im Teilprozeß Absatzplanung	122
Tabelle 3-6:	Vergleich Franchising-Netzwerke zu Filial-Systemen im Teilprozeß Preispolitik	124
Tabelle 3-7:	Vergleich Franchising-Netzwerke zu Filial-Systemen im Teilprozeß Kundenmanagement	126
Tabelle 3-8:	Vergleich Franchising-Netzwerke zu Filial-Systemen im Teilprozeß Bestandsführung	129
Abbildung 3-5:	Teilbereiche der Disposition	132
Tabelle 3-9:	Vergleich Franchising-Netzwerke zu Filial-Systemen im Teilprozeß Disposition.	135
Abbildung 3-6:	Rollen und Funktionen in der Web Services Infrastruktur	141
Abbildung 3-7:	Web Services Standards	143
Abbildung 3-8:	Separation von Prozeß und Funktion	146

Abbildung 3-9: Konvergenz von EAI, B2Bi und WfMS 152
Abbildung 3-10: Software- versus Prozeßorientierung 157
Abbildung 3-11: Flexible Automatisierung mit GPMS 161
Tabelle 3-10: Kriterien zur Einsetzbarkeit der Web Services-Technologien 162
Abbildung 3-12: Zusammenhang Informationsflußanalyse und Kriterien zur Einsetzbarkeit von Web Services-Technologien 163
Abbildung 3-13: Eignungsvergleich für den Kernprozeß Sortimentspolitik 164
Abbildung 3-14: Eignungsvergleich für den Kernprozeß Preispolitik 165
Abbildung 3-15: Eignungsvergleich für den Kernprozeß Kundenmanagement 166
Abbildung 3-16: Eignungsvergleich für den Kernprozeß Warenbewegung/ Abverkauf und Bestandsführung 167
Abbildung 3-17: Eignungsvergleich für den Kernprozeß Disposition 168
Abbildung 3-18: Eignung der Web Services-Technologien auf Kernprozeßebene 169
Abbildung 4-1: Analyse Prozeßeffizienz Outlet 176

Abkürzungsverzeichnis

a.a.O.	am angeführten Ort
Anm. d.Verf.	Anmerkung des Verfassers
APS	Advanced Planning Systems
ASP	Applicaton Service Providing
Aufl.	Auflage
Bäko	Bäcker- und Konditoren-Einkaufsgenossenschaft
Bd.	Band
BPEL4WS	Business Process Execution Language for Web Services
BPML	Business Process Modelling Language
BPSS	Business Process Specification Scheme
bzw.	beziehungsweise
CAGR	Compounded Annual Growth Rate
CRM	Customer Relationship Management
DBMS	Datenbank-Management-System
DFV	Deutscher Franchise Verband e.V.
d.h.	das heißt
EAI	Enterprise Application Integration
EAN	Europäische Artikel-Nummer
EC	Electronic Commerce
EDI	Electronic Data Interchange
EDOC	Enterprise Distributed Object Computing
et al.	und andere
Erfa	Erfahrungsaustausch
ERP	Enterprise Ressource Planning
etc.	et cetera
f., ff.	folgend, fortfolgend
FG	Franchise-Geber
FN	Franchise-Nehmer

F.-N.	Franchising-Netzwerk
F.-S.	Filial-System
FWWS	Filial- (bzw. Outlet-) Warenwirtschaftssystem
ggü.	gegenüber
ggf.	gegebenenfalls
GmbH	Gesellschaft mit beschränkter Haftung
GPMS	Geschäftsprozeß-Management-System
H.	Heft
HTTP	Hypertext Transport Protocol
Hrsg.	Herausgeber
HWGR	Hauptwarengruppe
i.d.R.	in der Regel
IuK	Information und Kommunikation
IT	Informationstechnologie
Jg.	Jahrgang
Kd.	Kontrolldaten
LEH	Lebensmitteleinzelhandel
m.E.	mit Einschränkungen
MIS	Management Information Systems
Nr.	Nummer
OASIS	Organisation for Advancement of Structured Standards
o.V.	ohne Verfasser
POS	Point of Sale
s.	siehe
S.	Seite
SCM	Supply Chain Management
SCP	Supply Chain Planning
SOA	Service Oriented Architecture
SOAP	Single Object Access Protocol
sog.	sogenannte(n)

Sp.	Spalte
Tab.	Tabelle
TCP/IP	Transmission Control Protocol/Internet Protocol
u.a.	unter anderem
UDDI	Universal Description, Discovery and Integration
u.U.	unter Umständen
u.a.	und andere
u.ä.	und ähnliche
VF	Verkaufsförderung
vgl.	vergleiche
W3C	World Wide Web Consortium
WfMS	Workflow-Management-System
WGR	Warengruppe
WiSt	Wirtschaftsstudium
WSCI	Web Services Choreography Interface
WSDL	Web Services Description Language
WSIO	Web Services Interoperability Organisation
WWS	Warenwirtschaftssystem
XML	Extensible Markup Language
XPDL	XML Processing Description Language
z.B.	zum Beispiel
ZfB	Zeitschrift für Betriebswirtschaft
ZfO	Zeitschrift für Führung und Organisation

1 Einführung

Mit dem Einsatz von „State of the Art“-Informations- und Kommunikationsinfrastruktur werden heute Veränderungen angestrebt, welche die Arbeitsorganisation nicht einschränken, sondern Gestaltungsräume eröffnen sollten. So sollen neue Formen organisatorischer Strukturen und koordinierten Handelns geschaffen werden können.[1]

Die neuen Organisationsformen können, in Anlehnung an Drumm[2], als ‘Paradigma der neuen Dezentralisation’ zusammengefaßt werden.[3] „Dieses Paradigma läßt sich durch Attribute wie ‘klein’, ‘autonom’, ‘prozeßorientiert’, ‘kundenorientiert’ und ‘selbstkoordinierend’ beschreiben.“ Die neuen Gestaltungsmöglichkeiten scheinen sich vor allem auf die Erweiterung individueller Handlungsmöglichkeiten zu stützen:

> „Um schnell und angemessen reagieren zu können, müssen Entscheidungen vor Ort getroffen und umgesetzt werden. Das erfordert eine Organisation in Form von schlagkräftigen, weitgehend autonomen Einheiten. [...] Dazu müssen vor allem die Handlungsmöglichkeiten der Aktionseinheiten vergrößert werden. Jede dieser Aktionseinheiten ist idealerweise wie ein Unternehmen im Kleinen zu gestalten. Dies setzt sich fort bis zu den inneren Strukturen dieser Einheiten und fordert auch vom einzelnen Akteur ein hohes Maß an Eigeninitiative und Verantwortlichkeit“.[4]

Franchising-Netzwerke vereinen alle genannten Kriterien in einer Organisationsform und stehen im Mittelpunkt der vorliegenden Arbeit.

1.1 Problemstellung und Untersuchungskonzeption

Während in Kapitel 1.1.1 die Problemstellung herausgearbeitet und die daraus resultierende Zielsetzung der Arbeit formuliert wird, beschreibt Kapitel 1.1.2 die zugrundeliegende Untersuchungskonzeption.

1.1.1 Zielsetzung

Franchising-Netzwerke zeichnen sich gegenüber anderen Formen vertikaler, stufenübergreifender Zusammenarbeit in Absatzkanälen durch eine besondere Form der Arbeitsteilung aus: Franchise-Geber entwickeln und testen ein Geschäftskonzept zum Vertrieb von Waren, das

1 Vgl. Bleek (2002), S. 45.
2 Drumm (1996), S.7-20.
3 Siehe auch Holtbrügge (2001), S. 338 ff.
4 Kilberth/Gryczan/Züllighoven (1994), S. 148.

sie rechtlich und wirtschaftlich selbständigen Franchise-Nehmern gegen Entgelt und auf Basis eines langfristigen Vertrages zur Verfügung stellen.[5] Diese arbeiten auf eigenes Risiko nach den Richtlinien und Standards der Franchise-Geber, welche die strikte Einhaltung der Vorgaben überwachen und die Franchise-Nehmer durch die Bereitstellung zahlreicher Dienstleistungen unterstützen.[6]

Die Abstimmung zwischen Informations- und Kommunikations-Infrastruktur (IuK) einerseits und Geschäftsstrategie und Geschäftsprozessen andererseits ist ausschlaggebend für die Effizienz der IuK-Infrastruktur. Der Begriff der IuK-Infrastruktur bezeichnet in der Folge die in den Geschäftsprozessen angewendeten Informations-Systeme und die für den prozeßeffizienten Einsatz der IuK-Infrastruktur erforderlichen Fertigkeiten.

Abbildung 1-1 bereitet den Zusammenhang zwischen dem Einsatz von IuK-Infrastruktur und wirtschaftlichem Erfolg graphisch auf:

> Es ist die Art und Weise, mit der Informationstechnologie eingesetzt, betrieben und verwaltet wird, nicht nur das globale Investitionsvolumen: Effizienzsteigerung durch gezieltes Investment. **(1)**[7]
>
> Erst die Abstimmung zwischen der Informationstechnologie einerseits und Geschäftsstrategie und Geschäftsprozessen andererseits ist ausschlaggebend für die Effektivität und Effizienz zur Schaffung von Mehrwert. **(2)**
>
> Informationstechnologie wird dabei aufgelöst in die IuK-Strategie und die IuK-Infrastrukturen.

---

5 Vgl. Laurent (1996), S. 11-26 und Buvik/John (1999), S. 52 ff.

6 Vgl. Ahlert (1981a), S. 87 und (1981b), S. 43 ff.

7 Eine Reihe von Studien auf der Ebene gesamter Volkswirtschaften und ausgewählter Branchen vor allem in den USA kommt zu dem Schluß, daß Investitionen in Informationstechnologie nicht signifikant mit dem Erfolg von Unternehmen in Zusammenhang stehen. Dieser Befund wurde unter dem Begriff „Produktivitätsparadoxon der Informationstechnologie" bekannt. Er bezieht sich auf die Interpretation, daß, sofern der Einsatz von Informationstechnologie überhaupt zum Unternehmenserfolg beiträgt, der nachweisbare Erfolgsbeitrag zu gering ist, um die hohen Investitionen in die Informationstechnologie zu rechtfertigen (Überblick über die Kritik: Brynjolfsson/Shinkyu (1996), S. 179 ff.). Seitdem sind Befund und Interpretation sehr kontrovers diskutiert worden. Neben methodischer Kritik an den verwendeten Meßverfahren wird auch inhaltlich gegen den zu einfachen unterstellten direkten Zusammengang zwischen Informationstechnologie-Investitionen und Unternehmenserfolg vorgebracht (Picot/Reichwald/Wigand, S. 151 ff.). So wird argumentiert, daß nicht die Informationstechnologie an sich die Produktivität steigert, sondern die Art und Weise, in der die Technologie eingesetzt, betrieben und verwaltet wird (Champy/Hammer (1993), Davenport (1993)). In diese Richtung argumentieren auch Wigand, Picot und Reichwald. Sie gehen davon aus, daß erst die Abstimmung zwischen Informationstechnologie einerseits und Geschäftsstrategie andererseits ausschlaggebend für die Prozeßeffizienz der Informationstechnologie ist, d.h. für die Schaffung von (Mehr-)Werten (Vgl. Picot/Reichwald/Wigand, S. 158).

Die IuK-Strategie beschreibt – analog zur Geschäftsstrategie – die Ziele, die mit der Informationstechnologie verfolgt werden, sowie die zur ihrer Umsetzung erforderlichen grundsätzlichen Verhaltensweisen.

Das Wissen um die Einsatzmöglichkeiten von Informationstechnologie bei der Unterstützung von Geschäftsprozessen ist der Schlüssel, um den Faktor Informationstechnologie bei der Umsetzung der Geschäftsziele einzusetzen und damit zur Optimierung des Unternehmensergebnisses beizutragen. **(3)**

Der Anspruch der vorliegenden Arbeit ist es, Zusammenhänge zwischen „State of the Art"-IuK-Infrastruktur, ausgewählten Geschäftsprozessen von stationären Einzelhandels-Systemen und dem wirtschaftlichem Erfolg zu identifizieren. **(4)**

Web Services, als „State of the Art"-IuK-Infrastruktur, werden auf ihre prozeßeffizienzsteigernde Wirkung hin untersucht. Der Fokus wird dabei auf dem Vergleich zwischen Franchising-Netzwerken und Filial-Systemen und somit auf Spezifika der jeweiligen Organisationsform, liegen.

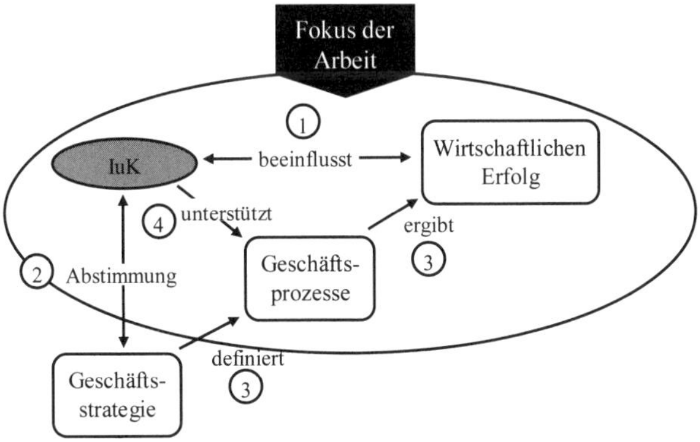

Abbildung 1-1: Zusammenhang zwischen IuK-Einsatz und wirtschaftlichem Erfolg; Quelle: In Anlehnung an Wigand (1995).

Vor dem Hintergrund dieses Untersuchungsziels gilt es insbesondere, folgende Fragen zu beantworten:

Sind in Franchising-Netzwerken des Einzelhandels spezifische Informations- und Kommunikationsbedarfe im Vergleich zu Filial-Systemen anzutreffen?

Erfordert die Organisationsform Franchising-Netzwerk spezifische IuK-Infrastrukturen zur Begegnung der eventuell organisationsform-spezifischen IuK-Bedarfe?

Haben Web Services-Technologien ein prozeßeffizienzsteigerndes Potential? Sind Franchising-Netzwerke – im Vergleich zu Filial-Systemen – im besonderen Maße für den Einsatz dieser „State of the Art"-IuK-Infrastruktur geeignet?

Zur Bearbeitung der aufgezeigten Fragen, die das zentrale Problem darstellen, wird in der Folge der Untersuchungsgang aufgezeigt.

1.1.2 Gang der Untersuchung

In einem ersten Schritt werden die Organisationsformen Filial-System und Franchising-Netzwerk als Ausprägungen von Konzentrations- und Kooperationsformen von Handelsunternehmen vorgestellt (Kapitel 1.2).

In der Folge werden drei potentiell für die Problemstellung geeignete Forschungsansätze auf ihre Eignung bezüglich der Untersuchung der Problemstellung überprüft. Anschließend erfolgt die Begründung für die Entscheidung zugunsten der Gidden'schen Strukturationstheorie (Kapitel 1.3).

In Kapitel 2 wird der zunehmenden Vernetzung stationärer Einzelhandels-Systeme nachgegangen und in Kapitel 2.1 die Ziele der wirtschaftlichen, informations- und kommunikationstechnischen Vernetzung sowie die daraus resultierenden Anforderungen für die IuK-Infrastruktur abgeleitet.

Die identifizierten Anforderungen basieren auf Informations- und Kommunikations-Bedarfen, deren Zusammenhang mit dem Konzept der Prozeßeffizienz in Kapitel 2.2 erläutert wird.

Abschließend setzt sich Kapitel 2.3 mit den Potentialen und Grenzen verschiedener im Einsatz befindlicher IuK-Infrastrukturen auseinander.

Als methodischer Grundstock zur Untersuchung der Problemstellung wird die Informationsflußanalyse (Kapitel 3.1) sowie eine angemessene Beschreibungstechnik ausgewählt und anschließend um Beschreibungsmerkmale erweitert, die Dokumentation, Bewertung und Vergleich der IuK-Bedarfe ermöglichen soll.

Aufbauend auf der Informationsflußanalyse, die als Grundlage des Vergleichs der Organisationsformen Franchising-Netzwerk und Filial-System dient, werden auf Kernprozeßebene Unterschiede herausgearbeitet, welche strukturationstheoretische Interpretationen zulassen (Kapitel 3.2).

Die im Mittelpunkt stehenden Web Services-Technologien werden ausführlich vorgestellt und auf ihren Einfluß zur Steigerung der Prozeßeffizienz hin überprüft (Kapitel 3.3).

Die Auswirkungen der Web Services auf den Informations- und Kommunikationsfluß in stationären Einzelhandels-Systemen wird anhand des Konzepts der integrierten Geschäftsprozeß-Management-Systeme aufgezeigt (Kapitel 3.4). Darauf aufbauend wird ein Kriterienkatalog entwickelt, der die Eignungsüberprüfung von Web Services für die zu vergleichenden Organisationsformen ermöglichen soll. So werden Auswirkungen der Web Services-Technologien auf den Informations- und Kommunikationsfluß innerhalb der Kernprozsse identifiziert, deren prozeßeffizienter Einsatz in Franchising-Netzwerken in Kapitel 3.5 überprüft wird. Somit kann die relative Eignung von Web Service-Technologien für Franchising-Netzwerke im Vergleich zu Filial-Systemen analysiert werden.

In Kapitel 4 werden die gewonnenen Erkenntnisse zusammengefaßt und ein Ausblick auf noch zu leistende wissenschaftliche Arbeit im Zusammenhang mit der vorliegenden Problemstellung gegeben.

Kapitel 5 setzt sich aus 5.1, dem Interviewleitfaden der Expertengespräche, und 5.2, der Auflistung der im Rahmen der Arbeit befragten Unternehmen (unstrukturierter Feldzugang + Expertengespräche), zusammen. Der empirische Teil der Arbeit im Rahmen der Informationsflußanalyse zur Untersuchung der spezifischen IuK-Bedarfe weist demnach folgende Struktur auf:

1. **Unstrukturierter Feldzugang**

   In einem unstrukturierten Feldzugang wurde die Praxisrelevanz der Fragestellung überprüft (Kapitel 2.3.3).[8]

2. **Expertengespräche (Face-to-Face):**

   Franchise-Geber-Vertreter, Franchise-Nehmer, Filialleiter sowie Vertreter der Systemzentrale wurden mit einem strukturierten Interviewleitfaden befragt (Kapitel 3.2).

In beiden Teilen der Untersuchung wurde eine in etwa gleich verteilte Beteiligung von Franchising-Netzwerken und Filial-Systemen angestrebt. Außerdem besteht die Stichprobe je zur Hälfte aus dem Management des Outlets vor Ort (Franchise-Nehmer oder Filialleiter) und der Zentrale. Zusätzlich wurde auf eine Auswahl von branchenweit profilierten Franchising-Experten zurückgegriffen.[9] Der Forschungscharakter kann als explorativ bezeichnet werden.[10]

---

8 Diese 1. Phase der Empirie ist zu Beginn des Promotionsvorhabens abgearbeitet worden und bestätigte einen Forschungsbedarf. Die Gesprächsteilnehmer sind in Kapitel 5.2 aufgeführt. Zur Thematik des unstrukturierten Feldzugangs siehe Müller-Böling (1992), Sp. 1491 ff.

9 Die Unterlagen der 2. Phase der Empirie (befragte Unternehmen und Interviewleitfaden) sind im Anhang in Kapitel 5.1 und 5.2 aufgeführt.

10 Chmielewicz (1994), S. 23-41.

1.2 Überblick und Situationsdarstellung von Einzelhandels-Systemen

Nach einer eingehenden Darstellung der aktuellen Situation des Einzelhandels wird eine Eingrenzung bezüglich des Handelsbegriffs, eine Systematisierung von Handelsunternehmen und ein Abriß der Evolution der Organisationsformen im Handel vorgenommen. Anschließend werden die Kooperations- und Konzentrationsformen vorgestellt und der Fokus auf Franchising-Netzwerke und Filial-Systeme gerechtfertigt.

1.2.1 Aktuelle Krise des Einzelhandels

Der Einzelhandel hat allein im Jahr 2002 zwei Prozent seines Umsatzes verloren. Das Jahr 2003 war mit einem weiteren Rückgang von einem Prozent auf 367 Milliarden Euro gekennzeichnet.[11] Dies entspricht dem Umsatzniveau von vor zehn Jahren. In diesem Zeitraum liegen auch die Wurzeln für die strukturelle Schwächephase im Einzelhandel.

In den 90er Jahren hat der Einzelhandel nach und nach den Kontakt zur gesamtwirtschaftlichen Entwicklung verloren, wächst seitdem langsamer als das Brutto-Inlandsprodukt und ist konjunkturreagibler geworden. Der frühere Gleichschritt zwischen der Entwicklung des verfügbaren Einkommens und den Einzelhandelsumsätzen hat sich heute aufgelöst, denn die Verbraucher geben heute weniger Geld im Einzelhandel aus als früher. Im Zeitraum 1990 bis 2002 ist der Einzelhandelsanteil von ehemals 42 auf jetzt 32 Prozent des verfügbaren Einkommens zurückgegangen.[12] Andere Kategorien des privaten Verbrauchs haben beim Verbraucher einen höheren Stellenwert erhalten.

Dieser Entwicklung begegnen die Unternehmen mit der Eröffnung neuer Standorte. Allein von 1990 bis 2002 stieg die Gesamtfläche des Einzelhandels in Deutschland um 45% auf 112 Millionen m^2. Jedem deutschen Bundesbürger steht somit die doppelte Einkaufsfläche im Vergleich zu englischen Einzelhandelskunden zur Verfügung.[13]

Diese Flächenexpansion löst aber keineswegs die Ertragsprobleme der Unternehmen, sondern verschärft diese im Gegenteil. Der Preiskampf wird angeheizt, die Flächenproduktivität geht zurück und die Renditen sinken weiter. Traditionelle Fachgeschäfte, Warenhäuser und Supermärkte sind in der Gesamtperspektive die Verlierer. Fachmärkte, die sich besonders für Franchisekonzepte eignen, sowie Discounter werden die Gewinner sein. Diese Betriebsty-

---

11 Franzen (2003), S. 2.
12 EHI (2002), S. 42.
13 BBE (2003), S. 5 f.

pen weisen ein hohes Akzeptanzpotential und eine Verdrängungskraft aus, welche Expansion und überdurchschnittliche Renditen ermöglichen.[14]

Der Einzelhandel sieht sich einer Reihe von Trends ausgesetzt, die teilweise den Franchising-Netzwerken zugute kommen (siehe Abbildung 1-2).

Betriebstyp	Marktanteil 2002	Akzeptanz-potential	Verdrängungs-kraft	Zukunfts-perspektiven
Lebensmittel-discounter	9,1	++	++	↗
Fachmärkte incl. Franchising-Netzwerke	21,2	++	+	↗
SB-Warenhäuser/ Verbrauchermärkte	11,5	+	+	→
Filialisierter Non Food-Einzelhandel	13,5	+	+	→
Versandhandel	5,6	+	+	→
Supermärkte	8,0	0	--	→
Traditionelle Fachgeschäfte	27,1	0	--	↘
Warenhäuser	4,0	0	--	↘

Abbildung 1-2: Zukunftsperspektiven der Betriebstypen des Einzelhandels;
Quelle: In Anlehnung an ZVG u.a. (2003), S. 37.

Neben der zunehmenden Konzentration und den steigenden Marktanteilen von Discountern und Fachmärkten (inkl. Franchising-Netzwerken) verschärft sich auch der Wettbewerb zwischen den Handelsagglomerationen (Stadtzentrum versus Shopping-Center versus Grüne Wiese/Ausfallstraße). Zusätzlich gewinnen neue Vertriebskanäle an Bedeutung. Hier sind der Direktvertrieb der Industrie, E-Commerce und TV-Absatz zu erwähnen. Die Handelsunternehmen versuchen außerdem verstärkt, sich als Marke zu profilieren. Dieser Trend geht mit einer zunehmenden Vertikalisierung einher. Als letzter Punkt ist die Individualisierung der Kundenbeziehung aufzuzählen, die im Zusammenhang mit Kundenkarten weiterhin an Bedeutung gewinnt.[15]

Diese Trends ziehen Anforderungen nach sich, mit denen die Handelsunternehmen sich auseinandersetzen müssen und in deren Zusammenhang die zukünftigen Erfolgsfaktoren zu entwickeln sind.

---

14 Vgl. beispielsweise Zentralverband gewerblicher Verbundgruppen e.V. u.a. (2002), S. 45 ff.

15 Siehe u.a. Puschmann/Alt/Sassmannshausen (2002), S. 272-298 oder von Werder/Gemünden (1999), S.167 -190.

Mit Unterstützung von „State of the Art"-IuK-Infrastruktur gelingt es dem Franchising-Netzwerk, durch hohe Effizienz der Prozesse[16] Kapazitäten beim Franchise–Nehmer freizulegen, um einerseits dem Endkunden gegenüber ein klares Profil herauszustellen und andererseits dem Franchise-Geber zu ermöglichen, seine ausgeprägte Management-Kompetenz zu pflegen und das Geschäftskonzept weiterzuentwickeln, um eine Positionierung mit nachhaltigen Wettbewerbsvorteilen sicherzustellen.

1.2.2 Handelsbegriff und Systematisierung von Handelsunternehmen

> „Die Handelsbetriebe sind ihrer Natur nach weder Gewinnungs- (Urproduktions-) noch Produktionsbetriebe. Sie sind vielmehr Dienstleistungsbetriebe."[17]

Der Handel verkauft fremdhergestellte Sachleistung (Ware) zuzüglich handelsüblichen Leistungen an Kunden. Zu den handelsüblichen Leistungen können sowohl Lagerung, Transport, Finanzierung als auch Manipulationen (Sortieren, Mischen, Um- und Verpacken) als auch Beratungs-, Informations- und Betreuungsleistungen gezählt werden.[18]

> „Handel i.w.S. ist der Austausch von Waren und Diensten zwischen Wirtschaftspartnern. Handel i.e.S. oder Warenhandel ist der Austausch von Waren zwischen Handelsbetrieben oder mit Lieferanten und Abnehmern, die nicht Handelsbetriebe sind."[19]

Der Handelsbegriff wird funktional und institutionell unterschieden. Handel im funktionellen Sinne liegt vor, wenn Marktteilnehmer Güter, die sie in der Regel nicht selbst be- oder verarbeiten (Handelsware), von anderen Marktteilnehmern beschaffen und an Dritte absetzen.[20]

> „Den institutionellen Handel bildet der Wirtschaftssektor der Handelsbetriebe. Ein Handelsbetrieb ist ein Wirtschaftsbetrieb, der Waren einkauft und in der Regel stofflich unverändert an gewerbliche Abnehmer, Behörden und Organisationen oder an Konsumenten verkauft."[21]

---

16 Zur Thematik der Prozeßeffizienz siehe Kapitel 2.2.4.

17 Gutenberg (1984), S. 143.

18 Vgl. Eggert (1998), S. 9-15.

19 Tietz (1993), S. 4-6.

20 Vgl. Ausschuß für Begriffsdefinitionen aus der Handels- und Absatzwirtschaft (1995) (Hrsg.): Katalog E. Begriffsdefinitionen aus der Handels- und Absatzwirtschaft, 4. Auflage, Köln, S. 28.

21 Tietz (1993), S. 4.

Zu den Funktionen der Handelsunternehmungen zählen[22]

- Güterumgruppierung: Transformierung erzeugerorientierter Leistungsgüterkombination in eine bedarfs- bzw. kundenorientierte Ge- und Verbrauchsgüteraggregation nach Art und Menge
- Bedarfsanpassung: Ausgleich von räumlichen, zeitlichen und finanziellen Inkongruenzen und Übernahme von Sicherungsleistungen (Absatzrisiko und Qualitätssicherung)
- Marktausgleich: Erschließung und Bearbeitung des Marktes sowie Durchführung des Umsatzvorgangs
- Sachgüteraufbereitung: die aus den distributorischen Vorgängen resultierende Güterumwandlungsleistung, welche als Handelsaufgabe angesehen werden kann (Veredelung, Mischung, Verpackung, Montage, etc.).

Es gibt im Handel eine Vielzahl von Erscheinungsformen. Barth systematisiert zuerst nach der Stellung der Handelsunternehmungen in der Distributionskette (neben dem Einzelhandel Groß- und Außenhandelsbetrieb) sowie nach Betriebstypen (z.B. für den Einzelhandel: bedienungsorientierte und discountorientierte Betriebstypen sowie Versand- und elektronischen Handel).[23]

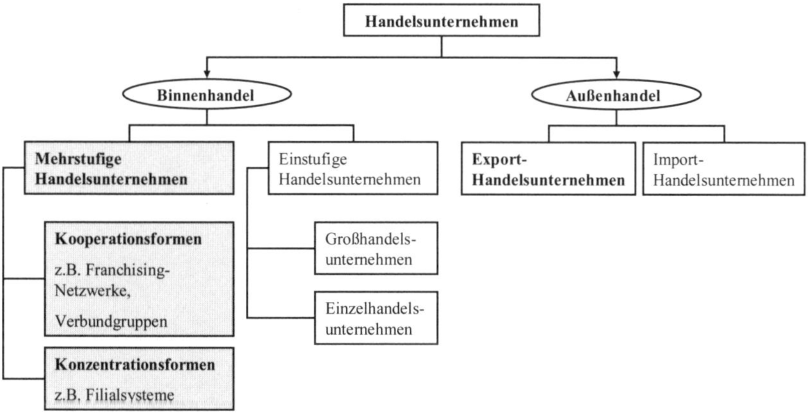

Abbildung 1-3: Systematisierung von Handelsunternehmen;
Quelle: In Anlehnung an Hansen (1990), S. 30

22 Vgl. Barth (1999), S. 27 ff.; Müller-Hagedorn (1998), S. 107 ff.

23 Vgl. Barth (1999), S. 81 und 86. Siehe auch Müller-Hagedorn (1995), S. 238 ff. und Borchert (2000), S. 42 f.; (1999), S. 3-9.

In Abbildung 1-3 ist eine Systematisierung von Handelsunternehmungen dargestellt. Wird nur der Binnenhandel betrachtet, erfolgt eine Unterteilung nach der Anzahl von Handelsstufen, die innerhalb der Handelskette belegt werden. Handelsunternehmungen können nach ein- und mehrstufigen Organisationsformen unterschieden werden. Mehrstufige Handelsunternehmungen üben ihre Aktivitäten über mindestens zwei Stufen aus und treten in zwei unterschiedlichen Formen auf: Kooperationsformen, welche Franchising-Netzwerke, Verbundgruppen und Einkaufsgenossenschaften beinhalten sowie Konzentrationsformen, zu denen Filial-Systeme zählen.[24] Der Vergleich der IuK-Spezifika mehrstufiger Handelsunternehmungen, insbesondere von Franchising-Netzwerken zu Filial-Systemen, ist Gegenstand der vorliegenden Arbeit.[25]

Betrachtet man generell die Zielhierarchie der Handelsunternehmen, lassen sich innerhalb der Oberziele die Sachziele (Art und Zweck von Leistungserstellung und Leistungsverwertung) und die Formalziele (Definition von Zielinhalt, Qualität und Güte der Zielerfüllung) unterscheiden.[26]

Ebert leitet die Detailziele des Handels aus den Oberzielen ab und unterscheidet nach Bereichszielen: Kostenwirtschaftlichkeit, Informationsversorgung, Präsenz (Lieferbereitschaft) und Liquiditätserhaltung.[27] Aus den Bereichszielen lassen sich wiederum konkrete Zielsetzungen für die Informations- und Kommunikationsinfrastruktur ableiten, die jeweils mit den Kernprozessen des Handels verbunden sind.[28] Abbildung 1-4 zeigt ein grundsätzliches Zielsystem von Handelsunternehmen:

---

24 Vgl. Bonus/Greve/Kring/Polster (1999), S. 17-25.

25 Dieser Sektor befindet sich inmitten eines globalen Konsolidierungsprozesses. Das größte Unternehmen der Welt war 2001 erstmals ein Einzelhandelsunternehmen. Mit einem Umsatz von 220 Mrd. US$ lag Wal-Mart deutlich vor Exxon Mobil und General Motors. Seit 1990 hatte Wal-Mart seinen Umsatz verachtfacht. Unter den zwanzig umsatzstärksten deutschen Unternehmen befanden sich 2002 bereits sechs Einzelhandelsgruppen, 1990 waren es erst zwei. In der angelsächsischen Literatur wird sogar häufig von einer „Retail Revolution" gesprochen; aus Wrigley/Lowe (2002). Siehe auch Polster (2001), S. 25 ff., und Garrelts (1998).

26 Vgl. Adam (1996), S. 99-126; Hausschildt (1980), S. 2419 ff. zu Zielsystemen. Zur Unterscheidung zwischen Formal- und Sachzielen vgl. Heinrich (1996), S. 103 f.; Hesse et al. (1994), S. 42 f.

27 Vgl. Ebert (1986), S. 81 ff. Siehe auch Trommsdorff/Fielitz/Hormuth (1988), S. 180 f.

28 Siehe Kapitel 2.1.2. Siehe auch Berry (2001), S. 7 ff.

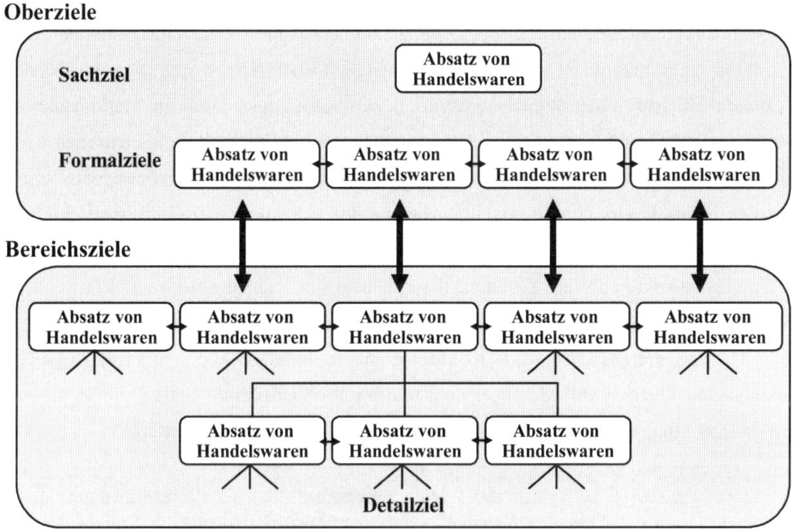

Abbildung 1-4: Zielhierarchie Handelsunternehmen;
Quelle: In Anlehnung an Ebert (1986), S. 76, 82 und Hausschild (1980), Sp. 2420 f.

1.2.3 Evolution der Organisationsformen im Handel

Das Ziel des traditionellen Handels besteht im Austausch von Gütern in Kombination mit Beratung, Service und Markterschließung. Der traditionelle Handel übernimmt die Funktionen der

> „ [...] Überbrückung von Raum und Zeit, die Aufgabe des Informations- und Transaktionsmittlers, der Minimierung der Vielzahl und Komplexität an Kontakten und auch der Beratung. Die eigentliche Daseinsberechtigung des Handels ist in der Reduktion der Transaktionskosten sowohl auf der Anbieter- als auch auf Nachfragerseite zu sehen. Dies gilt zumindest für diejenigen Güter, bei denen von einer Bündelung der Nachfragemacht ausgegangen werden kann und durch den Handel die Kosten für die Suche nach Anbietern bzw. Nachfragern für das betreffende Gut reduziert werden."[29]

Die diversen Formen des Handels sind durch unterschiedliche Ausprägungen der einzelnen Funktionen gekennzeichnet. Eine besondere Bedeutung bezüglich der Wertschöpfung und der Positionierung im Wettbewerb hat die Sortimentsgestaltung.[30] Sie bringt dem Nachfrager durch die Möglichkeit zur kombinierten Bedarfsdeckung mit mehreren heterogenen Produkten einen Mehrwert. Um aber diesen tatsächlich zu schaffen, ist es notwendig, sich den Bedürfnissen, Wünschen und Anforderungen der jeweiligen Zielgruppe anzupassen.

---

29 Picot/Heger/Neuburger (2001), S. 13-24.

30 Vgl. Pibernik (2001), S. 893 ff.

In der Evolution der Organisationsformen, die diesen Mehrwert für die entsprechende Zielgruppe erbringt, ist eine starke Tendenz hin zu kooperativen Systemen festzustellen.[31] Der Ansatz, Ressourcen mehrerer Unternehmen unternehmensübergreifend zu nutzen, um gegenüber „Individualisten“ einen Wettbewerbsvorteil zu erzielen und damit an Marktmacht zu gewinnen, ist nicht neu:[32] Kooperationssysteme des Handels haben in ihrer spezifischen Ausgestaltung bereits mehrere Evolutionsstufen durchlaufen und bestehen teilweise bereits seit Jahrzehnten.[33] Die Legitimation und stetig wachsende Bedeutung an zwischenbetrieblichen Kooperationen resultiert vorrangig aus zahlreichen Veränderungen der Rahmenbedingungen.[34] Zu nennen sind in diesem Zusammenhang Globalisierungs- und Konzentrationstendenzen, verkürzte Produktlebens- und Innovationszyklen, stagnierende oder gar rezessive Märkte in vielen Handelsbereichen, steigende Konsumentenanforderungen, die zum Paradox gleichzeitig steigender Qualitätsanforderungen und höherer Preissensibilität führen, sowie die zunehmende Bedeutung der Kundenbindung im Vergleich zur Kundenakquisition.[35]

Entstehung lockerer Kooperationen
Restrukturierung der Kooperationen
Entwicklung zur straffen Kooperation
Bildung von Franchising und/oder Filial-Systemen
• Ein bis wenige Kooperationsfelder
• Vollständige Freiheit der Mitglieder
• Durchsetzung über Verständnisweg
• Steuerung durch materielle Anreize
• Voraussetzung: Bereitschaft und Konsens der Mitglieder
Bsp: Einkaufsgenossenschaften
Ausweitung der Kooperationsfelder
• Marketing- und Kommunikationsstrategien
• Leistungs- und Absatzprofil
• Einheitliches Grundsortiment
Gemeinsame Aktionen der Verkaufsförderung
Geringere Freiheitsgrade der Mitglieder
Steuerung durch Verträge und Informationssysteme
Voraussetzung: Konsens und Investitionsbereitschaft der Mitglieder
Entstehung von Regeln der Zusammenarbeit mit Franchisecharakter
Fachliche Federführung der Zentrale bei Gestaltung von Wettbewerbskonzepten
Verstärkte Zusammenarbeit insbesondere in der Logistik
Zunehmende Betreuungs- und Beratungsfunktion der Zentrale
Steuerung mittels Verträgen, Standards und Informationssystemen
Zentrale Festlegung
Beschaffung- und Absatzentscheidungen
Warensortimente
Preise und Aktionen der VF
Werbung
Strategische Marktplanung
Erscheinungsbild der Läden
Steuerung mittels Informationssystemen, Verträgen, Anweisung und Druck
Voraussetzung: Positionierung und Profilierung eines multiplizierbaren Konzeptes (Betriebsformen)
Dezentrale Entscheidungs- und Organisationsstruktur
Übergangsphase
Zentrale E- und O-Strukturen
steigendes Effizienzpotenzial in internen Bereichen sowie auf Beschaffungs- und Verbraucherseite

Abbildung 1-5: Evolution der Organisationsformen im Handel;
Quelle: Roland Berger Strategy Consultants (2002).

Begleitend zum Trend in Richtung Kooperationen ist eine Konzentration der Entscheidungs- und Organisationsstruktur in solchen Kooperationen festzustellen (siehe Abbildung 1-5).[36]

---

31 Vgl. Bleicher (1997), S. 2 und Axelrod (1984), S. 56 ff.

32 Vgl. Ossadnik (2000), S. 273 ff. und Doz/Hamel (1998).

33 z.B. Bäko seit 1957 oder Markant seit 1961.

34 Vgl. Meyer/Heimerl-Wagner (2000), S. 167 ff. und Amos (2001), S. 8.

35 Vgl. Veltmann (2003), S. 4 ff.; Radermacher (2002), S. 411 ff.; Boisvert (2001), S. 30-33 und Hahn (1997), S. 563-579.

36 Vgl. Beuthien/Schwarz/Träger (1994), S. 15 ff.

Aus einst lockeren Zusammenschlüssen haben sich straff organisierte Filial-Systeme und Franchising-Netzwerke herausgebildet, in denen strategische Entscheidungen zentral getroffen werden und ein einheitlicher Marktauftritt erfolgt.[37]

In den letzten Jahren haben Franchising-Netzwerke in Deutschland wie auch in anderen europäischen Ländern ein enormes Wachstum sowohl ihrer Outlet-Anzahl als auch ihres Umsatzes vorzuweisen.[38] So werden täglich in Deutschland ca. zehn neue Franchise-Outlets eröffnet; die Zahl der Franchise-Geber hat sich in den letzten fünf Jahren um 40%, auf nunmehr ca. 750 im Jahr 2002, erhöht.[39]

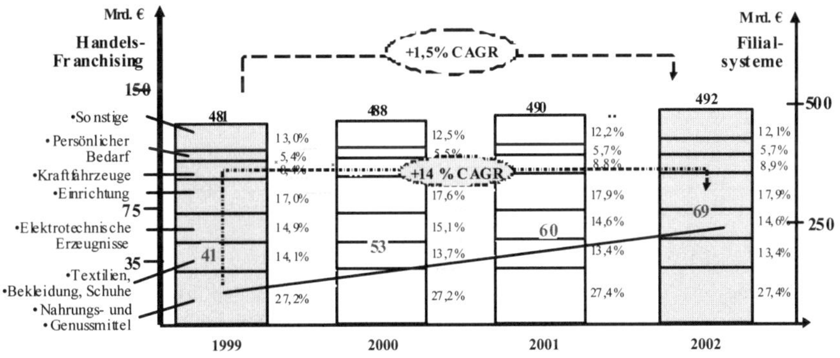

Abbildung 1-6: Vergleich Wachstumsraten Filial-Systeme – Franchising-Netzwerke im stationären Einzelhandel;
Quelle: GfK (2002); EHI (2002); Kessler (2001); Roland Berger Strategy Consultants (2003).

Vergleicht man die Entwicklung der Franchising-Netzwerke mit dem restlichen Einzelhandel, so wachsen diese überproportional (siehe Abbildung 1-6). Während andere Organisationsformen des Einzelhandels in manchen Bereichen gar schrumpfen, über alle Sektoren aber leicht um 1,5% zulegen können, weisen Franchising-Netzwerke für den Zeitraum 1998 bis 2001 in Deutschland ein jährliches gewichtetes Wachstum von 14% auf. Weitet man den Untersuchungsfokus auf die verschiedenen Segmente des Einzelhandels und die wichtigsten Märkte weltweit aus, so ergibt sich ein ähnlich positives Bild für Franchising-Netzwerke.[40] Spalte 6 in Abbildung 1-7 (folgende Seite) ergibt für die vier wichtigsten Marktsegmente Vollsortimenter/Textil-Einzelhandel (I), Fachmärkte (II), Lebensmittel-Einzelhandel (III) und Conve-

[37] Auf eine Sonderform horizontaler Kooperationssysteme, die Verbundgruppen, wird in Kapitel 2.1.2. eingegangen.

[38] Vgl. Elgin (2000), S. 8-9.

[39] Zentes/Swoboda (2002), S. 219 und Kopp (2001), S. 58-88.

[40] Vgl. o.V. (2001), S. 36 f. und o.V. (2002), S. 4.

nience (IV) in den Ländern der Triade[41] im Jahr 2001 durchgängig höhere Wachstumsraten für Franchising-Netzwerke als für die anderen Organisationsformen des Einzelhandels an.[42]

Region	Segment	Umsatz pro Segment 2001 [Mrd.USD]	Franchising-Umsatz des Segments [Mrd.USD]	Wachstumsrate des Segments Gesamt [2000-2001]	Wachstumsrate Franchising des Segments [2000-2001]	%-Anteil Franchising- zu Gesamtumsatz des Segments [2001]	Gesamt-Umsatz pro Segment 2000 [Mrd.USD]	Franchising-Umsatz pro Segment 2000 [Mrd.USD]
Nord-	I	820	72	1,8	8,3	8,8	805	66
amerika	II	350	52	8,0	9,6	14,9	322	47
	III	1.130	n.a.	2,7	n.a.	n.a.	1.100	n.a.
	IV	583	398	5,7	11,8	68,3	550	351
total		*2.883*	*1.090*					
Europa	I	390	34	1,3	4,5	8,6	385	32
	II	25	12	4,0	8,3	48,0	24	11
	III	326	68	1,8	7,4	20,9	320	63
	IV	85	26	5,9	7,7	30,6	80	24
total		*826*	*140*		*100,0*	*16,9*		
Asia	I	205	n.a.	-0,5	n.a.	n.a.	206	201.000
	II	230	63	2,2	9,5	27,4	225	57
	III	1.317	n.a.	1,3	n.a.	n.a	1.300	1.218.000
	IV	350	181	4,3	6,6	51,7	335	169
total		*2.102*	*366*					

Abbildung 1-7: Umsatz und Wachstum des Franchising weltweit für 2001
Quelle: World Franchise Council 2002; European Franchise Federation 2002; Forby's Guide 2002.

Franchising ist somit weltweit auf dem Vormarsch.[43] Grundsätzlich ist davon auszugehen, daß sich Franchising in einem weiten Einsatzfeld bewähren wird. Skaupy schreibt diesbezüglich: „Tout est franchisable".[44]

---

41 Die der Triade zugrundeliegende Definition setzt sich aus folgenden Ländern zusammen: Nordamerika (USA und Kanada), Europa (West-Europa der 15 EU-Mitgliedsstaaten) und Asien (Japan und China).

42 Zur Thematik der Convenience siehe Müther (2002) und Feldmeth/Skrovan (2000), S. 4 f.

43 Eine Reihe von aktuellen Zitaten stützt die These einer weiter positiven Entwicklung des Franchising in den nächsten Jahren: „Im Jahre 2010 wird Franchising die erfolgreichste Betriebsform sein", Naisbitt, Trendforscher; „Franchising wird in Zukunft eine zunehmende Bedeutung haben, weil Markenbildung und Kundenbindung immer wichtiger werden und Franchising in diesem Bereicht den Filialisten deutlich überlegen ist", Roland Berger, Unternehmensberater; „Wenn große Unternehmen im Franchising ein Mittel zur Dezentralisation und Steigerung ihrer Effizienz [...] erkennen, so kann darauf eine tiefgreifende Strukturveränderung der gesamten europäischen Franchise-Wirtschaft entstehen", Waltraud Frauenhuber, Unternehmensberaterin; „[...] rund 2000 solcher Unternehmensnetzwerke hätten [...] Platz in Deutschland – wenn endlich die richtigen Rahmenbedingungen geschaffen würden", Börnsen, MdB, CDU.

44 Skaupy (1995), S. 23 und Knigge (1995), S. 702 ff. Siehe auch Nebel/Schulz/Wessels (2001) sowie Gross/Skaupy (1969). „Alles franchisierbar" [Übersetzung des Autors].

1.2.3.1 Häufigste Konzentrationsform des Handels: Filial-Systeme

Filial-Systeme sind mehrstufige Handelsunternehmungen mit einer zentralen Unternehmungsleitung und dezentral angesiedelten Betriebsstätten bzw. Filialen.[45] Diese Außenstellen sind rechtlich nicht selbständige Organe, die Mitarbeiter in den Filialen Dienstnehmer des Herstellers (der Zentrale).[46] Gemeinsam ist dem Filial-System und dem Franchising-Netzwerk der einheitliche Marktauftritt und die arbeitsteilige Zusammenarbeit. Anders ist es mit dem Weisungs- und Kontrollrecht: im Filial-System hat die Zentrale viel umfangreichere Rechte.[47] Aus Kundensicht sind beide Systeme äußerlich nicht zu unterscheiden, in der Praxis können sie auch in einem Gesamtsystem nebeneinander vertreten sein. Im Gegensatz zum Franchise-Nehmer ist der Filialleiter nicht rechtlich selbständig, sondern Angestellter in der firmeneigenen Absatzorganisation.[48]

Es besteht eine hierarchische Ordnung mit Arbeitsteilung zwischen Unternehmungszentrale und den einzelnen Filialen.[49] Die Unternehmensleitung hat Funktionen wie Informations- und Personalwirtschaft, Zentraleinkauf, strategische Unternehmungsentwicklung etc. zu erfüllen, wohingegen Filialen nur für die Funktionen des dezentralen Vertriebs verantwortlich sind. So versuchen Filial-Systeme, die Vorteile der Größendegression zu realisieren und durch Standardisierung der Kernprozesse Einsparpotentiale zu nutzen.[50] Jedoch haben filialisierte Handelsunternehmungen gravierende Nachteile in der Reaktion auf wechselnde Marktsituationen, denn aus Gründen der einheitlichen Unternehmenspräsentation und Informationstechnik ist es sehr schwer, Preis-, Produkt- und Kommunikationsdifferenzierung umzusetzen.[51]

---

45 Bezüglich der Frage, ab wie vielen Outlets von Filial-System bzw. Franchising-Netzwerk gesprochen werden kann, sei auf folgende Quellen verwiesen: Tietz nennt mit mindestens fünf standortlich getrennten, aber unter einheitlicher Leitung stehenden Outlets eine Mindestzahl. Neben der Anzahl der Outlets als Abgrenzungskriterium (Problematik der unterschiedlichen Outletgröße und der Organisationsordnung) könnten auch Umsatz oder Fläche herangezogen werden. Vgl. Tietz (1993), S. 33; Oehme (1992), S. 432. In der vorliegenden Arbeit haben alle an der Empirie teilnehmenden Unternehmen mindestens fünf Outlets (außer Franchising-Experten).

46 Vgl. Oess (2001), S. 16.

47 Vgl. Wagner (1982), S. 5 ff.

48 Vgl. Tietz (1987). Siehe auch Kalliwoda (2000), S. 2-17.

49 Vgl. Schenk (1995), S. 853 ff.

50 Vgl. Barth (1999), S. 201 f.

51 Vgl. Krey (2002), S. 1 ff.

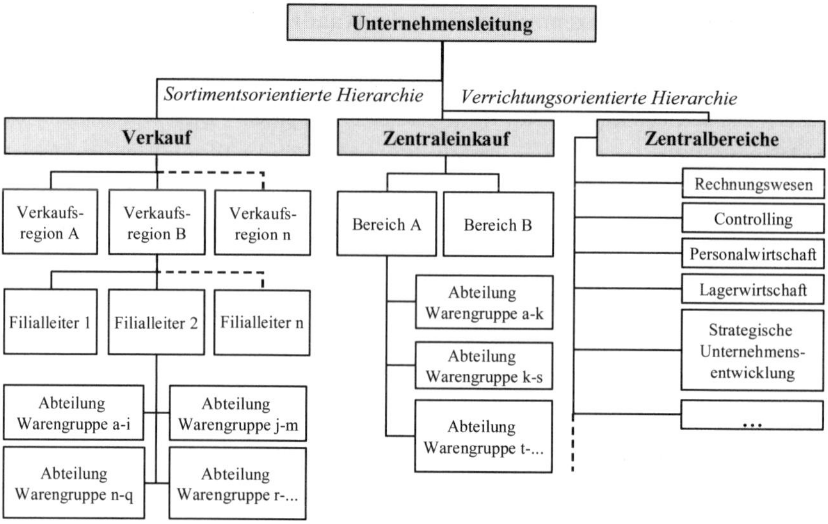

Abbildung 1-8: Organisationsstruktur filialisierter Handelsunternehmungen;
Quelle: Eigene Überlegungen in Anlehnung an: Krey (2002), S. 15.

In Abbildung 1-8 ist die Organisationsstruktur eines Filial-Systems idealtypisch dargestellt. Filialleiter sind Angestellte der Filialunternehmung, welche für jeweils eine Filiale die administrative Führung innehaben und der Unternehmungszentrale gegenüber weisungsgebunden sind. Dies bedeutet, sie steuern den Warenfluß für ihre Filiale und sind verantwortlich für die dezentrale Personaleinsatzplanung, berichten an die Filialzentrale usw. Filialleiter sind direkt in die Filialorganisation eingebunden und sind zwar für ihren Bereich eigenverantwortlich, haben jedoch keine Eigentumsrechte, so daß der Weggang eines Filialleiters nicht die Schließung der Filiale zur Folge hat. Einzelne Filialen sind immer ein Teil der gesamten Filialunternehmung.

Filial-Systeme besitzen außerdem ein einheitliches äußeres Erscheinungsbild. Die straffe Organisation ermöglicht schnelle, hierarchiegetriebene Abstimmungsprozesse und hohe Kontrollmöglichkeiten zur Qualitätssicherung.[52] Nachteile sind jedoch das begrenzte Wachstumspotential vor allem aufgrund finanzieller Restriktionen. Hinzu kommt eine vergleichsweise geringere Motivation der Filialleiter aufgrund geringer persönlicher Risiken und eingeschränktem persönlichem Interesse an der Unternehmung.

52 Vgl. Weil/Subramani/Broadbent (2002), S. 57 ff. und Thorelli (1986), S. 37.

Neben der Konzentrationsform Filial-System werden in der Praxis auch Kooperationsformen angetroffen. Zu den prominentesten dieser Art zählen Verbundgruppen und Franchising-Netzwerke.

1.2.3.2 Kooperationsform Verbundgruppe

> „Verbundgruppen sind institutionaliserte, zeitlich unbefristet angelegte Organisationen mit eigener Infrastruktur, in denen rechtlich selbstständige Unternehmen der in der Regel gleichen Wertschöpfungsstufe organisiert sind. Sie sind geprägt durch eine im Grunde offene Struktur bei weitgehender Zeithomogenität der Mitglieder und des im Kern freiwilligen Leistungsbezugs.“[53]

Verbundgruppen haben horizontalen Charakter, d.h. es kooperieren Partner derselben Wirtschaftsstufe miteinander.[54] Die Verbindung zwischen den einzelnen Teilnehmern, die gleichzeitig Mitglieder und Kunden einer Verbundgruppe sind, ist also sehr lose.[55] Die Zentrale hat kein Überwachungs- und Weisungsrecht, ebenso fehlt das straffe Vertriebskonzept. Aufgrund dieser Mängel wird häufig die Umwandlung in Franchising-Netzwerke angestrebt, da deren Marktauftritt einheitlich ist und durch die genannten Weisungsrechte erreicht wird.[56]

Die Vertriebsart Franchising stellt vertikale Kooperationen dar, d.h. es besteht eine vertragliche Regelung dahingehend, daß der Franchise-Geber dem Franchise-Nehmer in bestimmten Bereichen gewisse Vorgaben machen darf, welche zum Schutz und zur Gewährleistung des unternehmerischen Erfolgs von Franchise-Nehmer und -Geber dienen.[57] Zwar streben die Zentralen der Verbundgruppen eine Stärkung ihrer Systemführerschaft an, eine ähnlich starke Stellung wie die Franchise-Geber-Zentrale werden sie allerdings ohne eine Änderung der gesellschaftsrechtlichen Verhältnisse nicht erreichen können.[58] In Franchising-Netzwerken werden zwischen Franchise-Geber und -Nehmer als Dauerschuldverhältnisse ausgestaltete Individualverträge geschlossen. Im Gegensatz dazu beruhen die Beziehungen in Verbundgruppen auf dem Prinzip der Ressourcenpoolung.[59] Während also im Franchising die Beziehungen auf dem Austausch von Gütern, Geld und Informationsströmen beruhen, sind sie in Verbundgruppen gesellschaftsrechtlicher Art: jedes Mitglied ist Anteilseigner der Verbundgruppe und hat über die Generalversammlung grundsätzlich die Möglichkeit, die Ge-

---

53 Zentralverband gewerblicher Verbundgruppen e.V. u.a. (2000), S. 72. Siehe auch Olesch (1998), S. 5 ff.

54 Bahr (2002), S. 8 f.

55 Vgl. Zentes (1992), S. 23-55.

56 Vgl. Zentralverband gewerblicher Verbundgruppen e.V. u.a. (Hrsg.) (2003), S. 150-157. Siehe auch Olesch (1995), Sp. 1273 ff.

57 Behr (1999), S. 47-63.

58 Vgl. Olson (1986).

59 Markmann (2002), S.119.

schäftspolitik der Gruppe mit zu beeinflussen sowie über die Gewinnverwendung zu bestimmen.[60]

Die Arbeitsteilung ist in Franchising-Netzwerken stark festgelegt, wohingegen sie in den Verbundgruppen noch schwach ausgeprägt ist. Während Franchising sowohl strategische als auch operative Netzwerk-Komponenten aufweist, treten in Verbundgruppen überwiegend operative Aspekte auf.[61]

1.2.3.3 Kooperationsform Franchising-Netzwerk

Eine Reihe aktueller Unternehmungs- und Marktnachrichten bestätigen die Aktualität und Praxisrelevanz der in Kapitel 1 vorgestellten Problemstellung: „In the year 2010, franchising will be the leading retail system worldwide".[62]

Franchising wird in allen Branchen gesellschaftsfähig, obwohl ihm in den 80er- und frühen 90er Jahren noch ein eher schlechtes Image anhaftete. Einige Branchen vermeiden den Begriff noch heute, obwohl ihre Absatzsysteme den Kriterien entsprechen, so z.B. die Automobilwirtschaft oder viele Textilhersteller.[63]

Betrachtet man die unterschiedlichen Formen des Franchising, so ist festzustellen, daß es sich bei Produktions-Franchising lediglich um eine Randerscheinung handelt. Die beiden wichtigsten Bereiche sind das Dienstleistungs- und das Vertriebs-Franchising, entweder von Hersteller- oder von handelsorientierten Unternehmen (siehe Abbildung 1-9).[64]

---

60 Vgl. Zentes/Swoboda (2000), S. 24 f.

61 Vgl. Letmathe (2001), S. 551 ff.

62 Nasbitt (2001). Außerdem beispielsweise Swann, Christopher 2002: "... but all agree that there are pockets of vibrancy in the sector"; Rifkin (2001): "Industries that operate with franchising are currently growing 6 times faster than the economy" . Der Deutsche Franchising Verband in seinem Jahresbericht 2002 ist sich gar sicher: „Franchising is continously growing – increasing interest realized by politicans."

63 z.B. kontrolliert das Unternehmen Sachs Handle „Werkstattpartner" unter der gemeinsamen Systemmarke „AutoCrew", distanziert sich aber vom Begriff des Franchising, weil nach Unternehmensansicht die Führung nicht so straff wie bei klassischen Franchising-Netzwerken sei. Andererseits hat man sich von über 10 % der Werkstattpartner in der jüngeren Vergangenheit getrennt, weil diese eine vertragliche Bindung (und damit verbundene Verpflichtungen) nicht eingehen wollten, sondern – aus Sicht von Sachs – nur einseitig die Leistungen der Systemzentrale in Anspruch nahmen. Siehe auch Kleinaltenkamp/Wolters (1997), S. 45-78 und Hoffmeister (1998).

64 Vgl. Zentes (1999), S. 54 ff.; Sauther (k.A.), S. 18-19 und Well (2001), S. 46 ff.

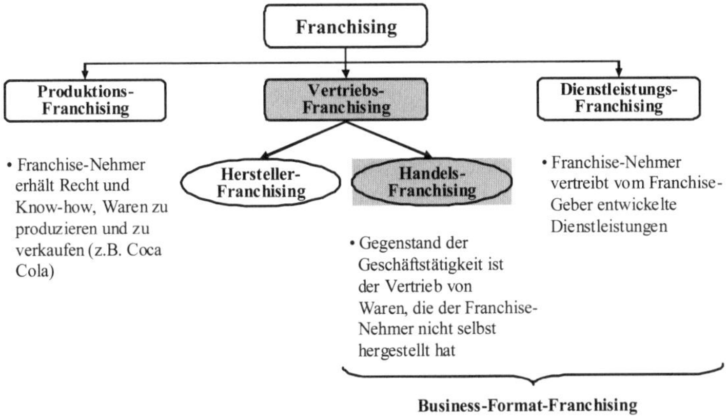
Franchising
Produktions-Franchising
Vertriebs-Franchising
Dienstleistungs-Franchising
• Franchise-Nehmer erhält Recht und Know-how, Waren zu produzieren und zu verkaufen (z.B. Coca Cola)
Hersteller-Franchising
Handels-Franchising
• Franchise-Nehmer vertreibt vom Franchise-Geber entwickelte Dienstleistungen
• Gegenstand der Geschäftstätigkeit ist der Vertrieb von Waren, die der Franchise-Nehmer nicht selbst hergestellt hat
Business-Format-Franchising

Abbildung 1-9: Grundtypen des Franchising;
Quelle: Eigene Überlegungen in Anlehnung an Ahlert, D. (2001), S. 17 und Böhm (1998), S. 34.

Die positiven Wachstumsprognosen für die Franchising-Wirtschaft beruhen im Wesentlichen auf den strukturellen Vorteilen dieser Systeme im Vergleich zu anderen institutionellen Vertriebsformen. Als wichtigster Erfolgsfaktor wird die „optimale Arbeitsteilung" angesehen, bei der die Vorteile eines Großunternehmens mit hoher Systemeffizienz verknüpft werden können mit denen selbstständiger, hochmotivierter Unternehmer.[65]

Ein wichtiger Wachstums- und Erfolgsfaktor liegt ferner in der Sicherheit für den Franchise-Nehmer im Gegensatz zu einer rein selbständigen Tätigkeit, insbesondere bei der Existenzgründung.[66] So zeigt beispielsweise eine Untersuchung des DIHK[67], daß bei herkömmlichen Gründungen etwa jeder zweite Gründer scheitert, während die „Flop-Rate" bei Franchise-Nehmern deutlich unter 10% liegt.[68]

Nicht zuletzt wird das Wachstum der Franchising-Netzwerke auch dadurch erzeugt, daß europäische Systeme derzeit im internationalen Vergleich noch zu klein sind. Die Konzentration im Handel und der zunehmende Konsolidierungsdruck durch internationale „Player", also ausländische Franchising-Netzwerke, führen zu einem Konzentrationsprozeß.[69] Während der Durchschnittsumsatz eines europäischen Franchise-Nehmers bei ca. 700.000 Euro liegt, weisen US-amerikanische Systeme 3,6 Mio. Euro auf![70]

65 Vgl. Rößl (1996), S. 311 ff. ; Oelsnitz (1995), S. 709 f. und Hanrieder (1991).
66 Vgl. Grimm (1999), S. 86-132.
67 DIHK (2001), S. 5 f.
68 Vgl. DIHK (2001), S. 8.
69 Siehe Helm (2001), S. 2 ff.
70 Vgl. International Franchise Association; Forum Franchise und Systeme. Siehe Fritz (2002), S. 16.

Die Größe eines Franchising-Netzwerkes ist, in Verbindung mit der einheitlichen Durchsetzung bestimmter Standards, ein wesentlicher Erfolgsfaktor, weil Größe effizienzsteigernd wirkt. Dies gilt vor allem für die Kernkompetenzen[71] des Handels: Marketingkommunikation und Einkauf.[72] So entwickelt sich der Bekanntheitsgrad einer Systemmarke ab einer bestimmten Anzahl von Franchise-Nehmern vor Ort oft exponentiell. Der Wert der Systemmarke – der zugleich zu einem hohen Anteil auf die Erfolgschancen des einzelnen Franchise-Nehmers wirkt – wird zu einem nicht unerheblichen Teil auch von der Marktpräsenz einen Unternehmens bestimmt, da diese unter Umständen positiv auf Image und Reputation wirkt.[73]

Der Wert der Marke ist auch gleichzeitig das Kapital des Franchise-Gebers; gerade im „Partnermarkt", da der Beitrittswille zu einem System wie auch die Bereitschaft, Franchise-Gebühren zu zahlen, zu einem hohen Anteil von der Stärke der Marke des Systems bestimmt werden.[74] Die Marke wird also mit zunehmender Größe stärker, was für den Franchise-Nehmer Vorteile auf dem Konsumentenmarkt bedeutet, für den Franchise-Geber aber einerseits erhöhte Franchise-Gebühren, andererseits eine einfachere Akquisition neuer Partner mit sich bringt.[75]

Neben Existenzgründungen gewinnt das sogenannte Konversion-Franchising immer mehr an Bedeutung. Systeme sprechen in Zukunft immer stärker „Umwandler" an, d.h. Unternehmer, die bereits in der gleichen Branche am Markt sind, ihre Unternehmen also von unabhängigen oder auch konzernabhängigen Unternehmen in Franchise-Nehmer-Betriebe konvertieren.[76] Verstärkt wird dieser Trend dadurch, daß in Zukunft bestimmte Einzelhandels-Betriebstypen kaum mehr rentabel als Filial-System zu betreiben sein werden.[77] Dies gilt beispielsweise für kleine Supermärkte oder auch schwach positionierte Fachgeschäfte. Der hohe angestrebte Service-Grad, die gleichzeitig kritischen Grenzen der Rentabilität, die ein hohes Kostenbewußtsein bei gleichzeitig hohem persönlichem Einsatz verlangen, sind für franchising-ähnliche Systeme sehr geeignet.

Dieser Trend ist in zahlreichen Unternehmen anzutreffen und in der Regel mit einem Ertrags- und Wachstumsschub verbunden.[78] So zeigt sich oftmals, daß eine Verkaufsstelle, die

71 Vgl. Handlbauer/Hinterhuber/Matzler (1998), S. 911-916.
72 Vgl. Zentralverband gewerblicher Verbundgruppen e.V. u.a. (2003), S. 225 f.
73 Vgl. Morschett (2002), S. 45-49 und Berthon/Holbrook/Hubert (2003), S. 49-54.
74 Vgl. Frits/Holweg (2003), S. 33-40.
75 Vgl. Steiner (2001), S. 27 f. ; Siehe auch Padberg (2000), S. 45 ff.
76 Beispiele sind jeweils Fressnapf oder Shell-Tankstellen.
77 Vgl. Böhm (2001).
78 Vgl. Day/Mang/Richter/Roberts (2001), S. 46-61.

in der Vergangenheit als Filiale geführt wurde, bei einer Umwandlung in ein selbständiges Partner-Unternehmen plötzlich ein deutliches Umsatz- und Gewinnwachstum aufweist.[79]

Viele Franchising-Netzwerke verfügen nicht nur Franchise-Nehmer, sondern auch über eigene Filialen. Eine Reihe von Vorteilen eigener Filialen ist nicht zu bestreiten. So sind sie in Franchising-Netzwerken als Pilotbetrieben unerläßlich, um ein Konzept zu erproben, aber auch um das Markt-Know-How des Franchise-Gebers zu erhalten und Konzepte weiterentwickeln zu können. Zudem sind Filialen straffer zu führen, Preisbindung ist einfacher möglich, die Unternehmensdaten sind transparenter. Mischformen mit Franchise- und eigenen Betrieben können in bestimmten Situationen vorteilhaft sein, führen aber in der Regel zu Konflikten, beispielsweise aufgrund unterschiedlicher Führungskulturen.[80] Im Allgemeinen wird die Entwicklung der IuK-Infrastrukturen dazu führen, daß der Anteil an eigenen Filialen abnimmt. Die besseren Kontrollmöglichkeiten und die strafferen Führungsinstrumente, die heute noch bei Filialleitern im Vergleich zu Franchise-Nehmern vorhanden sind, werden teilweise durch „State of the Art"-IuK-Infrastrukturen wie integrierte Warenwirtschaftssysteme, Extranets und andere Systeme kompensiert.[81] Die Transaktionskosten des Franchising nähern sich somit tendenziell denen der Filial-Systeme.[82]

Ziel des folgenden Kapitels ist es nun, in groben Zügen die Besonderheiten des Managements verzweigter, stationärer Einzelhandelsunternehmungen, zu denen Franchising-Netzwerke ebenso zählen wie Filial-Systeme, aufzuzeigen.

1.2.3.3.1 Definitorische Abgrenzung

Franchising bezeichnet eine langfristige vertragliche Kooperation rechtlich selbständiger Unternehmungen. Eine davon (der Franchise-Geber) stellt den anderen (den Franchise-Nehmern) ein von ihm entwickeltes Beschaffungs-, Absatz- und Organisationskonzept, das sogenannte „System-Paket", entgeltlich zur Verfügung (siehe Abbildung 1-10).[83]

---

79 Edeka, Rewe und Tegut haben bis 2003 ihre alle ihre Filialen an selbständige Unternehmer übergeben. Dies geschieht zwar nicht unmittelbar in einem Franchising-System, aber in der Struktur ist die Beziehung mit einem Franchising-Netzwerk vergleichbar.

80 Vgl. Müller, M. (2000), S. 14-93.

81 Als „State of the Art"-IuK-Infrastruktur wird in der Folge jede Technologie verstanden werden, die informations- und kommunikationstechnologische Weiterentwicklungen seit einschließlich 2000 berücksichtigt. Diese Weiterentwicklungen müssen im Rahmen der Kernprozesse des stationären Einzelhandels einsetzbar sein und es müssen erste Unternehmen bereits mit dieser Technologie arbeiten. Außerdem muß die Technologie frei erwerbbar sein.

82 Vgl. Mandewirth (1997), S. 11-59.

83 Vgl. Flohr (2001), S. 41 ff. und Flohr (2002), S. 23 ff.

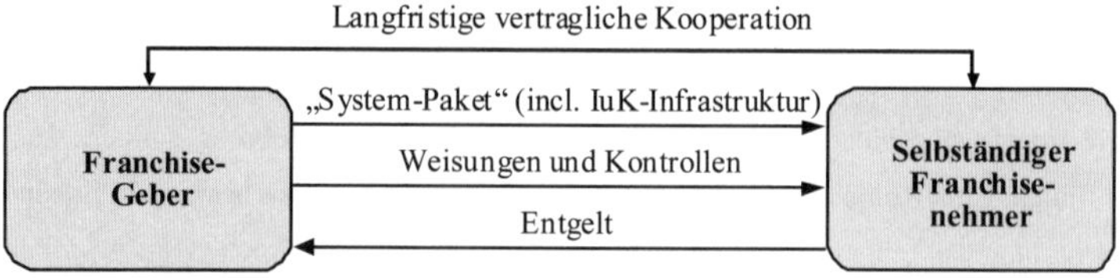

Abbildung 1-10: Grundprinzipien des Franchising;
Quelle: Sydow/Kloyer (1995), S. 8.

Der Franchise-Geber behält bestimmte Weisungs- und Kontrollrechte, um sein Konzept, inklusive der Marke, gegenüber den Franchise-Nehmern durchzusetzen. Die Franchise-Nehmer stellen idealtypisch Kapital, Arbeit und Information zur Verfügung und sind wirtschaftlich selbständige, unabhängige Unternehmer. Der Franchise-Geber ist für die Aus- und Weiterbildung der Franchise-Nehmer und die Weiterentwicklung des System-Pakets zuständig.[84]

Was zeichnet aber diese Partnerschaft für den gemeinsamen wirtschaftlichen Erfolg aus bzw. wie kann man Franchising gegenüber anderen Vertriebsmethoden abgrenzen? Maßgeblich ist heute der Begriff des Franchising aus dem Verhaltenscodex des Europäischen Franchise-Verbandes (EFF):

> „Franchising ist ein Vertriebssystem, durch das Waren und/oder Dienstleistungen und/oder Technologien vermarktet werden. Es gründet sich auf eine enge und fortlaufende Zusammenarbeit rechtlich und finanziell selbständiger und unabhängiger Unternehmen, den Franchise-Geber und seine Franchise-Nehmer. Der Franchise-Geber gewährt seinen Franchise-Nehmern das Recht und legt ihnen gleichzeitig die Verpflichtung auf, ein Geschäft entsprechend seinem Konzept zu betreiben. Dieses Recht berechtigt und verpflichtet den Franchise-Nehmer, gegen ein direktes oder indirektes Entgelt im Rahmen und für die Dauer eines schriftlichen, zu diesem Zweck zwischen den Parteien abgeschlossenen Franchise-Vertrages bei laufender technischer und betriebswirtschaftlicher Unterstützung durch den Franchise-Geber den Systemnamen und/oder das Warenzeichen und/oder die Dienstleistungsmarke und/oder andere gewerbliche Schutz- und Urheberrechte sowie das Know-how, die wirtschaftlichen und technischen Methoden und das Geschäftsordnungssystem des Franchise-Gebers zu nutzen.“[85]

---

84 Vgl. Tietz (1993), S. 12-25.

85 Diese im Vergleich zu den USA relativ strengen Maßstäbe entsprechen dem amerikanischen „Business Format Franchising“

Abbildung 1-11: Systemmerkmale des Franchising;
Quelle: In Anlehnung an Meurer (1997), S. 9 und Evanschitzky/Steiff (2000), S. 56.

Meurer entwickelt eine Systematik aus fünf konstitutiven Systemmerkmalen des Franchising (siehe Abbildung 1-11):[86] systembezogene Merkmale wie die vertikale Organisationsstruktur und die kooperativen Beziehungen, das Dauerschuldverhältnis als vertragsbezogenes Merkmal sowie statusbezogene Merkmale wie die rechtliche und finanzielle Selbständigkeit der Franchise-Nehmer unter der Systemführerschaft des Franchise-Gebers lassen sich differenzieren. Des weiteren ist aus Marketingsicht der einheitliche Marktauftritt und als funktionales Merkmal das arbeitsteilige Leistungsprogramm zu erwähnen.[87]

Franchising unterscheidet sich von anderen verwandten Vertriebsarten hinsichtlich Ausmaß und Intensität der Kooperation und rechtlichen und organisatorischen Belangen wie folgt:

Das Vertragshändlersystem ist kein detailliert geregeltes, einheitliches Vertriebssystem. Im Vordergrund steht der Warenvertrieb, der Hersteller besitzt keine Kontrollrechte, und im Vergleich zum Vertragshändler ist der Franchise-Nehmer stärker in das System eingebunden. Das Franchising-Netzwerk zeichnet sich durch ein wesentlich strafferes Management-, Organisations-, Marketing- und Werbekonzept aus. Ein Vertragshändler hat das Recht, die vom

86 Vgl. Meurer (1997), S. 9-15.
87 Vgl. Lee S. (2002), S. 107-122.

Vertragspartner hergestellten und vertriebenen Produkte in eigenem Namen und auf eigene Rechnung zu verkaufen, ist aber in die Verkaufsorganisation des Lieferanten eingegliedert. Oft wird auch ein Alleinvertriebsrecht des Vertragshändlers vereinbart.[88]

Der Handelsvertreter bzw. der Agent ist für einen oder mehrere Hersteller – in fremdem Namen und auf fremde Rechnung – gleichzeitig tätig. In der Regel bringen Handelsvertreter und Agenten kein eigenes Kapital ein und sind nicht an Verlusten beteiligt, d.h. sie tragen kein eigenes Warenrisiko. Als selbständiger Unternehmer vermittelt der Franchise-Nehmer keine Geschäfte, sondern handelt in eigenem Namen und auf eigene Rechnung.

Lizenzverträge überlassen dem Lizenznehmer die Rechte zur Nutzung von gewerblichen Schutzrechten (Marke, Patent, Name usw.), wobei es sich in der Regel um eine patentgeschützte Erfindung handelt. Der Einfluß des Lizenzgebers auf den Lizenznehmer ist sehr begrenzt. Lizenzsysteme haben weder ein eigenes Dienstleistungs- noch ein eigenes Marketingkonzept, hingegen besitzt das Franchising-Netzwerk zum Beispiel ein einheitliches Marketingkonzept, das wesentlich zu einer Bindung aller Beteiligten an das System beiträgt und den einheitlichen Marktauftritt nach außen gewährt.

Der Kommissionär ist selbständiger Kaufmann und kauft und verkauft Waren im eigenen Namen und auf fremde Rechnung. Dadurch ist auch er vor allem in rechtlicher Hinsicht deutlich von einem Franchise-Nehmer unterscheidbar.

Im Depotsystem verpflichtet sich ein Depotgeber gegenüber seinen Depositären (zum Beispiel Fachhändlern), die Vertragswaren nur an sie zu liefern. Die Depositäre erhalten vielfach Gebietsschutz und haben die Verpflichtung, das ganze Sortiment oder einen bestimmten Teil des Sortiments des Depotgebers zu führen. Dieser wiederum verpflichtet sich oft zur Rücknahme der nicht verkauften Waren. Die Bezahlung durch den Depositär erfolgt meist parallel zum Verkauf, wodurch dieser häufig weder ein Lagerrisiko noch eine Kapitalbindung hat. Depotsysteme können mit Franchising-Netzwerken kombiniert werden, doch fehlt auch ihnen die umfassende Kooperation innerhalb von Franchise-Systemen.[89]

Zusammenfassend läßt sich festhalten, daß die Beziehung zwischen Franchise-Nehmer und Franchise-Geber, im Vergleich zu den aufgezählten Vertriebsarten, eine höhere Intensität der Kooperation aufweist.[90]

Abstimmungsprozesse zwischen den einzelnen Franchise-Nehmern und der Systemzentrale können in eigens dafür eingerichteten Arbeitsgruppen erfolgen. Obwohl dieses Vorgehen mit höheren zeitlichen und finanziellen Aufwendungen verbunden ist, dient ein solches Vorgehen der permanenten und einheitlichen Weiterentwicklung des Franchising-Netzwerks,

---

88 Vgl. Kloyer (1995), S. 46-51.

89 Vgl. Frauenhofer (2002).

auch im Rahmen einer Unternehmensphilosophie. So wird das Auseinanderdriften der Ziele und Handlungen von Systemzentrale und Franchise-Nehmern verhindert:

> „Im Franchising übernimmt die Unternehmensphilosophie eine besondere Rolle, da Strategien nicht [– bzw. nur sehr schwer – (Anm. d. Autors)] angeordnet werden können. Nur wenn die qualitativen Ziele der Unternehmensphilosophie von den Franchise-Nehmern akzeptiert werden, sind diese in der Lage, einheitlich am Markt aufzutreten."[91]

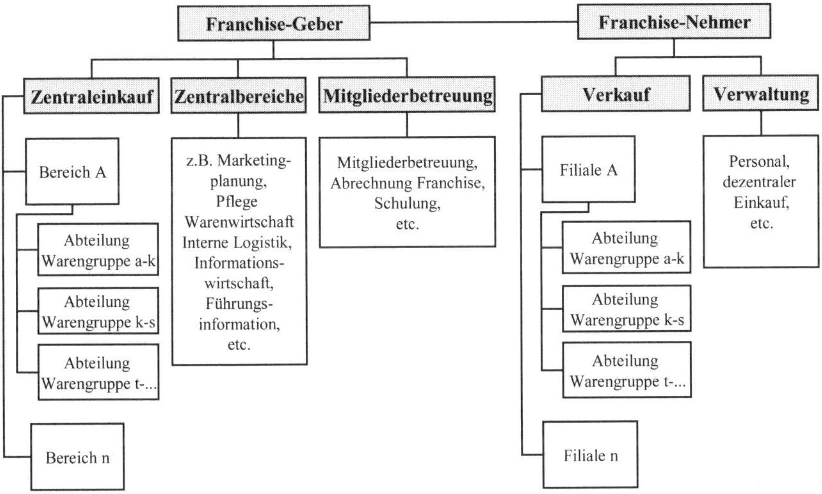

Abbildung 1-12: Organisationsstruktur von Franchising-Netzwerken;
Quelle: Eigene Überlegungen.

In bezug auf die Organisationsstruktur (siehe Abbildung 1-12) gilt eine klare Aufteilung:

Der Franchise-Geber übernimmt zentrale Funktionen wie z.B. Informationswirtschaft, Pflege der Warenwirtschaft, Marketingplanung, Mitgliederbetreuung, zentralen Einkauf, Logistik innerhalb des Systems sowie gegebenenfalls Führungsinformation (Controlling und Buchhaltung) etc. Der dezentrale Franchise-Nehmer ist für Funktionen wie Abverkauf, Personalwirtschaft seiner Mitarbeiter und die Repräsentation des Systems vor Ort zuständig.[92]

---

90 Diese in der Literatur häufig anzutreffende These wird in Kapitel 3.2 zu belegen sein.

91 Creusen (1993), S. 286.

92 Eine genaue Beschreibung des komplexen Beziehungsgeflechts zwischen Franchise-Geber und –nehmer auf der Daten-, Prozeß- und Funktionsebene ermöglicht das Handels-H von Becker/Schütte (1996), S. 25 ff.; siehe auch Zelewski (1999), S. 25 ff.

1.2.3.3.2 Strategische Franchising-Netzwerke

„Much more critical than a firm's size is the number of its linkages with other organizations.“[93]

Die bereits im vorangegangenen Kapitel beschriebene besondere Qualität der Beziehungen zwischen Franchise-Geber, und -Nehmer und ein gemeinsames Vertriebs- und Organisationskonzept beschreibt die Organisationsform „Strategisches Franchising-Netzwerk“. Trotz der rechtlichen und – in sehr eingeschränkter Weise – auch wirtschaftlichen Selbständigkeit handelt es sich nicht um rein marktliche Austauschbeziehungen,[94] vielmehr wird Franchising in der Literatur als hybride Organisationsform zwischen Markt und Hierarchie und somit als Unternehmungsnetzwerk bezeichnet.[95] Diese Organisationsform vereinigt die ökonomischen Vorteile der hierarchischen Integration[96] mit jenen einer marktlichen Koordination[97].

Dieser Logik folgend handelt es sich bei Franchisingsystemen um eine Ausprägung von „strategischen Netzwerken“[98]. Diese zeichnen sich dadurch aus, daß sie von einem oder mehreren fokalen Unternehmen strategisch geführt werden. Die strategische Führung[99] äußert sich beispielsweise darin, daß der Markt, auf dem das Franchising-Netzwerk tätig ist, im wesentlichen von einer fokalen Unternehmung definiert wird. Sie dominiert Art und Inhalt der Strategie, mit der der Markt bearbeitet wird, und bestimmt über Form und Inhalt der Interorganisations- bzw. Netzwerkbeziehungen.[100] Dies gilt auch für Beziehungen, in welche das die Netzwerk führende Unternehmung nicht selbst eingebunden ist (z.B. Stimulierung einer Kooperation zwischen Franchise-Nehmern). Obwohl der polyzentrische Charakter des Netzwerks erhalten bleibt, verantwortet die fokale Unternehmung eine Art strategische Metakoordination der ökonomischen Aktivitäten.[101] Sie steuert mit Selektionsentscheidungen, gestaltet Anreiz- und Kontrollsysteme und entscheidet bzw. überwacht den Einsatz von Informations- und Kommunikationsinfrastruktur. Dieser Prozeß wird in der industriesoziologischen Forschung als „systemische Rationalisierung“ bezeichnet.[102]

Besonders wichtig bei der strategischen Führung von Franchising-Netzwerken ist folglich das „Beziehungsmanagement“[103]. Damit sind sogenannte „boundary spanning“-Thematiken

---

93 Jarillo (1988), S. 33.
94 Vgl. Rößl (1994), S. 56 f.
95 Vgl. Sydow (1992), S. 98 ff. und Brickley/Dark (1987), S. 408-412.
96 z.B. Economies of Scale und Übertragung komplexen Wissens.
97 z.B. höhere Flexibilität, Unternehmermotivation und geringeres Kapitalrisiko.
98 Vgl. Jarillo (1988), S. 31-41.
99 Vgl. Kirsch (1993), Sp. 4094-4111 und Gassmann/Fuchs (2001), S. 346 - 353.
100 Vgl. Sydow (1994a), S. 24; Buono (1996); Bühner (1989), S. 223 f. und Domke-Damote (2001), S. 45 f.
101 Vgl. Malone/Crowston (1994), S. 87-119 und Corsten (2001), S. 42-58.
102 Vgl. Baetge/Oberbeck (1986); siehe auch Tacke (1997), S. 1 ff.
103 Vgl. Diller/Kusterer (1998), S. 211-220 und Bruhn/Stauss (2002), S. 41-84.

verbunden: „serve to functionally relate the organization to its environment“[104]. Hauptaufgaben im Mittelpunkt des Beziehungsmanagements sind die Suche nach Informationen inner- und außerhalb des strategischen Netzwerks sowie die Informationsweitergabe, die Koordination der Transaktionen sonstiger In- und Outputs sowie die Motivation und Kontrolle der Netzwerkunternehmungen.[105]

1.2.3.3.3 Business Format Franchising und Strategische Franchising-Netzwerke

Zu Beginn von Kapitel 1.2.3.3 wurden die Grundtypen des Franchising vorgestellt und der Fokus auf das Vertriebs- bzw. Handels-Franchising dargelegt (siehe Abbildung 1-9). Eine besondere Ausprägung dieses Bereiches stellt das – stark vom größten Franchisemarkt USA beeinflußte – Business Formate Franchising dar.

Derzeit verändern sich die Vorstellungen davon, was Franchising ist. In deutschen Gesetzen ist Franchising nicht fest definiert. Als die Väter des Franchising in Deutschland bei der Gründung des Deutschen Franchise-Verbandes 1978 Franchising definierten, legten sie strenge Maßstäbe an: in Deutschland sollte nur das als Franchising gelten, was der amerikanischen Variante „Business-Format-Franchising“[106] entspricht – ein straff organisierter, arbeitsteiliger Verbund mit umfassender Unterstützung der Franchise-Nehmer durch die Zentrale.

Andere (insbesondere in den USA übliche) Varianten wurden ausgeschlossen: „Trade Name Franchising“ und „Straight Product Distribution Franchising“. Im ersten Fall nutzt der Franchise-Nehmer die Marke des Lieferanten seiner technischer Ausstattung (z.B. Waschsalon), im zweiten arbeitet er unter der Marke des Lieferanten seiner Handelsware. Häufig unterstützt der Franchise-Geber seine Partner mit begrenzten (fakultativen) Dienstleistungen.[107] In anderen europäischen Ländern waren die Hüter des Franchising großzügiger, und dort ist der Rahmen des Franchising weiter gesteckt. Mit zunehmender europäischer Integration und unter dem Druck der in der Praxis etablierten Formen dürfte sich auch in Deutschland zunehmend ein breiter angelegtes Begriffsverständnis durchsetzen: die Franchise-Landschaft wird vielfältiger.[108]

---

104 Adams (1980), S. 328; Russ/Ferris (1998), S. 125 ff. und siehe auch Friedman/Podolny (1992), S. 28-47.

105 Vgl. Sydow (1994b), S. 25. Siehe auch Mitchell (1967), S. 12: „A specific set of linkages among a defined set of actors, with the additional property that the characteristics of these linkages as a whole may be used to interpret the social behavior of the actors involved" „a specific set of linkages among a defined set of actors, with the additional property that the characteristics of these linkages as a whole may be used to interpret the social behavior of the actors involved". Siehe auch Frey/Osterloh (1997), S. 307-321.

106 In der Literatur wird überwiegend die Übersetzung „Leistungsprogramm-Franchising“ benutzt. Da der amerikanische Franchising-Markt Relevanz für den Empirie-Teil hat, wird der Begriff des Business-Format-Franchising weiterverwendet.

107 Vgl. Stauss (2003) und Andrews/Perlstein (2001), S. 5 f.

108 Vgl. Plave (2002), S. 17 ff.

Mit zunehmendem Wettbewerbsdruck bilden sich im Franchise-Bereich zwei Pole heraus: Hochentwickelte Business-Format-Franchising-Netzwerke, straff organisiert, hochgradig integriert und mit umfassendem, obligatorischem Servicepaket. Zu diesem Pol gehören auch gemischte Systeme, die zunehmend durch Teilprivatisierung und/oder Netzverdichtung und Filial-System entstehen. Lose Lizenz-Systeme (häufig „Soft-Franchise-Systeme" genannt) agieren mit geringen Vorgaben für Strukturen und Prozesse und einem fakultativen Serviceangebot („Cafeteria-Modell").[109] Der „harte" Pol ist leistungsorientiert, erfordert hohe Professionalität und Disziplin. Der „weiche" Pol nutzt den Multiplikator-Effekt des Franchising mit minimalen Investitionen – Voraussetzung sind allerdings deutliche Wettbewerbsvorteile wie exklusive Bezugsquellen oder große Marken. Die Vision von der Entwicklung der deutschen Franchise-Landschaft nach der Jahrtausendwende ähnelt dem Bild in den Absatzmärkten: unter zunehmendem Druck schwindet die Mitte, die Pole wachsen, differenzierte Formen mit jeweils speziellen Stärken können sich behaupten. Für die Mittelmäßigkeit der „Mitte" bleibt immer weniger Raum.

Der festzustellende Zuwachs beim „Soft-Franchising" hat mehrere Quellen. Eine davon ist die „Aufweichung" schwacher Franchising-Netzwerke, die heute in Form magerer Business-Format-Systeme im Mittelfeld (mit mittlerem Erfolg), einer weiteren vertikalisierende Verbundgruppe des Handels, operieren. Nachdem Einkaufsvorteile keine „Lebensversicherung" mehr sind, müssen die Kooperationen zwangsläufig ihre Aktivitäten auf der Absatzseite intensivieren. Franchising ist hier der logische Weg[110]. Außerdem zu nennen sind Trade-Name-Franchise-Systeme in Dienstleistung und Handwerk sowie „Straight Product Distribution"-Franchising-Netzwerke im Sinne eines straffen Vertragshandels.

Das klassische (weil in der Praxis häufigste) Franchising-Netzwerk, meist mittelständischen Ursprungs, liegt heute noch im Mittelfeld. Es bietet eine Marke mit (noch) geringem Bekanntheitsgrad, begrenzte Aufbauhilfen, Grundschulung, gelegentliche Fortbildung und eine extensive Betreuung. Die Wettbewerbsvorteile sind gering.

Sind keine Wettbewerbsvorteile durch graduelle Professionalisierung realisiert worden, dürfte auch in Zukunft häufig der Fall auftreten, daß der zu multiplizierende Geschäftstyp keine besonderen Vorsprungsmerkmale aufweist. Dies gilt z.B. für den Fachhandel, Fast Food-Gastronomie, Reinigungs- und Handwerksbetriebe. In diesem Fall sind Wettbewerbsvorteile nur durch die Perfektionierung sämtlicher Funktionen möglich. Im Mittelpunkt dieser Bestrebungen steht die „State of the Art"-IuK-Infrastruktur, die eine größtmögliche Prozeßef-

---

109 Wagner (1991), S. 34-46; siehe auch Treubling (1990), S. 3-6.

110 ZGV-Präsident Jochen Graf von Schwerin zu dieser Thematik in „Synergien" 1/2002; S. 28: „Der Gedanke, daß Kooperationen auf der Basis von Freiwilligkeit basieren, ist überholt. Verbundgruppen kommen an franchiseähnlichen Strukturen mittelfristig nicht mehr vorbei." Vgl. Flocken (2001), S. 42 ff. und Dautzenberg (1996), S. 13-32.

fizienz sicherstellen soll. Nur mit deren Hilfe kann auf Dauer ein konsequentes „Business Format"-Franchising die notwendigen Wettbewerbsvorteile liefern.

Bei diesem leistungsintensiven Typ wird das für Franchising typische Fließbandprinzip der Arbeitsteilung und Spezialisierung voll realisiert. Es entsteht eine so enge Verzahnung der beiden Stufen (Zentrale und „Outlet"), daß diese Systeme vom Markt als Einheit wahrgenommen werden.

Im Rahmen des vorliegenden Promotionsvorhabens stehen Business-Format-Franchising-Netzwerke im Mittelpunkt der Betrachtungen. Allerdings sind „Soft Format"-Systeme deshalb nicht per se ausgeschlossen, weil die sicherzustellende Modularität von „State of the art"-IuK-Infrastrukturen – im Sinne eines Cafeteria-Modells (s.o.) – auch selektiv auf diese Netzwerke angewendet werden können.

Innerhalb des „Business Format"-Franchising sind folgende Dimensionen zu unterscheiden (siehe Abbildung 1-13): Systemstruktur, Systemleistung, Systemgenese, Dominanz im System und Verhältnis zwischen Kapitaleigentümer und Leiter des Franchisebetriebes.

Auf der Gesamtsystemebene der Systemstruktur bezieht sich die Durchgängigkeit auf den Grad, in welchem die Zentrale mit Franchise-Nehmern arbeitet oder Outlets in Eigenregie führt. Da empirisch belegt ist[111], daß erfolgreiche Franchising-Netzwerke immer auch eigene Outlets leiten, werden beide Ausprägungen im Fokus des vorliegenden Promotionsvorhabens stehen.

[111] Vgl. DFV (2000), S. 13-15. Siehe auch Maas (1990), S. 51-93.

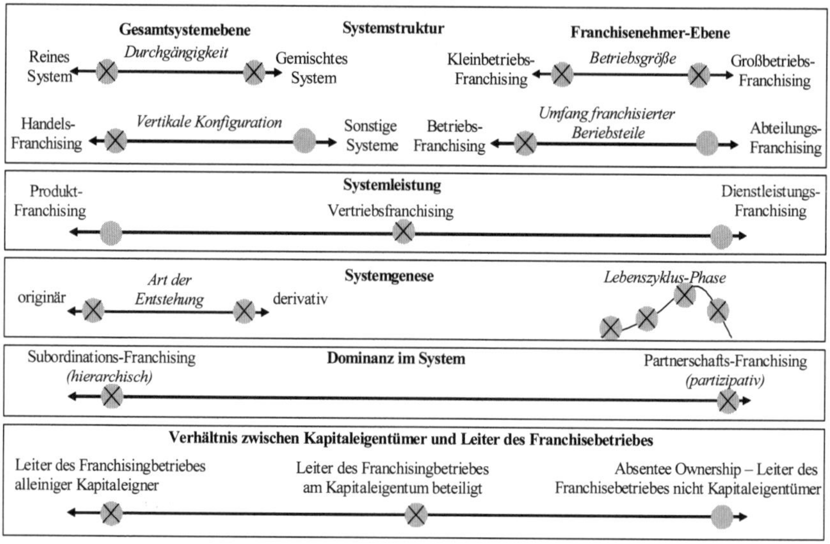

Abbildung 1-13: Typologie Business-Format-Franchising;
Quelle: Eigene Überlegungen in Anlehnung an Ahlert, M. (2001), S. 199.

Bei der vertikalen Konfiguration geht es um die Art und institutionelle Zuordnung der Systempartner zu verschiedenen Wirtschaftsbereichen und -stufen. Im Rahmen der Untersuchung wird Handelsfranchising im Mittelpunkt stehen, also die Verbindung von stationären Einzelhändlern als Franchise-Nehmer mit Herstellern oder Großhändlern als Franchise-Geber. Um neu gegründete, innovative und schnell wachsende Franchising-Unternehmen nicht auszuschließen, werden neben den Großbetriebs-Franchisingunternehmungen auch Kleinbetriebs-Franchisingunternehmen in der Untersuchung berücksichtigt. Bezüglich der Systemleistung wird Maas gefolgt, der drei Typen unterscheidet:[112]

Produkt- oder Produktionsfranchising: Der Franchise-Nehmer erhält vom Franchise-Geber das Recht und Know-How, Waren zu produzieren bzw. weiterzuverarbeiten und zu verkaufen (z.B. Coca-Cola).[113] Die Einhaltung der Qualitätsstandards steht im Mittelpunkt dieser Ausprägung.

Vertriebsfranchising: Die Geschäftstätigkeit des Franchise-Nehmers besteht im Vertrieb von Waren, die er nicht selbst hergestellt hat. Hier kann weiter danach unterschieden werden, ob die Waren unter dem Namen des Franchise-Gebers von einem Zulieferer produziert wer-

112 Vgl. Maas (1990), S. 28 f.
113 Vgl. Tietz (1991b), S. 30 ff.

den (z.B. Der Teeladen) oder der Franchise-Geber Waren von Dritten bezieht, die nicht unter seinem Namen verkauft werden (z.B. OBI, Ihr Platz).[114]

Dienstleistungsfranchising: Der Franchise-Nehmer verkauft nicht oder nur in geringem Umfang Ware, sondern erstellt vom Franchise-Geber entwickelte Dienstleistungen (z.B. Sun Point, Holiday Inn).[115]

Untersuchungsgegenstand für die vorliegende Promotion ist nur Punkt zwei, das Vertriebsfranchising.

Die Systemgenese beschreibt die Art der Entstehung des Systems.[116] Findet eine Systemexpansion durch Neugründung franchisierter Betriebe statt, spricht man von originärem Franchising. Derivatives Franchising liegt dagegen vor, wenn Filial-Systeme oder Verbundgruppen umgewandelt werden (s.o. Soft-Franchising). Beide Arten stehen im Fokus des Promotionsvorhabens.

Da das Alter und die Lebenszyklusphasen von Franchising-Netzwerken sehr starken Einfluß auf die Gestaltung und Nutzung von IuK-Infrastrukturen und somit auf die Effizienz haben, werden alle Phasen in der Entwicklung von Franchising-Netzwerken untersucht.

Betrachtet man die Differenzierung nach der Dominanz im Franchising-Netzwerk, muß die Frage nach den Machtverhältnissen diskutiert werden.[117] Subordinationsfranchising bedeutet, daß der Franchise-Geber die Systemführung ohne jeden Zweifel übernommen hat. Diese Ausprägung ist vor allem dann anzutreffen, wenn der Systemkopf genaueste Informationen über die Nachfrager benötigt und auch besitzt, um das System langfristig erfolgreich führen zu können (z.B. McDonald´s[118]). Je wichtiger die lokalen Gegebenheiten für den Erfolg des Franchise-Nehmers sind, desto mehr Entscheidungsfreiheiten benötigt er und desto flexibler und modularer muß die IuK-Infrastruktur anpaßbar sein. Tietz[119] unterscheidet in diesem Zusammenhang: systemkopfdominante, systempartnerdominante und ausgewogene Franchising-Netzwerke. Je partnerschaftlicher das System ausgeprägt ist, desto mehr Informations[120]- und Kommunikationsbedarf[121] wird bestehen.

---

114 Vgl. Tomczak (1992, 1999).

115 Vgl. Fenwick (2001), S. 22 f.

116 Vgl. Meurer (1997), S. 14

117 Vgl. Martinek (2000), S. 159 f.; Crozier/Friedberg (1993), S. 44-59 und Neuberger (1995), S. 91-96.

118 Love (1996), S. 67; Alon (2001), S. 111 ff. und Dzinkowski (2001), S. 30.

119 Vgl. Tietz (1991a), S. 34 f.

120 Bezüglich der Klärung und empirischen Bestimmung des Begriffs „Informationsbedarf“ geht Szyperski davon aus, daß man den Informationsbedarf sowohl aus der Sicht der gestellten Aufgabe als auch aus der Sicht des Informationssubjektes betrachten kann: „Aufgabenorientierung führt zur Abgrenzung jener Informationen, die benötigt werden sollten, während die Subjektorientierung solche Informationen herausstellt, die der Benutzer brauchen kann bzw. will:“ (Szyperski (1980), Sp. 905). Diese Definition impliziert eine Schnittmenge von benötigten Informationen, die sich durch eine aufgabenorientierte Bedarfsanalyse ergibt und die jedem Aufgabenträger ein Zusatzangebot an Informationen bereitstellt, das die unterschied-

Am meisten Einfluß auf die Gestaltung und die Funktionen der IuK-Infrastruktur hat i.d.R. die Kapital- bzw. Eigentümerstruktur des Franchising-Netzwerks.[122] Soweit der Kapitaleigentümer mit dem Leiter des Franchise-Nehmerbetriebes identisch ist, treten erheblich geringere Informationsprobleme auf als im Falle des „Absentee Ownership", in dem der Franchise-Nehmer die Betriebsführung auf andere überträgt. Hier kann es zu komplexen Dreiecksverhältnissen zwischen Franchise-Geber, -Nehmer und Betriebsleiter kommen. Da dieser Fall aber empirisch nicht sehr signifikant ist, wird er vorerst nicht in die Betrachtungen dieser Arbeit einbezogen.

1.2.4 Zusammenfassung der Konzentrations- und Kooperationsformen des Handels

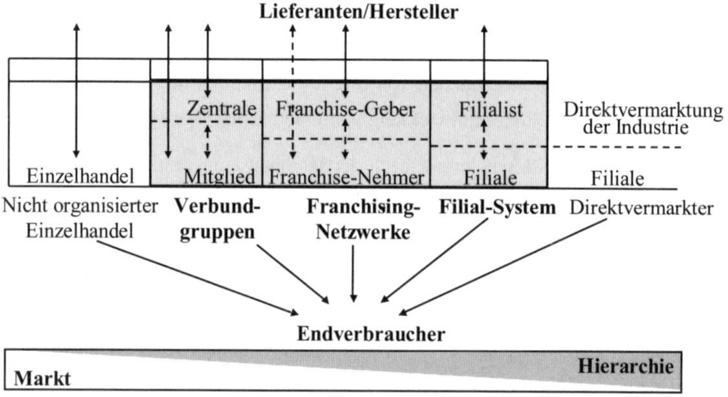

Abbildung 1-14: Übersicht der unterschiedlichen Handelssysteme;
Quelle: In Anlehnung an Müller-Hagedorn (1998), S. 51.

Die meisten Gemeinsamkeiten bestehen zwischen Franchising-Netzwerken und Verbundgruppen. Diese sind gekennzeichnet durch ein dezentrales Absatzsystem, rechtliche Selbst-

---

lichen Fähigkeiten und Neigungen der Informationsnachfrager berücksichtigt. Demgegenüber wendet Brockhoff ein, daß die von Szyperski vorgeschlagene aufgabenorientierte Abgrenzung in der Praxis nicht vorstellbar sei. Er schlägt vor, den Informationsbedarf als Vereinigungsmenge aller (individuellen) Informationsbedürfnisse zu definieren. Damit wird sichergestellt, daß keinem Entscheidungsträger die für seinen individuellen Problemlösungsweg notwendigen Informationen fehlen (Brockhoff (1983), S. 54). Der Autor verwendet in der Folge Brockhoffs Definition. Siehe auch Brockhoff/Hausschildt (1993), S. 396-403.

121 Kommunikation wird in der Folge verstanden als „ ... Möglichkeit zur Überwindung bzw. zumindest die Ergänzung einer einseitig unternehmensgesteuerten Massenkommunikation in Form einer dialogischen, multimedialen (d. h. mehrere Sinne ansprechenden) und vom Nutzer kontrollierten Kommunikation." Becker (1999), S. 187f.

122 Vgl. Tietz (1991a), S. 49 f.

ständigkeit der Systemunternehmungen, d.h. Handeln im eigenen Namen und auf eigene Rechnung, aber nicht unbedingt in „rechtlich selbständigen Vertriebstellen", Arbeitseinsatz und Kapitaleinsatz des Systemnehmers sowie die Benutzung einer gemeinsamen Marke und eventuell eines gemeinsamen Namens.[123]

Nachdem die verschiedenen Handelsformen grob dargestellt wurden, faßt Abbildung 1-14 die Beziehungen zwischen Hersteller/Lieferant und Endverbraucher mit all den in der Praxis anzutreffenden Ausprägungen zusammen.

Abbildung 1-15 stellt die Unterschiede und Gemeinsamkeiten von Filial-Systemen, Franchising-Netzwerken und Verbundsystemen dar.

Kriterium	**Filial-System**	**Franchising-Netzwerk**	**Verbund-System**
Systemsteuerung	Unternehmensziel	Vertrag	Vertrag
Organisation	zentral	**dezentral**	keine
Zusammenarbeit	vertikal weisungsgebunden	**vertikal kooperativ**	locker bis keine
Kommunikation	Anweisung	**Austausch**	Kontrolle
Information	Austausch	**Austausch**	wenig
Controlling	Berichtswesen	**Servicelstg. FG**	nicht existent
Standards	vorgegeben	**gesteuert**	keine
Know-How-Generierung	in der Zentrale	**gemeinsam**	einmalig vom Geber
Partizipation	teilweise eingebunden	**eingebunden**	keine

Abbildung 1-15: Idealtypische Unterschiede/Gemeinsamkeiten der Organisationsformen;
Quelle: Eigene Überlegungen in Anlehnung an Peckert/Erdmann/ Kiewitt (2001), S. 34, und Meuer (1997), S. 97 f.

Während in klassischen stationären Filial-Systemen die Steuerung über Unternehmensziele läuft, erfolgt sie bei Franchising-Netzwerken und Verbund-Systemen über Verträge, wobei darauf hinzuweisen ist, daß variable Entgeltbestandteile eines Filialleiters zur Steuerung beitragen. Der zentral organisierte Systemhintergrund eines Franchising-Systems in Verbindung mit dezentraler Managementverantwortung des Franchise-Nehmers unterscheidet sich deutlich von der vertikal weisungsgebundenen Zusammenarbeit des Filial-Systems. In Verbund-Systemen findet weder ein zentrales Controlling noch eine gemeinsame Know-How-

[123] Vgl. Kaub (1992), S. 172.

Generierung statt. Während Partizipation in Filial-Systemen klein geschrieben wird, haben die Franchise-Nehmer aktiven Einfluß auf die Entwicklung „ihres“ Franchising-Netzwerkes.[124]

Zusammenfassend läßt sich festhalten, daß in Franchising-Netzwerken ein intensiverer und qualitativ hochwertigerer Kommunikations- und Informationsaustausch stattfindet. Diese Tatsache muß sich zwangsläufig auch auf die wirtschaftliche sowie informations- und kommunikationstechnische Vernetzung der IuK-Infrastruktur auswirken. Verbundgruppen werden in der Folge aufgrund ihrer zunehmenden Ähnlichkeit zu Franchising-Netzwerken, nicht mehr gesondert analysiert, Filial-Systeme und Franchising-Netzwerke unter dem Oberbegriff Einzelhandels-Systeme zusammengefasst.

---

124 Vgl. Gawenda (2002), S. 34-67.

1.3 Bestandsaufnahme und Würdigung von Forschungsansätzen mit Bezug zur interorganisationalen Organisationsforschung

> Organisation ist Strukturation, die ihre Naivität, ihre Naturwüchsigkeit, ihre Unschuld verloren hat – reflexive Strukturation. [125]

Netzwerkbeziehungen gewinnen unter den Bedingungen der Wissensgesellschaft erheblich an Bedeutung gegenüber tradierten Formen der Koordination von Marktbeziehungen oder hierarchischer Organisation. Insbesondere bei der Erschließung von Innovationspotentialen, der Zusammenführung komplementärer Ressourcen und kapitalextensivem Wachstum erweist sich Netzwerkkommunikation als Instrument von überlegener Effizienz und Anpassungsfähigkeit.[126]

Mit diesem Bedeutungszuwachs korrespondiert eine Fülle empirischer Studien sowie mehrere Vorschläge zur Präzisierung von Netzwerktheorien. Gleichwohl ist zu konstatieren, daß sich die teilweise beträchtlich divergierenden, teils disziplinär, teils multidisziplinär angelegten und generalisierenden Konzeptualisierungen noch nicht in einer integrativen Netzwerktheorie zusammenführen lassen.[127]

Die Praxis des Managements von Franchising-Netzwerken bedarf der theoretischen Stützung.[128] Da Franchising-Netzwerke per Definition interorganisatorische Beziehungen beinhalten, liegt es nahe, grenzüberschreitende Informations- und Kommunikations-beziehungen in Franchising-Netzwerken mit Hilfe interorganisationstheoretischer Ansätze zu analysieren. Die für die Analyse von Unternehmungsnetzwerken am häufigsten herangezogenen Ansätze sind die Principal Agency- und die Transaktionskostentheorie.

Wie würden diese Ansätze auf die Frage nach spezifischen Informations- und Kommunikationsbedarfen in Franchising-Netzwerken im Vergleich zu Filial-Systemen des Einzelhandels und deren Begegnung durch den effizienten Einsatz von Informations- und Kommunikationsinfrastruktur antworten?

---

125 Windeler (2001), S. 315.

126 Vgl. Hausschildt (1998) und Hausschild/Gemünden (1999) sowie Gemünden/Walter (1995).

127 Vgl. bspw. Sydow (1992); Picot (1991), S. 143 ff., Ortmann/Sydow (2001); Blutner/Wiesenthal (2001); Wiesenthal (2000) und Klein (1996) sowie Bellmann/Hippe (1996), S. 3-18.

128 Vgl. Steinmann/Hennemann (1993), S. 95 ff.

1.3.1 Anforderungen an eine Theorie zur Erklärung von Netzwerkorganisationen

> „Briefly, we must understand under which circumstances a network arrangement can be more efficient than both a purely 'market' relationship or an integrated solution; that is, we must look at the 'differential efficiency of alternative organizational forms'.[129]

Der theoretische Erklärungsansatz, um die Entwicklungen von Netzwerkorganisationen erklären zu können, sollte diejenigen Bedingungen aufzeigen, unter denen Netzwerkorganisationen anderen Organisationsformen im Hinblick auf bestimmte Kriterien überlegen sind. Er muß Aufschluß darüber geben, warum Unternehmen kooperieren und wie diese Kooperationen gestaltet werden können. In Forschung und Praxis existiert allerdings noch keine allgemein akzeptierte Theorie der Unternehmenskooperation.130 Vielmehr versucht jede Forschungsrichtung, ihre eigene Perspektive einzubringen, was o.g. Vorhaben verhinderte. Im Zusammenhang mit der Diskussion um neue Managementkonzepte und Organisationsformen wendet sich die praxisorientierte Organisationslehre zunehmend der Frage zu, wie die Informationstechnik in das organisatorische Geschehen auf geeignete Weise zu integrieren ist.[131]

1.3.2 Notwendige Integration der Informationstechnik in die Organisationstheorie

> „Während für Fach- und Führungskräfte in Unternehmen die Berücksichtigung der Wechselwirkungen zwischen informationstechnischer Entwicklung und ökonomischem Erfolg eine Selbstverständlichkeit ist, besteht in der ökonomischen Theoriebildung ein erhebliches Defizit."[132]

Fällt im allgemeinen Sprachgebrauch der Begriff „Informationsgesellschaft", so erscheint eine Erweiterung des Erkenntnisobjekts der Organisationstheorie um die wechselseitigen Wirkungen zwischen Informationstechnik und Organisation von Netzwerken unausweichlich. Die Entwicklung organisatorischer Konzepte ist heute ohne Einbeziehung der Informationstechnik undenkbar, denn fast immer verändert Informationstechnik Strukturen und Abläufe der Organisation.[133] Angesichts der hohen Bedeutung dieser Wechselwirkungen sollte man erwarten, daß sich das Verhältnis auch in der ökonomischen Theoriebildung wiederfindet. Ein Blick in die Literatur zeigt jedoch, daß die Auseinandersetzungen mit der IuK-Infrastruktur trotz vielfältiger Veränderungen, die mit ihrem Einzug in die Praxis einhergegangen sind, kaum geführt wird. Die Informationsorientierung betriebswirtschaftlicher Theorie bleibt mit dem

---

129 Jarillo (1988), S. 33.

130 Vgl. hierzu die multidisziplinären Ansätze in Sydow (1992a), S. 224-234.

131 Vgl. Staudt/Merker (2001), S. 133.

132 Staudt/Merker (2001), S. 125.

133 Vgl. Rolf (1998), S. 7.

Hinweis umstritten, daß zwar vereinzelt Fallstudien und Untersuchungen existieren, diese aber den theoretischen Diskurs kaum tangieren.[134] Diese Forschungslücke ist nicht zuletzt darauf zurückzuführen, daß vielschichtige Probleme thematisiert werden, deren Untersuchung einen interdisziplinären theoretischen Rahmen erfordern, welcher bisher nicht vorliegt. Umso schwieriger ist es, angesichts dieses Defizits auf konkrete betriebliche Folgen, organisatorische Probleme und ökonomische sowie gesellschaftliche Konsequenzen des Einsatzes von Informationstechnik einzugehen.

> „Ohne sich in Spekulationen, vagen Vermutungen oder dem Rat selbsternannter Experten zu verlieren. Hier besteht trotz wohllautender Ratschläge einer akademisch aufgeladenen Beraterszene eine Forschungslücke, die es zu schließen gilt, ehe man sich an aggregierte Aussagen über globale Folgen organisatorischer Veränderung heranwagt. Trotz oder wegen dieses Forschungsdefizits kommen Erklärungsansätze des Wandels industrieller Gesellschaften nicht umhin, über eben diese mikroökonomischen Umsetzungsprozesse Annahmen zu tätigen, die auf technisch-ökonomischen Sachzwängen beruhen und bei näherer Betrachtung nicht frei von Widersprüchen sind."[135]

1.3.3 Problemsicht der Principal Agency-Theorie

Die Principal Agency-Theorie untersucht Vertragsbeziehungen, mittels derer ein Auftraggeber Aufgaben an einen Auftragnehmer delegiert. Dabei beleuchtet sie insbesondere die Frage der Handlungsmotivation unter den Bedingungen asymmetrischer Informationen einerseits und der Verfolgung von Eigeninteressen (Opportunismus) andererseits.[136] Das Hauptanliegen der Agency-Theorie ist die Klärung der Frage, welche vertraglichen und organisatorischen Regelungen unter diesen Bedingungen eine gleiche Ausrichtung der unterschiedlichen Interessen von Principal und Agent gewährleisten können.[137]

Opportunismus drückt sich in Franchising-Netzwerken meist in Form von zu geringen Investitionen und „Free Riding" aus.[138] Vor allem das zentrale „Asset" eines Franchising-Netzwerks, die Marke, ihre Bekanntheit und das Image, reizen Franchise-Nehmer zum „Free Riding". Dabei werden die mit der Marke verbundenen Qualitätsstandards unterlaufen, um auf individueller Ebene Kosten zu reduzieren.[139] Das Problem des „Free Riding" tritt besonders dann auf, wenn die Marke etabliert und der Stammkundenanteil gering ist.[140] Ein Standardbeispiel in diesem Zusammenhang sind Autobahnraststätten: Eine einmalige Enttäu-

---

134 Vgl. Burgfeld (1999), S. 100.

135 Staudt/Merker (2001), S. 216.

136 Vgl. Spremann (1990), S. 561 ff. Siehe auch Küster (2000), S. 50-82.

137 Vgl. beispielsweise Elschen (1991); Eisenhardt (1989a), S. 59; Eisenhardt (1989b), S. 540 ff. und Hax (1991), S. 51-72.

138 Vgl. Carney/Gedajlovic (1991), S. 609 f.

139 Vgl. Alchian/Demsetz (1972), S. 777 ff.

140 Vgl. Kunkel (1994), S. 135 ff. und Sydow (1994a), S. 19 f.

schung des Kunden durch ein schwarzes Schaf hat negative Auswirkungen auf alle anderen Franchise-Nehmer und schließlich den Franchise-Geber.

Ansatzpunkte zur Lösung dieser Agency-Probleme ist aus Sicht der Principal-Agency-Theorie die Gestaltung des Anreiz- und Kontrollsystems.[141] Das für ein Franchising-Netzwerk typische Anreizsystem ist das erfolgsabhängige Entgelt in Form des Residualeinkommens nach Abzug der Franchisegebühr. Das unter Vorbehalt geltende Recht, die Franchise zu verkaufen, ermöglicht dem Franchise-Nehmer die Option einer zusätzlichen finalen Entlohnung. Dies ist ein gravierender Unterschied zum Filial-System.

In der Logik der Principal Agency-Theorie ist die Existenz von Franchising-Netzwerken das Ergebnis des Versuchs, Überwachungs- und Kontrollkosten zu minimieren. Eine Bevorzugung des Franchising gegenüber dem Filial-System erklärt sich damit aus den geringeren „Agency Costs".[142] Beispielsweise ist aus der Perspektive der Principal Agency-Theorie zu erwarten, daß in geographisch nahe zur Zentrale gelegenen Outlets eher Filialen, in entfernteren Gebieten eher Franchise-Nehmer vorzufinden sind. Zudem läßt die Theorie, der gleichen Logik folgend, in dicht bevölkerten Regionen Filialen, in eher unterdurchschnittlich bewohnten Gegenden hingegen Franchise-Outlets dominieren. Beide Vermutungen bestätigen sich aber empirisch nicht.[143]

1.3.4 Problemsicht der Transaktionskostentheorie

Sieger im Wettbewerb der Systeme ist das Koordinationsmodell, welches „ceteris paribus" die kleinste Summe aus Bürokratie-, Transaktions- und Kooperationskosten aufweist.[144]

Aus dieser Perspektive befinden sich die Franchising-Netzwerke in einem Dilemma. Denn als kooperative Unternehmensnetzwerke mit Systemkopf geraten sie in Gefahr, die Nachteile integrierter Systeme (hohe Bürokratiekosten durch zentrale Steuerung) mit den Transaktionskostennachteilen einzelner, unabhängiger und vertikal ungebundener Akteure zu verknüpfen sowie zusätzlich noch Kooperationskosten zu generieren! Es besteht somit ein schmaler Grad zwischen hohen Effizienzeinbußen und Stabilitätsgefahren als Folge einer nicht genügend weit reichenden zentralen Koordination im Gegensatz zu einer überbordenden Bürokratie.[145] Das rein hierarchische Filialsystem ist laut Transaktionskostentheorie aufgrund

141 Vgl. Jensen/Meckling (1976), S. 305-360.
142 Vgl. Picot/Wolff (1994), S. 231 ff.
143 Vgl. Sydow (1994b), S. 104 ff.
144 Williamson (1985) und Ahlert (2001), S. 25 f.
145 Vgl. Ahlert, M. (2001), S. 25 f. und Altmann (1996), S. 13 ff.

größerem Opportunismus und geringerer Motivation (Entgeltsystem mit meist anteiligem Fixum) mit komparativen Transaktionskostennachteilen verbunden.[146]

Bei funktionierendem Systemwettbewerb ist die Ausschöpfung aller Gewinnchancen gleichbedeutend mit der Maximierung des Gewinns des gesamten Franchising-Netzwerks. Das würde bedeuten, daß alle Netzwerk-Mitglieder zentral so gesteuert werden müßten, als wären sie Organisationseinheiten einer einheitlichen Unternehmung.[147] Der Franchise-Geber müßte zu allen Entscheidungen die optimalen Lösungen kennen und die entsprechenden Maßnahmen anordnen können. Die Zentrale wäre maßlos überfordert, andererseits würden ihr wichtige Informationen fehlen, über die nur die Franchise-Nehmer vor Ort verfügen.[148]

Potentielle Konflikte, die sich negativ auf die Transaktionskosten auswirken können, sind beispielweise eine nicht hundertprozentige Umsetzung des Franchise-Pakets durch den Franchise-Nehmer, die unterschiedlichen Zielfunktionen der Franchisepartner (Umsatzmaximierung des Gesamtsystems versus Gewinnmaximierung des Outlets) oder die Bezugspflicht sowie strategische Entscheidungen.[149] In diesen Konstellationen kann das Franchising aus Sicht der Transaktionskostentheorie zu höheren Transaktionskosten führen als ein vergleichbares Filial-System.

1.3.5 Kritik an der organisationsökonomischen Analyse

> „Zwar hat die organisationsökonomische Analyse die Diskussion um das Warum des Franchising ein erhebliches Stück weiter vorangebracht, erlaubt allerdings – nicht zuletzt ob ihrer realitätsfernen Annahmen – kaum Aussagen zum konkreten Managementhandeln in Franchising-Netzwerken."[150]

Die referierten ökonomischen Ansätze erlauben situationsbezogene Aussagen für eine ökonomische Überlegenheit des Franchising gegenüber hierarchischeren Systemen. Zudem liefern sie Partialerklärungen bezüglich der Bevorzugung von Franchising-Netzwerken gegenüber anderen Organisationsformen.[151] So können neben den „Agency Costs" auch die Transaktionskosten für das Franchising, produktionstheoretische Argumente wie „Economies of Scale" bei der Werbung und Verkaufsförderung sowie Personalkostenersparnisse aufgrund mitarbeitender Familienmitglieder eine Rolle spielen.[152]

146 Vgl. Ehrmann (2002), S. 1145 f.
147 Vgl. Kubitschek (2000), S. 123 ff.
148 Vgl. Rudolf (2000), S. 571 ff.
149 Vgl. Reuss (1998), S. 60 ff.
150 Sydow (1994a), S. 25.
151 Siehe bspw. Martin (1988), S. 955.
152 Vgl. Ahlert, M. (2001), S. 24-32.

Keiner der vorgestellten Ansätze liefert aber konkrete Handlungsempfehlungen für das Management der Beziehungen zwischen Franchise-Geber und -nehmer bzw. spezifischer für die Entwicklung eines Planungs- und Kontrollsystems, einer IuK-Infrastruktur.[153]

Im Mittelpunkt eines entsprechend geeigneten Ansatzes müssen weniger komparativ-statistische als vielmehr prozeßorientierte Elemente vorhanden sein. Nur so kann der Wirkungszusammenhang zwischen dem IuK-Einsatz und den formalen Netzwerkstrukturen untersucht werden. Eine solche anwendungsorientierte Theorie muß sowohl aus Sicht des fokalen Franchise-Gebers, als auch aus der Sicht der Franchise-Nehmer (übrige Netzwerkunternehmungen) analysieren.

Die besondere Qualität der Beziehungen zwischen Franchise-Geber und -nehmer begründet sich durch ihren interorganisationalen, eher lang- als kurzfristigen, eher kooperativ sowie formal weitreichend geregelten Charakter.[154] Trotz der rechtlichen, und in sehr eingeschränktem Maße wirtschaftlichen, Selbständigkeit sind diese Beziehungen nicht rein marktlich.[155]

> „Es fehlt an Theorien mittlerer Reichweite die nach der ökonomisch begründeten Entscheidung für Franchising Hinweise auf das praktische Management solcher Systeme geben und die zudem noch dem netzwerkförmigen Charakter dieser Organisationsform Rechnung tragen“[156]

Diesen Ansprüchen genügt m.E. die Strukturationstheorie Giddens (1984), die ursprünglich als Sozialtheorie konzipiert wurde und seit geraumer Zeit auch Eingang in die betriebswirtschaftliche Forschung findet.[157]

1.3.6 Problemsicht der Strukturationstheorie

Der Begriff der Organisation war, historisch betrachtet, immer mit einer Zweideutigkeit belegt, welche unter Umständen zu Verwirrung und offenen Fragen geführt hat. Einerseits konnte darunter der Prozeß des Organisierens und andererseits das Resultat dieses Prozesses verstanden werden.[158] Giddens wollte diese Doppeldeutigkeit unter dem Begriff „Strukturation“ erhalten und mit seinem Konzept der Dualität von Struktur den Dualismus von Handlung und Struktur auflösen. Ziel dabei ist, die beiden bislang als Gegenpole geltenden Begriffe Hand-

---

153 Sydow (1994b), S. 23.

154 Vgl. Kanter (1991), S. 329 ff. und Grandori (1997), S. 897-925.

155 Vgl. Lawrence/Hary/Phillips (2002), S. 34-46.

156 Sydow (1994b), S. 26.

157 Das Wissenschaftsverständnis von Giddens ist nicht die Dialektik (Popper 1994), die das Bilden von Hypothesen und deren Falsifizierung anstrebt, sondern Wissenschaft als Fortsetzung des Denkens mit Methode versteht, die mit Theorie nicht vorläufig wahre Aussagen macht, sondern primär die Praxis besser beschreiben und verstehen können will. (Vgl. Kieser (1995), S. 21-30 und Ortmann/Windeler/Becker et al. (1990)). Siehe auch Weik/Lang (2001); Prigge (2000), S. 541 ff., Türk (2000) und Schanz (1992), Sp. 1459 ff., Schanz (1997), S. 554-561.

158 Vgl. Giddens (1984), S. 12 ff.

lung und Struktur als zwei komplementäre Begriffe zu betrachten.[159] Die Strukturationstheorie lenkt bei der Analyse von Netzwerken den Blick nicht nur auf übereinstimmende Ziele und Werte, interpersonale Kommunikation sowie Vertrauen, sondern auch Interessen, Widersprüche, Konflikte, Spannungsverhältnisse und Machtsymmetrien innerhalb und zwischen den Netzwerkakteuren.[160]

Dieser theoretische Ansatz eröffnet den Blick auf Managementprozesse in Franchising-Netzwerken aus der Sicht der Akteure, ohne die Bedeutung der Besonderheiten des Managements in solchen Netzwerken zu vernachlässigen. Die Anwendung einer sozialwissenschaftlichen Theorie zur Untersuchung einer wirtschaftswissenschaftlichen Problemstellung rechtfertigt sich durch den Fakt, daß Interorganisationsbeziehungen bzw. Unternehmensnetzwerke, somit also auch Franchising-Netzwerke, soziale Systeme sind, die sich am erwerbswirtschaftlichen Prinzip orientieren.

> „Ein Sozialisierungsprogramm ist sicher von Vorteil, wenn es dabei gelingt, betriebswirtschaftlich nicht oder nur unbefriedigend deutbare Sachverhalte durch Rückgriff auf soziologische oder verhaltenstheoretische Forschungsergebnisse besser deuten und erklären zu können oder eine bessere empirische Verankerung der Betriebswirtschaftslehre zu gewinnen.“[161]

„Strukturation“ ist ein sozialer Prozeß, der die gegenseitige Interaktion von Menschen und strukturellen Eigenschaften von Organisationen umfaßt. Die Theorie der Strukturierung berücksichtigt, daß menschliches Handeln durch Strukturen (die selber das Resultat früherer Handlungen sind) ausgelöst und limitiert werden.[162] Strukturelle Eigenschaften bestehen dabei aus Regeln und Ressourcen, die von Menschen in ihrem täglichen Handeln gebraucht werden und dadurch selbst wiederum gestärkt werden (sogenannte Dualität der Struktur). Dieser Ansatz ermöglicht die Erforschung des Einflusses der IuK-Infrastruktur auf Unternehmen.

Technologie wird geschaffen und verändert durch menschliches Handeln, sie wird aber von Menschen genauso gebraucht, um Handeln zu können (the duality of technology).[163] Das eine (Technologie) kann nicht untersucht werden, ohne das andere (Mensch) einzuschließen. Technologie ist deshalb nie neutral, sie kann nur immer aus der Interaktion mit dem Menschen verstanden werden.

In den auf kollektive Identität Bezug nehmenden Ansätzen (u.a. Strukturationstheorie) stehen die Schaffung gemeinsamer Praktiken (Legitimation, Signifikation oder Herrschaft)

---

[159] Ebd., S. 12 f.

[160] Vgl. Sydow/van Well (1996), S. 111.

[161] Chmielewicz (1994), S. 25.

[162] Vgl. Weinert (1995), Sp. 1495 ff. und Weinert (1984), S. 117 ff. Siehe auch Staehle (1975), S. 731, Staehle/Sydow (1992), Sp. 1268 ff. und McAfee/Oliveau (2002), S. 85 ff.

[163] Vgl. Sandberg (2000), S. 9 f.

und deren Entpersonifizierung[164], die Orientierung an Erwartungen des institutionellen Umfelds unter Verzicht auf egoistische Vorteilssuche[165], der koordinierte Umgang mit gemeinsamem Nutzen oder das Wohlergehen einer latenten Gruppe, z.B. eines Industriesektors[166], im Vordergrund. Der Nutzen selbst entsteht aus komparativen Wettbewerbsvorteilen und Synergieeffekten[167], dem kombinierten Einsatz komplementärer Kompetenzen[168], durch Ressourcen-Sharing oder/und durch die gemeinsame Erschließung von Marktnischen.[169] Indem der erzielte Nutzen nicht dem Wirken einzelner Akteure, sondern ihrer Interaktion zugeschrieben wird, gewinnen Unternehmensnetzwerke Eigenwert und Identität. Es entsteht eine Art „kollektives Gedächtnis",[170] und die Netzwerkgrenzen nehmen für die Beteiligten schärfere Konturen an[171].

Da im folgenden der prozeßeffiziente Einsatz der IuK-Infrastruktur auf Franchising-Netzwerke untersucht werden soll, erscheint es notwendig, eine Konkretisierung der Anforderungen herzuleiten. Geht es um die Ausschöpfung der Potentiale von Iuk-Infrastrukturen[172], so muß beachtet werden, daß dadurch ein Veränderungsprozeß nicht nur der technischen Abläufe, sondern auch der Bedeutung, Inhalte und Meinungen (Signifikationsstrukturen), der Überordnung, Akt oder Ort des Beherrschens und Kontrollierens (Herrschaftsstrukturen) sowie der Übereinstimmung mit etablierten Regeln, Prinzipien, Standards und Normen (Legitimationsstrukturen) einhergeht.[173] Mit anderen Worten: es werden andere Formen der Inhaltsübermittlung (z.B. hat eine E-Mail den gleichen Inhalt wie eine handschriftliche Aktennotiz?) eingeführt, es wird Macht – oder eben Ressourcen – umverteilt (jeder hat Zugriff auf gewisse Teile des Datenbestandes; die Ressource Wissen befähigt zum Handeln).[174]

Die Strukturationstheorie spannt einen umfassenden, prozeßorientierten und um die Systemperspektive erweiterten handlungstheoretischen Bezugsrahmen auf. Im Mittelpunkt steht die Frage, wie menschliches Handeln und soziale Institutionen miteinander verbunden sind.[175]

164 Vgl. Sydow/van Well (1996), S. 197.

165 Vgl. Sydow/van Well (1996), S. 197.

166 Vgl. Powell (1996), S. 223.

167 Vgl. Sydow/van Well (1996), S. 204.

168 Vgl. Powell (1996), S. 221.

169 Für eine fundierte Auseinandersetzung mit dem Ressource-Dependence-Ansatz siehe Knyphausen-Aufseß (1997), S. 315-359.

170 Vgl. Schamp (2001), S. 34.

171 Vgl. Sydow/Duschek (2000), S. 443.

172 Vgl. Petrovic (1994), S. 580 ff.

173 Vgl. Schäfers (2000), S. 25 ff.

174 Vgl. Yates/Orlikowski/Okamura (1999), 299- 326 und Garnsey/Kelly (1995), S. 245 ff.

175 Vgl. Giddens (1991a), S. XVII. Zur Strukturationstheorie als Sozialtheorie vgl. grundlegend Giddens (1984), zur Strukturationstheorie als Organisations- bzw. Interorganisationstheorie bgl. Sydow/Windeler (1994), Ortmann/Sydow/Windeler (1997), S. 315 ff., Sydow/Windeler (1997), S. 455 ff. Zur Kritik der Strukturationstheorie vgl. Walgenbach (1999, 2000), zum Stellenwert der Strukturationstheorie als Meta-

Aus der Sicht der Akteure wird der Blick auf die Managementprozesse gelenkt, ohne die Bedeutung struktureller Besonderheiten des Managements von Franchising-Netzwerken zu vernachlässigen.[176]

1.3.6.1 Strukturationstheorie und effizienter Einsatz von Informations- und Kommunikationsinfrastruktur

Interorganisationale Beziehungen, als eines der wesentlichen Merkmale von Franchising-Netzwerken, werden aus Sicht der Strukturationstheorie als Institutionen betrachtet, die sich aus Interaktionsprozessen zwischen Personen und Organisationen rekursiv konstituieren.[177] Dieser Logik folgend, reproduzieren die Akteure in ihren Handlungen ihre eigenen Handlungsbedingungen.[178] Anstatt formale Systemstrukturen von vornherein mit „genutzten" Handlungsstrukturen gleichzusetzen, werden die konkreten Prozesse der sozialen Praxis analysiert (d.h. die sozialen Praktiken der Akteure). Soziale Praktiken sind „skillful procedures, methods, or techniques, appropriately performed by social agents".[179] Soziale Praktiken sind der zentrale Bezugspunkt von Giddens´ Systembegriff:

> „ (T)he essential recursiveness of social life, as constituted in social practices: structure is both medium and outcome of social practices. Structure enters simultaneously into the constitution of the agent and social practices, and exists' in the generating moments of this constitution. "[180]

Da soziale Systeme Ergebnis ihrer Historie sind, können sie nur verstanden werden, wenn diese Historie berücksichtigt wird.[181] Reflexive Handlungssteuerung („reflexive monitoring") schließt die routinemäßige Kontrolle des Handlungsfeldes durch die Handelnden ein und ermöglicht diesen damit, ihr Handeln auf die strukturellen Merkmale des sie einschließenden

---

theorie kritisch Osterloh/Grand (1999), S. 355 ff. Zur Prozeßorientierung siehe auch Struktur als Prozeß der Produktion und Reproduktion und nicht als stabiler Zustand.

176 Ursprünglich als Sozialtheorie konzipiert, behandelt Giddens´ Strukturationstheorie (inter-) organisationale Problemstellungen und Praktiken. Zum einen integriert sie handlungs- und verhaltensorientierte Konstrukte (z.B. aus kognitiven Organisationstheorien bekannte interpretative Schemata mit strukturorientierten Konzepten (z.B. aus institutionalistischer Sicht bedeutsame Legitimationsstrukturen). Siehe auch Meyer/Rowan (1977), S. 95 ff.

177 Generelle Rekursiviät menschlichen Handelns liegt darin, daß wir handelnd genau diejenigen Strukturen als Resultat hervorbringen, die sodann unser weiteres Handeln ermöglichen und restringieren. Vgl. Organisation als reflexive Strukturation, Ortmann/ Sydow/Windeler (1997), S. 315. Der vollständigkeitshalber: die Möglichkeit, Wechselwirkungen und Rückkopplungen zwischen IuK-Infrastruktur und Organisationen plausibel zu beschreiben, hat auch Niklas Luhmann mit seiner Systemtheorie gezeigt. Systeme reduzieren Komplexität, indem sie sich funktional ausdifferenzieren; Luhmann (1984).

178 Giddens versteht unter Institutionen zur Routine gewordene soziale Praktiken. Vgl. Giddens (1991b), S. 17; Giddens (1999), S. 15 f. und Raithel (2001), S. 25.

179 Vgl. Raithel (2001), S. 25.

180 Giddens (1995), S. 5.

181 „Alle sozialen Reproduktionsprozesse sind zirkulär gebaut in der Weise, daß die Resultate der Prozesse in die iterativen Runden der Reproduktion als Grundlage eingehen." Ortmann/Sydow (1999), S. 208. Hervorhebung im Orginal.

sozialen Systems zu beziehen.[182] Allerdings erwähnt Giddens auch die Möglichkeit nicht intendierter Handlungsfolgen. So ist im Rahmen der Strukturationstheorie vorstellbar, daß aufgrund hoher Komplexität des Handlungsfeldes den Akteuren alle Konsequenzen nicht immer absehbar sein können.[183] Das eigene Handeln wird mehr oder weniger bewußt nach dem bisherigen und zukünftigen eigenem Verhalten sowie am jeweiligen Handlungskontext modifiziert.[184] Auf diese Weise entstehen durch Reproduktion zirkuläre soziale Systeme (die auch IuK-Infrastruktur beinhalten), deren strukturelle Merkmale teilweise fortgeführt und teilweise gewandelt werden.[185] Enttäuscht beispielsweise ein Franchise-Nehmer seinen Franchise-Geber in bezug auf einen Vertrauensmißbrauch, so wird dieser vermutlich sein Verhalten und die strukturellen Merkmale des Systems, in diesem Falle des Franchising-Netzwerks, anpassen.[186] Diese Reaktion kann dazu führen, daß er dem Partner gegenüber in Zukunft weniger vertrauensvoll agiert, indem er beispielsweise weniger vertrauliche Informationen mitteilt und ein Kontrollsystem (IuK-Infrastruktur) zur Überwachung eines gemeinsamen Projektes etabliert.[187]

Trotz des möglichen Wandels struktureller Systemmerkmale ist nach Giddens Integration, d.h. die Existenz eines Minimums an mehr oder weniger stabilen Mustern reziproker Praktiken, Grundbedingung für die Reproduktion sozialer Systeme. Fehlen stabile Wechselseitigkeiten, bricht die soziale Reproduktion zusammen (Desintegration).[188] Giddens unterscheidet zwei Arten von Integration sozialer Systeme: „social integration" und „system integration".[189] Bei sozialer Integration handelt es sich um Interaktionen zwischen Personen, die sich zur gleichen Zeit am gleichen Ort befinden, d.h. wenn „face-to-face"-Kontakt stattfindet. Die für die Problemstellung der vorliegenden Dissertation maßgebliche Systemintegration bezieht sich auf Verbindungen zwischen Akteuren, die zeitlich und räumlich abwesend sind. Im Mittelpunkt steht hier die Interaktion zwischen Personen oder Institutionen über eine Raum/-Zeit-Distanz.[190] Systemintegration setzt soziale Integration voraus, da soziale Systeme durch das Handeln individueller (sozialer) Akteure reproduziert werden.[191] Der Fokus dieser Arbeit ist auf die IuK-Infrastruktur der Franchising-Netzwerke gerichtet, welche einen maßgeblichen Beitrag zur Systemintegration im Sinne der Strukturationstheorie leistet. Diese Argumentation läßt sich empirisch rechtfertigen. So identifizieren Ritter/Gemünden vier organisationale Vor-

182 Vgl. Sjurts (1998), S. 283.
183 Vgl. Giddens (1991a), S. 8 und 11.
184 Vgl. Snow/Thomas (1996), S. 45 ff.
185 Vgl. Whittington (1992), S. 693 ff.
186 Vgl. Bleicher (1995), S. 390-395 und Apelt (1999), S. 11 ff.
187 Vgl. Zimmer; Ortmann (2001), S. 27-55. Siehe auch Möllering (2002), S. 81 ff.
188 Vgl. Cohen (1989), S. 94 f.
189 Vgl. Giddens (1991b), S. 76 ff.
190 Vgl. Raithel (2001), S. 28.
191 Vgl. Giddens (1997a), S. 107.

aussetzungen für ein hohes Ausmaß an Netzwerk-Kompetenz, die als Grundlage für einen hohen Grad an Systemintegration gelten kann.[192] Neben der Verfügbarkeit von Ressourcen wird durch die Integrativität der Kommunikationsstruktur der zweithöchste Signifikanzbeitrag zum Ausmaß der Netzwerk-Kompetenz[193] geleistet (siehe Abbildung 1-16). Auf den Plätzen folgen Offenheit der Organisationsstruktur und Netzwerkorientierung des Personalmanagements.

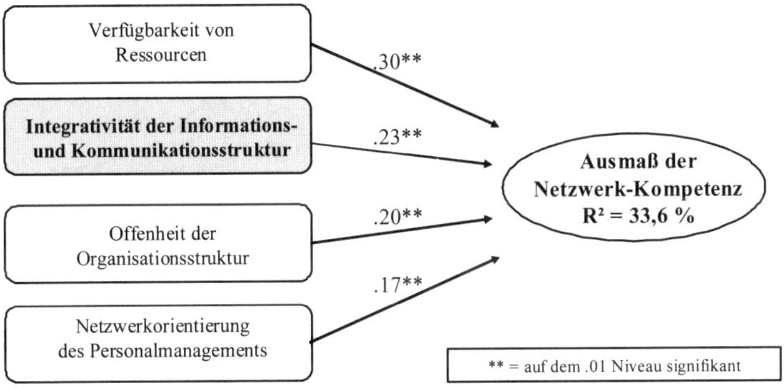

Abbildung 1-16: Wirkung der organisationalen Voraussetzungen der Netzwerk-Kompetenz;
Quelle: Ritter/Gemünden (1998), S. 263.

Ortmann/Sydow/Windeler schließen sich mit folgendem Zitat dieser Meinung an:[194]

> „Ein wichtiges Anwendungsgebiet der Strukturationstheorie ist auch der organisationale Einsatz der Informationstechnik. Mit Hilfe dieser Theorie gelingt es, vorherrschende subjektivistische und objektivistische Technik-Konzeptualisierungen miteinander zu vermitteln."[195]

Auch Orlikowski[196] macht deutlich, daß Einsatz und Nutzung von Informationstechnologie in Organisationen weder von formalen Regeln oder anderen Kontextfaktoren determiniert werden, noch daß – umgekehrt – IuK-Infrastruktur einen deterministischen Einfluß auf die Orga-

---

192 Vgl. Ritter/Gemünden (1998), S. 264. Dem Autor ist durchaus bewußt, daß die hier erbrachte Argumentationsweise eher der Popper'schen Logik zuzurechnen ist. Alle Mittelwertsvergleiche sind mindestens auf dem .05-Niveau signifikant voneinander verschieden (Scheffé-Prozedur). Siehe auch Ritter (1998), S. 42 ff.

193 Der Begriff Kompetenz ist in diesem Zusammenhang definiert als die Fähigkeit eines Unternehmens zur Erreichung spezifischer Ziele. Hierbei handelt es sich um eine „unternehmensweite Kategorie" (vgl. Krüger/Homp (1997), S. 44 und Prahalad/Krishnan (2002), S. 24 ff.) Der Begriff der Netzwerk-Kompetenz äußert sich somit sowohl durch Wissens- als auch durch Handlungskompetenz.

194 Orlikowski (1994), S. 406.

195 Orthmann/Sydow/Windeler (1997), S. 345.

196 Vgl. Orlikowski (1992), S. 31 ff.

nisation haben muß.[197] Einsatz und Nutzung sind vielmehr Ergebnis von Strukturationsprozessen, in denen Technik und Organisation in vielfältiger Weise und jeweils

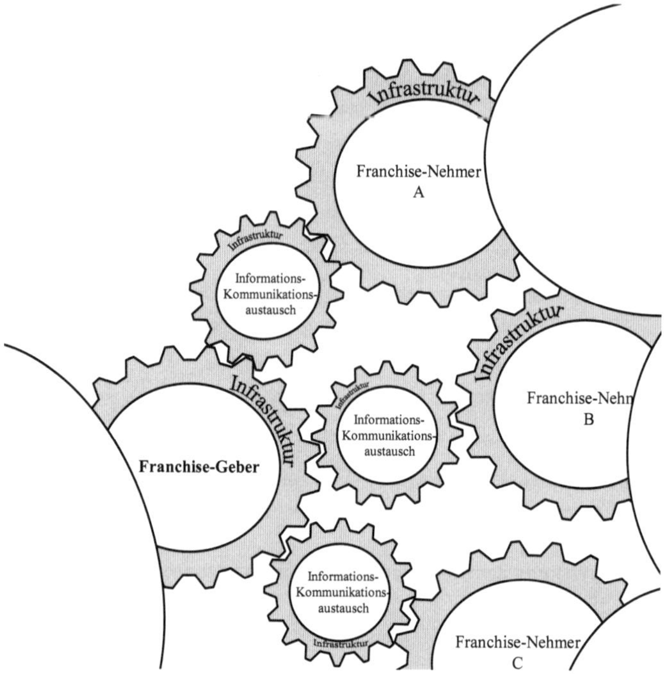

Abbildung 1-17: IuK-Infrastruktur als Stellwerk zur Anbahnung, zum Austausch und zur Koordination von Informationen;
Quelle: Ritter/Gemünden (1998), S. 260.

spezifischen Kontexten zusammenwirken. „Technik restringiert und ermöglicht Handeln und Organisieren – und ähnelt hierin anderen Strukturdimensionen“.[198] Umgekehrt kann in Organisationen – beispielsweise mit „politischen“ Mitteln – auf Technikeinsatz und -nutzung Einfluß genommen werden.[199]

Abbildung 1-17 arbeitet den Zusammenhang zwischen der IuK-Infrastruktur und den Beziehungen zwischen Franchise-Nehmer und Franchise-Geber graphisch auf. Auf Basis der IuK-Infrastruktur, die aus vielen kleinen Rädchen besteht, findet der Informations- und Kommunikationsaustausch statt, der das Franchising-Netzwerk am Laufen hält.

---

197 Vgl. Simon (2002b).

198 Orthmann/Sydow/Windeler (1997), S. 345 und Weick (1995), Weick (1969).

199 Vgl. DeSanctis/Monge (1999), S. 701 f.

1.3.6.2 Dualität von Struktur

Das Management von Franchising-Netzwerken basiert – scheinbar trivial – auf (Management)-Handeln. Handeln aber ist ohne Strukturen nicht möglich. Diese Aussage impliziert, daß das Verhältnis von Handlung und Struktur nicht, wie in den Sozialwissenschaften bisher üblich, als Dualismus, sondern als Dualität begriffen wird.[200] Die Dualität von Struktur, d.h. Strukturen als Medium und Ergebnis des Handelns zu begreifen, ist eine der zentralen Botschaften der Strukturationstheorie. Strukturen schränken somit das Handeln nicht nur ein, sondern ermöglichen es auch. Das Theorem der Dualität von Struktur verlangt die Untersuchung, von sozialen Praktiken im allgemeinen und des Managements von Franchising-Netzwerken im besonderen, auf zwei Dimensionen: Struktur- und Handlungs- bzw. Interaktionsdimension (siehe Abbildung 1-18). Jede soziale Praktik, und das gilt auch für das Management von Franchising-Netzwerken, kann mit Hilfe dieser beiden Dimensionen, die über die Modalitäten miteinander verbunden sind, beschrieben werden.

Struktur:
Sets von Regeln und Ressourcen

Modalitäten:
Akteure vermitteln durch Interaktionen – unter Zuhilfenahme/ Nutzung der Iuk-Infrastruktur - die Handlungs- mit der Strukturebene, indem sie die Regeln und Ressourcen kontext-abhängig zu Modalitäten ihres Handelns machen.

Handeln:
Akteure handeln ***reflexiv*** in bezug auf eigenes/ fremdes Verhalten durch Kommunikation, Machtausübung etc. Sie handeln ***rekursiv*** auf Strukturen und schreiben sie so fort.

Abbildung 1-18: Zusammenhang von Struktur, Modalitäten und Handeln;
Quelle: In Anlehnung an Ortmann (1997), S. 234.

Die Modalitäten der Strukturation sind interpretative Schemata zur Vervollständigung, Interpretation und Rationalisierung von Handlungen. Ebenso dienen sie als Machtmittel, sogenannte „Fazilitäten", zur Ausübung von Macht und setzen Normen zur Bewertung und Sanktionierung von Handlungen im Hinblick auf die als gültig angesehene Legitimationsstruktur.

200 Vgl. Sydow (1994a), S. 25.

Durch Rekursionen und Reflexion werden die Modalitäten kontextabhängig mit der Handlungs- und Strukturebene verknüpft. Akteure handeln reflexiv, d.h. sie beziehen bei ihrem Handeln

- vergangenes, gegenwärtiges und zukünftiges Verhalten,
- Verhalten anderer und
- Regeln und Strukturen der Handlungsfelder mit ein.

(siehe horizontale Pfeile Abbildung 1-19).

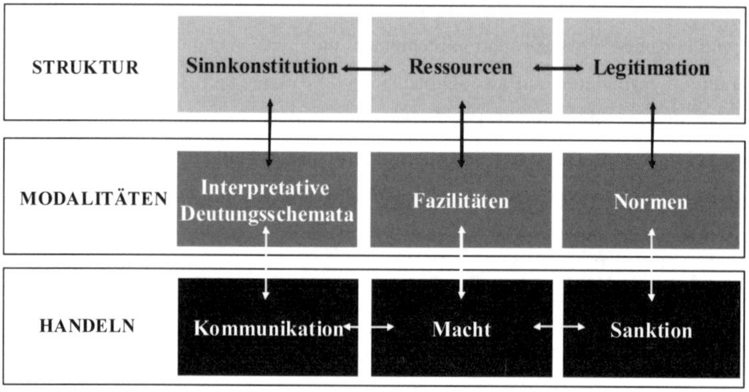

Abbildung 1-19: Dimensionen der Dualität von Struktur;
Quelle: Giddens (1984), S. 29.

Akteure handeln zugleich auch rekursiv auf Strukturen und schreiben sie genau durch dieses Handeln fort. Strukturen sind nicht nur Organisationsstrukturen einer Unternehmung oder eines Franchising-Netzwerkes, sondern vor allem Sets von Regeln.[201] Die Rekursivität kommt in der fortwährenden Bezugnahme der Akteure auf herrschende Strukturen und deren gleichzeitige Reproduktion (inkl. der Möglichkeit der Veränderung) zum Ausdruck (siehe vertikale Pfeile Abbildung 1-19). Giddens selbst beschreibt seinen Strukturbegriff als „virtuell":

> „Wie ich den Begriff verwenden werde, bezieht sich ‚Struktur' auf ‚strukturelles Vermögen' (property) oder, exakter, ‚strukturierendes' Vermögen, wobei strukturierende Vermögen die ‚Bindung' von Raum und Zeit in sozialen Systemen besorgen. Ich behaupte, daß diese Vermögen als Regeln und Ressourcen verstanden werden können, die in die Reproduktion sozialer Systeme rekursiv einbegriffen sind. Strukturen existieren paradigmatisch, als abwesende Menge, (set) von Differenzen, zeitlich allein ‚präsent' in ihrer Verwirklichung, in den konstituierenden Momenten sozialer Syste-

201 Regeln im Rahmen der Strukturationstheorie unterscheiden sich – und das gilt auch für den Begriff der Struktur – deutlich von der in der Organisationstheorie üblichen Begrifflichkeit. „Regeln – und damit Strukturen der Signifikation und/oder der Legitimation – finden sich im Handeln der Akteure oder in ihren Erinnerungsspuren, nirgends sonst. Im Vordergrund stehen also praktizierte (oder zumindest erinnerte) Signifikations- bzw. Legitimationsregeln, nicht etwa nur formale Regeln, wie sie in Verträgen oder Organisationshandbüchern kodifizert sind." (Sydow (1994a), S. 31 f. und Duschek (2002), S. 23-69).

me. Strukturen als ‚virtuelle Ordnung' zu betrachten ... impliziert die Anerkennung der Existenz von a) Wissen von Seiten der Akteure – als Erinnerungsspuren – ‚wie die Dinge getan (gesagt, geschrieben) werden müssen', b) sozialen Praktiken, die durch die rekursive Mobilisierung dieses Wissens organisiert sind; c) Fähigkeiten, die die Produktion dieser Praktiken voraussetzt."[202]

Die IuK-Infrastruktur kann mit ihrem – bereits per se – virtuellen Charakter alle drei Bedingungen des Gidden´schen Strukturbegriffs erfüllen:[203] das elektronisch abgelegte Wissen des Franchising-Netzwerks ist als jederzeit abrufbare „Erinnerungsspur" der Akteure interpretierbar.[204] Die definierten Prozesse und die Koordination eines möglichst prozeßeffizienten Informations- und Kommunikationsaustausches ermöglichen eine permanente rekursive Mobilisierung und Fortschreibung des Wissens und der Kernkompetenz des Franchising-Netzwerks.[205]

Modalitäten werden von Akteuren in sozialen Interaktionen (Informations- und Kommunikationsaustausch unter Verwendung der IuK-Infrastruktur verwendet, um räumliche und zeitliche Hindernisse zu überwinden.[206] Mit ihrer Hilfe beziehen sie sich einerseits im Handeln auf die Strukturmerkmale; andererseits (Dualität der Struktur) beinhalten diese Interaktionen die Reproduktion der zugrundeliegenden Strukturen.

Die Strukturdimension umfaßt Strukturen der Bedeutungszuweisung und Sinnkonstitution (Signifikation), der Herrschaftsausübung über Ressourcen sowie der Legitimation. Die Handlungsdimension bezieht sich auf Kommunikation, Machtausübung und Sanktionierung. Handlungen werden vollzogen, indem sich Akteure mittels der sog. Modalitäten auf Strukturmerkmale ihres Handlungskontextes beziehen. Diesem Zweck dienen interpretative Schemata, Fazilitäten und Normen.[207] Aufbauend auf diese Grundlagen, können Franchising-Netzwerke als Zusammenspiel von institutionellen Rahmenbedingungen (d.h. Strukturen), Modalitäten bzw. Tools, derer sich die Akteure bedienen (IuK-Infrastruktur), sowie Interaktionsprozessen (Informations- und Kommunikationsprozesse) konzeptionalisiert werden.

Das Theorem der Dualität von Struktur besagt zum Beispiel: ein Franchise-Geber nutzt in der Kommunikation (als Dimension des Handelns) mit Franchise-Nehmern das interpretative Schema „ein effizientes Franchising-Netzwerk funktioniert auf gegenseitigem Vertrauen". Dabei bezieht er sich auf eine entsprechende Regel der Bedeutungszuweisung und Sinnkonstitution, d.h. er stützt sich auf die herrschende Signifikationsstruktur, die es ihm erlaubt, daß

---

202 Giddens (1984), S. 64. Siehe auch Mambrey/Schrott/Pipek (2001), S. 35-93.

203 Vgl. Scholz (1994), S. 48 ff.; Müller-Stevens (1991), S. 31 ff.; Eppler/Diemers (2001), S. 38 f. und Krystek/Redel/Reppegather (1997), S. 56-74.

204 Vgl. Weibler/Deeg (1998), S. 107 ff.

205 Willmott (1981), S. 470 f. und Duschek (1998), S. 233 f.

206 Vgl. Staber (2002), S. 21 ff.

207 Vgl. Seufert/Back (1999), S. 23 ff.

seine Kommunikation verstanden wird.[208] Eine solche Regel könnte sein, daß Manager allgemein oder die Manager eines Franchising-Netzwerkes die Ansicht teilen, daß eine bestimmte Organisationsform ökonomischer Aktivitäten dann, und nur dann, effizienter als andere ist, wenn sie auf Vertrauensbeziehungen bauen. Im Zuge dieser Kommunikation wird von den Akteuren genau diese Regel der Bedeutungszuweisung und Sinnkonstitution, die Signifikationsstruktur, reproduziert.[209]

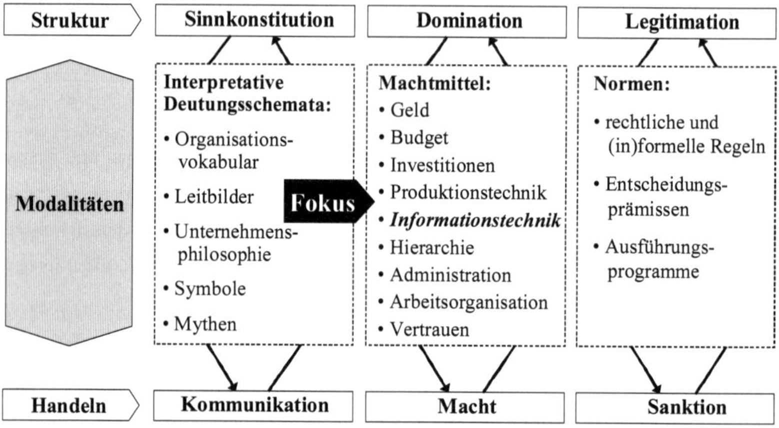

Abbildung 1-20: Operationalisierte Modalitäten in Organisationen;
Quelle: In Anlehnung an Elsik (1999), S. 56.

Während die Dualität von Handlung und Struktur auf der Signifikations- und der Legitimationsdimension die Möglichkeit zur Bezugnahme auf Regeln (der Bedeutungszuweisung und Sinnkonstitution bzw. der Legitimation) voraussetzt, bedarf es zur Machtausübung, bzw. zur Reproduktion der Dominationsstruktur, allokativer und/oder autoritativer Ressourcen. Als allokativ werden dabei jene Ressourcen bezeichnet, die die Machtausübung über Sachen ermöglichen (inkl. IuK-Infrastruktur); autoritative Ressourcen, zu denen auch Vertrauen gerechnet werden kann, erlauben hingegen die Herrschaft über Personen (siehe Abbildung 1-20).

Ein Franchising-Netzwerk zeichnet sich z.B. durch ein bestimmtes Vertrauensniveau aus, d.h. Vertrauen ist in diesem Kontext eine für das (kooperative) Handeln bedeutsame Regel der Bedeutungszuweisung und/oder Legitimation. In diesem Fall werden die Manager des fokalen Unternehmens den Experten anderer Netzwerk-Unternehmungen offener erfolgskritische Informationen kommunizieren. Diese wiederum werden das ihnen entgegengebrachte

[208] Vgl. Sydow (1994a), S. 28.

Vertrauen positiv zur Kenntnis nehmen und mit großer Wahrscheinlichkeit dann ihrerseits ebenfalls offener kommunizieren. Geschenktes und entsprechend signalisiertes Vertrauen wiederum verpflichtet den Gegenüber zu loyalem Verhalten, auch wenn dieser nach Indikatoren suchen wird, die Bedingungen zu erkunden, unter denen dies weiterhin möglich sein wird.[210]

Um der hier propagierten strukturationstheoretischen Perspektive gerecht zu werden, gilt es, die Analyse unter Bezugnahme aller drei Strukturdimensionen voranzutreiben. Zusätzlich darf nicht nur die Dualität berücksichtigt werden; auch die Rekursivität der Strukturation muß Beachtung finden.

1.3.7 Informations- und Kommunikationsinfrastruktur und Franchising-Netzwerke als Anwendungsgebiete der Strukturationstheorie

Im Bereich der organisationsbezogenen Technikforschung liegen verschiedene Ansätze vor, welche die Strukturationstheorie nutzen, um die soziale Bedeutung von IuK-Infrastruktur in Organisationen zu untersuchen.[211] Mit Hilfe der Strukturationstheorie gelingt es, vorherrschende subjektivistische und objektivistische IuK-Infrastruktur-Konzeptualisierungen miteinander zu verbinden.[212] So verdeutlicht Orlikowski, daß Einsatz und Nutzung von IuK-Infrastruktur in Organisationen weder von formalen Regeln determiniert werden, noch daß IuK-Infrastruktur einen deterministischen Einfluß auf die Organisation hat.[213] Einsatz und Nutzung von IuK-Infrastruktur sind vielmehr Ergebnis von reflexiven Strukturationsprozessen, in denen Technik und Organisation in vielfältiger Weise gegeneinander, miteinander und nebeneinander wirken.

> „The duality of technology identifies prior views of technology – as either objective force or as socially constructed product – as a false dichotomy. Technology is the product of human action, while it also assumes structural properties. That is, technology is physical constructed by actors working in a given social context, and technology is socially constructed by actors through the different meanings they attach to it and the various features they emphazise and use.“[214]

Orlikowski entwickelte unter Bezugsnahme auf Giddens Strukturationstheorie ein Strukturationsmodell der Technik und kommt dabei zu einer Dualität von Technik. Danach ist Technik einerseits sozial konstituiert, andererseits übernimmt sie eine konstruktive Rolle in der Repro-

---

209 Vgl. Loose/Sydow (1994), S. 32 ff.

210 Diese Rekursivität von Vertrauen wird als „self-heightening cycle of trust“ bezeichnet. (Vgl. Golembiewski/McConkie (1975), S. 141. Es gilt anzumerken, daß eine negative Rekursivität ebenso möglich ist.

211 Vgl. Schulz-Schaeffer (2000), S. 226. Die ersten Ansätze in diese Richtung sind auf die Arbeiten von Barley zurückzuführen: Barley (1986), S. 80 ff. Im Rahmen der vorliegenden Arbeit wird den Ausführungen von Orlikowski Vorzug gegeben, weil sie die Dynamik der Dualität einbeziehen: Orlikowski (1992), S. 397 ff. Nach Schulz-Schaeffer gelingt es Barley außerdem nicht, „bei der Beantwortung der Frage nach der sozialen Bedeutung von Sachtechnik neue Impulse zu setzen“, (Schulz-Schaeffer (2000), S. 233.

212 Vgl. Schulz-Schaeffer (2000), S. 212 f.

213 Vgl. Orlikowski (1992), S. 399 ff.

duktion von Strukturen. Dabei stellt die IuK-Infrastruktur selbst Ressourcen zur Verfügung, beinhaltet aber auch normative Regeln, auf die sich Akteure in ihren Interaktionen beziehen.[215] Die Wechselwirkungen zwischen menschlichen Handlungen, IuK-Infrastruktur und ihrem institutionellen Kontext werden in Abbildung 1-21 dargestellt.

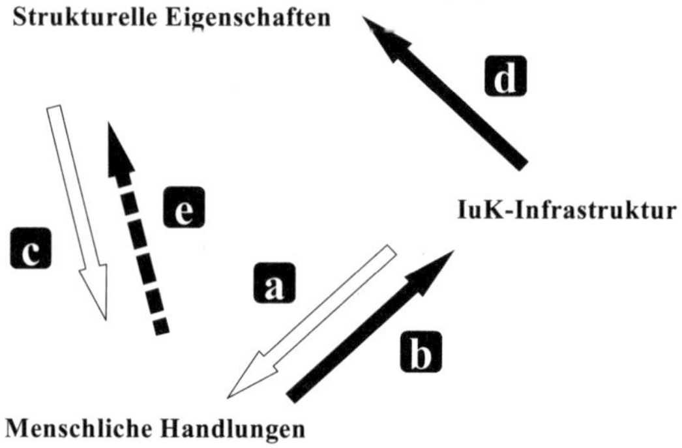

Abbildung 1-21: Strukturationstheoretische Perspektive des Einsatzes von IuK-Infrastruktur;
Quelle: In Anlehnung an Wolff (1999), S. 9.

Die Wechselwirkungen zwischen den Akteurshandlungen, IuK-Infrastruktur und ihrem Einsatz in Franchising-Netzwerken können wie folgt beschrieben werden:[216]

a) IuK-Infrastruktur als Produkt menschlichen Handelns:

IuK-Infrastruktur wird durch menschliche Handlungen hervorgebracht, von Menschen gestaltet, eingesetzt, benutzt und verändert (Pfeil a). IuK-Infrastruktur tritt den Akteuren nicht nur als physisches Objekt gegenüber, sondern wird von ihnen wahrgenommen und (re-) interpretiert. Indem sich die Akteure die IuK-Infrastruktur aneignen und bedienen, gestaltet sie den Prozeß der Technikentwicklung rekursiv mit.[217] Mit der Evolution des Franchising-Netzwerks und dem Ein- und Austritt von Franchise-Nehmern verändern sich auch die IuK-Infrastruktur.

b) IuK-Infrastruktur ist Medium menschlichen Handelns:

IuK-Infrastruktur ermöglicht und erleichtert bestimmte Handlungen, während sie gleichzeitig andere beschränkt und unterbindet (b). Sie konditioniert menschliches Handeln, determiniert sie aber aufgrund der Rekursivität der Technikentwicklung nicht, weil Leitbilder, Vorstellungen, Wünsche und Kritik permanent Einfluß auf sie nehmen (a).

---

214 Orlikowski (1992), S. 406.
215 Vgl. Wolff (1999), S. 9.
216 Nachfolgend nach Orlikowski (1992), S. 409 f. und Sydow/Windeler (1997), S. 69 ff.
217 Vgl. Rolf (1998), S. 8.

c) Strukturelle Bedingungen der Interaktion mit IuK-Infrastruktur:

Organisatorische und informationstechnische Strukturmerkmale beeinflussen Akteure in ihrer Interaktion mit der IuK-Infrastruktur (c). Die Einführung, Nutzung und (Weiter-) Entwicklung von IuK-Infrastruktur stützt sich immer auf vorhandenes Wissen, professionelle Normen, technische Standards, „State of the Art"-Technologien und organisatorische Ressourcen.

d), e) Strukturelle Konsequenzen der Interaktion mit IuK-Infrastruktur:

> „Agency and structure are not independent. It is the ongoing action of human agents in habitually drawing on a technology that objectifies and institutionalizes it. Thus, if agents changed the technology – physically or interpretatively – every time they used it, it would not assume the stability and taken-for-grantedness that is necessary for institutionalization."[218]

Durch den Einsatz von IuK-Infrastruktur verändern Menschen den strukturellen Rahmen einer Organisation (e). In Franchising-Netzwerken können sich beispielsweise interorganisatorische Lernprozesse entwickeln und kollektive Wissensbestände entstehen. Andererseits erfordern Standardsoftwareprodukte eine Organisationsanpassung, wodurch organisationale Strukturen verändert werden (d). Der Einsatz von IuK-Infrastruktur verstärkt also die Dynamik innerhalb von Netzwerkorganisationen; organisatorische Strukturen werden bestätigt oder aber gestört und verändert.

> „Ein technologischer oder auch ein ökonomischer Determinismus erscheint aus strukturationstheoretischer Perspektive somit völlig unangemessen, negiert er doch prinzipiell existierende Organisationsspielräume. Stattdessen gilt es, Informationstechnik selbst als ein Strukturmerkmal zu begreifen, als Handeln im Allgemeinen und die Gestaltung [...] der Interorganisationsbedingungen im Speziellen restringiert, aber auch erst ermöglicht."[219]

Das Konzept der Dualität von Technik weist Auffassungen des Einsatzes von IuK-Infrastruktur als einseitig zurück, die ihn als Determinismus im Sinne eines objektiven Sachzwangs oder als rein sozialen Voluntarismus interpretieren. Stattdessen läßt sich die Rekursivität der Wechselwirkungen zwischen Akteur, IuK-Infrastruktur und Franchising-Netzwerken hervorheben: der Einsatz der IuK-Infrastruktur schränkt die soziale Praxis ein und ermöglicht sie zugleich; er setzt zukünftigen Strategien einen Rahmen, ermöglicht sie aber auch erst. Die Techniknutzung bewirkt dabei oftmals eine vom Akteur gar nicht intendierte Reproduktion der Organisationsstrukturen. Ob diese dabei verfestigt oder verändert werden, hängt entscheidend von der Wirkung anderer struktureller Kontextfaktoren der Akteure ab. So wirken Ak-

---

218 Orlikowski (1992), S. 406.

219 Sydow/Windeler (1997), S. 69.

teure möglichen Sachzwängen durch IuK-Infrastruktur entgegen, indem sie sie durch Nutzung (oder Nichtnutzung) permanent mitgestalten.[220]

Vor diesem Hintergrund erscheint es aus Sicht des Autors sinnvoll, die Strukturationstheorie speziell auf das Untersuchungsobjekt der Gestaltung und Nutzung von „State of the Art"-IuK-Infrastruktur anzuwenden.[221]

220 Der Vollständigkeit halber ist anzumerken, daß Orlikowski u.a. folgendes vorgehalten wird: „[...] durch eine zu direkte Übertragung der Konzeption von Giddens die techniksoziologische Problemstellung trivialisiert"; Schulz-Schaeffer (2000), S. 233.

221 Vgl. DeSanctis/Monge (1999), S. 691 ff. Dem Autor ist die Kritik des Einsatzes der Strukturationstheorie am Untersuchungsobjekt IuK-Infrastruktur bekannt (siehe beispielsweise Garnsey/Kelly (1995), S.245-250). Durch den Einsatz der Adaptiven Strukturationstheorie, die in Kapitel 3.1 vorgestellt wird, können die vorgetragenen Schwierigkeiten und die Gefahr von Falsch-Interpretationen entgegengewirkt werden.

2 Wirtschaftliche und informationstechnische Vernetzung stationärer Einzelhandelssysteme

„The history of modern commerce [...] is a story of family businesses, guilds, cartels, and extended trading companies – all enterprises with loose and highly permeable boundaries."[222]

Steigende Sortimentskomplexität und sinkende Artikellebenszyklen sowie erhöhte Bedeutung der indirekten Leistungsbereiche[223] machen die aktuellen Herausforderungen von Handelsunternehmen aus.[224]

Die Märkte, auf denen Organisationen heute konkurrieren, und das Wettbewerbsumfeld, in dem sie agieren, haben sich in den letzten Jahren grundlegend verändert. Die Fähigkeit zur Vernetzung ist eine der wichtigsten Voraussetzungen für Unternehmen, um im Informationszeitalter Bestand zu haben, und zentraler Bestandteil zukünftiger, interorganisationaler Organisationsformen.[225] Gleichzeitig stellt sie große Herausforderungen an die Unternehmen, da zahlreiche wirtschaftliche und informations- und kommunikationstechnologische Entwicklungen die physische Desintegration von Unternehmen und Märkten vorantreiben und neue Aktionsmuster verlangen.[226]

Die folgenden Kapitel zeigen die Ziele wirtschaftlicher und informations- und kommunikationstechnischer Vernetzung auf, formulieren Anforderungen (Kapitel 2.1) und identifizieren spezifische Informationsbedarfe der Organisationsformen Franchising-Netzwerke und Filial-Systeme. Gleichzeitig wird mit der Prozeßeffizienz eine Maßgröße zur Messung des Einflusses der IuK-Infrastruktur auf die Organisationsformen eingeführt (Kapitel 2.2).

Diese „State of the Art"-IuK-Infrastrukturen bieten eine Reihe von Potentialen, die den Zielen der wirtschaftlichen Vernetzung dienlich sind. Die Grenzen dieser IuK-Infrastruktur sowie der Status Quo der bereits implementierten IuK-Infrastruktur werden in Kapitel 2.3 vorgestellt.

---

222 Powell (1987), S. 69.

223 Einkauf, Logistik, Qualitätssicherung und nicht zuletzt Informationsverarbeitung.

224 Vgl. Müller-Hagedorn (1998), S. 33 ff., und Alt (2001), S. 75 ff.

225 Vgl. Österle et al. (2002), S.2 und Castells (2003), S.83 f.

226 Vgl. Fleisch (2000), S. 1.

2.1 Interorganisatorische Vernetzung von Geschäftseinheiten

Die Verknüpfung von Unternehmen zu Netzwerken ist Gegenstand zahlreicher Untersuchungen in Ökonomie, Soziologie und Informatik.[227] Die Untersuchungen beschreiben Netzwerkphänomene und bieten i.d.R. sehr abstrakte Ansätze zur Klassifikation und Gestaltung von Netzwerken.[228] Der Begriff der „Interorganisationalen Vernetzung" faßt sowohl die wirtschaftliche als auch die informations- und kommunikationstechnische Vernetzung zusammen.

2.1.1 Ziele der wirtschaftlichen Vernetzung

Vernetzung ist ein zentrales Aktionsmuster von Organisationen. Mitarbeiter, Geschäftseinheiten und ganze Unternehmungen vernetzen sich, um ihre Wettbewerbsposition am Markt zu sichern bzw. zu verbessern. Im Zentrum steht dabei die Forcierung der Arbeitsteilung, d.h. die weitere Konzentration auf Kernkompetenzen, und die parallel verlaufende Intensivierung der Zusammenarbeit zwischen Geschäftseinheiten, d.h. das kurz-, mittel- und langfristige nachfrageorientierte „Poolen" von Ressourcen unterschiedlicher Geschäftseinheiten.[229]

Diese Ressourcen können unterschieden werden nach ihrer Sichtbarkeit am Markt in Ressourcen, die vom Markt ohne weiteres wahrgenommen werden („Above the Waterline") und solche, die nur schwer von außen erkennbar sind („Below the Waterline").[230] Zu den ersteren zählen Vertriebsnetzwerke, Marktakzeptanz und Produktionskapazität, zu letzteren Prozeßfähigkeiten, Organisationsfähigkeiten und Marktwissen. In Tabelle 2-1 sind diejenigen Ressourcen hervorgehoben, die vor dem Hintergrund der behandelten Thematik zu berücksichtigen sind.

Above the Waterline	Below the Waterline
Distribution Networks	Research & Development Capacity
Market Acceptance	***Process Skills***
Manufacturing Capacity	***Technology***
The Needed Product	***Organizational Skills***
Cash and Convertibles	***Market Knowledge***
Buying Power	***Tutored Suppliers***

Tabelle 2-1: Gemeinsam verwendete Ressourcen durch Vernetzung;
Quelle: Business International (1990), S. 28.

227 Vgl. bspw. Klein (1996), S.14 ff. und Sydow 1992, S.15 ff.

228 Zur Relevanz von Netzwerken formuliert beispielsweise Kelly: „Networks have existed in every economy. What's different now is that networks, enhanced and multiplied by technology, penetrate our lives so deeply that 'network' has become a central metaphor around which our thinking and our economy are organized"; Kelly (1999), S.2.

229 Vgl. Wütherich/Philipp (1998), S. 201 ff.

230 Vgl. Wurzel (2002), S. 13 f. und Business-International (1990), S. 28.

Mit dem überbetrieblichen Austausch von Ressourcen verfolgen Organisationen drei Ziele: Steigerung der Effizienz, Steigerung der Effektivität bzw. des Kundennutzens und Erschließung neuer Potentiale (Siehe Tabelle 2-2).

Ziele der Vernetzung	Steigerung der Prozeßeffizienz	Steigerung des Kundennutzens (Effektivität)	Erschließung neuer geschäftlicher Potentiale
Detailziele	Verbesserung innerbetrieblicher Metriken wie z.B. Reduktion der Prozeß- und Lagerkosten	Neue Leistungsqualität durch Individualisierung und kooperative Leistungssysteme zu kompetitiven Preisen, Verbesserung zwischenbetrieblicher Metriken	Potentiale innerhalb und außerhalb der Branche sowie geographische Ausbreitung

Tabelle 2-2: Ziele der Vernetzung;
Quelle: In Anlehnung an Fleisch 2001, S. 48.

Effizienz: Zwei Quellen führen zur Steigerung der innerbetrieblichen Effizienz durch Vernetzung. Einerseits ermöglicht Vernetzung den einzelnen Geschäftseinheiten die Konzentration auf wenige Kompetenzen und somit das „industrielle“ Ausschöpfen der „Economies of Scale“, andererseits erhöht der intensive Informationsaustausch die Plan- und Steuerbarkeit der Geschäftseinheiten. Die Folge ist eine Verbesserung innerbetrieblicher Metriken wie z.B. die Reduktion der Prozeß- und der Lagerkosten sowie der Einkaufspreise.[231]

Kundennutzen: Vernetzung trägt zur Steigerung des Kundennutzens bei, denn sie führt zu einer neuen Leistungsqualität. Die erhöhte Plan- und Steuerbarkeit wirkt sich positiv auf (a) Metriken wie Durchlaufzeit und Liefergenauigkeit aus, der intensive Informationsaustausch ist (b) Grundlage zur Individualisierung (z.B. präzise Kundenansprache durch Kundenmanagementtools) bzw. (c) zur Bereitstellung von kooperativen Leistungssystemen, die ein Kundenproblem gesamtheitlich abdecken und daher die Potentiale der „Economies of Scope“ abschöpfen. Geschäftseinheiten können die (d) Vorteile aus Effizienzsteigerung in Form reduzierter Preise an Kunden weitergeben. Im Idealfall bedeutet dies, daß Kunden Leistungen mit einer neuen hochwertigen Qualität zu niedrigeren Preisen erhalten. Vernetzung kombiniert dann die Potentiale von „Economies of Scale and Scope“.[232]

Neue Geschäftspotentiale: Die starken Veränderungen am Markt im Sinne der Neuzuordnung von Aufgaben und Prozessen zu Geschäftseinheiten bieten neue Geschäftspotentiale und sind somit für jede Geschäftseinheit eine neue Chance.

---

231 Für eine detaillierte Beschreibung von IT-gestützten Messungen von Prozeßmetriken siehe Mutscher (1999). Eine übersichtliche Zusammenstellung von Zielen und Potentialen der IT-gestützten überbetrieblichen Zusammenarbeit liefern Picot/Reichwald/Wigand (2001), S. 271 f. und Ahn/Dyckhoff (1997), S. 3 f.

232 Sie erlaubt damit Netzwerkunternehmungen eine Verknüpfung der Wettbewerbsstrategien Kostenführerschaft und Differenzierung nach (1997), S. 31ff. Siehe auch Ruegg-Sturm/Achtenhagen (2000), S. 3 ff.

Die hier vorgestellte prozeßorientierte Sicht auf Vernetzung ist u.a. Ergebnis der mehr operativen Vernetzungsziele, die sich aus der ersten Phase der empirischen Arbeit (siehe Kapitel 3) ergaben. Tabelle 2-3 führt Beispiele für solche Zielsetzungen auf, die sich im Abstraktionsgrad unterscheiden. Die abstrakten Ziele beziehen sich auf die Sichtbarkeit und Eindeutigkeit von Informationen bzw. auf die Zeitnähe der Informationsverarbeitung. Ihr Nutzen ist nicht direkt sichtbar, sondern liegt vielmehr darin, die angewandten Vernetzungsziele zu ermöglichen. So ist beispielsweise die zeitnahe Sichtbarkeit bestimmter Informationen von Franchise-Nehmern eine Voraussetzung zur Erhöhung der Führbarkeit des gesamten Franchising-Netzwerks.[233]

Um nicht nur deskriptiv gewonnene, allgemeine Aussagen zu gewinnen und gleichzeitig das Volumen des Untersuchungsobjekts in einem erarbeitbaren Rahmen zu bekommen, ist eine Auswahl von zu untersuchenden Kernprozessen nötig.

Detailziele der Praxis (1. Phase der empirischen Untersuchung)	Clusterung
Sichtbarkeit des Lagerbestands Sichtbarkeit des Lagerbestands der Zulieferanten Verfolgung von Aufträgen	Datensichtbarkeit
Direkter Einfluß auf das Lagermanagement der Franchise-Nehmer und der Zulieferer Transparenz der Franchise-Nehmer-Geschäftstransaktionen Bei mindestens 80% der Geschäftsprozesse keine manuelle Intervention mehr; manuell nur noch Ausnahmen.	Echtzeit
Integration der Prognosefunktion mit der Auftragsverwaltung, um Eindeutigkeit und Konsistenz zu wahren Globales Stammdatenmanagement, einheitliche Konten und Kostenstellen	Einheitssignal
Unternehmen wird mit kritischen Führungsgrößen geführt In überbetriebliche Geschäftsprozesse integrierte Kontrollmechanismen verankern Flexibles und einfach zu verwendendes Reporting	Führbarkeit des Geschäfts
Flexibilität von Prozessen und Organisationen IuK-Infrastruktur soll zukünftige Marktentwicklung berücksichtigen	Flexibilität
Globale Geschäftsprozesse für Finanzen, Einkauf, Sortimentsgestaltung Strategie „One face to the customer“	Globales Management
Integrierte Produkt-, Dienstleistungs- und Marketingstrategie Technische Integration aller Franchise-Nehmer und Lieferanten	Partnerintegration
Applikationen soweit als möglich zentralisieren Unterstützungskosten für Informationssysteme minimieren	Führbarkeit der Informatik

Tabelle 2-3: Beispiele für Detailziele wirtschaftlicher Vernetzung;
Quelle: 1. Phase Empirie.

233 Vgl. Ruegg-Sturm/Young (2001), S. 187 ff.

2.1.2 Kernprozesse des vernetzten, stationären Einzelhandels

Sydow beschreibt sechs Management-Funktionen im Rahmen von Unternehmungsnetzwerken[234]. Neben dem Initiieren und Beenden der Kooperation unterscheidet er Selektion, Regulation, Allokation und Evaluation (siehe Abbildung 2-1). Im Rahmen der vorliegenden Arbeit liegt der Fokus auf dem Bereich Regulation und somit auf dem operativen Geschäft eines Netzwerks.

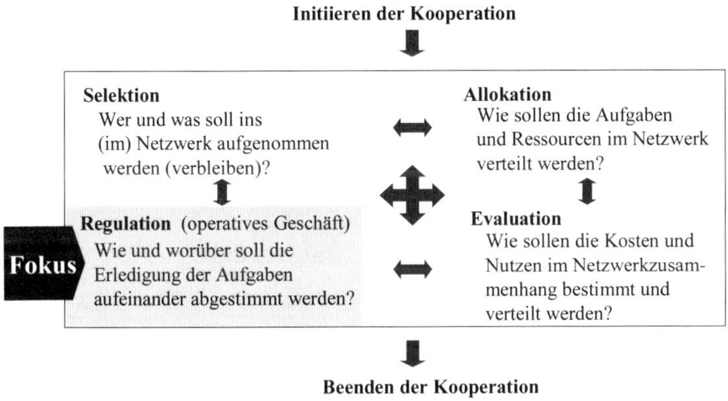

Initiieren der Kooperation
Selektion
Wer und was soll ins (im) Netzwerk aufgenommen werden (verbleiben)?
Allokation
Wie sollen die Aufgaben und Ressourcen im Netzwerk verteilt werden?
Regulation (operatives Geschäft)
Wie und worüber soll die Erledigung der Aufgaben aufeinander abgestimmt werden?
Evaluation
Wie sollen die Kosten und Nutzen im Netzwerkzusammenhang bestimmt und verteilt werden?
Fokus
Beenden der Kooperation

Abbildung 2-1: Funktionen des Managements in Unternehmungsnetzwerken;
Quelle: In Anlehnung an Sydow/Windeler (1997), S. 158.

Das operative Geschäft einer Handelsunternehmung setzt sich aus einer Reihe von Kernprozessen[235] zusammen. Im Zentrum steht neben dem großen Block Sortimentspolitik und Sortimentspflege die Warenwirtschaft. Preispolitik, Preispflege und Warenbezug sind laut Rotthowe ebenso Teil des operativen Geschäfts[236]. Als Meta-Variable zur Koordinierung dieser Strukturmerkmale dient die IuK-Infrastruktur.

234 Vgl. Sydow/Windeler (1997), S. 158.

235 Die Verwendung des Begriffs „Kernprozeß“ bezieht sich auf die Sichtweise, die Gaitanides (1992) im Gegensatz zu Kosiol (1962) vertritt. Seine Logik sieht vor, daß zuerst die Abläufe beschrieben werden und man sich anschließend Gedanken macht, wie die Aufgabenträger geeigneten Einheiten zugeordnet werden können. Diese Sichtweise ist Kern der Prozeßorganisation, welche Stellen, Bereiche und Abteilungen „bottom-up“, auf Basis der einzelnen, durch IST-Analyse identifizierten Aktivitäten bildet. Die identifizierten Aktivitäten werden durch Clusterbildung hinsichtlich funktionaler Ähnlichkeiten oder prozeßfortschrittsbezogen zusammengefaßt. Kernprozesse sind in diesem Zusammenhang für den Autor die essentiellen Aktivitäten eines Unternehmens, um am Markt in seiner Branche wirtschaftlich erfolgreich zu sein. „Die Reichweite dessen, was unter einem Prozeß zu verstehen ist, kann sich zwischen den beiden Extrempunkten des Erfüllungsinhaltes einer vorgefundenen Stellenaufgabe bis hin zur Lösung der gesamten Betriebsaufgabe bewegen.“ (Peters (1988), S. 37.). Siehe auch Kosiol (1975), S. 41-46 und Göbel (1996), S. 309 ff.

236 Vgl. Rotthowe (1998), S. 133.

Die Teilbereiche der Regulation werden in Abbildung PO bezüglich der verschiedenen Organisationsformen des Handels verglichen. Während in Filial-Systemen idealtypisch überwiegend zentral-hierarchisch agiert wird, weisen die Franchising-Netzwerke kein so homogenes Bild auf. Je nach Unternehmensphilosophie und Historie sind sehr unterschiedliche Ausprägungen anzutreffen. So ist die Warenwirtschaft in manchem Franchising-Netzwerk vollkommen dezentral (z.B. bei „vom Faß") während eine „Obi"-Zentrale jederzeit über alle Bestände und Abverkäufe ihrer Franchise-Nehmer informiert ist. Zwischen den beiden Polen „zentral" und „dezentral" sind im Franchising-Netzwerk alle Ausprägungen denkbar und werden auch praktiziert, wobei der dezentrale, unternehmerische Aspekt im Vergleich zur Verbundgruppe stärker betont ist.[237] So ist beispielsweise die Preispolitik in Verbundgruppen zentraler organisiert und somit den Filial-Systemen ähnlich.

Regulation (operatives Geschäft)
Wie und worüber soll die Erledigung der Aufgaben aufeinander abgestimmt werden?

Kernprozesse	**Filial-System**	**Verbundgruppe**	**Franchising-Netzwerk**
• **Sortimentspolitik**	• zentral	• Zentral, geringer Anteil an regionalen Sortimenten	• Überwiegend zentral, aber nicht unerheblicher Anteil dezentral
• **Sortimentspflege**	• zentral	• Zentral mit Modifikationen in den Outlets	• Zentral und dezentral
• **Warenwirtschaft**	• zentral	• Zentral und dezentral	• Zentral und dezentral
• **Preispolitik**	• zentral	• zentral	• Zentral und dezentral
• **Preispflege**	• zentral	• In der Regel zentral, evtl. Änderungen im Outlet	• Zentral und dezentral
• **Warenbezug***	• Überwiegend Eigenbelieferung	• Gemischte Eigen- und Streckenbelieferung	• Überwiegend Streckenbelieferung
• **IuK-Infrastruktur** (Meta-Variable)	• POS, Kassensystem	• FWWS, POS	• POS, FWWS, Remote
Beispiel	• Aldi	• Edeka	• Obi, McDonalds

** in Abhängigkeit vom Sortimentsbereich vom eigenen Zentral- oder Regionallager oder per Streckengeschäft direkt vom Lieferanten*

Abbildung 2-2: Idealtypische Abwicklung der Kernprozesse im Systemvergleich;
Quelle: In Anlehnung an Rotthowe (1998), S. 133 f.

Die in Abbildung 2-2 genannten Bereiche bilden nur einen kleinen Ausschnitt der Kernprozesse ab. Daneben sind als wichtige handelsspezifische Funktionen und deren Teilbereiche Einkauf, Warenwirtschaft/Abverkauf (Bestandsführung, Disposition, Verkauf, Anbindung Kassensystem), Sortimentsgestaltung (Sortiments-/Preispolitik, Aktionen, Konditions- und Provisionspolitik, Kundenmanagement, Kommunikationspolitik) und nicht zuletzt Führungsinformation (Ergebnisrechnung, Revision und Analyse) zu nennen. Bei der Auswahl der zu untersuchenden Kernprozesse bieten sich Anhaltspunkte für Franchising-Spezifika sowie –

[237] Vgl. Sarasvathy (2001), S. 243.

ausgehend von der vorliegenden Problemstellung – die praktizierte IuK-Unterstützung (siehe Abbildung 2-3) an.

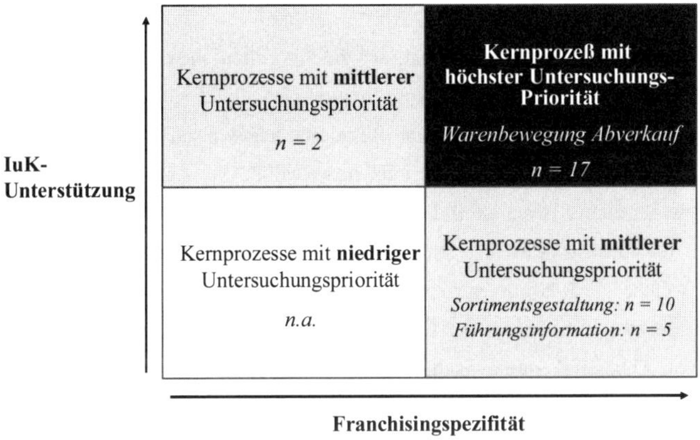

Abbildung 2-3: Auswahlmatrix handelsspezifischer Kernprozesse; 1. Phase Empirie; Quelle: Eigene Überlegungen.

Im Rahmen der unstrukturierten ersten Phase der Empirie wurde die Auswahlmatrix den Interviewpartnern vorgelegt.[238] Die Befragten konnten mit je zwei Stimmen für den jeweiligen Fokus der Untersuchung stimmen und waren angehalten, sich an ihrer operativen Erfahrung zu orientieren.[239] Mit großem Abstand wurde der Kernprozeß „Warenbewegung und Abverkauf" als interessantestes Untersuchungsobjekt ausgewählt (hohe Franchisingspezifität und ausgeprägte IuK-Unterstützung).

Dahinter folgten die Punkte „Sortimentsgestaltung" und „Führungsinformation" mit hoher Franchisingspezifität. Der Kernprozeß „Einkauf" erhielt die wenigsten Nennungen und wurde nur unter dem Gesichtspunkt verstärkter IuK-Unterstützung gewählt.

In der vorliegenden Arbeit werden des weiteren die Kernprozesse „Warenbewegung und Abverkauf" und „Sortimentsgestaltung" auf deren spezifische Anforderungen an die IuK-Infrastruktur untersucht.

2.1.3 Ziele der informations- und kommunikationstechnischen Vernetzung

Die Ziele der wirtschaftlichen Vernetzung sind eine Grundlage zur Entwicklung des Beschreibungs-, Erklärungs- und Gestaltungsmodells interorganisational vernetzter Ge-

[238] Siehe Kapitel 5.2.

[239] Vgl. Potthof (1998), S. 54 ff.

schäftseinheiten. Im Mittelpunkt steht die interorganisationale Leistungskoordination als Organisation und Abwicklung von arbeitsteiligen Aufgaben zur Lösung einer Gesamtaufgabe unter Berücksichtigung ökonomischer Kriterien.[240]

Hier wird ein Mechanismus benötigt, der die Koordination wirtschaftlicher Leistungsbeziehungen regelt und hier als Leistungkoordination bezeichnet wird. Leistungen sind voneinander abhängig, wenn sie auf die gleiche Ressource angewiesen sind.[241] Die netzwerkweite IuK-Infrastruktur ist ein Abbild der betrieblichen Realität. Sowohl Ressourcen als auch Aufgaben sind wesentlicher Bestandteil der betrieblichen Realität und werden daher in der netzwerkweiten IuK-Infrastruktur abgebildet. „Das Abbild der Ressourcen sind Daten."[242] Die Aufgaben, welche die Ressourcen generieren bzw. deren Status verändern, sind Funktionen der IuK-Infrastruktur. Aus Sicht der IuK-Infrastruktur kann Koordination somit als das Management von Abhängigkeiten zwischen Funktionen, die auf dieselben Daten zugreifen, definiert werden. Integrierte, netzwerkweite IuK-Infrastrukturen realisieren die Koordination von Datensammlungen aus gemeinsam verwendeten Daten.[243]

Fleisch definiert eine Reihe von Elementarzielen der informations- und kommunikationstechnischen Vernetzung:[244]

Einheitssignal: Zahlreiche Aufgaben von Mitgliedern in Netzwerken hängen von Informationen ab, die gemeinsam mit weiteren Mitgliedern gelesen, generiert oder verändert werden.[245] Ein Beispiel dafür ist die gemeinsame Prognose, bei der die individuellen Prognosen der Geschäftseinheiten einer Supply Chain auf dem gemeinsamen Nachfragesignal des Endkunden beruhen.[246] Verwenden die Mitglieder unterschiedliche Nachfragesignale, kann dies den sogenannten Bullwhip-Effekt auslösen.[247] Die Ressource, von der mehrere Aufgaben abhängig sind, muß eindeutig und die Methoden zum Generieren, Modifizieren und Lesen solcher Signale standardisiert sein.[248]

---

240 Vgl. Ring/van de Ven (1994), S. 90 ff. und Reif-Mosel (2002), S. 99 ff.

241 Vgl. Fleisch (2001), S. 51.

242 Österle et al. (2002), S. 68.

243 Vgl. Österle et al. (2002), S. 69 ff.

244 Vgl. Fleisch/Österle (1999), S. 52 ff.

245 Vgl. Riggert (2000), S. 60-66.

246 Ayers (2001), S. 22-61.

247 Vgl. Lee et al. (1997). Der Bullwhip-Effekt beschreibt Informationsdefizite an den Schnittstellen von Logistikketten, die zu Fehldiagnosen und falschen Einschätzungen in den nachgelagerten Stufen und damit zu falschen Entscheidungen führen. Jede Schnittstelle entlang der logistischen Kette wirkt dabei wie ein blinder Fleck auf der Linse. Mit jeder Stufe der Logistikkette werden Schwankungsbreite und Amplitude immer größer. Dabei sind die Schwankungen auf den jeweils unteren Ebenen stets größer als auf der vorgelagerten Ebene. Dieser Effekt wird auch Peitscheneffekt genannt. Siehe auch Seifert (2001), S. 95 ff.

248 CPFR : Colaborative Planning, Forcasting and Replenishment. Für zusätzliche Informationen siehe z.B. http://www.cpfr.org.

Ressourcensichtbarkeit: Einheitssignale setzen u.a. voraus, daß Mitglieder auf Informationen anderer Mitglieder ohne (großen) zusätzlichen Aufwand zugreifen können bzw. daß Mitglieder ihre Informationen zeitnah und in allgemein verständlicher Form anderen Mitgliedern zur Verfügung stellen können. Beispiele für solche Ressourcen sind etwa Lagerbestand, Auftragsstatus oder globale Verträge.

Ressourcenqualität: Die konsequente Vernetzung von Mitgliedern auf Basis von IuK-Infrastruktur führt zu einer weitgehenden Automatisation der operativen Koordination, in welcher der Mensch nicht mehr die Qualitätssicherung der übertragenen Informationen vornehmen kann. Die Qualität der Aufgabenerfüllung eines Mitglieds hängt somit direkt von der Qualität der Informationen desjenigen Mitglieds ab, welches die Informationen zur Verfügung gestellt hat. So hängt z.B. in einer durchgängigen Supply Chain die Produktionsplanung des Lieferanten in hohem Maße von den kumulierten Abverkäufen der Franchise-Nehmer ab.[249] Das Franchising-Netzwerk muß in einem solchen Fall seinen Zulieferern die nötigen Ressourcen mit hoher Genauigkeit und zeitnah zur Verfügung stellen.

Echtzeit:[250] Komplexe operative Abhängigkeiten zwischen Mitgliedern, wie sie beispielsweise beim Prozeß Available-to-Promise entstehen, können ohne zeitnahes Antwortverhalten der einzelnen Mitglieder nicht umgesetzt werden.[251] Die Durchführung von Aufgaben in Echtzeit ermöglicht die Organisation von Abhängigkeiten in Echtzeit und trägt in weiterer Folge zur Sicherung der Datenkonsistenz bei, wie sie z.B. für das Ziel „Einheitssignal" notwendig ist. Leistungskoordination in Echtzeit setzt eine enge Integration der IuK-Infrastruktur über alle Mitglieder voraus.

„m:n-Fähigkeit": Ein wichtiger Nutzen von Vernetzung liegt im Etablieren von m:n-Beziehungen, bei denen ein Mitglied z.B. durchgängige Beziehungen mit m Lieferanten und n Kunden pflegt. Solche Beziehungen sind die Grundlage für das Ausschöpfen der „Economies of Scale" auf Angebots- und Nachfrageseite bei gleichzeitigem Ausschöpfen von „Economies of Scope". IuK-Infrastruktur stellt im Rahmen des Supply Chain-Management m:n-Beziehungen her.[252]

Funktionsqualität: Die Organisation von Abhängigkeiten zwischen n mal m Aufgaben in Echtzeit erfordert mächtige Berechnungsmethoden und setzt hohe Rechnerkapazitäten vor-

249 Vgl. Braßler/Schneider (2001), S. 143 ff.

250 Vgl. Garnsey/Kelly (1995), S. 21 und Bradley/Nolan (1998), S. 21-22.

251 Zu einer intensiven Analyse der Abhängigkeiten zwischen FN und FG siehe Herrfeld (1998) und Berning (1997), S. 84 ff.

252 Vgl. Klein (1996), S. 47f.

aus. Die Komplexität der überbetrieblichen Koordination stellt immer noch große Anforderungen an Software und Hardware.[253]

Diese elementaren Ziele der Vernetzung beziehen sich auf Aufgaben bzw. Funktionen und Ressourcen bzw. Daten. Sie sind Ergebnis eines Vergleichs der Vernetzungsziele der Praxis und den theoretischen Anforderungen an Koordination.[254] Abbildung 2-4 stellt die Zusammenhänge graphisch dar.

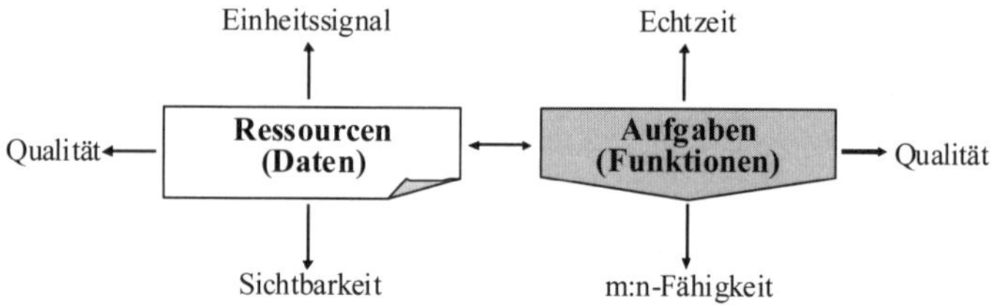

Abbildung 2-4: Elementare Ziele der Vernetzung;
Quelle: Fleisch 2001, S. 53.

ERP-Systeme haben sich für die Koordination der Aufgaben innerhalb einer Geschäftseinheit bewährt.[255] Sie realisieren die elementaren Ziele der Vernetzung in einem begrenzten Integrationsbereich. Die Datenintegration stellt z.B. die Redundanzfähigkeit der Ressourcen bzw. Daten sicher und verfolgt somit das Ziel des Einheitssignals innerhalb einer Geschäftseinheit. Die Datenintegration ist ein zusätzlicher Mechanismus zur automatischen Weitergabe von Daten an andere Teile der integrierten IuK-Infrastruktur und verfolgt damit das Ziel der Echtzeitverarbeitung. In Form von gemeinsamen Datenbeständen sorgt die Datenintegration bei ERP-Systemen außerdem für die notwendige Sichtbarkeit der Daten innerhalb von Geschäftseinheiten. Lediglich die innerhalb einer Geschäftseinheit nicht existente Anforderung der m:n-Fähigkeit konnten ERP-Systeme noch nicht lösen.[256]

Die detaillierte Betrachtung der elementaren Ziele der Vernetzung verdeutlicht, warum interne Integration eine Voraussetzung für interorganisationale Koordination ist. Sie liefert zusätzlich Hinweise für die Infrastruktur, die zur zwischenbetrieblichen Koordination nötig ist.[257]

253 Vgl. SAP Advance Planer & Optimizer, SAP (1998). Siehe auch Frank (1997), S. 21-35, Bronner (1992), S. 1121-1130 und Buxmann (2000), S. 52-68.
254 Vgl. Mayer/Mitzkus (2001), S. 631 ff.
255 Vgl. Mabert/Soni (2991), S. 69-73.
256 Fleisch (2001), S. 53.
257 Vgl. Rupprecht-Däullary (2001), S. 52 ff.

2.1.4 Anforderungen an die Informations- und Kommunikationsinfrastruktur in Einzelhandels-Systemen

> „Advances in information technology provide opportunities for dramatically increased connectivity, enabling new forms of interorganizational relationships and enhanced group productivity."[258]

Ausgangspunkt einer wettbewerbsorientierten Gestaltung von computergestützter IuK-Infrastruktur sind die am Markt zu realisierenden Geschäfte einer Unternehmung. Käuferwünsche beziehen sich im vorliegenden Fall auf Sachleistungen, deren Menge (Quantität), Beschaffenheit (Qualität), Preis (Kosten) und Termin (Zeit) durch die konkrete Nachfrage festgelegt wird. Die Unternehmung bzw. das Franchising-Netzwerk soll diese Abgabeleistung erbringen und benötigt dafür bestimmte Einsatzleistungen. Aus Kundensicht handelt es sich bei der Leistungserstellung der Unternehmung um einen Veredelungsprozeß über verschiedene Stufen hinweg. Jeder Teilprozeß ist zunächst am nachfolgenden und schließlich am finalen Teilprozeß auszurichten, der beim Abnehmer endet. Die vorgelagerten Teilprozesse setzen um, was an den potentiellen Käufer an Leistung letztendlich abgegeben wird. In Kapitel 2.2.2 werden die zu untersuchenden Kernprozesse identifiziert, die sich aus mehreren Teilprozessen zusammensetzen.

Sollen die Kernprozesse und damit das Wertschöpfungsergebnis einer Unternehmung optimiert werden, so sind die betrieblichen Teilprozesse bzw. -leistungen daraufhin zu überprüfen, ob und wo Verbesserungen möglich sind.[259] Im Bedarfsfall ist die Ablauf- und Aufbauorganisation umzugestalten. Eine Möglichkeit hierzu besteht in der durchgängigen Organisation der Unternehmung entsprechend der Geschäftsprozesse. Die Leistungserstellung, -verwaltung und -verwertung der Unternehmung wird dann nicht mehr nach Funktionen, d.h. nach Verrichtungen, aufgegliedert, sondern stattdessen entsprechend der relevanten Teilergebnisse der Geschäftstätigkeit unterteilt.

In der betriebswirtschaftlichen Literatur und in der Unternehmenspraxis ist nicht einheitlich geklärt, was Geschäftsprozesse darstellen und wie sie zu charakterisieren sind. Im Kern handelt es sich um eine logisch zusammengehörige Folge betrieblicher Tätigkeiten, die dem unternehmensinternen und -externen Prozeßkunden einen meßbaren Nutzen erbringt. Die zur Erreichung einer Teilleistung notwendige Einzelaktivität wird als Geschäftsvorgang bezeichnet, der durch einen Geschäftsvorfall (Ereignis) ausgelöst und mit einem finalen Geschäftsereignis abgeschlossen wird. Geschäftsvorgänge können hintereinander (Sequenz), gleichzeitig

[258] Madnick (1991), S. 22.
[259] Vgl. Stengel (1999), S. 71 ff. und Rühli/Schmidt (2001), S. 539-543.

(Parallele) oder alternativ (Auswahl) ausgeführt werden und ergeben zusammengenommen einen Geschäftsprozeß.[260]

Maßnahmen zu Analyse, Neu- oder Umgestaltung komplexer Geschäftsprozesse und die damit einhergehenden organisatorischen und IuK-technischen Implikationen setzen die Verfügbarkeit wirksamer Hilfsmittel voraus.[261] Dieser Aspekt bestätigt sich vor allem vor dem Hintergrund einer ständig wachsenden Leistungsfähigkeit der IuK-Infrastruktur und der damit einhergehenden Relevanzverschiebung von der Waren- zur Informationslogistik (siehe Abbildung 2-5).[262]

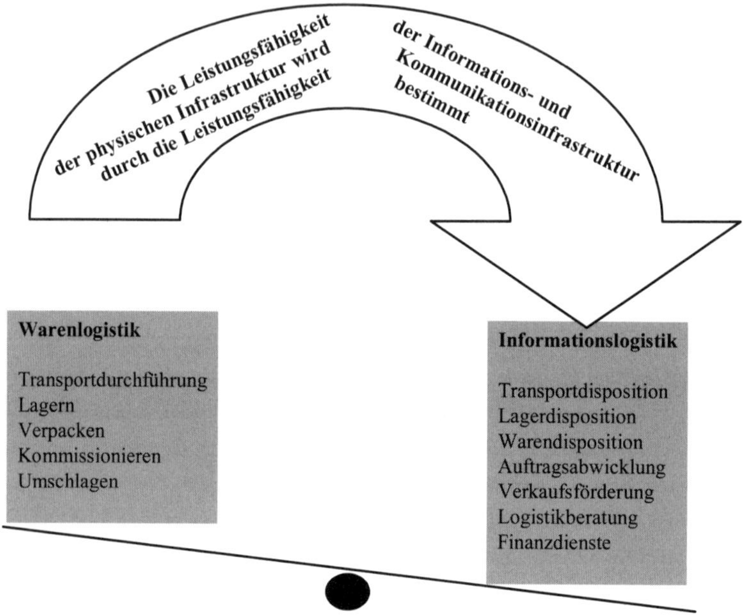

Abbildung 2-5: Relevanzverschiebung von der Warenlogistik zur Informationslogistik; Quelle: In Anlehnung an Alt/Schmidt (2000) und Szyperski/Klein (1993).

260 Je nach der verwendeten Gestaltungsmethodik und dem benutzten Modellierungsansatz wird der Terminus 'Geschäftsprozeß' unterschiedlich definiert. Neutrale, methoden- und modellierungsunabhängige Erläuterungen finden sich z.B. bei Heilmann (1994) und Jablonski/Böhm/Schulze (1997).
In der Arbeit wird der Prozeßbegriff von Davenport verwendet: Ein Prozeß ist „eine strukturierte, durchdachte Menge von Aktivitäten, die darauf ausgerichtet sind, eine spezielle Leistung für einen Kunden oder einen Markt zu erzeugen. Der Prozeß ordnet die Aktivitäten über Zeit und Raum, hat einen Startpunkt und einen Endpunkt sowie eindeutig festgelegten In- und Output." Davenport (1993), S. 5.

261 Vgl. Knittel (2002), S. 289-291: „...the ability to create knowledge and move it from one part of the organization to another is the basis for competitive advantage"

262 Vgl. Inkpen (1996), S. 123-144.

Picot und Reichwald definieren allgemeine prozeßbedingte Anforderungen an die IuK-technische Unterstützung (siehe Tab. 2-4).[263] Ein dezentraler Zugriff auf und der Austausch von Informationen macht eine kommunikationstechnische Vernetzung mit einer entsprechenden IuK-Infrastruktur notwendig. Entscheidungsunterstützung sowie Workplace-, Workgroup- und Workflow-Systeme liefern eine prozeßorientierte Unterstützung sowohl für strukturierte als auch für unstrukturierte Arbeitsabläufe.

Prozessbedingte Anforderungen	IuK Technische Unterstützung
Dezentraler Zugriff und Austausch von Informationen, zeit- und bedarfsgerechte Verfügung über Informationen durch Franchise-Geber- und –Nehmermitarbeiter	Kommunikationstechnische Vernetzung der Rechnerkapazitäten, integrierte bzw. verteilte Anwendungsarchitektur mit verteilten Datenbanken, Intranet, Extranet
Unterstützung der Entscheidungsfindung	Entscheidungsunterstützungssysteme
Unterstützung von autarken Generalisten und von Spezialisten	Workplace - Systeme , Expertensysteme
Werkzeuge zur Unterstützung von Gruppenarbeit	Workgroup -Systeme, Intranet
Prozessorientierte Unterstützung strukturierter Arbeitsabläufe	Workflow-Systeme, Intranet
Unternehmensübergreifender Austausch von Daten	Nutzung der Telekommunikationsinfrastruktur, EDI, Intranet, Extranet

Tabelle 2-4: Anforderungen prozeßorientierter Organisationen an die IuK-Technik und Lösungspotentiale;
Quelle: Picot; Reichwald (2001), S. 275.

Diese von der Organisationsform unabhängigen Anforderungen gilt es zu operationalisieren und auf die Spezifika der Franchising-Netzwerke hin zu untersuchen. Ziel und Aufgabe der IuK-Infrastruktur muß es sein, durch Informationsversorgung und Kommunikationsunterstützung zur Befriedigung der jeweiligen Bedarfe und Beseitigung etwaiger Defizite beizutragen.

In diesem Zusammenhang sind zwei Kategorien von IuK-Unterstützungsbedarfen bezüglich des Managements zu unterscheiden: Einerseits der allgemeine Unterstützungsbedarf, der Informations-, Theorie- und Konzeptionsdefizite beinhaltet,[264] welche im Mangel an faktischem Wissen, Wissen über Kausalitäten oder methodischem Wissen begründet liegen.

Zusätzlich können, aus strategischer und operativer Perspektive, besondere IuK-Unterstützungsbedarfe identifiziert werden. Während die IuK-Infrastruktur auf den oben genannten allgemeinen Abstimmungsbedarf kaum Einfluß hat, kann deren Einsatz auf spezifische operative und strategische Abstimmungsbedarfe prozeßeffizienzsteigernd sein.

263 Vgl. Picot/Reichwald/Wiegand (2001), S. 275 ff. und Reichwald (1993), S. 48 ff.
264 Vgl. Ahlert (2001), S. 34 und Drucker (1995), S. 55 ff.

Franchising-Netzwerke weisen aufgrund der räumlichen und funktionalen Trennung der operativen Einheiten über Unternehmensgrenzen hinweg einen höheren Abstimmungsbedarf auf als interne Abläufe einer einzelnen Unternehmung.[265] Zusätzlich besteht ein strategischer, franchisingspezifischer Abstimmungsbedarf. Die wirtschaftliche Selbständigkeit und rechtliche Trennung zwischen Franchise-Nehmer und -Geber erfordert, daß beispielsweise über bestimmte Lieferantenbeziehungen oder die zukünftige Positionierung des Netzwerks im Markt kommuniziert – Informationen ausgetauscht – und entschieden wird.

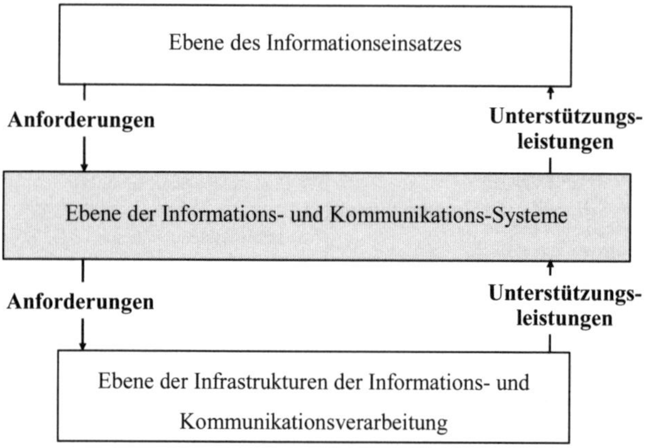

Abbildung 2-6: Das Drei-Ebenen-Modell des Informationsmanagements;
Quelle: Picot; Reichwald (2001), S,144.

In der Literatur werden seit einiger Zeit die beschriebenen Abstimmungsbedarfe und deren informationstechnische Begegnung unter dem Begriff „Informationsmanagement" zusammengefasst.[266] Picot/Reichwald unterscheiden in diesem Zusammenhang drei Ebenen (siehe Abbildung 2-6).[267]

Auf der Ebene des Informationseinsatzes wird der Informationsbedarf und seine Deckung für alle auftretenden Verwendungszwecke geplant, organisiert und kontrolliert. Das Management des Informationseinsatzes ist Aufgabe der Unternehmensführung und strategischer Natur.[268] Im Vordergrund dieser Ebene steht die Setzung von Prioritäten für systematisch bereitzustellende Planungs-, Steuerungs- und Kontrollinformationen sowie Dokumentationserfor-

265 Vgl. Badaracco (1991), S. 293-327.
266 Vgl. Lutz (1993), Sp. 1749-1760.
267 Vgl. Picot/Reichwald (2001), S. 142-148.
268 Vgl. Trott zu Solz (1991), S. 56 ff. und Bleicher (1993), Sp. 1270 ff.; (1987), S. 77 f.

dernisse. Es werden Anforderungen definiert und Unterstützungsleistungen von der Ebene der Informations- und Kommunikationssysteme bezogen.

„Informations- und Kommunikationssysteme sind aufeinander abgestimmte Arrangements personeller, organisatorischer und technischer Elemente, die der Deckung des Informationsbedarfs dienen.“[269] Aufgabe des Managements der Informations- und Kommunikationssysteme ist es, die Struktur dieser Systeme durch die Kombination ihrer Elemente abzustimmen.

Die dritte Ebene der informations- und kommunikationstechnischen Infrastrukturen faßt den Bereich der Infrastrukturentscheidungen bezüglich Rechnerausstattung, System-Infrastrukturen und Netzwerklösungen.[270]

Zur Analyse der Informationsbedarfe, die die Grundlage des Informationsmanagements darstellen, ist eine universelle Untersuchungsstruktur notwendig, welche auf die Kern- und deren Teilprozesse angewandt werden kann.[271] Die Antworten auf acht Fragen (siehe Abbildung 2-7) sollen Zusammenhänge offenlegen.

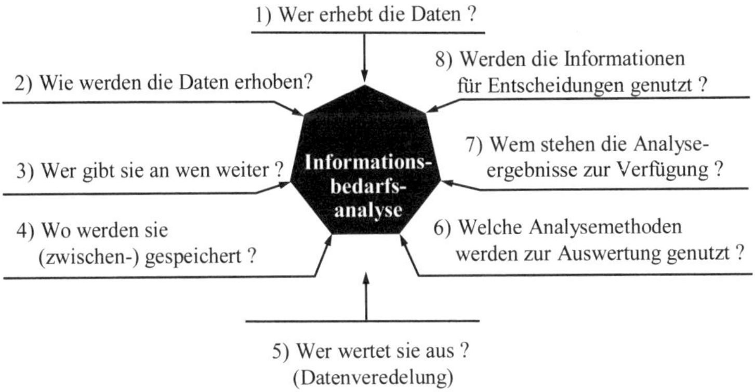
1) Wer erhebt die Daten ?
2) Wie werden die Daten erhoben?
3) Wer gibt sie an wen weiter ?
4) Wo werden sie (zwischen-) gespeichert ?
5) Wer wertet sie aus ? (Datenveredelung)
6) Welche Analysemethoden werden zur Auswertung genutzt ?
7) Wem stehen die Analyseergebnisse zur Verfügung ?
8) Werden die Informationen für Entscheidungen genutzt ?
Informations-bedarfs-analyse

Abbildung 2-7: Informationsbedarfsanalyse;
Quelle: Eigene Überlegungen in Anlehnung an interne Unterlagen Roland Berger Strategy Consultants.

Der Fokus liegt auf den einzelnen Teilprozessen, nämlich den in Kapitel 2.2.2. vorgestellten Kernprozessen des Handels. Im Mittelpunkt steht die Erfassung und Verwertung der Informationsflüsse zwischen Franchise-Geber und -Nehmer. Die Untersuchung reicht von der Erhe-

269 Picot/ Reichwald (2001), S. 145.

270 Der vom Autor verwendete IuK-Infrastrukturbegriff setzt sich vor allem aus den beiden ersten Komponenten zusammen, streift aber auch Aspekte der dritten Ebene.

271 Vgl. Olbrich (1992), S. 25 f. ; Olbrich (1997), S. 161 ff. und Gaul (1995), S. 414 ff.

bung der Daten über die Weiterleitung, Speicherung, Datenveredelung, Auswertung bis zu Verfügungsrechten und konkreter Nutzung der Informationen für Entscheidungen. Die Operationalisierung der Informationsbedarfsanalyse wird in Kapitel 3.2. vorgestellt.

Unternehmen setzen IuK-Infrastrukturen ein, um einen strategischen Wettbewerbsvorteil zu erzielen, aber auch, um einer strategischen Notwendigkeit nachzukommen.

2.2 Spezifische Informations- und Kommunikationsbedarfe in Einzelhandels-Systemen

Nachdem die wirtschaftlichen sowie informations- und kommunikationstechnischen Ziele allgemein aufgezählt wurden, wird in der Folge nach einer Einführung der Spezifika von Kernprozessen auf die besonderen Bedarfe von Franchising-Netzwerken eingegangen.

2.2.1 Informationsmanagement und Qualität der Kommunikation in Einzelhandels-Systemen

Die Information[272], also das gesamte im Franchising-Netzwerk vorhandene Wissen, muß kommuniziert und archiviert werden. Das strategisch Entscheidende ist dabei nicht die Information selbst, sondern das Informationsmanagement.[273] Wissen kann nicht von Nutzen sein, wenn es nicht abrufbar ist, nicht kommuniziert wird und somit nicht verwendet werden kann. Dies verdeutlicht die Notwendigkeit eines Informationsmanagements, welches den im Hinblick auf das Unternehmensziel bestmöglichen Einsatz der Ressource Information gewährleistet. Im Franchising-Netzwerk verfügbare Informationen müssen aufbereitet und „zur richtigen Zeit an den richtigen Ort gebracht werden."[274] In diesem Punkt unterscheidet sich ein Franchising-Netzwerk noch nicht von anderen Unternehmungen. Kompliziert wird der Informationsaustausch und die Kommunikation erst deshalb, weil Unternehmensgrenzen überwunden werden müssen und unter Umständen unterschiedliche Zielfunktionen vorliegen.

Generell gilt es, zwischen „Bring- und Holschuld" zu unterscheiden. Beim Holschuld-Modell definiert der Nutzer seinen Wissensbedarf selbst, d.h. Wissen wird in Eigenverantwortung von den Stellen angefordert, die über das benötigte Wissen verfügen.[275] Beim Bringschuld-Modell fungiert der Vorgesetzte/Franchise-Geber als Experte, der dem Mitarbeiter/Franchise-Nehmer das Wissen zur Verfügung stellt, das dieser für seine Aufgaben benötigt. Das Wissen wird auf einem standardiserten Weg von oben nach unten weitergegeben.[276]

Mit dem zunehmenden Einsatz performanter IuK-Infrastruktur wird häufig vom Wechsel einer „Bringschuld" zur „Holschuld" gesprochen: Informationen werden innerhalb des Netz-

---

272 In der vorliegenden Arbeit wird der in der Betriebswirtschaft vorherrschende Informationsbegriff nach Wittmann Verwendung finden, der Information als „zweckorientiertes Wissen, also solches Wissen, das zur Erreichung eines Zweckes, nämlich einer möglichst vollkommenen Disposition eingesetzt wird", definiert (Wittmann (1959), S. 14) – wobei Wissen Vorstellungsinhalte sind, welche Überzeugungen über die Wahrheit von Feststellungen zum Inhalt haben (vgl. Wittmann (1979), Sp. 2263.). Der Vollständigkeit halber sei darauf verwiesen, daß dieser Informationsbegriff nicht frei von Kritik ist, vgl. Schütte (1998), S. 4.

273 Vgl. Gryza/Michaelis/Walz (2000), S. 12.

274 Gryza/Michaelis/Walz (2000), S. 28.

275 Vgl. Probst (1992), Sp. 2255-2270 und Probst/Scheuss (1984), S. 480 ff.

276 Vgl. von Guretzky (2001), http://www.community-of-knowledge.de

werks bereitgestellt, die von den „selbständigen Franchise-Nehmern“ abgerufen werden müssen.[277] Abgesehen von der Pflicht zur aktiven Informationsbeschaffung ist auch jeder, der eine für andere wichtige oder potentiell nützliche Information besitzt, verpflichtet, diese zu kommunizieren.[278]

Die Festlegung einer „Bringschuld“ bringt die zentrale Steuerung der Informationsverteilung mit sich. Der große Informationsbedarf einzelner Mitarbeiter oder Franchise-Nehmer im Rahmen eines sich schnell verändernden Kontextes erschwert eine systematische Verteilung des Wissens: Es muß vorab bekannt sein, wer welche Information zu welchem Zeitpunkt benötigt.[279]

Unter Kommunikation wird generell die Übermittlung und der Austausch von Nachrichten und Informationen verstanden.[280] Der Sender beabsichtigt in der Regel, Einstellungen und Verhalten des Empfängers zu beeinflussen.[281] Der Kommunikationsprozeß beinhaltet sowohl die Übermittlung von sprachlicher als auch von nichtsprachlicher Information. Bei näherer Betrachtung verdeutlicht sich so der Unterschied zwischen der oben erläuterten Information und der Kommunikation. Der Begriff der Kommunikation beinhaltet mehr als einen bloßen Austausch von Informationen. Information ist lediglich die erste, nie alleinige Stufe des Kommunikationsprozesses und hat vor allem die Aufgabe, Aufmerksamkeit zu erwecken, den Prozeß einzuleiten und Wissen zu vermitteln.[282] Kommunikation will jedoch mehr als nur informieren – sie bedeutet Austausch und Verständigung. Eine Information muß gesendet werden, ankommen, verstanden und akzeptiert werden. Rückmeldung, das sogenannte „Feedback“, ist deshalb für den Kommunikationsprozeß entscheidend.

Des weiteren ist zu beachten, daß bei jedem Informationsaustausch, bei jeder Kommunikation, neben der Sachebene auch eine Beziehungsebene existiert, die durch Gefühle wie Sympathie und Antipathie geprägt ist.[283] Kommunikation teilt sich in eine Inhalts- und einen Beziehungsdimension.[284] Daraus folgt, daß – selbst wenn eine vollständige Programmierung sämtlicher im Unternehmungs-Netzwerk auftretender Informations- und Kommunikationsformen möglich wäre – der „Faktor Mensch“ mit seinen (oft subjektiven) Empfindungen, Einstellungen und, daraus folgend, seiner Motivation eine vollständige Automatisierung der

277 Vgl. Zander (1982), S. 21.

278 Vgl. Köfer/Nies (2001), S. 40 und Kroll (2001), S. 29-45.

279 Vgl. von Guretzky (2001), http://www.community-of-knowledge.de.

280 In diesem Zusammenhang muß auf die Thematik des Information Overload hingewiesen werden. Eine nähere Betrachtung findet sich beispielsweise bei Rehm (1999), S. 33-36.

281 Vgl. Müller (2000), S. 3 zitiert aus Meffert/Backhaus (1994).

282 Vgl. Klöfer/Nies (2001), S. 28.

283 Vgl. Dieners (1999), S. 43.

284 Sie ist folglich zusätzlich zu ihrer Funktion der inhaltlichen Informationsübermittlung eine „Form sozialen Handelns, das mit einem subjektiven Sinn verbunden und auf das Denken, Fühlen und Handeln anderer bezogen ist.“ Aus Sauter-Sachs (1993), S. 82.

Organisation unmöglich macht.[285] Es sei somit dieser Arbeit vorangestellt, daß nicht nur das Informationsmanagement, also die „technische Machbarkeit", die Qualität der Kommunikation bestimmt. Vielmehr sind auch soziokulturelle Aspekte wie Einstellungen, Werte und Verhaltensweisen der Netzwerkmitglieder zu berücksichtigen.

2.2.2 Aufgaben und Zielsetzung netzwerkweiter Kommunikation

Die netzwerkweite Kommunikation beinhaltet sowohl die Kommunikation zwischen Franchise-Geber und -Nehmer als auch zwischen den einzelnen Franchise-Nehmern untereinander. In der Literatur wird auf zwei Hauptaufgaben der Kommunikation verwiesen, die netzwerkweit wahrgenommen werden sollten:[286] Einerseits sollte sie die Netzwerkmitglieder aller Ebenen schnell und umfassend mit den notwendigen Informationen versorgen (Informationsfunktion), andererseits sollte sie den sprachlichen Austauschprozeß zwischen Zentrale und Franchise-Nehmer sicherstellen (Dialogfunktion). Glaubwürdig und zielführend ist netzwerkweite Kommunikation dabei erst dann, „wenn sie möglichst offen und ehrlich, umfassend und zeitgerecht nicht nur sachbezogen informiert, sondern auch Stellung nimmt, Begründungen liefert, und, wenn es das Thema erlaubt, zum Dialog einlädt."[287]

Meier nimmt diesbezüglich auf der informativen Ebene eine Unterteilung in eine Anordnungs- und Koordinationsfunktion, auf dialogischer Ebene in eine Orientierungs- und Kontaktfunktion vor (siehe Abbildung 2-8).[288]

Die Anordnungsfunktion hat die Aufgabe, den Franchise-Nehmern spezifische Neuigkeiten und Veränderungen möglichst schnell und umfassend zu vermitteln, damit die Handlungen einzelner Arbeitsbereiche neuen Rahmenbedingungen angepaßt werden können. Je schneller relevante Anordnungen und Anweisungen die Mitglieder des Netzwerks erreichen, desto flexibler kann das gesamte Franchising-Netzwerk am Markt agieren.[289]

---

285 Vgl. Zander (1982), S. 20.

286 Vgl. z.B. Meier, Philip (2000), S. 22, oder Löffelholz/Altmeppen (2001), S. 55.

287 Beger/Gärtner/Mathes (1989), S. 125.

288 Vgl. Meier (2000), S. 22 ff.

289 Vgl. Chrobok (1998), S. 242 f.

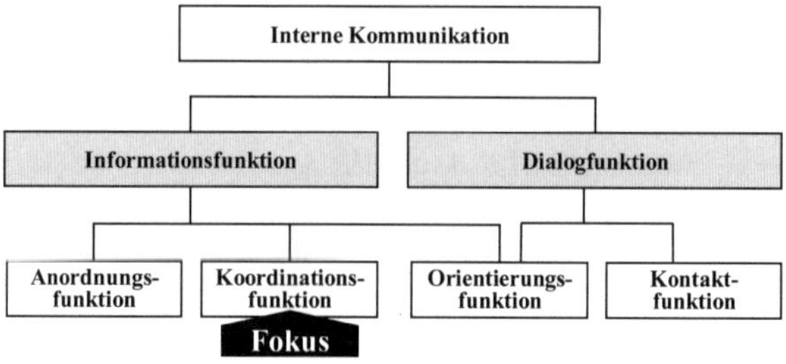

Abbildung 2-8: Funktionen netzwerkweiter Kommunikation;
Quelle: Meier (2000); S. 22.

Die Koordinationsfunktion betrifft die Koordination der verschiedenen Teilprozesse zwischen den Organisationseinheiten. Um die vielen Teilprozesse, die die Franchise-Nehmer mit dem Franchise-Geber verbinden, zu einer Einheit zusammenzufügen, ist ein hoher netzwerkweiter Koordinationsaufwand von Nöten.

Die Orientierungsfunktion konkretisiert sich in der Aufgabe der netzwerkweiten Kommunikation, alle Mitglieder (einschließlich aller Mitarbeiter der Mitglieder) über produkt-, branchen- und marktspezifische Entwicklungen und Zusammenhänge sowie über unternehmenspolitische Vorgänge und Zielsetzungen zu orientieren. Dazu zählen nicht nur technische Informationen aus den einzelnen Unternehmensbereichen oder wirtschaftliche und absatzpolitische Erfolgsmeldungen; vielmehr sind auch die Kommunikation kritischer Mitteilungen, Probleme oder künftiger Planungen sowie ein diesbezüglicher sprachlicher Austauschprozeß zwischen Zentrale und Franchise-Nehmer (womit die Orientierungsfunktion sowohl der informativen, als auch der dialogischen Ebene der Kommunikation zugerechnet werden kann) von dringender Notwendigkeit.

Die Kontaktfunktion soll schließlich den Kontakt zwischen den Franchise-Nehmern und dem -Geber sowie untereinander ermöglichen. Diese Notwendigkeit ergibt sich aus der oben erwähnten Teilung des Kommunikationsprozesses in eine formale und eine soziale Komponente. Netzwerkweite Kommunikation darf sich nicht in der Optimierung von Informations- und Kommunikationsprozessen erschöpfen, sondern muß auch soziale Kontakte ermöglichen. Wird diese soziale Komponente, also der zwischenmenschliche Austauschprozeß, unterbunden, wird das negative Auswirkungen auf die Arbeitszufriedenheit und damit auf die Motivation der Mitglieder haben. Die netzwerkweite Kommunikation muß eine Partnerschaftsideologie vermitteln, nach der alle „im gleichen Boot sitzen“.[290] Dadurch wird das „Können“, also die Kompetenz der Mitglieder, mit dem „Wollen“, dem Engagement und der Identifikation

[290] Herbst (1999), S. 22 f.

mit dem Franchising-Netzwerk, verbunden. Eine solche Partnerschaft kann nur entstehen, wenn zum einen eine Prozeßkommunikation betrieben, zum anderen auch die dialogische E-bene der Kommunikation entsprechend berücksichtigt wird. Dies wiederum erfordert die Bereitschaft der Zentrale, Entscheidungsfindungen offenzulegen sowie den Willen, Feedback aufzunehmen und sich damit ernsthaft auseinanderzusetzen.[291] Dabei ist der erhöhte Zeit- und Ressourcenaufwand zu berücksichtigen, der für eine solche dialogorientierte Kommunikation benötigt wird.

Auf die Koordinationsfunktion wird im Rahmen der vorliegenden Arbeit der Fokus gelegt werden.

2.2.3 Organisation und netzwerkweite Kommunikation

Analysiert man Kommunikationsprozesse und -medien, so müssen spezifische Organisationscharakteristika ebenfalls in Betracht gezogen werden. Kommunikation ist Teil der Organisation, die sie entwickelt hat, und wird daher die Natur eben dieser Organisation reflektieren.[292] Netzwerkweite Kommunikation existiert nicht im Vakuum und sollte daher auch nicht in einem solchen durchgeführt werden.[293] Folglich ist es bei einer Analyse netzwerkweiter Kommunikationsstrukturen essentiell, die Beziehungen zwischen Kommunikation und Organisation zu betrachten.

Ohne Kommunikation kann eine Organisation nicht existieren. Ihre Existenz begründet sich vielmehr auf Interaktionen, die zwischen den einzelnen Organisationsmitgliedern als Ergebnis ihrer Kommunikationsaktivitäten stattfinden.[294] Die Verteilung von Aufgaben, Weisungsbefugnissen oder Entscheidungsrechten sowie die Regelung von Leistungs- und Abstimmungsprozessen legen dabei zwar die Bahnen des Informationsflusses im Unternehmen weitgehend fest; dennoch stellen Information und Kommunikation eine wichtige und notwendige Bedingung für die praktische Ausfüllung der so beschriebenen Organisationsstruktur dar.[295] Die Aufgaben- und Kompetenzverteilung bedarf somit der Ergänzung durch Information und Kommunikation zwischen den Organisationsmitgliedern, damit koordiniert und effizient ein gemeinsames Ziel erreicht werden kann.

---

291 Ein wichtiger Grundsatz der innerbetrieblichen bzw. netzwerkweiten Kommunikation, deren Erwähnung in diesem Zusammenhang von Bedeutung ist: Man kann nicht kommunizieren. Im Unterschied zur externen Kommunikation, bei der einzelne Zielgruppen fakultativ angesprochen werden können, gibt es netzwerkweit keine Alternative zur Kommunikation. Vgl. Bruhn (1997); S. 900.

292 Vgl. van Gemert (1994), S. 69.

293 Vgl. Williams (1997), S. 44.

294 Vgl. White (1997), S. 1.

295 Vgl. Picot/Dietl/Franck (2001); S. 237.

Die Vernetzung der Information und ihrer Träger erlaubt dabei das gleichzeitige Nutzen des Wissens an zahlreichen Stellen des Franchising-Netzwerks. Es muß sichergestellt werden, daß die Informationen über Fachbereichsgrenzen hinweg verteilt und aktiv genutzt und nicht aufgrund struktureller Barrieren brach liegen und damit wertlos werden. Denn wenn Informationen nicht kollektiviert werden, entstehen Probleme, da Erkenntnisse aus einer Abteilung nicht mit anderen abgeglichen werden.[296] Es entsteht Doppelarbeit. Der Kreislauf der Information wird so unterbrochen und die Wiederholung erfolgreicher Handlungen verhindert, da die einzelnen Unternehmensmitglieder nicht miteinander kommunizieren. Entscheidendes Bewertungsparameter aus Sicht des Informations- und Kommunikationsaustausches innerhalb des Netzwerks ist dabei die Anzahl der „Schnittstellen“.[297] An einer Schnittstelle treffen unterschiedliche Systeme aufeinander, die unterschiedliche Aufgaben und Zielsetzungen verfolgen.[298] Der über solche Schnittstellen erfolgende Austausch von Informationen ermöglicht eine Koordination aller Aktivitäten innerhalb des Netzwerks. Kommunikation ist „diejenige Variable, die das Funktionieren einer modernen Organisation überhaupt ermöglicht. Sie ist auf der operativen Ebene Voraussetzung dafür, daß Arbeitsprozesse produktiv bzw. überhaupt ausgeführt werden können.“[299] Sie „ist Grundvoraussetzung und Lebensnerv für das Funktionieren jedes Unternehmens.“[300]

2.2.4 Einsatz von Informations- und Kommunikationsinfrastruktur zur Steigerung der Prozeßeffizienz

> “[T]he notion that a company can and ought to have an expert (or a group of experts) create for it a single, completely integrated supersystem - an ‘MIS’ - to help it govern every aspect of its activity is absurd.“[301]

Effizienz wird als Maßstab für die Wirtschaftlichkeit (Input-/Output-Relation) verstanden und unterscheidet sich damit von der Effektivität, die die Zielerreichung (Output) darstellt.[302] Effizienz als „doing the things right“ ist weder hinreichende noch notwendige Bedingung für Effektivität als „doing the right things“.[303]

Essentiell für den Bestand des Franchising-Netzwerkes ist somit die Effektivitätsbedingung. Sie verlangt, daß Kostenvorteile durch Spezialisierung realisiert werden und im Ver-

---

296 Vgl. von Guretzky (2001); http://www.community-of-knowledge.de.
297 Vgl. Martinez/Mertens (1998), S. 25.
298 Vgl. Le Mar (1997), S. 340.
299 Wanzek (2000), S. 1.
300 Meier (2000), S. 18.
301 Dearden (1972), S. 101.
302 Vgl. Scholz (1992), Sp. 533.
303 Vgl. Scholz (1992), Sp. 533.

bund die Leistungserstellung kostengünstiger als in Einheitsunternehmen erfolgt, die über marktliche Beziehungen zusammenarbeiten. Die Effizienzbedingungen betreffen die Beziehungen jedes einzelnen Mitgliedes zum Netzwerk, wobei der Anreiz, für Unternehmen im Netzwerk mitzuarbeiten, größer sein muß als der zu leistende Beitrag.

Die Effektivität betrieblicher Prozesse gewinnt vor dem Hintergrund kunden- und strategieorientierter Konzepte an Gewicht. „Top down"-Konzepte wie die „Balanced Scorecard" betonen sehr stark die Effektivität betrieblichen Handelns, insbesondere die Effektivität der internen Prozesse. Die Messung von Effektivität ist allerdings problembehaftet. Es gibt keine gängigen Standardkennzahlen. Zur Beurteilung der Effektivität können aber beispielsweise Methoden wie das „Quality-Function-Deployment"[304] herangezogen werden. Wesentliches Ziel dieses Ansatzes ist die verbesserte Erfüllung der Kundenbedürfnisse. Aus den gewichteten Kundenanforderungen werden hierbei meßbare Qualitätsmerkmale für das Produkt oder die Dienstleistung abgeleitet, die auch als Maß für die Effektivität eines Leistungsprozesses dienen können. Die Methode ermöglicht durch die Beurteilung des relativen Erfüllungsgrades der Kundenanforderungen auch einen Vergleich mit den Mitbewerbern.

Aufgrund der beschriebenen Problematik zur Messung von Effektivität wird im Folgenden dem Konzept der Effizienzkriterien von Frese gefolgt.[305] Auf der Grundlage der Arbeiten von Simon[306] wird ein Konzept entworfen, dessen Aufgabe es ist, organisatorische Maßnahmen hinsichtlich ihrer Effizienz zur Ausrichtung des Entscheidungsverhaltens von Individuen in Unternehmen auf ein Oberziel hin zu bewerten. Dabei bleibt festzuhalten, daß die Organisationsstruktur und der Einsatz von „State of the Art"-IuK-Infrastruktur nur einzelne Einflußfaktoren neben anderen auf die Unternehmensziele sind und somit die Erreichung der organisatorischen Subziele nicht der Verwirklichung der übergeordneten Unternehmensziele garantiert, wohl aber dazu beiträgt.[307]

304 Quality Function Deployment ist eine Methode, um Kundenwünsche und Kundenanforderungen in konkrete Leistungen eines Unternehmens bzw. Funktionen eines Produkts zu übersetzen. Ausgangspunkt sind die Vorstellungen des Kunden, was ihm wertvoll und wichtig erscheint. Diese Anforderungen können um unbewußte Kundenwünsche ergänzt werden. Grundlage dafür ist die Kundenanalyse. Die Methode Quality Function Deployment wurde in den sechziger Jahren in Japan entwickelt und hat sich über die USA und die Automobilindustrie in den achtziger Jahren auch in Deutschland verbreitet. Vgl. Endres/Wehner (1995), S. 28-34.

305 Das Konzept von Frese ist dem rationalen Zielansatz zuzurechnen, welcher von der Organisation als bewußt und logisch operierendem System zur Zielbildung und -durchsetzung ausgeht. Des weiteren existieren noch System-, Sozial- und Interaktionsansätze, auf die aber nicht eingegangen werden soll, vgl. Scholz (1992), Sp. 537 f.

306 Vgl. Frese (2000), S. 4 und Simon et al. (1954), S. VI.

307 Vgl. von Werder (1999), S. 412.

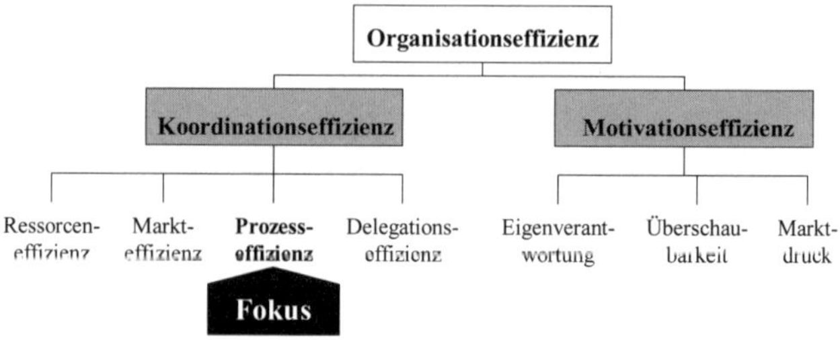

Abbildung 2-9: Kategorien der Organisationseffizienz;
Quelle: In Anlehnung an Frese (1995), S. 42.

Frese unterscheidet zwei grundsätzliche Effizienzarten: die Koordinations- und die Motivationseffizienz (siehe Abbildung 2-9).[308] Die Koordinationseffizienz behandelt die Abwägung zwischen den Autonomiekosten[309], die bei der Arbeitsteilung entstehen, und den Abstimmungskosten[310], die beim Streben nach höherer Entscheidungsqualität anfallen (siehe Abbildung 2-10). Sie betrachtet die Folgen interpersoneller Arbeitsteilung. Im Rahmen der interorganisationalen Organisationsform Franchising-Netzwerk gilt es, einen Kompromiß zwischen den Autonomie- und den Abstimmungskosten zu finden.

308 Vgl. Frese (2000), S. 256 ff.

309 Da Einzelentscheidungen vom Gesamtoptimum abweichen. Dabei wird unterstellt, daß die Qualität von arbeitsteiligen Einzelentscheidungen auf Grund einer geringeren Informationsbasis und einer weniger leistungsfähigen Informationsverarbeitungsmethode stets suboptimal sind. Autonomiekosten lassen sich aber durch den Einsatz von IuK-Infrastruktur abbauen.

310 Die Übermittlung koordinationsrelevanter Informationen kann die Entscheidungsqualität verbessern, setzt aber den Einsatz von Ressourcen voraus und verursacht dadurch Abstimmungskosten.

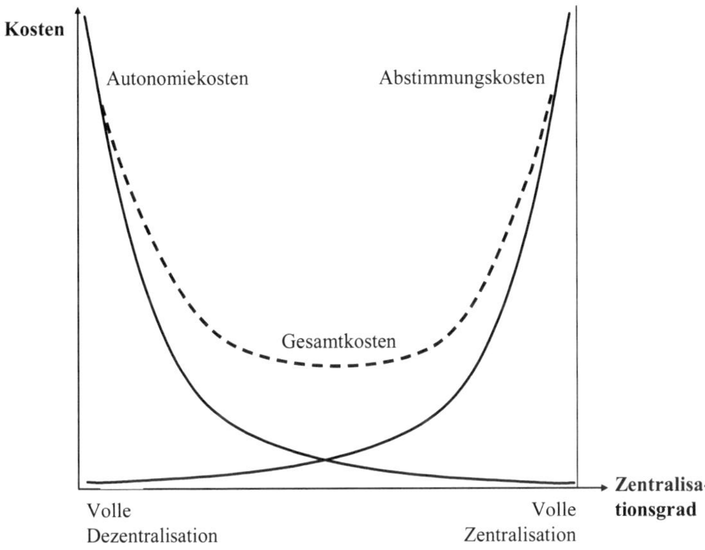

Abbildung 2-10: Zusammenhang Autonomie-/Abstimmungskosten und Zentralisationsgrad;
Quelle: Frese (1993b), S. 19 ff.

Die Koordinationseffizienz unterstellt, daß Organisationsmitglieder sich bei ihren Entscheidungen im Sinne der Zielerfüllung verhalten. Die Motivationseffizienz begründet ihre Existenz auf dem Unterschied zwischen dem angenommenen rationalen Verhalten der Organisationsmitglieder, das diese bei der Verfolgung der Koordinationseffizienz unterstellt wird und welches sich tatsächlich beobachten läßt.

Im Rahmen seines Konzepts der Koordinationseffizienz unterscheidet Frese vier Unterarten von Effizienz: Ressourcen-, Markt-, Delegations- und Prozeßeffizienz.[311]

Gegenstand der Ressourceneffizienz ist die Nutzung von Ressourcen in Form von Potentialfaktoren (Personen, Anlagen, immaterielle Ressourcen). Verbrauchsfaktoren (nicht erneuerbar, in beliebigen Mengen beschaffbar, werden verbraucht/transformiert) werden von der Prozeßeffizienz erfaßt. Die Realisierung der Ressourceneffizienz erfordert, unter Berücksichtigung der Autonomie- und Abstimmungskosten, die Nutzung von Ressourcen über Bereichsgrenzen hinweg auf die Ziele der Gesamtunternehmung auszurichten. Organisationsstrukturen können dann zu einer Beeinträchtigung führen, wenn die Entscheidungskompetenz über den Einsatz homogener Ressourcen auf mehrere Einheiten verteilt ist. Ein Mangel an Ressourcen-

[311] Vgl. Frese (1993b), S. 19 ff.

effizienz äußert sich unter anderem in Leerkapazitäten und der problematischen Allokation knapper Ressourcen.[312]

Die Markteffizienz hat die Nutzung von Chancen auf dem externen Beschaffungs- und Absatzmarkt zum Gegenstand. Interne Märkte werden von der Prozeßeffizienz erfaßt.[313] Die Verwirklichung der Markteffizienz erfordert die Zusammenarbeit mit Marktpartnern unter Abwägung von Autonomie- und Abstimmungskosten. Diese Zusammenarbeit soll Marktinterdependenzen berücksichtigen und Marktpotential über Unternehmungsgrenzen hinweg nutzen. Auf dem Absatzmarkt ist das koordinierte Auftreten gegenüber dem Kunden sowie die Erzielung von produkt- und regionenübergreifenden Verbundeffekten vorderrangiges Ziel; auf dem Beschaffungsmarkt geht es vor allem um die Bündelung der Nachfrage zur Stärkung der Marktmacht. Mangelnde Markteffizienz äußert sich auf dem Absatzmarkt vor allem in entgangenen Absatzchancen und schlechten Konditionen bei vertraglichen Regelungen von Markttransaktionen.[314]

Die Delegationseffizienz behandelt die Nutzung des Informations- und Problemlösungspotentials von Einheiten auf unterschiedlichen Hierarchieebenen. Es wird beurteilt, auf welchen Hierarchieebenen bestimmte Entscheidungen fallen. Allgemein wird davon ausgegangen, daß eine übergeordnete Einheit zumindest den gleichen Informationsstand und das Know-How wie die ihr nachgeordnete Einheit besitzt. Übergeordnete Einheiten besitzen eine größere Problemumsicht, da sie die Auswirkungen einer Entscheidung auf mehrere andere Einheiten abschätzen können. Es können Autonomiekosten abgebaut werden, wenn Entscheidungen in einer hierarchisch übergeordneten Einheit zusammengefasst werden. „Delegationseffizienz liegt vor, wenn es gelingt, die hierarchische Aufspaltung von Entscheidungen so vorzunehmen, daß die Vorteile einer Nutzung der Problemumsicht übergeordneter Einheiten (Abbau von Autonomiekosten) mit den Nachteilen einer Verursachung von Informationsverarbeitungs- und Kommunikationskosten (Entstehung von Abstimmungskosten) ausgeglichen werden".[315] Mangelnde Delegationseffizienz äußert sich in einer problematischen Allokation von Ressourcen.

Die Prozeßeffizienz fokussiert auf die Einheiten, welche durch Leistungsverflechtung oder Ressourceninterdependenzen miteinander verbunden sind.[316] Es gilt zu prüfen, in welchem Umfang Koordinationsmaßnahmen zwischen den organisatorischen Einheiten zu leisten sind. Eine hohe Prozeßeffizienz zeugt von einer guten Gestaltung des Leistungsprozesses, von

---

312 Vgl. Frese (1993a), S. 23 f.

313 In der Folge werden die Beziehungen des Franchise-Gebers zum Franchise-Nehmer im Zusammenhang des Netzwerks als „interne Märkte" verstanden.

314 Vgl. von Werder/Gemünden (1989), S. 167-190 und Seidl, Jörg (2003), S. 2-5.

315 Frese (2000), S. 263.

316 Vgl. Frese (2000), S. 269 f.

seiner Auslösung bis zur Bedarfsbefriedigung gegenüber dem Kunden[317]. Mangelnde Prozeßeffizienz kann sich z.B. in Form von Terminüberschreitungen, Warte- und Liegezeiten und ausgelasteten Zwischenlagern äußern. Die Prozeßeffizienz beurteilt die Fähigkeit eines Unternehmens, die Geschäftsprozesse bzgl. der Kriterien Kosten, Qualität und Zeit zu verbessern. Eine verbesserte Effizienz der Prozesse ist gewöhnlich das wichtigste Verkaufsargument von Herstellern von IuK-Infrastruktur und Systemintegratoren. Auch in der Literatur wird häufig von bedeutenden Verbesserungen in der Prozeßeffizienz aufgrund der Einführung von „State of the Art"-IuK-Infrastruktur berichtet.[318] Im weiteren Verlauf der Arbeit liegt der Fokus aber auf der Prozeßeffizienz.

Zwischen den oben aufgeführten Effizienzzielen bestehen naturgemäß Zielkonflikte. Werden Ressourcen- und Markteffizienz verbessert, so sinkt die Prozeßeffizienz, umgekehrt führt eine ausgeprägte Kundenorientierung zu einer Beeinträchtigung der Ressourceneffizienz. In einer funktionalen Organisation ist die Ressourceneffizienz zwar hoch, die Prozeßeffizienz hingegen vergleichsweise niedrig. In der prozeßorientierten Organisation verhält es sich umgekehrt. Hybride Organisationsformen – wie im vorliegenden Fall die Franchising-Netzwerk – bieten sich als Ausweg an, um solche Zielkonflikte zu umgehen.

---

317 Vgl. beispielsweise Wall, Frederike (2000); S. 213-215 und Maurer/Mauterer/Gemünden (2002), S. 107 f.

318 Siehe beispielsweise Muschter/Österle (1999), S. 443 ff. ERP-Systeme unterstützen Unternehmen bei der Verbesserung der zu implementierenden Prozesse insbesondere dadurch, daß die in den Systemen eingebetteten Referenzmodelle häufig als „best practice" angesehen werden können. In diesem Zusammenhang sind aber auch Smith/Fingar (1992) zu zitieren, die zur Flexibilität von ERP-Systemen folgendes Zitat vertreten: „These solutions had all the flexibility of wet concrete before they were installed and all the flexibility of dry concrete after installation."

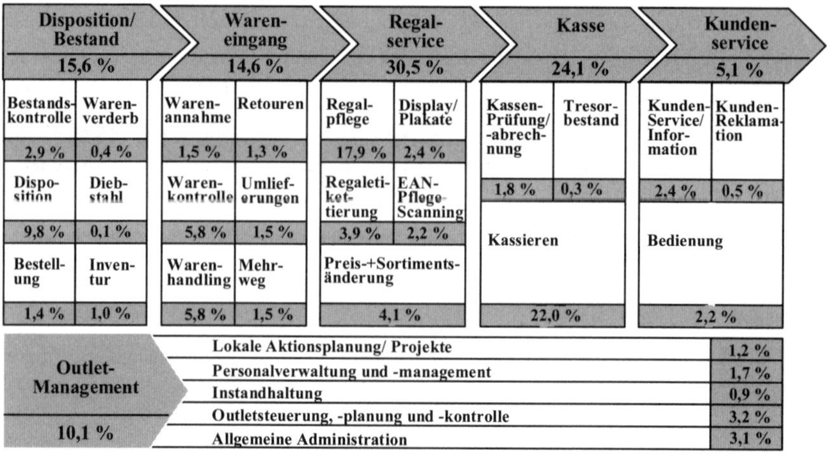

Disposition/ Bestand
15,6 %
Waren-eingang
14,6 %
Regal-service
30,5 %
Kasse
24,1 %
Kunden-service
5,1 %
Bestands-kontrolle
2,9 %
Waren-verderb
0,4 %
Dispo-sition
9,8 %
Dieb-stahl
0,1 %
Bestell-ung
1,4 %
Inven-tur
1,0 %
Waren-annahme
1,5 %
Retouren
1,3 %
Waren-kontrolle
5,8 %
Umlief-erungen
1,5 %
Waren-handling
5,8 %
Mehr-weg
1,5 %
Regal-pflege
17,9 %
Display/ Plakate
2,4 %
Regaleti-ket-tierung
3,9 %
EAN-Pflege-Scanning
2,2 %
Preis-+Sortiments-änderung
4,1 %
Kassen-Prüfung/ -abrech-nung
1,8 %
Tresor-bestand
0,3 %
Kassieren
22,0 %
Kunden-Service/ Infor-mation
2,4 %
Kunden-Reklama-tion
0,5 %
Bedienung
2,2 %
Outlet-Management
10,1 %
Lokale Aktionsplanung/ Projekte
1,2 %
Personalverwaltung und -management
1,7 %
Instandhaltung
0,9 %
Outletsteuerung, -planung und -kontrolle
3,2 %
Allgemeine Administration
3,1 %

Abbildung 2-11: Ist-Aufwand pro Mitarbeitergruppe in Einzelhandels-Outlets;
Quelle: Stegmann (2004), S. 6.

Für die Analyse der Prozeßeffizienz werden in der Regel Prozeßkennzahlen benötigt. So sind für durchsatzorientierte Betrachtungen Kenngrößen wie die Prozeßhäufigkeit oder die Prozeßanzahl wichtig. Eine alternative Hilfsgröße ist die Bearbeitungshäufigkeit, die Hinweise liefert, an welchen Stellen im Prozeßablauf sich eine funktionsorientierte Optimierung anbietet. In der Folge soll diese Bearbeitungshäufigkeit Ansatzpunkte zur Steigerung der Prozeßeffizienz aufzeigen.[319]

Die Prozentzahlen in Abbildung 2-11 repräsentieren den Ist-Aufwand pro Mitarbeitergruppe für jeden Prozeßschritt in den verschiedenen Unternehmensbereichen und bilden somit die Bearbeitungshäufigkeit ab. Der erhobene Aufwand pro einzelnem Prozeßschritt wurde in einem standardisierten Auswertungsprogramm erfaßt und für den jeweiligen Kernprozeß aggregiert. Das Ergebnis ist eine komplette Transparenz des Ist-Aufwands in der Wertschöpfungskette des Handelsunternehmens (vgl. Abbildung 2-11 und 2-12).

Im Outlet des Einzelhandels, unabhängig von der Organisationsform, wurden folgende Prozeßteile identifiziert: Disposition/Bestandsmanagement, Wareneingang, Regalservice, Kasse und Kundenservice. Zusätzlich wird ein übergreifendes Outletmanagement definiert.[320] Die aggregierten Ergebnisse zeigen, daß zum Beispiel Einkäufer der Zentrale sich zu ca. 4,3%

[319] Zur Thematik der Prozeßkostenrechnung siehe z.B. Horváth/Mayer (1989); S. 214-219.

[320] Dieser Ansatz ist angelehnt an Projekte der Unternehmensberatung Roland Berger Strategy Consultants. Die Zahlen repräsentieren Durchschnittswerte für die Abläufe in mehr als 250 Outlets unterschiedlichster Organisationsformen des Einzelhandels inklusive Filial-Systemen und Franchising-Netzwerken. Die Ergebnisse dienen als Benchmark zur weiteren Analyse. Siehe auch Bardach (1998), S. 66-71.

ihrer Zeit um Verhandlungen und das Einkaufscontrolling kümmern und Outletmitarbeiter lediglich zu etwa 5,1% mit Kundenberatung, -information und -reklamation beschäftigt sind.

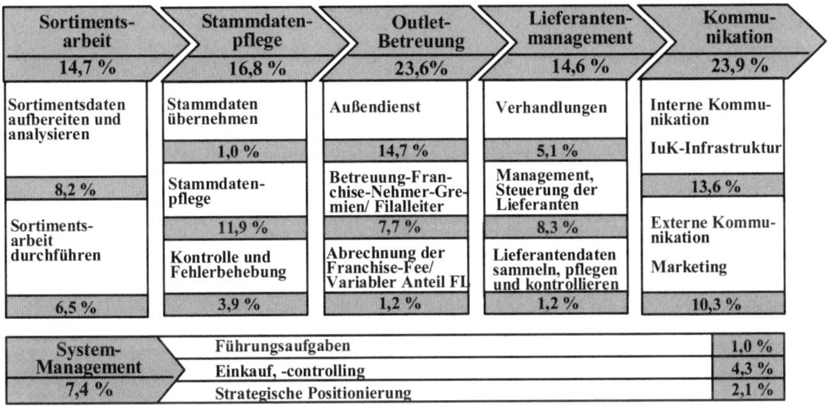

Abbildung 2-12: Ist-Aufwand pro Mitarbeitergruppe in der Einzelhandels-Zentrale;
Quelle: Segmann (2004), S. 7.

Vor dem Hintergrund der Fragestellung der vorliegenden Arbeit gilt es, den Einfluß von IuK-Infrastruktur auf die Prozesse mit hoher Bearbeitungshäufigkeit zu analysieren. Ebenfalls empirisch fundiert, hat ein weiteres Beratungsunternehmen[321] Stellhebel zur Verbesserung der Produktivität identifiziert. Ergebnisse aus Projekten verschiedener Branchen, u.a. Einzelhandel, wurden aggregiert und auf den Einfluß des Einsatzes von IuK-Infrastruktur hinsichtlich ihrer Effizienz untersucht (siehe Abbildung 2-13).

Für die Kernprozesse Bestandsführung, Disposition, Sortimentsgestaltung, Absatzplanung, Preispolitik, Kundenmanagement und Kommunikationspolitik wird ein hoher, positiver Einfluß der IuK-Infrastruktur festgestellt, während in anderen Bereichen wie Personaleinsatzplanung, Management des Außendienstes oder Durchführung von Aktionen ein mittlerer Einfluß zugesprochen wird.

321 Vgl. McKinsey Global Institute (2002), S. 32.

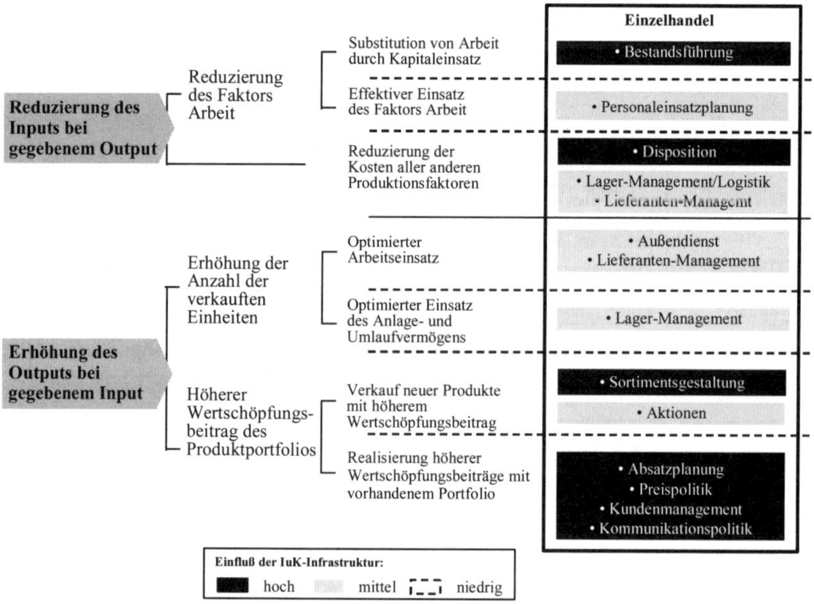

Abbildung 2-13: Stellhebel zur Steigerung der Prozeßeffizienz durch den Einsatz von IuK-Infrastruktur;
Quelle: In Anlehnung an McKinsey (2002), S. 32.

In der Folge werden ausschließlich diejenigen Kernprozesse, die einem hohen Einfluß der IuK-Infrastruktur unterliegen, einer weitergehenden Analyse – im Vergleich Franchising-Netzwerk/Filial-System – unterzogen werden.

2.2.5 Spezifische Informations- und Kommunikationsbedarfe in Franchising-Netzwerken im Vergleich zu Filial-Systemen

„Der spezifische Bedarf an relevanten Informationen ist in diesen Systemen [Franchising-Netzwerke, Anm. d. Autors] besonders hoch [...]“.[322] Ahlert begründet diese Aussage folgendermaßen:[323]

Franchising-Netzwerke weisen, verglichen mit einem Filial-System, aufgrund der räumlichen und funktionalen Trennung von operativer Einheit und System-Zentrale, über Unternehmensgrenzen hinweg einen höheren Abstimmungsbedarf auf als interne Abläufe einer einzelnen Unternehmung. Zusätzlich besteht ein strategischer, franchising-spezifischer Abstim-

322 Ahlert (2001), S. 210.
323 Vgl. Ahlert (2001), S. 210 f.

mungsbedarf. Die wirtschaftliche Selbständigkeit und rechtliche Trennung zwischen Franchise-Nehmer und -Geber erfordert, daß beispielsweise über bestimmte Lieferantenbeziehungen oder die zukünftige Positionierung des Netzwerks im Markt, kommuniziert, Informationen ausgetauscht und über Unternehmensgrenzen hinweg entschieden wird.[324] Zusätzlich können aus strategischer und operativer Perspektive besondere IuK-Unterstützungsbedarfe identifiziert werden. Während die IuK-Infrastruktur auf den oben genannten allgemeinen Abstimmungsbedarf kaum Einfluß hat, kann deren Einsatz auf spezifische operative und strategische Abstimmungsbedarfe prozeßeffizienz-steigernd sein.

Aufbauend auf dieser Argumentation, ist es Ziel der Arbeit, diese spezifischen Informations- und Kommunikationsbedarfe von Franchising-Netzwerken im Vergleich zu Filial-Systemen zu analysieren, um diese Ausgangshypothese zu bestätigen oder zu verwerfen.

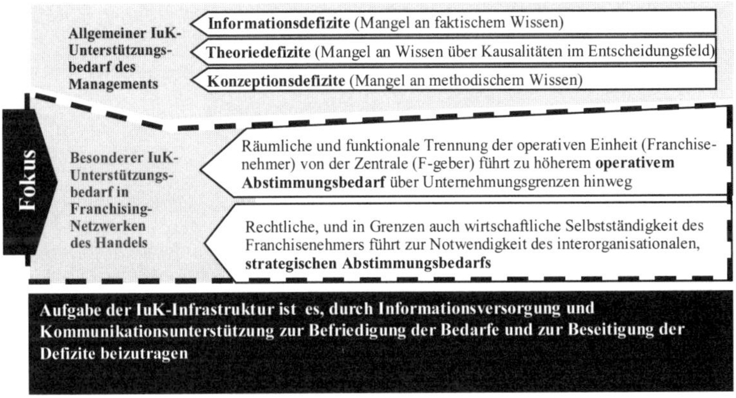

Abbildung 2-14: Spezifischer Informationsbedarf in Franchising-Netzwerken;
Quelle: Eigene Überlegungen.

Unabhängig von der Organisationsform, liegt in Handelssystemen ein allgemeiner Unterstützungsbedarf des Managements zur Beseitigung von Defiziten vor. Die Defizite können in einem Mangel an faktischem Wissen (Informationsdefizite), an theoretischem Wissen über die Kausalitäten und Gesetzmäßigkeiten im Entscheidungsfeld (Theoriedefizite) oder an methodischem Wissen (Konzeptionsdefizite) bestehen. Aufgabe der IuK-Infrastruktur ist es, durch Informationsversorgung und Kommunikationsunterstützung zur Beseitigung dieser Defizite

324 So resultieren beispielsweise spezifische Aufgaben des Controlling aus dem Tatbestand, daß Franchising-Netzwerke kooperative Gruppen aus einem Systemkopf mit zentraler Steuerung sowie rechtlich (und in Grenzen auch wirtschaftlich) selbständigen Unternehmen als Franchise-Nehmer darstellen. Siehe auch Krey (2002).

beizutragen. Der Zusammenhang zwischen dem allgemeinen und dem oben hergeleiteten, besonderen Unterstützungsbedarf ist in Abbildung 2-14 graphisch dargestellt.

2.3 Potentiale und Grenzen der Informations- und Kommunikations-Infrastruktur

> „The use of IT for coordination is more complex than much of the academic and practitioner literature suggests."[325]

Bei der Optimierung ihrer internen Geschäftsprozesse haben die Unternehmen in den letzten Jahren große Fortschritte gemacht. Durch die Verfügbarkeit umfassender und integrierter Standardsoftwarepakete, den „Enterprise Ressource Planning"-Systemen (ERP), konnte seit Anfang der 90er Jahre in den meisten Unternehmen die Prozeßeffizienz gesteigert werden.[326] Im Zuge der flächendeckenden ERP-Einführungen wurden dabei nicht nur zahlreiche eigenentwickelte Lösungen ersetzt, sondern gleichzeitig die Geschäftsprozesse neu definiert und optimiert. „Business Process Reengineering" war ein zentrales Schlagwort in der Unternehmenswelt der 90er Jahre.[327]

Nachdem der „New Economy"-Hype und die gescheiterten neuen Geschäftsmodelle zu einem Großteil verschwunden sind, zählen jetzt wieder die bewährten betriebswirtschaftlichen Parameter wie Gewinn, Liquidität und u.a. auch Prozeßeffizienz als notwenige, aber nicht hinreichende Bedingung. Doch stellt sich mit der Rückkehr der klassischen Werte erst recht die Frage, wie die Möglichkeiten, die das Internet bietet, mit den bewährten betriebswirtschaftlichen Prozessen und Mechanismen der „Old Economy" in Einklang gebracht werden können. Damit ist nicht der Absatzkanal Internet gemeint, sondern das Internet als technologische Plattform, um flexible und marktnahe sowie effiziente Prozesse zwischen Unternehmen zu etablieren. Die interorganisatorische Vernetzung über Wertschöpfungsketten – hier zwischen Franchise-Geber und -Nehmer – gilt es zu optimieren.

Im Zentrum des folgenden Kapitels stehen Nutzen und Folgeprobleme integrierter Informationssysteme von „State of the Art"-IuK-Infrastruktur. Praxis und Literatur konzentrieren sich hier gleichermaßen auf Enterprise Ressource Planning-Systeme zur Organisation innerbetrieblicher Abhängigkeiten, „Supply Chain Planning"-Systeme zur Organisation überbetrieblicher Abhängigkeiten und „Enterprise Application Integration"-Systeme zur Integration unterschiedlicher Infrastrukturen.

---

325 Kling (2002), S. 19.

326 Für eingehende Analysen zur Thematik der Effizienzsteigerungen im Zusammenhang mit der Einführung von ERP-Systemen siehe beispielsweise Brynjolfsson (1993), S. 67 ff. oder Calkins/Eagle/Farello/Horn/Loch (1999), S. 134-143. Siehe auch Mutscher/Österle (1999), S. 443 ff. und Chen (2001), S. 43-99.

327 Vgl. Hammer/Champy (1994) und Hammer (2002), S. 42-54.

2.3.1 Koordination durch IuK-Infrastruktur

> „Electronic communication facilitates information sharing but can make consensus formation more difficult in time limited contexts.“[328]

Die IuK-Infrastruktur hat das Potential, die inner- und zwischenbetriebliche Koordination zu beeinflussen. In der Literatur wird der Einsatz von Koordinationstechnologie meist unter dem Aspekt der Reduktion von Koordinationskosten diskutiert.[329] Die vor diesem Hintergrund erstellten Modelle dienen vor allem der Erklärung der Effekte aus sinkenden Koordinationskosten auf strukturelle Dimensionen von Organisationen. Sie helfen jedoch wenig bei der Erklärung der Organisationsprobleme, die bei der Veränderung der Koordinationspraxis entstehen. Genau diese Probleme liefern aber entscheidende Argumente zur Auswahl und zum Einsatz von Koordinationstechnologie. Kling et al. identifizieren potentielle Begleiterscheinungen bei der Einführung von IuK-Infrastruktur zu Koordinationszwecken.[330] Einerseits stellen sie fest, daß IuK-Infrastruktur zahlreiche Koordinationsprobleme ohne negative Nebeneffekte lösen kann, vor allem dann, wenn sowohl das Problem als auch die Technologie einfach und „straightforward“ sind. Andererseits greifen Unternehmen, wenn die Koordinationsprobleme komplex und stark vernetzt sind, in der Regel auf komplexe IuK-Infrastruktur zurück. In diesem Fall sprechen Kling et al. nicht von einer Lösung des Koordinationsproblems, sondern von einer Verlagerung. IuK-Infrastruktur transformiert ein Set von Koordinationsproblemen in ein anderes Set von Koordinationsproblemen. Dabei können die neuen Koordinationsprobleme eine Verbesserung oder aber Verschlechterung für das Unternehmen (das Franchising-Netzwerk) bedeuten. Unter Umständen sind die Abhängigkeiten, die durch den Einsatz neuer IuK-Infrastruktur geschaffen werden, schwieriger zu organisieren als die ursprünglichen Abhängigkeiten, zu deren Organisation die IuK-Infrastruktur implementiert wurde.[331]

Die technische Lösung von Koordinationsproblemen kann zu neuen schwerwiegenden organisatorischen bzw. sozialen Koordinationsproblemen führen:

---

328 DeSanctis/Monge (1999), S. 697.
329 Vgl. Scott (1991), S. 24-40.
330 Kling (2002), S. 13-15.
331 Vgl. Fleisch (2001), S. 109f.

> „Another example of organizational coordination difficulties comes from the use of massive, technically complex computer systems that span an entire organization. While a complex system may improve aspects of a firm's coordination, making these systems run smoothly on a daily basis is a huge coordination challenge of its own."[332]

Berichte über die Einführung von ERP-Systemen bestätigen diese Aussage.[333] Mit dem Integrationsbereich steigt auch der Koordinationsbereich, d.h. sobald Systeme neue Gruppen verbinden, müssen die Abhängigkeiten auch auf organisatorischer und sozialer Ebene neu gestaltet werden. Die technischen Möglichkeiten der IuK-Infrastruktur sowie alle Änderungen müssen mit allen davon abhängigen Gruppen verhandelt werden. Ein Zeichen für die organisatorische Komplexität bei der Implementierung von komplexen Systemen ist die Tatsache, daß die wichtigsten Treiber für eine Gestaltung der IuK-Infrastruktur politischer, kultureller und organisatorischer Natur sind:

> „One result that is abundantly clear is that critical management problems arise not in the adjustment of the technical system, but in the adjustment of the social system. Not only are the timeframes required for adjustment much longer [...], but the problems of interpersonal relations and organizational structure are far less transparent and much less easy to define than those of technology."[334]

Der Einsatz von Koordinationstechnologie führt zu neuen Koordinationsproblemen. Kosten und Nutzen der Problemlösung sind a priori kaum ermittelbar. Ein großer Teil der neuen Koordinationsprobleme läßt sich auf neue Infrastruktur und neu benötigte Fähigkeiten zurückführen. Insbesondere Netzwerke aus heterogenen Systemen erfordern neue Infrastrukturen und Services. Die dazu benötigten konzeptuellen und technischen Fähigkeiten sind nur schwer zu erlernen bzw. weiterzuentwickeln.[335] Die praktische Herausforderung an die Koordinationstechnologie ist sicherzustellen. So sind die Koordinationsprobleme, die sie löst, wichtiger sind als jene, die sie generiert. Bei der Beschreibung der Koordinationstechnologie sind deshalb neben den technischen ebenfalls die organisatorischen Aspekte zu berücksichtigen.

---

332 Kling (2002), S. 4.

333 Vgl. z.B.: Dolmetsch et al. (1998).

334 Shani (1998), S. 102.

335 Vgl. Wilkesmann (1999), S. 56 ff.

2.3.2 Informationssysteme der IuK-Infrastruktur

> „We live in an expanding universe of data in which there is too much data and too little information.“[336]

IuK-Infrastruktur kann auf direktem Weg technische Problemstellungen lösen. Bei wesentlich komplexeren organisatorischen Problemen ist eine Optimierung der Leistungserstellung durch den Einsatz von IuK-Infrastruktur schwerer zu verwirklichen.[337] Franchising-Netzwerke als verteilte Organisationen setzen mehr oder weniger verteilte IuK-Infrastruktur ein, wodurch neue organisatorische Koordinationsprobleme generiert werden.

Auf der einen Seite geben die von der IuK-Infrastruktur nicht beeinflußbaren Koordinationsprobleme die Grenze der integrierten Informationsverarbeitung vor bzw. führen zu einem „optimalen“ Integrationsgrad, der nicht mit maximaler Integration gleichzusetzen ist.[338] Auf der anderen Seite schreitet die Vernetzung in sich integrierter Geschäftseinheiten z.B. in Form von Supply Chains laufend voran. Sinkende Koordinationskosten aus dem IuK-Infrastruktur-Einsatz begünstigen damit auch dezentrale Organisationen. Deshalb gewinnen Informationssysteme zur Vernetzung von Geschäftseinheiten und Prozessen – auch über Unternehmungsgrenzen hinweg – immer weiter an Bedeutung.[339] Zu den wichtigsten standardisierten Transaktionssystemen zur Koordination von Geschäftsprozessen gehören Enterprise Ressource Planning (ERP), Supply Chain Planning (SCP) und Enterprise Application Integration-Systeme. Sie werden in den folgenden Abschnitten diskutiert.

2.3.2.1 Enterprise Ressource Planning

> „It doesn't really matter if you implement ERP software or a CRM system; it matters very much, though, that whatever technology you choose to implement you execute it flawlessly.“[340]

Im Idealfall hätte ein Unternehmen ein einziges Informationssystem ohne redundante Daten und ohne redundante Funktion. In den 80er Jahren versuchten deshalb viele Unternehmen, unternehmensweite Datenmodelle und eine durchgängige Funktionalität der Anwendungen zu realisieren,[341] was letztendlich zur Entwicklung der ERP-Systeme führte. Darunter ist ein IuK-System zu verstehen, bei dem mehrere funktionsorientierte, betriebswirtschaftliche Standardapplikationen durch eine gemeinsame Datenbasis integriert sind (z.B. Vertrieb, Logistik,

336 Adriaans/Zantinge (1996), S. 2.
337 Vgl. Kling (2002), S. 24 f.
338 Vgl. Scheer (1990), S. 46.
339 Baker/Hamm (1999), S. 63.
340 Nohria/Joyce (2003), S. 15.

Finanzen, Controlling, Personal, Produktionsplanung und -steuerung).[342] Im Vordergrund steht dabei die unternehmensinterne Prozeßunterstützung, wobei das ERP-System durch „Customizing“ an die individuellen Geschäftsprozesse angepaßt werden kann.[343]

ERP-Systeme zeichnen sich insbesondere durch Daten- und Prozeßintegration aus:[344] Datenintegration bedeutet, daß verschiedene Softwaremodule eine gemeinsame Datenbasis nutzen, während die Prozeßintegration dadurch gekennzeichnet ist, daß funktionsübergreifende Geschäftsprozesse durch mehrere Softwaremodule gemeinsam unterstützt werden.[345] Dabei macht erst die durchgängige Verbindung der einzelnen Module zu einem Gesamtsystem eine integrierte betriebswirtschaftliche Standardsoftware aus.[346]

Mit der Entscheidung für Standardsoftware lagern Unternehmungen zahlreiche Softwareentwicklungs- und Wartungsaufgaben aus und lösen dadurch einerseits dringende Probleme, andererseits schaffen sie sich neue. Gründe für den Einsatz von Standardsoftware sind die vergleichbar hohe betriebswirtschaftliche und technische Qualität, Kostenvorteile und Zeitersparnis gegenüber der Eigenentwicklung. Heute kann davon ausgegangen werden, daß jedes mittlere und große Unternehmen seine Administration auf standardisierten ERP-Systemen betreibt.[347]

Die weite Ausbreitung der ERP-Systeme läßt sich auf die Vorteile der integrierten Informationsverarbeitung zurückführen. Die Integration im Sinne der Wirtschaftsinformatik bezieht sich dabei auf Daten und Funktionen.[348] Gründe für die Datenintegration sind z.B. der Wegfall von Mehrfacherfassungen von Informationen, Reduktion der Übergangszeiten von Informationen zwischen Aufgaben eines Prozesses, Reduktion der Durchlaufzeit eines vollständigen Prozesses und die gleiche Aktualität der Daten. Reduzierter Koordinationsaufwand, kurze Übertragungs- und Einarbeitungszeiten, erhöhte Auskunftskompetenz am Arbeitsplatz, Rationaliserungserfolge durch Summierung der Arbeitserleichterung in der gesamten Vor-

---

341 Vgl. Österle (1995), S. 3.

342 Vgl. Gadatsch (2002), S. 212.

343 Vgl. ebenda, S. 212, Picot/Heger/Neuburger (2001), S. 21 f. und Staud (1999), S. 22ff.

344 Vgl. Gadatsch (2002), S. 214ff.

345 Beispiel: Vertrieb und Buchhaltung nutzen jeweils die Kundenstammdaten und der Vertriebsprozeß wird vom Eingang der Kundenanfrage über die Fertigung bis hin zur Auslieferung und Bezahlung der Ware mit Hilfe mehrerer Softwaremodule unterstützt (Vertriebsplanung, Produktionsplanung, Logistik, Finanzen). Siehe auch Hiemenz (2001), S. 1-58.

346 Vgl. Wettklo; Schultze (2003), S. 18f.

347 „Integration ist nicht mehr ein Ziel, sondern eine Voraussetzung.“ Plattner (1991), S. 5.

348 Unterschiedliche Klassifikationen von Integration liefert Krcmar (2000), Mertens (1991). Daten und Funktionen bzw. Aufgaben und Prozesse sind dabei immer Gegenstand der Integration aus Sicht der Informationsverarbeitung. Integration bedeutet dabei die Wiederherstellung einer Einheit aus Differenziertem bzw. die Eingliederung in ein größeres Ganzes (aus Duden (1990), S. 145). Siehe auch Rolf (1998).

gangskette und Möglichkeiten zur Arbeitsstrukturierung in der Sachbearbeitung sprechen für eine Funktionsintegration.[349]

Integrierte IuK-Infrastrukturen müssen eine große Zahl von Abhängigkeiten berücksichtigen.[350] Diese Abhängigkeiten sind im Daten- und Funktionsmodell von ERP-Systemen definiert und in der Software fest codiert. ERP-Systeme zählen daher zu den zentralen Koordinationstechnologien. Ihr Nutzen liegt in der (halb)-automatischen Organisation von unternehmensinternen Abhängigkeiten. ERP-Systeme verwenden Daten- und Funktionsintegration als Koordinationsmechanismen und koordinieren sämtliche administrativen und dispositiven betrieblichen Aufgaben. Bereiche hoher Abhängigkeit, die über ERP- und/oder andere Informationssysteme integriert werden, nennt Österle „Integrationsbereiche" und Scheer „Prozeßketten". Sie entsprechen im weiteren Zusammenhang den bereits vorgestellten Kernprozessen.[351]

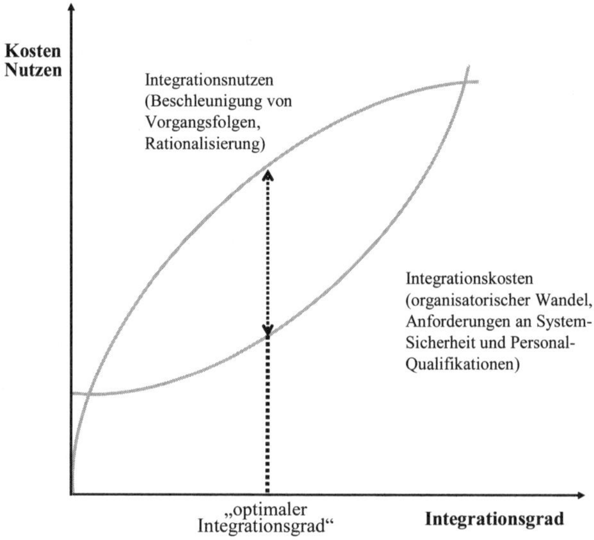

Abbildung 2-15: Optimaler Integrationsgrad;
Quelle: Scheer 1990, S. 49.

---

349 Vgl. Schütte/Vering/Wiese (2000), S. 24-29.

350 Aus Sicht der Koordinationstheorie helfen integrierte IuK-Infrastrukturen Abhängigkeiten zu organisieren. Funktionen eines Informationssystems sind dann voneinander abhängig, wenn sie die gleichen Ressourcen bzw. Daten tangieren. Darüber hinaus sind Aufgaben bzw. Funktionen von Ressourcen abhängig, die IuK-Infrastrukturen nicht als Daten abbilden können. Beispiele sind etwa die Einstellung oder Emotionen von Menschen. Diese Aspekte werden im Rahmen dieser Arbeit jedoch nicht behandelt. In einer integrierten IuK-Infrastruktur greifen die Funktionen halbautomatisch bzw. automatisch auf die gleichen Daten zu. (Vgl. Fleisch 2001, S. 13)

351 Vgl. Österle et al. (2002); Scheer (1990) und Österle (1995).

Der Einsatz von ERP-Systemen zur Lösung von Koordinationsproblemen führt u.U. zu neuen Koordinationsproblemen, die schwieriger zu lösen sind als diejenigen vor Einführung der ERP-Systeme. Einerseits steigt mit zunehmendem Integrationsgrad der Nutzen aus der Beschleunigung von Vorgängen – zumindest ab einem bestimmten Integrationsniveau – nur noch degressiv an. Andererseits steigen die Kosten der Integration wie z.B. aus Infrastruktur, Skills und organisatorischem Wandel, überproportional an. Für jede Geschäftseinheit existiert also ein „optimaler" Integrationsgrad zur Organisation der gegebenen Abhängigkeiten (siehe Abbildung 2-15).

Das Konzept des „optimalen" Integrationsgrads zeigt die Grenzen der Integration durch IuK-Infrastrukturen auf. Die Tatsache, daß Unternehmungen parallel zu ihren ERP-Systemen weitere spezialisierte betriebliche Administrations- und Dispositionssysteme (z.B. Supply Chain- und Electronic Commerce-Systeme[352]) installieren, bestätigt diese Grenzen.[353] ERP-Systeme verfolgen die in Kapitel 2.2.3. formulierten Elementarziele der Vernetzung. Im Gegensatz zu Electronic Commerce- und SCP-Systemen wenden ERP-Systeme die Ziele jedoch innerbetrieblich an und verzichten auf die interorganisatorische Dimension (m:n-Vernetzung). Diese bilden das innerbetriebliche „Backbone" von Netzwerkunternehmungen.[354]

Im Zuge der Ausrichtung auf unternehmensübergreifende, franchising-netzwerkweite Prozesse werden die Anwendungssysteme der Partner gekoppelt und Systeme zur Steuerung kollaborativer Prozesse aufgebaut.[355] Dies ist jedoch mit dem monolithischen ERP-Ansatz in der Praxis bisher nur schwer realisierbar.[356]

Letztendlich führt dies zu einer steigenden Heterogenität der IuK-Infrastrukturen im Unternehmen und damit auch zum Verlust der Integrationsfunktion des ERP-Systems: die heterogenen Anwendungen bilden funktionsorientierte, teilweise redundante Dateninseln, wodurch eine durchgängige Prozeßunterstützung auf Basis der (geschlossenen) ERP-Systeme

---

352 EC (Electronic Commerce) ist definiert als die Unterstützung des Leistungsaustausches (Waren, Dienstleistungen und Zahlungen) zwischen Geschäftspartnern mit Informations- und Kommunikationssystemen (vgl. dazu Barling/Stark (1998), S. 4, Chesher/ Kaura (1998), S. 39 und Loebbecke (2001), S. 93 ff.). Transaktionsorientierte EC Systeme können aufgrund ihres Zweckes und ihrer organisatorischen Zugehörigkeit in drei Klassen eingeteilt werden. Lieferanten unterstützen ihre Verkaufsprozesse mit (a) 1_n-Verkaufs- bzw. Sell-Side-Systemen, Kunden ihren Einkauf mit (b) n:1-Einkaufs- bzw. Buy-Side-Systemen und Händler bzw. Handelsvermittler Einkaufs- und Verkaufsprozesse mit (c) m:n-Handels- bzw. Trading-Systemen. Gemeinsam mit den ERP-Systemen zählen EC-Systeme zu den Abwicklungssystemen des Supply Chain Management. EC-Systeme erweitern ERP-Systeme um die zwischenbetriebliche Integration. Siehe auch Otto/Kotzab (2001), S. 157 ff.

353 So ist in der Franchising-Wirtschaft auch häufig der Fall anzutreffen, daß sowohl der Franchise-Geber als auch die einzelnen Franchise-Nehmer eigene unabhängige ERP-Systeme einsetzen.

354 Vgl. Schulz (2002), S. 113 ff.

355 Vgl. Scheer et al (2002), S. 13.

356 Vgl. Kaltenmorgen et al (2001), S. 230.

nicht mehr gegeben ist.[357] Die für ein durchgängiges Geschäftsprozeßmanagement notwendige Daten- und Prozeßintegration muß also anderweitig gewährleistet werden.[358]

2.3.2.2 Workflow-Management-Systeme

Einen weiteren Lösungsansatz für das Integrationsproblem auf Prozeßebene bieten Workflow-Management-Systeme (WfMS).[359] Unter Workflow-Management wird die Modellierung, Steuerung und Überwachung beliebiger Geschäftsprozesse unter Einbeziehung von Mitarbeitern und Anwendungen verstanden.[360] Die Workflow Management Coalition (WfMC)[361] definiert ein WfMS als

> „A system that defines, creates and manages the execution of workflows through the use of software, running on one or more workflow engines, which is able to interpret the process definition, interact with workflow participants and, where required, invoke the use of IT tools and applications."[362]

Das Prozeßkonzept der WfMC sieht eine Spezifikation eines Geschäftsprozesses in Form einer Prozeßdefinition vor. Dabei werden Prozesse in Teilprozesse (Aktivitäten) zerlegt, die jeweils manuell oder automatisiert ablaufen können. Manuell ausgeführte Aktivitäten stehen außerhalb der direkten Kontrolle des WfMS, während die automatisierten Aspekte eines Geschäftsprozesses über Prozeßinstanzen durch das WfMS gesteuert werden.[363]

Das von der WfMC entwickelte Referenzmodell für WfMS ist ein modulares Infrastrukturkonzept, dessen zentrale Komponente der „Workflow Enactment Service" ist.[364] Dieser besteht aus einer oder mehreren „Workflow Engine(s)" – einer Laufzeitumgebung, in der aus Prozeßdefinitionen spezifische Prozeßinstanzen generiert und ausgeführt werden. Der „Workflow Enactment Service" wird durch ein „Workflow Application Programming Interface" gekapselt, so daß das WfMS über fünf spezifizierte Schnittstellen mit externen Komponenten kommunizieren bzw. interagieren kann: Die notwendigen Prozeßdefinitionen werden von „Process Definition Tools" bereitgestellt. Der Endnutzer interagiert mit dem WfMS über einen „Workflow Client", der ihn über die zu bearbeitenden Vorgänge informiert und ihm die

---

357 Vgl. Staud (1999), S. 25. Siehe auch Metz (2001), S. 93-98.

358 Vgl. Gaitanides/Scholz/Vrohlings (1994), S. 22-39.

359 Diese können auch als Erweiterung einer ERP-Lösung auftreten und die Integration externer Systeme über offene Schnittstellen ermöglichen, vgl. Becker (1999), S. 166 ff.

360 Vgl. Müller; Stolp (1999), S. 17.

361 Die WfMC ist eine nichtkommerzielle internationale Organisation von Anbietern, Nutzern und Wissenschaftlern im Bereich Workflowmanagement, die es sich zum Ziel gesetzt hat, durch Spezifikation und Etablierung von Standards die Interoperabilität und den Einsatz von WfMS zu fördern, vgl. ebenda, S. 26.

362 Vgl. Allen (2003), S. 16 [Stand 26.03.2003].

363 Vgl. Gadatsch (2002), S. 181.

364 Eine ganzheitliche Übersicht zur Thematik der Referenzmodelle in Maicher/Scheruhn (1998).

dazu notwendigen Daten bzw. Dokumente liefert. Bei der Vorgangsbearbeitung werden die „Invoked Applications“ (z.B. ERP-Module) genutzt, um entsprechende Dokumente zu bearbeiten. Die Verwaltung und Kontrolle der Prozeßinstanzen geschieht mit Hilfe der „Administration & Monitoring Services“. Für die Steuerung von Geschäftsprozessen über mehrere heterogene WfMS ist eine Schnittstelle zu weiteren „Workflow Enactment Services“ vorgesehen.[365]

Mit WfMS soll eine größere Flexibilität im Prozeßmanagement erreicht werden, indem die Steuerung der Geschäftsprozesse auf einer eigenen Systemebene erfolgt, während die diskreten Aktivitäten durch Mitarbeiter und/oder Anwendungskomponenten ausgeführt werden.[366] Ziel der WfMC ist dabei nicht die Entwicklung von Standards für die einzelnen Komponenten, sondern die Standardisierung der Schnittstellen zwischen den Komponenten.[367] Trotz der intensiven Bemühung der WfMC werden WfMS jedoch nur von wenigen Unternehmen in größerem Umfang eingesetzt.[368] Die Gründe hierfür sind vielfältig, wie im Folgenden aus technischer Perspektive erläutert wird.[369]

Die Standards der WfMC sind unzureichend spezifiziert, so daß viele Anbieter proprietäre Erweiterungen entwickelt haben, wodurch die Interoperabilität nicht mehr gewährleistet ist.[370] Insbesondere der Austausch von Prozeßdefinitionen zwischen Produkten verschiedener Hersteller ist aufgrund eines fehlenden Standards schlicht nicht realisierbar, was in der Folge auch ein unternehmensübergreifendes Prozeßmanagement unmöglich macht.[371] Des weiteren unterstützen WfMS das Ausnahmemanagement nur unzureichend, d.h. treten zur Laufzeit in einer Prozeßinstanz nicht definierte Ausnahmesituationen auf, so ist die Unterstützung des weiteren Prozeßverlaufs nicht mehr gegeben.[372] Das in diesem Zusammenhang notwendige Management von Transaktionen ist ebenfalls nur mangelhaft gelöst, so daß ein Rücksetzen der einzelnen Anwendungen bzw. der Anwendungsdaten im Fehlerfall meist nicht möglich ist und die transaktionale Integrität der Anwendungsdaten verloren gehen kann.[373]

Ein weiteres kritisches Problem stellt in der Praxis die Integration der vorhandenen Anwendungen in das WfMS dar.[374] Der Einsatz eines WfMS erzeugt eine Vielzahl von individu-

365 Vgl. Müller/Stolp (1999), S. 29-39. Zu den kursiv dargestellten Begriffen vgl. auch Anhang 2.
366 Vgl. Aalst/van Hee (2002), S. 146f.
367 Vgl. Vogler (1996), S. 350.
368 Vgl. Gadatsch (2002), S. 178 und Aalst/van Hee (2002), S. 171f.
369 Wesentliche Probleme befinden sich auf technischer, soziokultureller und organisatorischer Ebene, vgl. Vogler (1996), S. 352-357. Siehe auch Liebsch (2000), S. 65-82.
370 Vgl. Rump (1999), S. 41 und Vogler (1996), S. 355.
371 Vgl. Aalst/van Hee (2002), S. 172f.
372 Vgl. Vogler (1996), S. 355.
373 Vgl. Aalst/van Hee (2002), S. 166f. und Vogler (1996), S. 354.
374 Vgl. Praxisbeispiele bei Gutzwiller (1996).

ellen Schnittstellen, da jede Anwendungskomponente, die im Geschäftsprozeß vorkommt, an das WfMS angebunden werden muß.

Gleichzeitig müssen bei Änderungen des Workflows aufgrund der mangelhaften Standardisierung oft die spezifischen Schnittstellen individuell angepasst werden.[375] Der notwendige hohe Aufwand zur Integration der einzelnen Applikation in das WfMS und die hohe Gesamtkomplexität stehen jedoch im Widerspruch zum Ziel der Flexibilitätssteigerung und kontinuierlichen Prozeßanpassung.

2.3.2.3 Middleware zur Daten- und Anwendungsintegration

Als ein Lösungsansatz zur Integration heterogener IuK-Infrastrukturen auf Daten- und Anwendungsebene wird in jüngerer Zeit „Enterprise Application Integration" (EAI) angesehen.[376] Zur Integration verschiedener Anwendungen wurde in der Vergangenheit jeweils eine individuelle Verbindung zwischen zwei Systemen eingesetzt („Point-to-Point").[377] Dies ist das Resultat von im Zeitablauf gewachsenen Strukturen im Sinne regelmäßiger Ergänzungen der IuK-Systemlandschaft um zusätzliche Anwendungen.[378] Die Point-to-Point-Integration ist dabei das klassische Einsatzgebiet für „Middleware", die durch Mechanismen wie „Messaging", „Replikation" oder „Remote Procedure Calls" im wesentlichen eine Integration auf Datenebene sicherstellt.[379] Der Nachteil besteht jedoch im hohen Programmieraufwand zur individuellen Anpassung der Schnittstellen bei Veränderung der Geschäftsprozesse und der Integration neuer Anwendungen.[380] Durch die komplexe Integrationsinfrastruktur entsteht eine Vielzahl an Interdependenzen zwischen den Komponenten, so daß bereits kleinste Prozeßanpassungen mit erheblichem Aufwand verbunden sein können.[381] Mit jeder zusätzlichen Softwarekomponente steigt der Integrationsbedarf überproportional und somit auch die Komplexität des Gesamtsystems, wodurch in der Folge die Flexibilität der abgebildeten Geschäftsprozesse weiter sinkt.[382] Bei EAI wird die Integrationslogik in eine separate Systemschicht verlagert, wodurch es unterschiedlichen Anwendungen ermöglicht wird, automatisiert geschäftsrelevante Informationen in einem Format auszutauschen, das von allen betroffenen

375 Vgl. Vogler (1996), S. 353 und Aalst/van Hee (2002), S. 204 f.
376 Vgl. Samtani/Sadhwani (2002b), S. 57.
377 Vgl. Samtani/Sadhwani (2002a), S. 40.
378 Vgl. Winkeler et al (2001), S. 8.
379 Vgl. ebenda, S. 9. Eine Beschreibung der theoretischen Grundlagen von Middleware bietet Österle (1995), einen Überblick zu einer Vielzahl damit verbundener Technologien gibt z.B. Ließmann (2000).
380 Vgl. Walter (2001), S. 6f. Durchschnittlich werden 30 bis 40 % des IT-Entwicklungsbudgets für Integrationsaufgaben verwendet, vgl. Schott/Mäurer (2001), S. 41 und Hirschheim/Sabherwal (2001), S. 87-108.
381 Vgl. Winkeler et al (2001), S. 8.
382 Vgl. Walter (2001), S. 7.

Systeme verstanden wird.[383] Im Gegensatz zur Point-to-Point Integration wird bei EAI zumeist eine „Hub-and-Spoke"-Infrastruktur[384] verwendet (siehe Abbildung 2-16). Dabei sind alle Anwendungen und Systeme mit einer zentralen Integrationsplattform verbunden, über die die gesamte Kommunikation abgewickelt wird.[385]

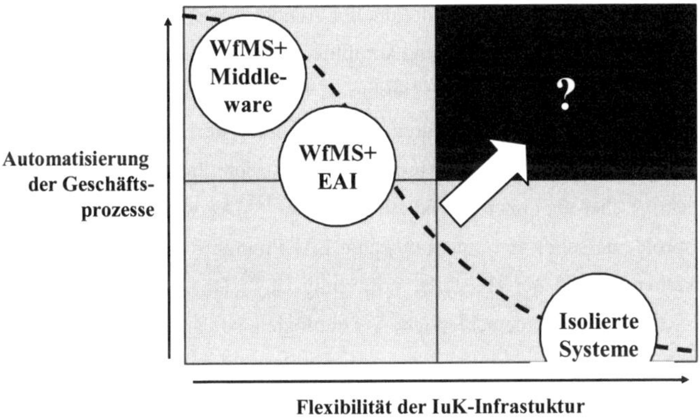

Abbildung 2-16: Zusammenhang zwischen Automatisierungsgrad und Flexibilität der IuK-Infrastruktur;
Quelle: Eigene Überlegungen.

Die Verbindung zwischen den Anwendungen und dem EAI-System wird über sog. Adapter bzw. Konnektoren hergestellt, welche den Informationsaustausch auf Ebene des EAI-Systems durch Schnittstellendienste standardisieren.[386] Die Informationen werden aus einer Anwendung über einen individuellen Adapter extrahiert, an die EAI-Plattform übertragen und von dort entsprechend weitergeleitet. Eine im EAI-System integrierte Middleware steuert diese Kommunikation, während ein Transformationsdienst die Daten hinsichtlich Syntax und Semantik umwandelt und die Durchführung von Transaktionen überwacht.[387] Die Vorteile dieser Infrastruktur sind u.a. eine reduzierte Anzahl an Schnittstellen, ein einheitliches Schnittstellenmanagement und die flexible Einführung neuer Systeme sowie deren Anpassung hinsichtlich übergeordneter Geschäftsprozesse.[388] Es ist davon auszugehen, daß damit die Um-

383 Vgl. Winkeler et al (2001), S. 10.

384 Hub-and-Spoke-Architektur bedeutet: Application to Application Integration (A2A): Die Integration auf Systemebene. Dabei kann eine Rad-Nabe-Architektur (Hub and Spoke) oder eine Peer-to-Peer-Architektur zum Einsatz kommen.

385 Vgl. Winkeler (2001), S. 12.

386 Vgl. Puschmann et al (2002), S. 274.

387 Vgl. Puschmann et al (2002), S. 276f.

388 Vgl. Winkeler et al (2001), S. 10.

setzung von Prozeßänderungen durch die niedrigere Integrationskomplexität wesentlich kostengünstiger und schneller zu realisieren ist.[389]

Da EAI-Lösungen erst seit wenigen Jahren auf dem Markt sind, ist die Verbreitung in der Praxis noch entsprechend gering.[390] Als problematisch erweisen sich die relativ hohen Investitionskosten sowie die Entwicklung individueller Adapter, da diese nur für Standardsoftware verfügbar sind.[391] Auch die Modellierung komplexer Geschäftsprozesse gestaltet sich schwierig, da die Umsetzung nicht über eine graphische Benutzeroberfläche vorgenommen werden kann, sondern zu einem großen Teil durch direktes Coding durchgeführt werden muß.[392] Außerdem ist die in letzter Zeit von den Herstellern angestrebte Prozeßunterstützung aus technischer Perspektive eher als unzureichend zu betrachten.[393] Des weiteren lassen sich komplexe Integrationsprobleme selten mit einem einzigen EAI-Produkt lösen, so daß die Kombination von Produkten verschiedener Hersteller notwendig ist.[394] Diese verwenden jedoch zumeist proprietäre Standards und unterschiedliche Technologien, so daß letztendlich wieder neue Integrationsprobleme auftreten.[395]

2.3.3 Status Quo der in Franchising-Netzwerken eingesetzten IuK-Infrastruktur

Das Grundproblem aus der Perspektive des Geschäftsprozeßmanagements ist die Flexibilität nach der Implementierung: Das Ziel der Produktivitätssteigerung impliziert bei ERP-Systemen eine größtmögliche Automatisierung der internen Geschäftsprozesse, bei der Menschen nur noch an einigen Stellen steuernd eingreifen. In der Folge nimmt jedoch die Flexibilität ab, da es angesichts der heutigen Softwaretechnologie sehr aufwendig ist, einmal implementierte Geschäftsprozesse an veränderte Umfeldbedingungen anzupassen.[396] Weiterhin decken die konkreten ERP-Systeme nur einen begrenzten Teil der Geschäftsprozesse ab – insbesondere können nicht sämtliche Funktionalitäten zur Abbildung branchenspezifischer Kernprozesse bereitgestellt werden.[397] Gleichzeitig bieten die Systeme lediglich generische Lösungen, die oft nur schwer an die spezifischen Geschäftsprozesse angepaßt werden können, so

389 Vgl. Holten (2003), S. 45.
390 Vgl. Brabandt (2001), S. 45.
391 Vgl. Winkeler et al (2001), S. 14.
392 Vgl. Schott/Mäurer (2001), S. 42 und Gruden/Strannegard (2003), S. 10.
393 Vgl. Murphy (2003), S. 6f. EAI ist eher auf die Kopplung von Anwendungssystemen beschränkt, während Workflow-Systeme tendeziell bei Prozessen mit einer Lebensdauer von Tagen oder Monaten sowie mit menschlicher Interaktion zum Einsatz kommen, vgl. Holten (2003), S. 45.
394 Vgl. Winkeler et al (2001), S. 16.
395 Vgl. Samtani/Sadhwani (2002a), S. 47.
396 Vgl. Staud (1999), S. 28f.; Smith/Fingar (2002), S. 83 und Picot/Reichwald/Wigand (2001) S. 278f.
397 Vgl. Staud (1999), S. 25 und Wettklo/Schultze (2003), S. 23.

daß in vielen Fällen eine Angleichung der Prozesse an die Software erfolgen muß.[398] Eine derartige Generalisierung gefährdet jedoch das Differenzierungspotential des Unternehmens, welches die Basis für dessen Wettbewerbsfähigkeit darstellt.[399] In der Folge ist der Einsatz verschiedener (meist nicht interoperabler) Softwarelösungen unterschiedlicher Anbieter oder Eigenentwicklungen notwendig.[400] Außerdem müssen im Zuge der Ausrichtung auf unternehmensübergreifende Prozesse die Anwendungssysteme der Partner gekoppelt und Systeme zur Steuerung kollaborativer Prozesse aufgebaut werden.[401] Dies ist jedoch mit dem monolithischen ERP-Ansatz in der Praxis bisher nur schwer realisierbar.[402]

Letztendlich führt dies zu einer steigenden Heterogenität der IuK-Systeme im Unternehmen und damit auch zum Verlust der Integrationsfunktion des ERP-Systems: die heterogenen Anwendungen bilden funktionsorientierte, teilweise redundante Dateninseln, wodurch eine durchgängige Prozeßunterstützung auf Basis der (geschlossenen) ERP-Systeme nicht mehr gegeben ist;[403] die für ein durchgängiges Geschäftsprozeßmanagement notwendige Daten- und Prozeßintegration muß also anderweitig gewährleistet werden. Veränderte Marktbedingungen führen dazu, daß viele Unternehmungen in der Zukunft immer flexibler und schneller die Bedürfnisse ihrer Kunden befriedigen müssen („Time to market"), um nicht gegenüber ihren Mitbewerbern ins Hintertreffen zu geraten. Sie laufen Gefahr, aus dem Markt verdrängt zu werden. Vor diesem Hintergrund sind Unternehmungen gezwungen, unter Zuhilfenahme von „State of the Art"-IuK-Infrastruktur einen stärkeren Fokus auf die Optimierung ihrer Geschäftsprozesse zu legen. In den frühen Phasen des „E-Business-Hype" hielt man vor allem rein webbasierte Geschäftsmodelle für den Schlüssel zum Erfolg. Heute werden stattdessen die Integration von „Frontend" und „Backend" sowie hybride Geschäftsmodelle als Erfolgsfaktor erkannt.[404]

Stand bislang „web enabling" als Synonym für „modern" bei Anwendungssoftware, werden heute mehr denn je die Möglichkeiten von Prozeßintegration und Prozeßoptimierung nachgefragt. Denn nur im Rahmen von Prozeßoptimierungsprojekten können Unternehmungen ihre Wettbewerbsposition innerhalb dynamischer Märkte behaupten bzw. verbessern. Dieses Ziel wird oft durch einen radikalen Wandel im Hinblick auf Kundenorientierung, Produktangebot, Qualität und Kosten der gesamten Unternehmensprozesse erreicht.[405] In der Konsequenz nehmen sich auch Franchising-Netzwerke verstärkt ihrer Geschäftsprozesse an

398 Vgl. Picot/Reichwald/Wiegand (2001), S. 279.
399 Vgl. ebenda, S. 276.
400 "Global 2000 companies rely on an average of 49 enterprise applications (…).", Apshankar (2002), S. 89.
401 Vgl. Scheer et al (2002), S. 13.
402 Vgl. Kaltenmorgen et al (2001), S. 230.
403 Vgl. Staud (1999), S. 25.
404 Vgl. Jost (2003b).
405 Vgl. Meier (2003), S. 270-279.

und entdecken dabei den teilweise ins Abseits geratenen Ansatz des „Process-Re-Engineering“ neu.

Die Konzentration auf eher technische Fragestellungen verdeckte beim E-Business bislang den Bedarf einer prozeßorientierten Herangehensweise. Dieses gilt für ERP-, SCP-, oder EAI-Projekte gleichermaßen. Unternehmungen, die sich „weigern“, ihre Prozesse zu (er)kennen, vermeiden dadurch allenfalls, aktiv an der eigenen Prozeß-Effizienz zu arbeiten.

Anhand der Geschäftsprozesse lassen sich auch die Gründe für das Scheitern vieler früher E-Business-Aktivitäten und „dot.coms“ nachzeichnen. Ein Beispiel: was nützt einem Unternehmen das schönste Portal, wenn der nachgelagerte Logistik-Prozeß bei einer Online-Bestellung nicht integriert ist? Von massiver Bedeutung für den Erfolg eines Prozeßoptimierungsprojektes ist daher die eingesetzte IuK-Infrastruktur, welche die Unternehmensprozesse zukünftig unterstützen soll. Sie muß flexibel genug sein, um dem raschen Wandel des Unternehmensumfeldes Rechnung tragen zu können, und zukünftigen Anforderungen an die Gestaltung der Geschäftsprozesse gewachsen sein.[406] Durch solche technischen Veränderungen werden Unternehmen gezwungen, sich intensiver mit ihren Geschäftsprozessen auseinanderzusetzen, was in besonderem Maße für Unternehmungsnetzwerke und somit auch für das Untersuchungsobjekt der vorliegenden Arbeit gilt. Denn das Ablösen der in sich geschlossenen ERP-Systeme durch offene, lose miteinander verknüpfte Anwendungskomponenten geht einher mit dem Verlust der Integration! Beispielsweise wartet jede der unterschiedlichen mysap-Anwendungskomponenten wie auch die Portal-Software nun mit einem eigenen „Repository“[407] auf.

> „Die Anbieter streichen als Pluspunkte für diese neuen Software-Infrastrukturen die höhere Flexibilität und Release-Unabhängigkeit einzelner Komponenten heraus. Was allerdings gerne verschwiegen wird: Der Integrationsvorteil mit einem einzigen Repository, den ERP-Software bislang auszeichnete, geht verloren.“[408]

Durch diesen hohen Integrationsgrad hatten die Unternehmen aber gleichzeitig mit der ERP-Software in die Software eingebettete Geschäftsprozesse erworben: der beleg- und transaktionsbasierte Aufbau initiierte automatisch Prozeßketten – vom Angebot über den Auftrag bis zum Produktionsauftrag der Auslieferung, Rechnungsstellung u.ä.

---

406 Vgl. Meier (1999), S. 15-24.

407 Definition Repositoriy: Das Repository ist eine Art „Depot“ und dient zur zentralen Speicherung. Ein Repository ist eine zentrale Ablage für sämtliche Ergebnisse des Software-Entwicklungsprozesses mit entsprechenden Verwaltungswerkzeugen. ERP-Lösungen funktionieren nur dann optimal, wenn der Content absolut korrekt ist. Für Finanzaufgaben sind Kontoaufstellungen und Rechnungen der Kunden erforderlich, Logistikaufgaben sind ohne Pläne der Betriebsanlage nicht möglich, während für die Produktion technische Zeichnungen und Teilelisten erforderlich sind. Mit einem gemeinsamen Repository für diesen Content kann ein Unternehmen maximalen Nutzen aus seiner ERP-Investition ziehen.

408 Jost (2003b), S. 3.

Diese Integrationsleistung obliegt nun den Unternehmen selbst. Zwar stellen die Softwareanbieter Integrationstechnologien wie z.B. EAI-Komponenten zur Verfügung, die fachliche Prozeßintegration wird von den Herstellern jedoch meist nicht geliefert. So sehen sich die Kunden mit Fragen konfrontiert, wo und auf welche Art etwa ein Kundenauftrag (im SCM, im CRM, im Finance etc.) geführt werden soll. Stammen die einzelnen Softwarekomponenten auch noch von verschiedenen Herstellern, verschärft sich die Problematik. Allein durch das Heranziehen der Geschäftsprozeß-Perspektive werden sie die notwendige Klammer finden, um auch unternehmensübergreifende Abläufe im Griff zu behalten.

Wollen die Unternehmen bestehende Marktanteile sichern und ausbauen, darf jedoch die Transformation von Geschäftsprozessen weder Selbstzweck noch ein einmaliges Ereignis sein. Ein prosperierendes Franchising-Netzwerk braucht unternehmensübergreifende Geschäftsprozesse, die ihrerseits für schnelle und durchgängige Kollaboration zwischen den einzelnen Akteuren – Franchise-Nehmern und -Geber – stehen. Um diesem Anspruch dauerhaft gerecht werden zu können, ist es erforderlich, den Gedanken der kontinuierlichen Verbesserung zu verinnerlichen und auch zu leben.

Der Schulterschluß zwischen den analytischen und operativen Anwendungen versetzt den Franchise-Geber in die Lage, die Folgen und Umsetzung der strategischen Maßnahmen kontinuierlich zu kontrollieren. Dabei geht es primär um kontinuierliche Zyklen, die das Prozeßdesign, deren Implementierung und anschließendes Controlling beinhalten. Dies gilt sowohl unternehmensintern (sowohl beim Franchise-Geber als auch beim Franchise-Nehmer) als auch unternehmensübergreifend. Die technologische Infrastruktur ist verfügbar; jetzt ist es an den Unternehmen, sich zu arrangieren und hinsichtlich der zu erwartenden Ausschöpfung brachliegender Nutzen- und Einsparungspotentiale enger zusammenzuschließen.[409]

Grob sind in der Praxis zwei Gruppen von Franchising-Netzwerken anzutreffen: eine „High Tech"- und eine „Low Tech"-Variante:[410]

In der technisierten Variante werden die Franchise-Nehmer-Outlets direkt über ein E-Commerce-System – den Online-Shop des Franchising-Netzwerkes – mit der Warenwirtschaft der Franchise-Geber-Zentrale verbunden. In jedem Outlet läuft eine eigene dezentrale Warenwirtschaft, die direkt mit den eingesetzten Kassensystemen verbunden ist, jeden Abverkauf registriert und unmittelbar von den Beständen abbucht. Damit „weiß" die Warenwirtschaft im Outlet nicht nur über alle Umsätze, sondern auch über die Warenbestände Bescheid. Erreicht dieser Bestand ein definiertes Minimum, kann sofort die Nachbestellung ausgelöst

409 Vgl. Hippe (1997), S. 10-39.

410 Die folgende Beschreibung stellt eine grobe Zusammenfassung dar. Die genauen Ergebnisse der Empirie werden ausführlich in Kapitel 3.3.3. vorgestellt. Die vorgestellten Varianten spiegeln stark vereinfachte Pole wieder. Siehe auch Quinn (2002), S. 39-40.

werden. So ist es dem Franchise-Nehmer möglich, sich ganz auf sein Kerngeschäft zu konzentrieren. In der Franchise-Nehmer-Zentrale sind in einem solchem System damit alle Franchise-Geber-Outlets jederzeit auch zahlen- und umsatzmäßig präsent, auf alle Bewegungen und Veränderungen kann rasch und präzise reagiert werden. So erhalten die Outlets aus der Zentrale genau die Unterstützung, die sie brauchen – ohne die Gefahr des Informationsverlustes. Erstaunlicherweise sind von denjenigen Franchise-Nehmern, die eine derartige oder ähnliche IuK-Infrastruktur installiert haben, keine Bedenken bezüglich der Geheimhaltung gegenüber dem Franchise-Geber genannt worden. Hier gilt es aber, zwischen neugegründeten und seit längerem bestehenden Franchising-Netzwerken zu unterscheiden, denn Zweitere tun sich bei der Migration von „Low Tech" zu „High Tech" offensichtlich nicht nur aus technischer Sicht schwerer.

Im Rahmen der „Low Tech"-Variante wird auf die zahlen- und umsatzmäßige Transparenz weitgehend verzichtet. So werden beispielsweise Bestellungen oder auch Informationen zur Berechnung der Franchisegebühr per Fax versandt. Es werden ex-post Daten und Informationen ausgetauscht und Medienbrüche akzeptiert.

Geschlossene, monolithische ERP-Systeme decken nicht die gesamte im Unternehmen benötigte Funktionalität ab, so daß eine Vielzahl heterogener Anwendungen und Systeme zum Einsatz kommen. Die Integration der IuK-Systeme auf Prozeßebene mit Workflow-Systemen erweist sich in der Praxis durch die komplexe Anwendungsintegration und mangelhafte Standardisierung als schwierig, wodurch in der Folge die angestrebte Durchgängigkeit von der Prozeßgestaltung bis zur Prozeßumsetzung nicht erfüllt ist. Auf der Daten- bzw. Anwendungsebene bieten EAI-Systeme einen vielversprechenden Ansatz, wobei jedoch proprietäre Standards[411] verwendet werden und damit die Interoperabilität nicht gegeben ist. Während man bei der isolierten Betrachtung eines Unternehmens zumindest langfristig noch für eine homogene EAI-Lösung plädieren könnte, erscheint dieses Ziel bei der Steuerung unternehmensübergreifender kollaborativer Geschäftsprozesse illusorisch.

Beim aktuellen Stand der eingesetzten Integrationstechnologien wählen Unternehmen letztendlich einen „Trade off" zwischen dem Grad der Automatisierung und der Flexibilität hinsichtlich der kontinuierlichen Anpassung der Geschäftsprozesse.[412] Isolierte Systeme weisen eine relativ hohe Flexibilität bei der Änderung von Geschäftsprozessen auf, da aufgrund der nur teilweise vorhandenen Automatisierung viele Prozeßaktivitäten manuell ausgeführt werden. Unter Berücksichtigung der übergeordneten Unternehmensziele Zeit, Qualität und

[411] Proprietärer Standard: Mit proprietär bezeichnet man Software, Protokolle oder Systeme, die in privatem Besitz stehen und deren Verbreitung und Spezifikation Copyrighteinschränkungen unterliegen. Oft werden mit „proprietär" auch Protokolle oder Softwarestandards gekennzeichnet, die nur von einem Unternehmen verwendet werden, zu anderen Systemen inkompatibel sind und nicht auf einer öffentlichen Plattform spezifiziert werden (aus http://www.net-lexikon.de, abgefragt am 14.7.03.)

Kundenzufriedenheit ist dieses Vorgehen jedoch kritisch zu betrachten und dürfte wegen des geringen Automatisierungsgrades mit prohibitiv hohen Prozeßkosten verbunden sein. Andererseits führt ein hoher Grad der Automatisierung tendenziell zu einer starren Verzahnung und wachsenden Komplexität des Gesamtsystems. Dabei sinkt dessen Flexibilität, so daß Änderungen der Geschäftsprozesse mit hohen Kosten verbunden sind und deshalb nicht kontinuierlich realisiert werden können. Dadurch nimmt letztendlich auch der Nutzen der implementierten Automatisierung im Zeitverlauf wieder ab, da keine Anpassung an veränderte Umweltbedingungen möglich ist und manuelle Prozeßaktivitäten diesen Mißstand überbrücken müssen, wodurch die Prozeßeffizienz wiederum sinkt.

Das Ziel einer hohen Automatisierung bei gleichzeitig hoher Flexibilität könnte mit einer IuK-Infrastruktur erreicht werden, die auf die kontinuierliche Adaptierbarkeit der Geschäftsprozesse und deren schnelle und kostengünstige informationstechnische Umsetzung ausgerichtet ist.[413] Der starren Verzahnung monolithischer Systeme ist die lose Kopplung einzelner Softwaremodule mit möglichst feiner Granularität[414] vorzuziehen, wobei auch Altsysteme mit einbezogen werden müssen.[415] Des weiteren muß ein solches System die unternehmensübergreifende Koordination komplexer, paralleler Geschäftsprozesse unterstützen, um ein möglichst realistisches Abbild der Unternehmensumwelt abzubilden.[416] Die Anpassung der Geschäftsprozesse sollte dabei in einem Top-Down-Ansatz durchgängig von der Ebene der Prozeßmodellierung bis hin zur Ebene der Anwendungsmodule erfolgen, ohne daß bei Änderung der Prozesse ein direkter Eingriff in den Quellcode des Systems nötig ist.[417] Bei der Entwicklung einer solchen IuK-Infrastruktur sind für die Ebenen der Prozeß- und Anwendungsintegration einheitliche, offene und auf breiter Basis akzeptierte Standards notwendig und von zentraler Bedeutung.[418]

Die folgende Informationsflußanalyse soll die Grundlage dafür bieten, daß das Potential von „State of the Art"-IuK-Infrastruktur mit den Bedarfen der Franchising-Wirtschaft, also sowohl „High Tech"- als auch „Low Tech"-Franchising-Netzwerke, abgeglichen wird, und zwae immer mit der Zielrichtung einer prozeßeffizienteren Leistungserstellung für Franchise-Geber und -Nehmer.

---

412 Vgl. Amies (2001), S. 41 ff

413 Vgl. Scheer et al (2002), S. 10; Smith/Fingar (2002), S. 22; Aalst/van Hee (2002), S. 145.

414 Verdichtungs-/Detaillierungsgrad der Daten

415 Vgl. Smith/Fingar (2002), S. 55 und Wettklo/Schultze (2003), S. 38.

416 Vgl. Smith/Fingar (2002), S. 50. Dies schließt insbesondere ein leistungsfähiges Ausnahme- und Transaktionsmanagement mit ein, vgl. Aalst; van Hee (2002), S. 205.

417 Vgl. Patil/Simha (2003) S. 27; Aalst/van Hee (2002), S. 145; Smith/Fingar (2002), S. 81.

418 Vgl. Scheer et al (2002), S. 11 und Khan (2002), S. 22.

3 Einsatz von Web Services-Technologien zur Steigerung der Prozeßeffizienz

Aufbauend auf den Grundlagen der in Kapitel 1.3.6 vorgestellten Strukturationstheorie, können Franchising-Netzwerke als Zusammenspiel von institutionellen Rahmenbedingungen (d.h. Strukturen), Modalitäten bzw. Hilfsmitteln, derer sich die Akteure in sozialen Interaktionen bedienen, sowie Interaktionsprozessen (Informations- und Kommunikationsprozesse) verstanden werden. Basierend auf dem Fokus Franchising-Netzwerke in Verbindung mit der zugrundegelegten Strukturationstheorie, wird mit der Informationsflußanalyse ein Modell entwickelt, das als Grundlage für die Untersuchung der spezifischen Bedarfe von Franchising-Netzwerken und Filial-Systemen dient (Kapitel 3.1).

Die in Kapitel 2.1.2 ausgewählten und vorgestellten Kernprozesse des stationären Einzelhandels werden unter Zuhilfenahme der Informationsflußanalyse im Detail empirisch untersucht. Aus dieser Analyse der Bedarfe bezüglich IuK-Infrastruktur werden strukturationstheoretische Schlußfolgerungen gezogen (Kapitel 3.2).

Web Services als „State of the Art"-IuK-Infrastruktur werden in Kapitel 3.3. eingeführt und ihre Funktionsweise vorgestellt, gefolgt von einer Abgrenzung zu den in Kapitel 2.3.2 erläuterten Informationssystemen der IuK-Infrastruktur.

Kapitel 3.4 konzentriert sich auf die Auswirkungen der Web Services-Technologien auf den Informations- und Kommunikationsfluß und stellt mit den Geschäftsprozeß-Management-Systemen ein Konzept vor, welches der Wirtschaftlichkeitsbetrachtung der Web Services dient. Gegen Ende des Kapitels werden Kriterien zur Einsetzbarkeit der Web Services in Einzelhandels-Systemen konstruiert, die als Bewertungsschema bezüglich IuK-Spezifika der beiden Organisationsformen Franchising-Netzwerk und Filial-System dienen.

Der in Kapitel 2.2.4 eingeführte Begriff der Prozeßeffizienz wird in Kapitel 3.5 auf die Nutzung von Web Services in den einzelnen Kernprozessen angewandt, um die Vorteilhaftigkeit ihres Einsatzes in Franchising-Netzwerken im Vergleich zu Filial-Systemen zu belegen.

3.1 Informationsflussanalyse zur Untersuchung spezifischer Bedarfe der Informations- und Kommunikations-Infrastrukturen

Um den Handel in seiner Vielschichtigkeit verstehen und eine konkrete Problemstellung untersuchen zu können, benötigt man eine grobe Vereinfachung. Diese Vereinfachung eines komplexen Gebildes wird durch ein Modell geschaffen, um Orientierung zu bieten und die großen Zusammenhänge nicht außen vorzulassen.[419]

Aufbauend auf die in Kapitel 2.2. diskutierten Eigenschaften und Zusammenhänge von Information, Kommunikation und Wissen, soll im Folgenden die Informationsbedarfsanalyse für die empirische Analyse von Franchising-Netzwerken vorgestellt werden. Deren Konzeptionalisierung erfolgt dabei vor dem Hintergrund von Giddens Strukturationstheorie, die in Kapitel 1.3. vorgestellt wurde.

Die sich zwischen den Akteuren, also Franchise-Gebern und -Nehmern herausbildenden Beziehungen können unter Zuhilfenahme von Kriterien untersucht werden. Vor dem Hintergrund der Fokusierung der Analyse auf den interorganisatorischen IuK-Einsatz im Rahmen ausgewählter handelsspezifischer Kernprozesse (Kapitel 2.2.5.) werden Informationsflüsse identifiziert, die nach Inhalt, Wertigkeit und Form eingeordnet werden. Das Ergebnis des Vergleichs von verschiedenen Informationsflüssen in den Kernprozessen von Franchising-Netzwerk und Filial-System soll dann Rückschlüsse auf Spezifika der Informations- und Kommunikationsbedarfe sowie deren Implikationen auf einen prozeßeffizienten Einsatz der IuK-Infrastruktur zulassen.

3.1.1 Ausprägungen des Informationsflußmerkmals

Im Zentrum der bereits vorgestellten Strukturationstheorie steht der Prozeß, in dem Handlung und Struktur praktisch miteinander vermittelt werden. Handlung meint dabei den teils bewußten, teils unbewußten verändernden oder stabilisierenden Eingriff der Akteure in die soziale Welt.[420] Wenn Handlung direkt oder indirekt auf andere Akteure bezogen ist, spricht die Strukturationstheorie immer von sozialer Handlung bzw. sozialer Interaktion. Über Struktur beziehen sich Akteure in Interaktionen auf die Strukturmerkmale sozialer Systeme und versuchen, Zeit und Raum in sozialen Systemen zu binden. Ebenso wie das praktische Handeln gelten auch die Akteure selbst, etwa in der Persönlichkeitsbildung, als gleichzeitig von diesen Strukturen beeinflußt und diese Strukturen – über ihre Handlungen – in der sozialen Praxis

419 Ahlert/Becker/Olbrich/Schütte (1998), S. 66.
420 Vgl. Peterhans (1995), 360.

beeinflussend. „According to the notion of the duality of structure, the structural properties of social systems are both medium and outcome of the practices they recursively organize“[421].

Das Theorem der Dualität von Struktur impliziert die Untersuchung dieser sozialen Praktiken auf zwei Dimensionen: Strukturdimension und Handlungs- bzw. Interaktionsdimension. Jede soziale Praktik, und das gilt auch für das Management von Netzwerken, kann mit Hilfe dieser zwei Dimensionen, die über Modalitäten miteinander verbunden sind, beschrieben werden. Die entsprechenden Modalitäten der Strukturation sind interpretative Schemata zur Verständigung, Interpretation und Rationalisierung von Handlungen, Fazilitäten zur Ausübung von Macht und Normen zur Bewertung und Sanktionierung von Handlungen im Hinblick auf die als gültig angesehene Legitimationsstruktur. Diese Modalitäten verwenden Akteure in sozialen Interaktionen. Mit ihrer Hilfe beziehen sie sich einerseits im Handeln auf die Strukturmerkmale sozialer Systeme, andererseits (Dualität der Struktur) beinhalten diese Interaktionen die Reproduktion der zugrundeliegenden Strukturen (Signifikation, Domination und Legitimation).

Basierend auf dem Fokus Franchising-Netzwerke in Verbindung mit der zugrundegelegten Strukturationstheorie, gilt es ein Modell zu entwickeln, das die Komponenten Prozesse/Beziehungen zwischen den Akteuren und Tools/Ressourcen, die den Akteuren zur Verfügung stehen, enthält.[422]

Die institutionellen Rahmenbedingungen umfassen die strukturelle Dimension, innerhalb derer Prozesse im Netzwerk ablaufen. Sie definieren damit die fördernden bzw. hemmenden Umgebungsvariablen wie Organisationsstrukturen und Managementsysteme.[423] Unterschieden werden hier Franchising-Netzwerke im Gegensatz zu Filial-Systemen.

Sogenannte „Tools“ schließen das im Rahmen sozialer Austauschprozesse zur Verfügung stehende Instrumentarium ein. In diesen Bereich fallen Konzepte wie das Supply Chain Management und das Customer Relationship Management.[424] Das Unterstützungspotential dieser Tools kann sich hierbei einerseits direkt auf die Prozesse beziehen, andererseits können vor dem Hintergrund der Strukturationstheorie Franchising-Netzwerke auch als dynamische Gebilde verstanden werden, die sich durch soziale Interaktionen und Lernprozesse kontinuierlich weiterentwickeln und verändern.[425]

---

421 Giddens (1984), 25.

422 Seufert/Back (1999), S. 34-57.

423 Vgl. De Long (2000) und von Krogh (1998).

424 Vgl. Kapitel 2.3.2.

425 Eine interessante Fragestellung, die allerdings den Rahmen dieser Arbeit sprengen würde, ist sicherlich auch die Frage, in welcher Weise Tools im Rahmen von Franchising-Netzwerken in Richtung einer Veränderung bzw. Auflösung von Organisationsstrukturen beitragen können. Siehe hierzu Picot/Reichwald/Wigand (2001); Faisst (1998); Mertens/Griese/Ehrenberg (1998); Sieber (2001).

Die sich im Rahmen der Nutzung der Tools/Ressourcen herausbildenden Beziehungen können nach Inhalt (z.B. Sender/Empfänger, betriebswirtschaftliche Einordnung), Form (z.B. Informations-, Übertragungsart) und Wertigkeit (z.B. Interaktionshäufigkeit, Relevanz, Periodizität und Auswirkungen auf andere Funktionsbereiche) kategorisiert werden. Form und Wertigkeit der Beziehung begründen die Netzstruktur.[426]

Aufbauend auf diesen Grundlagen können Franchising-Netzwerke als Zusammenspiel von institutionellen Rahmenbedingungen (d.h. Strukturen), Modalitäten, derer sich die Akteure in sozialen Interaktionen bedienen, und Interaktionsprozessen konzeptionalisiert werden. Zur Analyse der Informationsflüsse der Beziehungen zwischen Franchise-Geber und Franchise-Nehmern sowie deren Einfluß auf die IuK-Infrastruktur sind „[...] klar abgrenzbare Kriterien nötig, die es erlauben, die Informationsströme zu beschreiben“[427]. Für die Klassifikation von Informationen sind in der Literatur aufgrund der Vielschichtigkeit der Eigenschaften von Informationen viele Kriterien und Merkmale bekannt.[428] Die Auswahl und Zusammensetzung der Kriterien aus dieser Menge sollte eine möglichst umfassende und relevante Aussage über Art, Inhalt, Form und Wertigkeit des Informationsflusses zulassen und auf die Zwecke der Informationsflußanalyse ausgerichtet sein (siehe Abbildung 3-1).[429]

Informationsflußmerkmal			
	Inhalt	**Inhalt**	**Ausprägungen**
		Kurzbeschreibung	Bezeichnung, Reichweite
		Sender, Empfänger	Teilprozeß a des Kernprozesses A, Teilprozeß b des Kernprozesses B
		Auslöser (Ereignis)	Textuelle Beschreibung
		Betriebswirtl. Einordnung	Textuelle Beschreibung
		Bestandteile	Datencluster, Attribute (z.B. ablaufsteuernd oder Nutzdaten)
		Eigenschaften der Daten	Kontroll- und Nutzdatenelemente des Informationsflusses
	Wertigkeit	**Wertigkeit**	**Ausprägungen**
		Informationsrelevanz	Hoch, mittel, gering
		Auswirkungen auf andere Kernprozesse	Kernprozesse A, Kernprozesse N
		Aktualitätsanforderung	Hoch, mittel, gering
		Periodizität	Online, täglich, wöchentlich, monatlich jährlich
		Volumen	Hoch, mittel, gering
	Form	**Form**	**Ausprägungen**
		Informationsart	Strukturiert, unstrukturiert (Stamm- Bewegungsdaten (Mengen, Werte)
		Übertragungsart	IuK-gestützt online (real-time), IuK-gestützt offline (batch), manuell
		Aggregationsebene	Artikel, Kassenbon, WGR, HWGR, Abteilung, Outlet

Abbildung 3-1: Operationalisierung der Informationsflußanalyse;
Quelle: In Anlehnung an Rotthowe (1998), S. 109.

426 Vgl. Alba (1982), S. 42-43. Franchising-Netzwerke sind in struktureller wie kultureller Hinsicht organisiert (vgl. beispielsweise Krebs/Rock (1994), S. 329). Untersucht werden können die Beziehungen insbesondere hinsichtlich Autonomie und Interdependenz, der Koexistenz von Kooperation und Wettbewerb sowie Reziprozität und Stabilität (vgl. beispielsweise Seufert/ Von Krogh/Back (1999), S. 180-190) und Seufert (2001), S. 31 ff.

427 Wildemann (1995), S. 263.

428 Vgl. Zu verschiedenen Merkmalen Wildemann (1997), S. 53 ff.; Böhm/Fuchs/Pacher (1993), S. 221; Klein (1991), S. 54; Becker (1991), S. 23 ff.; Trommsdorff/Fielitz/Hormuth (1988).

429 Vgl. Wildemann (1995), S. 263.

Die einzelnen Spezialisierungen und ihre möglichen Merkmalsausprägungen werden im Folgenden erläutert und ihre Ausprägung, bezogen auf den Betrachtungsbereich dieser Arbeit, jeweils in einer Tabelle zusammengefaßt.

3.1.2 Inhalt des Informationsflusses

Der Inhalt des Informationsflusses beschreibt, welche Daten und Informationen an einer Schnittstelle von welchem Sender an welchen Empfänger aus welchen Gründen (Ursache, Auslöser) übertragen werden. Zur Beschreibung des Inhalts ist neben einer Kurzbeschreibung die betriebswirtschaftliche Einordnung des Datentransfers zu zählen, welche in verbaler Form die Rolle des Informationsflusses im Prozeßverlauf darstellt.[430] Anschließend ist darauf einzugehen, aus welchen Datenclustern und Attributen sich die übertragenen Elemente zusammensetzen, soweit sie für die Gestaltung der Schnittstelle von Bedeutung sind (siehe Tabelle 3-1).

Zusätzlich sind Nutz- und Kontrolldatenelemente unterscheidbar. Nutzdaten sind die Daten eines Datenpaketes, die keine Steuer- oder Protokollinformationen beinhalten, also reine Informationsdaten. Während Nutzdaten weiterverarbeitet werden, dienen Kontrolldaten im Regelfall einer abschließenden Bewertung eines Sachverhaltes.

Inhalt	Ausprägungen
Kurzbeschreibung	Bezeichnung, Reichweite (netzwerkweit, FG-intern, FN-intern)[431]
Sender, Empfänger	Teilprozeß a des Kernprozesses A, Teilprozeß b des Kernprozesses B
Auslöser (Grund, Ereignis)	Verbale Beschreibung
Betriebswirtschaftliche Einordnung	Verbale Beschreibung
Bestandteile	Datencluster, Attribute
Eigenschaften der Daten	Nutz- oder Kontrolldatenelemente

Tabelle 3-1: Ausprägungen des Merkmals Informationsflußinhalt;
Quelle: In Anlehnung an Rotthowe (1998), S. 110.

3.1.3 Wertigkeit des Informationsflusses

Die Wertigkeit eines Informationsflusses sagt etwas über die Bedeutung des Datenaustauschs für alle beteiligten Funktionen aus, wobei die Bedeutung für Sender und Empfänger unterschiedlich sein kann. Für die Bewertung des Informationsflusses im Hinblick auf das Ziel der Integration („systems integration") läßt sich generell festhalten: Je höher die Informationswer-

430 Vgl. z.B. Böhm/Fuchs/Pacher (1993), S. 221.

431 F-N-weit: franchising-netzwerk-weit: FG-intern: Franchise-Geber-intern; FN-intern: Franchise-Nehmer-intern.

tigkeit, desto wichtiger ist die Integration der beteiligten Funktionsbereiche. Die Wertigkeit wird bestimmt durch die Kriterien Informationsrelevanz und Auswirkung auf andere Funktionsbereiche, Aktualitätsanforderungen, Periodizität und Volumen.[432]

Die Informationsrelevanz beschreibt die Wichtigkeit der ausgetauschten Daten und Informationen für den Empfänger. Da ein Informationsfluß in der Regel nicht vorliegen würde, wenn der Empfänger ihn nicht nachfragen würde, ist die Relevanz für den Empfänger maßgeblich. Die Bewertung läßt sich nicht immer objektiv vornehmen, da die Beurteilung der Relevanz zum Teil von der subjektiven Einschätzung abhängt. Die Informationsrelevanz wird durch die Ausprägungen hoch, mittel, gering repräsentiert.[433] Ein Informationsfluß besitzt hohe Relevanz für den Empfänger, wenn er unmittelbar mit der Aufgabenerfüllung des Empfängers verbunden und zeitkritisch ist, d.h. zu einem festen Zeitpunkt vorliegen muß. Beispielsweise ist das der Fall, wenn die Bruttoumsatzerlöse des Vortages aus den Kassen der Filialen für die tägliche Liquiditätsrechnung im Rechnungswesen zu einem festen Zeitpunkt zur Verfügung stehen müssen, um die Aufnahme kurzfristiger Geldmittel bei Banken zu ordern.[434]

Durch die Aktualitätsanforderung des Informationsflusses wird die Notwendigkeit der zeitlichen Nähe einer Datenänderung betont, z.B. eben die Verfügbarkeit von Zahlungsmitteldaten aus den Kassen nach Geschäftsschluß zur Beurteilung der Liquidität und die Beeinflussung der Finanzmittelrechnung im Rechnungswesen oder die schnelle Aktualisierung der Artikelkonditionen. Der Wert bzw. Nutzen der Information nimmt mit zunehmender Differenz zwischen dem Zeitpunkt des Informationsbedarfs und der tatsächlichen Verfügbarkeit rapide ab, „[...] im Extremfall kann eine zu spät übermittelte Information für das empfangende System vollkommen nutzlos sein [...]“[435] und unter Umständen gar zu höheren Kosten führen.[436] Zu berücksichtigen ist bei der Aktualitätsanforderung zusätzlich, ob es sich bei den übermittelten Daten um Nutz- oder Kontrolldaten handelt. Kontrolldaten als Steuerungselemente des Prozesses bilden oft einen kritischen Pfad des Ablaufs und stellen daher hohe Anforderungen an die Aktualität.

Auch hat die Aktualität der Daten unmittelbare Folgen auf die Übertragungshäufigkeit. Die Informationsinfrastruktur und das Kommunikationsmedium, über welches der Informationsfluß stattfindet, müssen entsprechende Kapazitäten vorhalten, um keine Verzögerungen oder Ungenauigkeiten zu verursachen. Die Aktualitätsanforderung wird anhand der Ausprägungen hoch, mittel, und gering bewertet. Auch bei diesem Kriterium ist die objektive Beur-

---

432 Vgl. Wildemann (1995), S. 264 f.

433 Zur Bedeutung eines Informationsflusses vgl. Sonnenschein (1998), S. 36

434 Vgl. Rotthowe (1998), S. 110 f.

435 Brening (1990), S. 35.

436 Vgl. Wildemann (1995), S. 264.

teilung der Notwendigkeit sehr schwierig, da die Nutzer der Informationen eine subjektive Vorstellung von der notwendigen Zeitnähe der von ihnen nachgefragten Informationen haben.

Wertigkeit	Ausprägungen
Informationsrelevanz	hoch, mittel, gering
Auswirkungen auf andere Kernprozesse	Kernprozeß A auf Kernprozeß N
Aktualitätsanforderungen	hoch, mittel, gering
Periodizität	real-time, täglich, wöchentlich, monatlich, jährlich
Volumen	hoch, mittel, gering

Tabelle 3-2: Ausprägungen des Merkmals Informationsflußwertigkeit;
Quelle: In Anlehnung an Rotthowe (1998), S. 113.

Die Periodizität gibt Aufschluß über die Regelmäßigkeit von Datenübertragung und Häufigkeit des Auftretens des Informationsflusses in einer Periode.[437] Als Ausprägungen dieses Merkmals werden real-time, täglich, wöchentlich, monatlich und jährlich (z.B. Berechnung der Franchisegebühr) verwendet. Finden die Datenübertragungen unregelmäßig statt, ist ein entsprechender Hinweis zu vermerken. Für die Bewertung läßt sich aus einer hohen Periodizität ein hoher Bedarf an Integration der übertragenen Daten einerseits und der beteiligten Funktionen andererseits schließen (siehe Tabelle 3-2).

Das Volumen eines Informationsflusses setzt sich aus dem Übertragungsvolumen pro Übertragungseinheit und der Häufigkeit der Übertragung zusammen. Das Merkmal gibt einen Anhaltspunkt über die Anforderungen an Performance und technische Ausgestaltung der Schnittstellen. Das Volumen als Größe des Informationsflußumfangs gibt darüber hinaus Auskunft über die Wirkungen des Informationsflusses auf die auszuführenden Arbeitsschritte. Ein hohes Volumen bedingt eine komplexe Bearbeitung innerhalb der Funktionen, ein niedriges dagegen hat eine einfachere Abwicklung zur Folge.[438]

3.1.4 Form des Informationsflusses

Die Form eines Informationsflusses wird durch die Struktur und Beschaffenheit der zugehörigen Information bestimmt.[439] Als Merkmale zur Beschreibung der Form werden die Informations- und Übertragungsart sowie die Ebene Datenaggregation verwendet (siehe Tabelle 3-3).

Die Informationsart gibt Auskunft über den Grad der Systematisierung und die Struktur einer Information.[440] Im allgemeinen liegen Informationsflüsse in strukturierter Form vor, insbesondere wenn bereits IuK-Systeme zur Übertragung im Einsatz sind. Bei manueller Ü-

437 Vgl. Böhm/Fuchs/Pacher (1993), S. 221.
438 Vgl. Rotthowe (1998), S. 112.
439 Vgl. Klein (1991), S. 54; Becker (1991), S. 23 ff.

bertragung ist es dagegen sehr häufig der Fall, daß unstrukturierte und ggf. unvollständige Daten übermittelt werden.

Weiterhin wird die Informationsart unterteilt in Stamm- und Bewegungsdaten.[441] Die Nutzung von Stammdaten durch zwei Funktionsbereiche bzw. zwei Unternehmungen ist prädestiniert für die Integration der zugrundeliegenden Daten einer gemeinsamen Datenbasis.[442] Stammdaten werden von mehreren Funktionen genutzt und bleiben definitionsgemäß über einen längeren Zeitraum stabil; eine Redundanz ist hier daher möglichst zu vermeiden. Bewegungsdaten werden häufig in einem Bereich produziert, um in einem nachfolgenden Bereich weiterverarbeitet zu werden. Der ursprüngliche Funktionsbereich greift unter Umständen auf die erzeugten Daten nicht mehr zu, weshalb sich Bewegungsdaten aufgrund ihrer höheren Dynamik weniger für eine integrierte Datenbasis eignen als Stammdaten. Bei den Bewegungsdaten ist insbesondere im Zusammenhang mit der Bestandsführung weiter nach mengenmäßigen und wertmäßigen Bewegungen zu differenzieren.

Unter der Übertragungsart wird der Grad der IuK-Infrastruktur-Unterstützung verstanden, d.h. die Art der Realisierung der Schnittstelle zwischen den beteiligten Funktionsbereichen.[443] Als Ausprägungen der Übertragungsart werden online, offline (batch) und manuell unterschieden.[444]

Für das Informationsvolumen im Handel von großer Bedeutung ist die Aggregationsebene der Daten.[445] Werden beispielsweise von den Scanningsystemen der dezentralen Einheit Kassenboninformationen und/oder artikelgenaue Umsätze übermittelt, so wird eine andere Unterstützung durch Kommunikationsmedien und Anwendungssysteme benötigt als bei der Übermittlung von Verkaufsumsätzen auf Warengruppenebene. Die Aggregationsebene bestimmt darüber hinaus auch die Möglichkeiten der Analyse von Umsatz- und Bestandsdaten anhand der Bezugsobjekte, welche sich am Objekt Ware festmachen lassen. Als Aggregationsebenen der Informationsflüsse sollen im Rahmen der nachfolgenden Analyse Artikel, Funktion, Franchise-Geber und Franchise-Nehmer unterschieden werden.

---

440 Vgl. Sonnenschein (1998), S. 38 f.

441 Diese Unterscheidung der Informationsbeziehungen zwischen Funktionen ist angelehnt an Rosemann (1996), S. 151.

442 Vgl. Becker (1991), S. 166.

443 Vgl. Jost (2000), S. 168 ff.

444 Die Daten können entweder DV-gestützt im Online- oder Batch-Verfahren oder aber manuell von einem in den anderen Funktionsbereich weitergegeben werden. Im letzteren Fall werden die Daten beim Empfänger erneut in ein Anwendungssystem eingegeben. Unter Online-Übertragung ist zum einen eine Realisierung durch eine maschinelle Schnittstelle, die mit Hilfe von Bridge-Programmen umgesetzt werden kann, zum anderen die Verwendung einer gemeinsamen Datenbasis gemeint. Das Batch-Verfahren wird in der Regel durch Export-/Import-Schnittstellen realisiert, die zu bestimmten Zeiten automatisch oder durch den Benutzter gestartet werden. Bei der manuellen Übergabe handelt es sich sowohl um die Nutzung einer Erfassungsschnittstelle beim Empfänger als auch um die Weiterverarbeitung der Informationen ohne jegliche DV-Unterstützung.

445 Vgl. Becker/Schütte (1996), S. 409-416; Trommsdorff/Fieletz/Hormuth (1988), S. 182.

Form	Ausprägungen
Informationsart	Strukturiert, unstrukturiert (Stamm-, Bewegungsdaten (Mengen- oder Werte)
Übertragungsart	online, offline (batch), manuell
Aggregationsebene	Artikel, Teilprozeß, Kernprozeß, FN oder FG

Tabelle 3-3: Ausprägungen des Merkmals Informationsflußform;
Quelle: In Anlehnung an Rotthowe (1998), S. 116.

Die einzelnen Merkmale stehen zum Teil in enger Verbindung zueinander, was sich durch folgende Ursache-Wirkungs-Beziehung verdeutlichen läßt: je höher die Relevanz einer Information, desto höher die Anforderungen an die Aktualität. Bedingt durch die höhere Aktualität muß eine Information häufiger übertragen werden, woraus eine höhere Periodizität resultiert. Das Volumen bzw. der Umfang wird im Vergleich zu einer weniger häufigen Übertragung geringer sein, wenn nur die veränderten Daten an den Empfänger übertragen werden müssen. Umgekehrt läßt sich ceteris paribus aus einem hohen Volumen folgern, daß bei gleichbleibendem Kommunikationsmedium die Übertragungshäufigkeit verringert werden muß, um die Performance der Kommunikation nicht zu beeinträchtigen. Dieser Zusammenhang wird unmittelbar deutlich, wenn z.B. eine größere Zahl von dezentralen Einheiten (z.B. Franchise-Outlets) mit Artikelstammdaten versorgt werden müssen. Werden nur die Änderungen der Artikeldaten je Franchise-Outlet übertragen, ist das Volumen der Informationen klein und die Beanspruchung für die Kommunikation je Franchise-Outlet fällt geringer aus. Gleichermaßen ist der Zeitaufwand für eine Übertragung an alle Franchise-Outlets/Filialen entsprechend geringer als bei einer Komplettübertragung der Stammdaten an jedes Outlet.

Die Merkmale Informationsflußform und Informationsflußwertigkeit haben ebenfalls eine enge Beziehung zueinander; beispielsweise hat die Aggregationsebene der ausgetauschten Daten unmittelbaren Einfluß auf das Volumen des Informationsflusses. Je detaillierter die Daten zur Verfügung gestellt werden sollen, desto höher ist das zu übertragende Volumen. Der Verarbeitungsaufwand bei einer Online-Übertragung eines größeren Volumens ist höher einzuschätzen, da das Kommunikationsmedium im Gegensatz zu einer asynchronen Übertragung per Batch immer zur Verfügung stehen muß.

Da im Folgenden die Unterstützungspotentiale der IuK-Infrastruktur auf Franchising-Netzwerke untersucht werden, erscheint es notwendig, eine Konkretisierung der Anforderungen herzuleiten. Geht es um die Ausschöpfung der Potentiale von IuK-Infrastrukturen, so muß beachtet werden, daß dadurch ein Veränderungsprozeß nicht nur der technischen Abläufe, sondern auch von Bedeutung, Inhalten und Meinungen (Signifikationsstrukturen), Überordnung, Akt oder Ort des Beherrschens und Kontrollierens (Herrschaftsstrukturen) sowie der Übereinstimmung mit etablierten Regeln, Prinzipien, Standards und Normen (Legitimationsstrukturen) einhergeht. Mit anderen Worten: es werden andere Formen der Inhaltsübermittlung[446] eingeführt und Macht – oder eben Ressourcen – umverteilt. Jedes Netzwerkmitglied hat Zugriff auf gewisse Teile des Datenbestandes und die Ressource Wissen befähigt zum Handeln.[447]

---

446 Z.B. hat eine E-Mail den gleichen Inhalt wie eine handschriftliche Aktennotiz?

447 Vgl. Yates/Orlikowski/Okamura (1999), S. 83 ff.

3.2 Informations- und Kommunikationsprozesse in den Kernprozessen von Einzelhandels-Systemen

Die bereits in Kapitel 2.1.2 identifizierten Kernprozesse des stationären Einzelhandels werden in der Folge eingehend beschrieben und mit Hilfe der in Kapitel 3.1 vorgestellten Informationsflußanalyse untersucht. Ziel dieses Vorgehens ist der Vergleich der Organisationsformen Franchising-Netzwerk und Filial-System. Ergebnis der Analyse können eventuelle Spezifika bezüglich der Informations- und Kommunikationsbedarfe sein, denen dann mit „State of the Art“-IuK-Infrastruktur begegnet werden kann.

Die der Analyse zugrundliegenden empirischen Daten wurden im Zeitraum von Februar 2002 bis September 2003 erhoben.[448] Von insgesamt 50 geführten Interviews[449] wurden insgesamt 21 Franchising-Netzwerke und deren IuK-Bedarfe untersucht (siehe Abbildung 3-2).

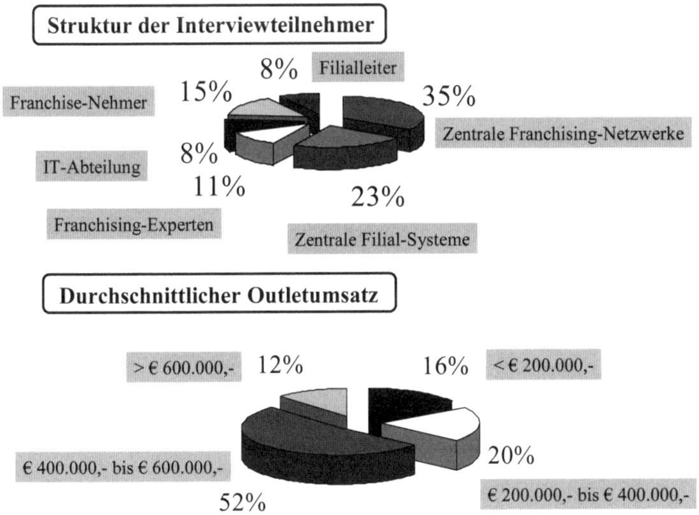

Abbildung 3-2: Struktur befragte Unternehmen;
Quelle: 2. Phase empirische Untersuchung.

Durchschnittlich haben die untersuchten Unternehmen einen globalen Umsatz von 197 Mio. Euro und einen Outlet–Umsatz von 0,46 Mio. Euro. 52% der untersuchten Outlets realisieren

448 Die erste Phase des unstrukturierten Feldzugangs (siehe Kapitel 1.1 und 2.1.2) diente der Überprüfung der Praxisrelevanz der Thematik und fand zwischen Mai und August des Jahres 2002 statt. Die positive Bilanz der Gespräche, deren Ergebnis u.a. auch die Identifizierung der untersuchten Kernprozesse war, überzeugte die SAP Retail Solutions GmbH in Walldorf, das Promotionsvorhaben zu unterstützen. Die befragten Unternehmen sind in Kapitel 5.2 aufgezählt.

einen jährlichen Umsatz zwischen 0,41 und 0,5 Mio. Euro. 29 % der Franchising-Netzwerke bestehen aus 51-100 Franchise-Nehmern.

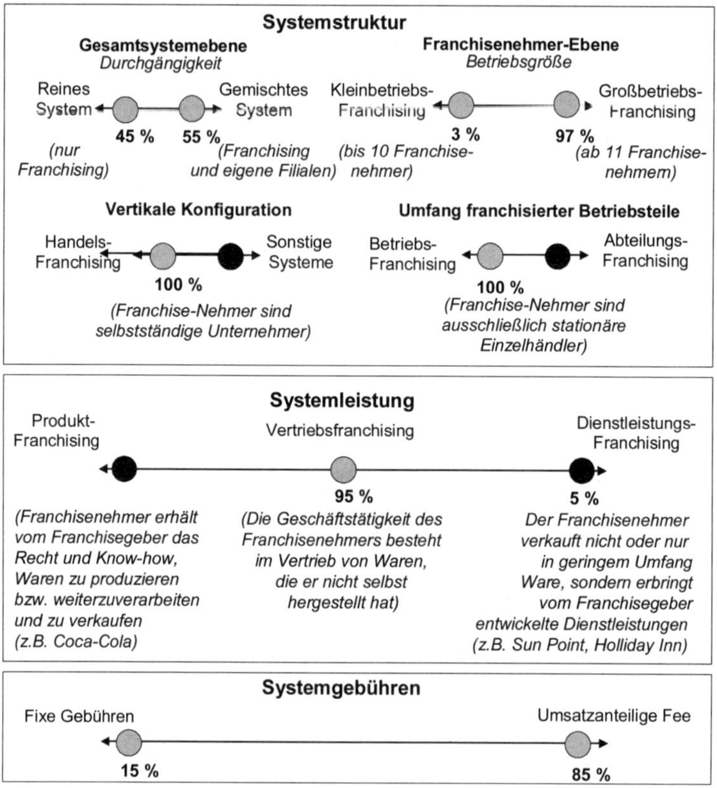

Abbildung 3-3: Beschreibung der untersuchten Franchising-Netzwerke;
Quelle: 2. Phase empirische Untersuchung.

45% der Franchising-Netzwerke waren reine Franchise-Unternehmen, in denen die Zentrale keine eigenen Filialen betreibt, während die Mehrheit mit 55 % auch Outlets in Eigenregie führt (siehe Abbildung 3-3).

[449] Der leitfadengestützte Interviewfragebogen befindet sich in Kapitel 5.1.

3.2.1 Kernprozeß Sortimentspolitik

Der Kernprozeß Sortimentspolitik setzt sich aus vier Teilprozessen zusammen, wobei sich der aus strategischer Sicht wichtigste Teilbereich der Sortimentspolitik nochmals in die Unterprozesse Sortimentsgestaltung und Absatzplanung untergliedert (siehe Abbildung 3-4).

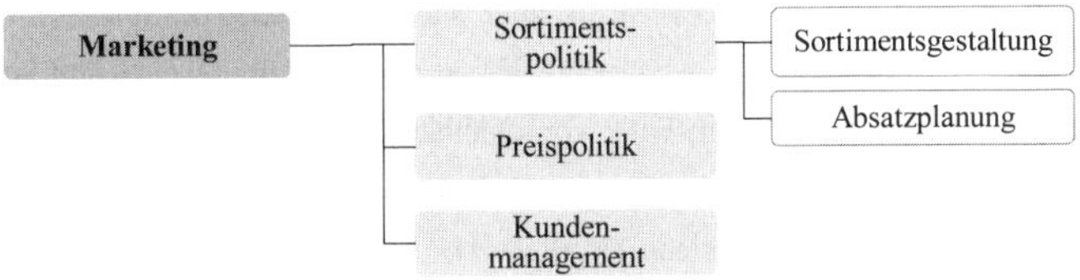

Abbildung 3-4: Kernprozeß Sortimentspolitik und seine Teilbereiche;
Quelle: Eigene Überlegungen in Anlehnung an interne Unterlagen der SAP Retail Solutions GmbH.

Die Sortimentspolitik hat oberste strategische Priorität in jedem Handelsunternehmen.[450] In ihrem Rahmen ist nicht nur festzulegen, welche Warengruppen in welcher Tiefe geführt werden sollen (Sortimentsgestaltung), sondern es muß auch der mengenmäßige Absatz sowie der Umsatz für die einzelnen Artikel zu prognostizieren (Absatzplanung).

3.2.1.1 Sortimentsgestaltung

Bei der Sortimentsplanung werden die Artikel festgelegt, die ein Handelsunternehmen im Sortiment führen möchte – es geht um die Frage, ob das Sortiment verändert oder beibehalten werden soll. „Bei Sortimentsentscheidungen handelt es sich in der Regel um schlecht strukturierte Entscheidungen."[451] Informationen über die Käuferstruktur, Häufigkeiten und andere Parameter werden durch die IuK-Infrastruktur transparent und bieten Ansatzpunkte zur Aufnahme oder Elimination von Artikeln in oder aus dem Sortiment.

Mit der Aufnahme von Artikeln in das Sortiment ist jedoch noch nicht festgelegt, welche Artikel an welche Outlets[452] (Franchise-Nehmer, Filiale) zu distribuieren sind.[453] Der Prozeß der Zuordnung von Artikel zu Kunden wird als Artikellistung bezeichnet. Innerhalb dieser sind Entscheidungen dahingehend zu treffen, welche Artikel hinsichtlich Sortimentsbreite und

450 Vgl. Seyffert (1972), S. 10.
451 Schütte/Vering/Wiese (2000), S. 223.
452 Outlet wird als neutraler Überbegriff benutzt, der sowohl Filialen als auch Franchise-Nehmer-Standorte beinhaltet.
453 In diesem Zusammenhang kann auch eine Differenzierung nach Saison, Region, Shopgrößen, Kaufkraftindizes und Standortqualität erfolgen.

-tiefe sowie in Zusammenhang mit anderen Handlungsfeldern der Sortimentsgestaltung (wie z.B. Preisstruktur und Abnehmerregion) in das Sortiment eingebettet werden können. Während in 86% der Filialen die gleichen Artikel gelistet sind, ist in Franchising-Outlets das Pflicht-Sortiment des Franchise-Gebers (80%), das optionale FG-Sortiment (15%) und das lokale Zusatzsortiment des FN (5%) zu unterscheiden. Klassifikationen von Sortimenten können genutzt werden, wenn beispielsweise in einer Vertriebsschiene bestimmte Filialgrößen zusammengefaßt werden, so daß in Abhängigkeit von den Filialen abweichende Sortimentstiefen angeboten werden können. Im Falle von unabhängigen Franchise-Nehmern, die weitgehend unabhängig von zentralen Vorgaben sind, ist eine manuelle Zuordnung von Artikeln zu Kundensortimenten nötig (13%; siehe Tabelle 3-4).

In keinem der befragten Franchising-Netzwerke werden Spezifika des Franchise-Nehmer-Marktes bei der Sortimentsgestaltung berücksichtigt. Die einzige flexible Variable ist die Outletgröße, auf die mit Sortimentsbausteinen bezüglich der Sortimentstiefe reagiert werden kann.

Während beinahe die Hälfte (49%) der Franchising-Netzwerke ihre Sortimentsentscheidungen nur jährlich aktualisieren, tun dies 27% wöchentlich und 24% quartalsweise. Die Vergleichszahlen für die Filial-Systeme lauten 15% / 55% bzw. 30%.

Während die Filialleiter bei der Weiterentwicklung des Sortiments nicht gehört werden, bestehen in Franchising-Netzwerken zu diesem Zweck spezielle Gremien. Es besteht für den einzelnen Franchise-Nehmer sowohl die Möglichkeit, bestimmte Produkte im Rahmen dieser Gremien vorzuschlagen (90%), oder sich nur mit den Vorschlägen des Franchise-Gebers auseinanderzusetzen, wenn es um das Pflichtsortiment geht. In den wenigsten Franchising-Netzwerken (15%) werden im Vergleich zu Filial-Systemen (65%) Analysemethoden zur Optimierung des Sortiments genutzt. Wenn solche Analysemethoden vorhanden sind, so werden sie vom Franchise-Geber als Dienstleistung für den Franchise-Nehmer erbracht.[454]

Neben automatischen Listungsregeln ist auch manuelles Eingreifen notwendig, wenn die zentrale Sortimentsgestaltung die Artikel den Outletgruppen bzw. dem einzelnen Outlet zuordnet.[455] Bei der manuellen Listung ist es zur Erhöhung der Effizienz üblich, die Artikel zu Teilsortimenten beziehungsweise Artikelgruppen zusammenzufassen und anschließend den Outlets zuzuordnen. Dieser Listungsprozeß geht aber zumeist von der jeweiligen Zentrale aus, also entweder vom Franchise-Geber oder der zentralen Verwaltung des Filial-Systems. Bei lokalen Sortimenten ist es dem Franchise-Nehmer nur dann möglich, seine Artikel über die netzwerkweite Warenwirtschaft einzupflegen, wenn eine dezentrale Warenwirtschaft gepflegt

454 Es gibt allerdings kaum Beispiele für Artikel die aus dem lokalen Sortiment eines Franchise-Nehmers den Weg in das Pflichtsortiment des gesamten Franchising-Netzwerks schaffen.

455 Dieser Vorgang wird Positivlistung genannt.

wird (15%). Strebt ein Franchise-Nehmer die Listung eines seiner Artikel in der zentralen Warenwirtschaft an, da er vom wirtschaftlichen Erfolg des Produkts überzeugt ist, muß er den Weg über die erwähnten Sortiments-Gremien gehen.[456] Auf eine Unterstützung bei der Bearbeitung seines lokalen Sortiments kann der Franchise-Nehmer in keinem Fall rechnen, wohingegen für das optionale Sortiment dieselbe analytische Entscheidungsunterstützung zur Verfügung steht wie beim Pflichtsortiment.

Die Listung ist stets zeitbezogen, d.h. ein Artikel wird für einen bestimmten Zeitraum einem Outlet zugeordnet, weshalb auch eine Zeitsteuerung für die Artikellistung erforderlich ist. Zum einen werden für bestimmte Verkaufsförderungsmaßnahmen (Aktionen) die Artikel den Outlets nur befristet zur Verfügung gestellt, zum anderen begrenzt der Lebenszyklus die Listung der Artikel.

In keinem der befragten Franchising-Netzwerke werden Planogramme[457] genutzt, während sich Filial-Systeme sehr wohl dieses Standardisierungswerkzeugs bedienen (45%). Während in der Wahrnehmung der Franchise-Nehmer bezüglich des Outlet-Layouts 66% Freiheitsgrade wünschen würde, vertreten die Franchise-Geber die Meinung, 80% vorgeben zu müssen.

Die FN verfügen über kein dezentrales Tool zur Verkaufsflächenoptimierung. Sie optimieren nach Informationen, die sie vom FG oder anderen FN bekommen. Der Informationsaustausch findet über Benchmarks und Ausschüsse statt, lokale Optimierung wird evtl. informell über Ausschüsse an den FG weitergeleitet. Filial-Systeme nutzen dagegen die zentral erbrachte Dienstleistung der Verkaufsflächenoptimierung zu 55%.

92% der Franchising-Netzwerke und 95% der Filial-Systeme differenzieren ihr Sortiment hinsichtlich saisonaler Aspekte. Regionale Besonderheiten (45% / 15%)[458] sowie die Outletgröße (27% / 35%) spielen ebenso eine Rolle.

[456] In diesen Gremien wird meist mit Mehrheitsentscheidungen gearbeitet, wobei die Stimme des Franchise-Gebers häufig eine Gleichgewichtung zu den Franchise-Nehmern erfährt.

[457] Ein Planogramm beinhaltet für jedes einzelnen Produkt einen festgelegten Platz im Outlet.

[458] Die erste Prozentzahl in der Klammer mit zwei Prozentzahlen bezieht sich jeweils immer auf Franchising-Netzwerke.

		Franchising-Netzwerke	Filial-Systeme
Inhalt	**Kurzbeschreibung**	Sortimentsentscheidung des Pflichtsortiments für das gesamte Franchising-Netzwerk bzw. die betroffenen FN-Kategorien	Sortimentsentscheidung vollständig zentral, Ordersatz, Warengruppenhierarchie, WWS-intern
	Sender, Empfänger	**FG:** Artikel-, Konditionenverwaltung, Artikellistung; **FN:** Disposition, Verkauf	**Zentrale:** Artikel-, Konditionenverwaltung des Einkaufs, Artikellistung der Sortimentsgestaltung, Disposition
	Auslöser (Ereignis)	**FG + FN:** Listung des Artikels in der zentralen Warenwirtschaft nach Abstimmung im Sortimentsgremium, in welchem auch FN mit Vorschlagsrecht vertreten sind	**Zentrale:** Category-Management fällt Listungsentscheidungen und informiert Filialleiter
	Betriebswirtschaftl. Einordnung	Bei der Sortimentsplanung werden die Artikel festgelegt. Im Mittelpunkt stehen Veränderungen bzw. Beibehaltung	Bei der Sortimentsplanung werden die Artikel festgelegt. Im Mittelpunkt stehen Veränderungen bzw. Beibehalung
	Bestandteile	Artikelnummer, Preis, Änderungsgrund	Artikelnummer, Preis
	Eigenschaften d. Daten	Input für Bestellungen und Stammdaten, Änderungen der Verkaufspreise; siehe rechts	Nd: Änderungen der Verkaufspreise; Kd: Änderungen stoßen neue Preisauszeichnung an
Wertigkeit	**Informationsrelevanz**	hoch: Spanne- und damit auch Franchising-Gebühr hängt davon ab.	mittel: bei Ungenauigkeiten „nur" Filialdeckungsbeitragsrechnung vorübergehend falsch [459]
	Auswirkungen auf andere Prozesse	Auswirkungen auf alle anderen Teilprozesse	Auswirkungen auf alle anderen Teilprozesse
	Aktualitätsanforderung	mittel: Eine Änderung der Erfassungsobjekte wird i.d.R. nicht innerhalb einer Abrechnungsperiode durchgeführt.	niedrig: Eine Änderung der Erfassungsobjekte wird i.d.R. nicht innerhalb einer Abrechnungsperiode durchgeführt.
	Periodizität	monatlich, Quartal	wöchentlich
	Informationsvolumen	mittel	mittel
Form	**Informationsart**	strukturiert, Stammdaten	strukturiert, Stammdaten
	Übertragungsart	manuell/IuK-gestützt	IuK-gestützt
	Aggregationsebenen	Artikel	Artikel, Warengruppe, Hauptwarengruppe

Tabelle 3-4: Vergleich Franchising-Netzwerke zu Filial-Systemen im Teilprozeß Sortimentsgestaltung;[460]
Quelle: Eigene Überlegungen.

459 Eventuell, falls vorhanden, Fehlberechnung des variablen Anteils des Filialleiter-Gehalts.

460 Die Inhalte dieser Tabelle geben die aggregierten Ergebnisse der Empirie wieder.

3.2.1.2 Absatzplanung

Die Entscheidungen im Rahmen der Sortimentsgestaltung und der Artikellistung bilden die Grundlage für die Absatzplanung. Dabei können einerseits die Planungsebene und andererseits die Planungsparameter unterschieden werden. Die Planung wird in der Regel warenorientiert, das heißt auf der Ebene von Einzelartikeln (75% / 85%) oder Warengruppen (25% / 15%) vorgenommen. Alternativ können Planungen outletgruppen- (65% / 45%), gebietsleiter- (25% / 35%) oder regionenbezogen (15% / 25%) durchgeführt werden. Darüber hinaus sind auch Kombinationen dieser Kriterien möglich. Um ein konsistentes Gesamtbild der Planung zu erhalten, sind zusätzlich Verknüpfungen zwischen den unterschiedlichen Hierarchieebenen eines Planungsobjekts bzw. zwischen Artikel und Warengruppe erforderlich. Auf diese Weise können Planwerte auf Artikelebene in die Planung auf Warengruppenebene integriert werden. Planungen werden vor allem für Absatzmenge und Umsatz vorgenommen, und eine wichtige Hilfe hierfür stellt das Potential des jeweiligen Outlets dar, weil es den Gesamtumsatz eines Outlets in einer Warengruppe mit allen relevanten Lieferanten aufzeigt. Auf Grundlage dieser Informationen können Ansatzpunkte zur Outlet-Bearbeitung aufgezeigt werden.

Die Abverkaufsdaten werden der Regel von den Franchise-Nehmern bzw. den Kassen, die sich in deren Outlets befinden (und die an ein zentrales Kassensystem angeschlossen sind (65%)), an die Zentrale gesendet. Gleiches gilt auch für die Filial-Systeme (100%). Aus Sicht der Zentrale ist ein permanenter Zugriff auf diese Daten optimal (15% / 70%). Die kumulierten Abverkaufsdaten werden meist über Nacht in die Zentralen gesandt und dort sowohl zentral als auch dezentral für Entscheidungen genutzt. Als Dienstleistung liefert die Zentrale dem Outlet Wochen- (25% / 65%), Monats-, Quartals- und Jahresstatistiken (100% / 100%)[461]. Die zentrale Schnittstelle von der Warenwirtschaft zum Kassensystem umfaßt den Download der Artikel- und Preisinformationen, wodurch an den Kassen ein „Preis-Look-up"[462] sowie eine artikelgenaue Erfassung der Verkaufsvorgänge möglich wird. In umgekehrter Richtung vom Kassensystem zum Warenwirtschaftssystem sind unterschiedlich ausgestaltete Schnittstellen im Einsatz. So können die Verkaufsvorgänge in verdichteter und unverdichteter Form an die Warenwirtschaft übertragen werden. Diese Informationen stellen die Grundlage für die Bestandsfortschreibung und die Auswertung des Kaufverhaltens dar. In den Filial-Systemen sind zusätzlich auch Geldbewegungen bzw. Geldbestände zu übertragen, um in der Zentrale eine Transparenz bezüglich Finanz- und Liquiditätssituation im Unternehmen zu erreichen.

461 Alle Franchising-Netzwerke und Filial-Systeme weisen alle drei Ausprägungen zu 100% aus.

462 Beim Price-Look-up-Verfahren wird der Preis des erfaßten Artikels mit den Artikelstammdaten der POS-Kasse oder des mit der Kasse verbundenen Filial-Warenwirtschaftssystems gelesen und zur Verarbeitung des Abverkaufs herangezogen.

Der Beschaffungsvorgang für das Pflichtsortiment erfolgt über das an die Warenwirtschaft angebundene Kassensystem (35% / 65%), per Fax (27% / 15%) oder telefonisch (29% / 20%). Während Absatzziele in Franchising-Netzwerken nur jährlich vereinbart werden (90%), werden Filialleiter entweder monatlich (15%) oder pro Quartal (85%) an Absatzzahlen gemessen (siehe Tabelle 3-5).

		Franchising-Netzwerke	Filial-Systeme
Inhalt	Kurzbeschreibung	Auf Grundlage der gelisteten Artikel erarbeiten FN und FG gemeinsam die Absatzplanung	Auf Grundlage der gelisteten Artikel und der Absatzziele wird die Absatzplanung zentral erstellt
	Sender, Empfänger	FN erarbeitet evtl. gemeinsam mit Gebietsleiter unter Zuhilfenahme der Abverkaufsdaten auf Artikel- oder Warengruppenebene und committet sich gegenüber dem FG	Zentrale erarbeitet Planzahlen, die meist den Filialleitern oktruiert werden
	Auslöser (Ereignis)	Jahresplanung	Monatsplanung
	Betriebswirt. Einordnung	Maximale Ausschöpfung des potentiellen Outletumsatzes und -ergebnisses	Maximale Ausschöpfung des potentiellen Outletumsatzes und -ergebnisses
	Bestandteile	Artikel, Warengruppe, Menge, Verkaufsdatum, Preis, Bestand	Artikel, Warengruppe, Menge, Verkaufsdatum, Preis, Bestand
	Eigenschaften der Daten	Nutzdaten: Artikel, Warengruppen, Input für Berechnung der Franchisegebühr; Kontrolldaten Plan-Ist-Vergleich	Nutzdaten: Artikel, Warengruppen, evtl. Input für Berechnung der variablen Vergütung des Filialleiters; Kontrolldaten: Plan-/Ist-Vergleich
Wertigkeit	Informationsrelevanz	hoch: Direkte Auswirkung auf das Betriebsergebnis von FN und FG	hoch: Direkte Auswirkung auf das Betriebsergebnis
	Auswirkungen auf andere Prozesse	Beschaffungsprozeß (bei (Ent-) Listung)	Beschaffungsprozeß (bei (Ent-) Listung), Lohnbuchhaltung
	Aktualitätsanforderung	niedrig: Der Zeitpunkt zur Erstellung der Plandaten ist beliebig	niedrig: Der Zeitpunkt zur Erstellung der Plandaten ist beliebig
	Periodizität	Meist jährlich	Meist monatlich
	Informationsvolumen	mittel	mittel
Form	Informationsart	strukturiert, Stammdaten	strukturiert, Stammdaten
	Übertragungsart	manuell	Batch
	Aggregationsebenen	Artikel, Warengruppen, Hauptwarengruppen	Artikel, Warengruppen, Hauptwarengruppen

Tabelle 3-5: Vergleich Franchising-Netzwerke zu Filial-Systemen im Teilprozeß Absatzplanung;[463]
Quelle: Eigene Überlegungen.

Die Entscheidungen der Sortimentsbildung und Artikellistung bilden die Grundlage der Absatzplanung. Es gilt, Planungsebenen und Planungsparameter zu unterscheiden. Planung findet zu 85% auf der Ebene von Warengruppen und nur zu 15% auf der Ebene von Einzelartikeln statt. Planungen beziehen sich auf Absatzmenge und Umsatz: ausgehend von unabhängigen Planungen des einzelnen FN und FG zum jeweiligen Outlet, werden in einem zweiten gemeinsamen Schritt einmal jährlich Plan-Umsätze für das Pflicht-Sortiment festgelegt.

Zu den Planungsparametern zählen Franchise-Nehmer, Region, Außendienstmitarbeiter, Artikel, Warengruppe sowie als Strukturelemente Mengen, Stückpreise, Umsätze und Deckungsbeiträge.

Abverkaufsdaten werden zu 80% täglich an den FG geschickt. 8% schicken wöchentlich, 3% monatlich. Bei 9% der untersuchten Unternehmen hat der FG jederzeit Zugriff auf die Daten, wovon drei Outlets Filialen sind.

Die Abverkaufsdaten werden auf beiden Ebenen für Dispositions-, Planungs- und Sortimentsgestaltungs-Entscheidungen herangezogen sowie zur Berechnung der Franchisegebühr genutzt.

3.2.1.3 Preispolitik

In vielen Bereichen des Handels nimmt der Preis eine überragende Bedeutung im Wettbewerb ein, weshalb die Verkaufspreiskalkulation dieser Bedeutung Rechnung zu tragen hat und die Preissensibilität der Zielgruppe in diesem Zusammenhang von größter Bedeutung ist.

Bei der Verkaufspreiskalkulation werden Abgabepreise an die Endkunden errechnet.[464] Im Einzelhandel sind die Verkaufspreise für alle Kunden, die an einem Standort bedient werden, grundsätzlich einheitlich.[465] Die Preise für das Pflichtsortiment halten sich zu 90% der Franchise-Nehmer an die Preisempfehlung des Franchise-Gebers[466], der in manchen Fällen Preiskorridore festlegt (15%). In den Filial-Systemen ist hingegen kein Spielraum zur Preisfindung anzutreffen (siehe Tabelle 3-6).[467] Das optionale Sortiment im Franchise-Outlet wird genauso behandelt wie das Pflichtsortiment.

---

463 Die Inhalte dieser Tabelle geben die aggregierten Ergebnisse der Empirie wieder.

464 Simon (1998), S. 517.

465 Der Fall der Rabattgesetzgebung hat keinen signifikanten Einfluß auf die Ergebnisse der Empirie hinterlassen.

466 Ausnahmen sind beispielsweise Preisaktionen des Franchise-Gebers, an denen der Franchise-Nehmer nicht zwingend teilnehmen muß.

467 Ausnahmen wie Reklamationen und beschädigte Waren sind hier vom Untersuchungsfokus ausgenommen.

		Franchising-Netzwerke	Filial-Systeme
Inhalt	**Kurzbeschreibung**	Festlegen der Preispolitik durch Verkaufspreiskalkulation	Festlegen der Preispolitik durch Verkaufspreiskalkulation
	Sender, Empfänger	FG bestimmt in Abstimmung mit FN die Preise; bei lokalem Sortiment hat FN Freiheiten	Filialleiter haben keinerlei Einfluß auf Preispolitik
	Auslöser (Ereignis)	Mitbewerberanalysen, Aufschlagskalkulation, Absatzplanung	Mitbewerberanalysen, Aufschlagskalkulation, Absatzplanung
	Betriebswirt. Einordnung	Preispolitik als zentraler Stellhebel zur Positionierung im Wettbewerb	Preispolitik als zentraler Stellhebel zur Positionierung im Wettbewerb
	Bestandteile	Artikelnummer, (neuer) Verkaufspreis, ggf. Änderungsgrund, Bestandsänderungswert zu VK-P., Bezugsweg[468]	Artikelnummer, (neuer) Verkaufspreis, Bestandsänderungswert zu VK-P.
	Eigenschaften d. Daten	Nutzdaten: Input für Bestellungen, PLU, Artikelstammdaten; Kontrolldaten: Änderungsmeldung stößt Erfassungsvorgang, Bestandsfortschreibung und Stammdatenpflege an	Nutzdaten: Input für die Bestandsbewertungsänderung; Kontrolldaten: Änderungsmeldung stößt Erfassungsvorgang, Bestandsfortschreibung und Stammdatenpflege an
Wertigkeit	**Informationsrelevanz**	hoch: Auswirkung auf Spanne des FN	mittel: evtl. Auswirkung auf variablen Vergütungsanteil des Filialleiters
	Auswirkungen auf andere Prozesse	Disposition, Bestandsführung, Warenausgang, Hauptbuchhaltung	Disposition
	Aktualitätsanforderung	hoch	hoch
	Periodizität	Abhängig von Produkten (z.B. Blumen: täglich, Mode: saisonal, LEH: monatl.)	Abhängig von Produkten (z.B. Blumen: täglich, Mode: saisonal, LEH: monatl.)
	Informationsvolumen	niedrig bis mittel: abhängig von der Anzahl der neuen Artikel oder der Artikel mit Preisänderungen	niedrig bis mittel: abhängig von der Anzahl der neuen Artikel oder der Artikel mit Preisänderungen
Form	**Informationsart**	strukturiert, Bewegungsdaten und Stammdaten	strukturiert, Bewegungsdaten und Stammdaten
	Übertragungsart	offline (batch)	offline (batch)
	Aggregationsebenen	Warengruppen	Artikel

Tabelle 3-6: Vergleich Franchising-Netzwerke zu Filial-Systemen im Teilprozeß Preispolitik;[469]
Quelle: Eigene Überlegungen.

Der Einfluß der Franchise-Nehmer auf die Festlegung der Preisstrategie für das Pflicht- und optionale Sortiment spielt sich in den Gremien ab und ist nicht zu unterschätzen. Von FG-Seite werden den Franchise-Nehmern 15% als Einfluß zugesprochen, während die Fran-

468 Wird ein Artikel des lokalen Sortiments nicht vom FG bezogen, werden zusätzlich Informationen über den Bezugsweg verwaltet.

469 Die Inhalte dieser Tabelle geben die aggregierten Ergebnisse der Empirie wieder.

chise-Nehmer ihren Einfluß mit 25% quantifizieren[470]. Im Rahmen der Empirie konnte kein Einfluß der Filialleiter auf die Preisstrategie gemessen werden. In ihrem lokalen Sortiment haben die Franchise-Nehmer alle Freiheiten.

Der Einfluß und die Abstimmung beschränken sich in allen Franchising-Netzwerken auf Sortimentsausschüsse, allerdings unterscheiden sich Franchising-Netzwerke in bezug auf die Abstimmungsregeln. Franchise-Nehmer haben absolute Freiheit bei der Preisfindung ihres lokalen Sortiments.

Bei integrierter, gemeinsamer Warenwirtschaft werden Preise vom Franchise-Geber gepflegt und somit auch in die Kassensysteme eingestellt. In allen anderen Fällen werden Preisinformationen über Rundschreiben kommuniziert (15%).

Für die Kalkulation seines lokalen Sortiments kennt der Franchise-Nehmer seine fixen und variablen Kosten und kann so eine Deckungsbeitragsrechnung erstellen. Der Franchise-Geber erbringt aber in keinem Fall Unterstützung zur Pflege oder Kalkulation des lokalen Sortiments, weshalb sich Franchise-Nehmer teilweise mit selbst „gestrickten" Excel-Tools (20%) behelfen. Eine Hilfestellung des Franchise-Gebers bezüglich der Preiskalkulation ist in keinem der Netzwerke anzutreffen; die Preishistorie wird sowohl von FG als auch von FN gespeichert, wobei das Kassensystem in der Regel nur die Preise des aktuellen Jahres abrufbar zur Verfügung stellt.

In 35% der Franchising-Netzwerke werden Mitbewerberanalysen durch den Franchise-Geber als Dienstleistung erbracht. In anderen Systemen haben Mitbewerberpreise auf informellem Wege Einfluß – vor allem über die Franchise-Nehmer in den Sortimentsausschüssen.

3.2.1.4 Kundenmanagement

Der Kunde stellt den direkten Kontakt des Handelsunternehmens mit dem Absatzmarkt dar. Dies spiegelt sich auch in der IuK-Infrastruktur wider, die über Funktionalitäten des Kundenmanagements verfügt. Im Zusammenhang mit dem zunehmenden Einsatz von Kundenkarten wird die Identität des Kunden immer weiter offengelegt, denn zur gezielten Kundenbearbeitung im Rahmen von Marketingaktionen ist detailliertes Wissen über die Kunden erforderlich.[471]

25% der Franchising-Netzwerke gegenüber 40% der Filial-Systeme verfügen über ein Kundenmanagementsystem. Die Kundendatenverwaltung ist dezentral beim FN angesiedelt,

[470] Diese Prozentsätze geben die Relation derjenigen Artikel wieder, bei denen die Franchise-Nehmer ihre Preisvorstellungen gegenüber denjenigen des Franchise-Gebers durchgesetzt haben.

[471] Vgl. Wilde/Schweizer (1995), S. 1554 ff.; Schweiger (2001), S. 187 f. und Gust (2001).

dem es in 60% der Fälle freigestellt ist, ob er die Daten dem FG weiterleitet oder nicht. Ein Anreiz für die Weitergabe von Adressen wird teilweise durch Boni gegeben.

		Franchising-Netzwerke	Filial-Systeme
Inhalt	**Kurzbeschreibung**	Verwaltung des Kundenstammes durch Kundenkartensysteme	Verwaltung des Kundenstammes durch Kundenkartensysteme
	Sender, Empfänger	FN sendet ausgefülltes Aufnahmeformular in Papierform an FG; FG holt sich kundenspezifisch Abverkaufsdaten aus dem Kassensystem des FN	Filialleiter sendet ausgefülltes Aufnahmeformular in Papierform und holt sich die Zentrale kundenspezifische Abverkaufsdaten
	Auslöser (Ereignis)	Neuer bzw. interessierter Kunde	Neuer bzw. interessierter Kunde
	Betriebswirt. Einordnung	Steigerung der Kundenbindung bzw. optimierte Umsatzpotentialabschöpfung pro Kunde; FN leitet teilweise die Kundendatei nicht an FG weiter, da er befürchtet, außen vor zu bleiben (Direktvertrieb FG)	Steigerung der Kundenbindung bzw. optimierte Umsatzpotentialabschöpfung pro Kunde
	Bestandteile	Kontaktdaten, gekaufte Artikel, Kaufzeitpunkt	Kontaktdaten, gekaufte Artikel, Kaufzeitpunkt
	Eigenschaften der Daten	Nutzdaten: Abverkaufsdaten	Nutzdaten: Abverkaufsdaten
Wertigkeit	**Informationsrelevanz**	mittel	mittel
	Auswirkungen auf andere Prozesse	nicht vorhanden	nicht vorhanden
	Aktualitätsanforderung	niedrig	niedrig
	Periodizität	Je nach Anmeldungslage bzw. täglicher Abverkaufsdaten-Transfer	Je nach Anmeldungslage bzw. täglicher Abverkaufsdaten-Transfer
	Informationsvolumen	niedrig, Verknüpfung bestimmter Abverkaufsdaten mit Identifizierungscode der Stammkunden	niedrig, Verknüpfung bestimmter Abverkaufsdaten mit Identifizierungscode der Stammkunden
Form	**Informationsart**	strukturiert	strukturiert
	Übertragungsart	manuell und online	manuell und online
	Aggregationsebenen	Artikel	Artikel

Tabelle 3-7: Vergleich Franchising-Netzwerke zu Filial-Systemen im Teilprozeß Kundenmanagement;[472]
Quelle: Eigene Überlegungen.

Die Verwaltung eines Teils der Kundenmanagementsysteme ist an externe Dienstleister ausgelagert (60% / 80%);[473] die entsprechenden Outsourcing-Partner übernehmen Verrechnung,

472 Die Inhalte dieser Tabelle geben die aggregierten Ergebnisse der Empirie wieder.

473 Zum Beispiel Paybox bei Obi.

Erstellung von Kundenprofilen und sonstiger Auswertungen sowie Kundenakquise und Werbung (siehe Tabelle 3-7).

Sowohl bei Franchise-Geber als auch beim Franchise-Nehmer werden Reklamationen bearbeitet. Der Prozeß sieht in der Regel vor, daß Reklamationen, die vom FN nicht in ausreichender Qualität bearbeitet werden können, an den FG weitergegeben werden. Die IuK-Infrastruktur spielt, außer bei Online-Beschwerden, keinerlei Rolle.

3.2.2 Kernprozeß Warenbewegung und Abverkauf

Das Management verteilter Handelsstrukturen in Filial-Systemen und Franchising-Netzwerken stellt spezifische Anforderungen an Warenwirtschaftssysteme. Die Outlets sind mehr oder weniger in die Administration der Zentrale des Franchise-Gebers eingebunden und stellen die Schnittstelle zum Endkunden dar.

Die warenwirtschaftlichen Aufgaben und Funktionen unterscheiden sich in einigen Aspekten von den Funktionen einer reinen Handelszentrale. Diesem Umstand müssen die Funktionalitäten der Warenwirtschaft Rechnung tragen. Für Warenwirtschaftssysteme (WWS), die Outlet-Funktionalitäten bieten, können zwei Implementierungsformen unterschieden werden: einerseits kann die Filialfunktionalität als Teil eines einheitlichen WWS implementiert sein, das sowohl in der Zentrale als auch im Outlet mit jeweils spezifischen Funktionalitäten eingesetzt wird (80% / 100%), andererseits kann sie auch in einem gesonderten Outlet-WWS verankert sein, welches über definierte Schnittstellen an das zentrale WWS angekoppelt ist (20% / 0%). Eigenständige Outlet-WWS haben im Vergleich zu zentralen WWS mit Outlet-Funktionalität den Vorteil geringerer Kommunikationskosten, da nur zu bestimmten Zeiten Kommunikationsverbindungen für den Massendatenaustausch aufgebaut werden müssen. Des weiteren reduziert der Einsatz von Outlet-WWS das Risiko von Systemausfällen, die so nicht das gesamte Unternehmen, sondern lediglich einzelne Outlets oder die Zentrale betreffen. Auf der anderen Seite schränkt diese Implementierungsform die Aktualität der Informationen, die in der Zentrale zur Verfügung stehen – vor allem bei den Abverkäufen – erheblich ein. Vor dem Hintergrund dieses Spannungsfeldes wird auf die beiden Kern-Funktionalitäten Bestandsführung und Disposition eingegangen.

3.2.2.1 Bestandsführung

Ein wesentlicher Unterschied zwischen Outlet und Zentrale besteht in der Art der Bestandsführung. Während in einem Zentrallager üblicherweise mengenmäßige Bestände geführt werden, werden die Bestände in den Outlets häufig auf wertmäßiger Basis fortgeschrieben (60% / 75%). Die wertmäßige Bestandsfortschreibung erfolgt meist nicht auf Artikel-, sondern auf

Artikel- und Warengruppenebene (80% / 55%). Dieses Verfahren hat seine Ursache in veralteten Kassensystemen und der organisatorischen Schwierigkeit, artikelgenaue Bestände abbilden zu können. Das hat zur Folge, daß Abverkaufsdaten nicht artikelgenau, sondern lediglich auf der Ebene von Warengruppen erfaßt werden. Die warengruppenbezogene Betrachtung erlaubt nur eine wertmäßige Betrachtung der Bestände. Die Bewertung erfolgt auf Einkaufs- und Verkaufspreisebene, damit die Handelspreisspanne errechnet werden kann. Die Bewertung der Bestände wird bei der Wareneingangserfassung im Rahmen der Lieferscheinbewertung vorgenommen (100 % / 100%) (siehe Tabelle 3-8).

Die Zentrale hat nur im Falle eines integrierten WWS (20% / 90%) Zugriff auf die Bestände des Outlets – entweder über eine Standleitungsverbindung als Batch-Information oder aber durch die automatisch angestoßene, regelmäßige Datenübertragung via ISDN.

Der Franchise-Geber übernimmt in 85% der untersuchten Franchising-Netzwerke die Bestellung bei externen Lieferanten. Bei 15% der Netzwerke hat der Franchise-Nehmer die Möglichkeit, auch das Pflichtsortiment direkt beim Lieferanten zu bestellen.

		Franchising-Netzwerke	Filial-Systeme
Inhalt	**Kurzbeschreibung**	Wertmäßige Bestandsfortschreibung erfolgt meist auf Artikel- und Warengruppenebene	Wertmäßige Bestandsfortschreibung erfolgt meist auf Artikel- und Warengruppenebene
	Sender, Empfänger	Wareneingangsprüfung erfolgt im Outlet über physische Lieferscheine und Dispositionslisten, die manuell geführt werden, an die Zentrale weitergeleitet und in die IuK-Infrastruktur eingepflegt werden. Abverkaufsdaten werden postalisch oder per Fax übermittelt.	Bei reinen POS-Kassen474 wird die Wareneingangserfassung artikelgenau über Scanner vorgenommen. Die wertmäßige Bestandsführung wird i.d.R. durch Multiplikation der Menge mit dem von der Zentrale vorgegebenen Bewertungspreis fortgeschrieben. Der artikelgenaue Abverkauf ermöglicht dann eine artikelgenaue Bestandsführung.
	Auslöser (Ereignis)	FN	Zentrale
	Betriebswirt. Einordnung	Bestandsführung als Indikator für Kapitalumschlag	Bestandsführung als Indikator für Kapitalumschlag
	Bestandteile	Artikelnummer, Warengruppe, Menge, Bewertungspreis	Artikelnummer, Warengruppe, Menge, Bewertungspreis
	Eigenschaften der Daten	Nutzdaten: Artikelstammdaten; Kontrolldaten: Inventur	Nutzdaten: Artikelstammdaten; Kontrolldaten: Inventur
Wertigkeit	**Informationsrelevanz**	hoch: Direkte Auswirkung auf Ergebnis, Schwundproblematik	hoch: Direkte Auswirkung auf Ergebnis, Schwundproblematik
	Auswirkungen auf andere Prozesse	Disposition	Disposition
	Aktualitätsanforderung	mittel	mittel
	Periodizität	Abhängig von Produkten (meist wöchentlich)	täglich
	Informationsvolumen	hoch	hoch
Form	**Informationsart**	strukturiert, Bewegungsdaten und Stammdaten	strukturiert, Bewegungsdaten und Stammdaten
	Übertragungsart	manuell	offline (batch)
	Aggregationsebenen	Warengruppen, Artikel	Artikel

Tabelle 3-8: Vergleich Franchising-Netzwerke zu Filial-Systemen im Teilprozeß Bestandsführung;[475]
Quelle: Eigene Überlegungen.

Für die Verbuchung der Bestandsbewegungen zwischen Outlet und Zentrale können drei Verfahren unterschieden werden. Sind Zentrale und Outlet in ein Filial-System eingebunden, so liegt bei der Lieferung von Artikeln aus der Zentrale an das Outlet eine Bestandsverschiebung

474 Das Kassensystem des Outlets kann z.B. aus Einzelkassen, PC-Kassen, einem Verbundsystem aus Haupt- und Nebenkassen oder einem kleinen Netzwerk (LAN) mit Servern und Kassen inkl. Scannern bestehen. Diese einstufigen Kassensysteme werden hier als POS-System bezeichnet. Im Gegensatz dazu werden zu den mehrstufigen Kassensystemen Filial- und Zentralrechner mit angeschlossenen Kassen gezählt. Siehe Ahlert et al. (1998), S. 46-49.

vor (0% / 60%). Sehr effizient kann die Bestandsverschiebung abgewickelt werden, wenn die Warenausgangsbuchung in der Zentrale automatisch zu einer Wareneingangsbuchung im Outlet führt (5% / 40%). Dieses Verfahren eignet sich dann, wenn die Übereinstimmung von Warenausgangsmenge von Zentrale und Wareneingangsmenge der Filiale sehr wahrscheinlich ist. Schwund, Verderb oder Diebstahl machen aber zusätzlich meist manuelle Wareneingangsbuchungen bzw. Korrekturen der Buchungen notwendig.

Die zweite Möglichkeit besteht darin, das erste Verfahren zu vereinfachen, indem dem Outlet der Warenausgangsbeleg der Zentrale als Wareneingangsbeleg vorgeschlagen wird. Im Fall von Franchising-Netzwerken ist eine Lieferung zwischen Zentrale und Franchise-Nehmer rechnungswesenrelevant und muß wie ein Verkauf an Dritte verbucht werden (100% / 0%). Analog zur manuellen Wareneingangsbuchung im vorherigen Fall sind aber auch hier entsprechende Vorschlagswerte (65%) oder automatische Buchungen im Einsatz (35%).

Die outletbezogene Besonderheit der Warenwirtschaft ist, daß Verkauf, Warenausgang bzw. Kommissionierung und Fakturierung zeitlich und sachlich am Point of Sale zusammenfallen.[476] Der Kunde führt die Kommissionierung selbständig durch.[477] Die Erfassung des Warenausgangs wie auch die Fakturierung erfolgen am Check-Out mittels der Kassen. In Abhängigkeit von der Informationsgenauigkeit (mengen- oder wertmäßige Erfassung) werden die Abverkaufsdaten artikelgenau oder in verdichteter Form erfaßt. In der Regel entstehen hierbei keine offenen Posten, die in einer Debitorenbuchhaltung verwaltet werden müßten, da die Rechnung sofort beglichen wird.[478]

Als drittes Verfahren ist die Inventur aufzuzählen, deren Relevanz für die IuK-Infrastruktur aber als vernachlässigbar angesehen wird.[479]

Eine besondere Bedeutung kommt der Unterteilung der Bestände in Bestandsarten zu. Diese gruppieren Artikelmengen nach unterschiedlichen Zwecken wie z.B. Verfügbarkeit und Aktion. Im Gegensatz zu den genannten Bestandsarten, die dazu genutzt werden, um Warenbestände nach betriebswirtschaftlichen Gesichtspunkten bzw. ihrem aktuellen Status zu unterscheiden, dient die Chargenverwaltung dazu, Bestände nach qualitativen Merkmalen wie z.B. dem Verfallsdatum zu differenzieren. Eine Chargenverfolgung umfaßt die erforderlichen Funktionen, um jederzeit nachvollziehen zu können, aus welcher Charge der einzelne Artikel stammt.

475 Die Inhalte dieser Tabelle geben die aggregierten Ergebnisse der Empirie wieder.
476 Schütte/Vering/Wiese (2000), S. 274 f.
477 Abgesehen von wenigen Bedienbereichen.
478 Diese Abläufe beinhalten Abweichungen, wenn Kunden- und Kreditkarten eingesetzt werden.
479 Mit der Serienreife der RFID-Technologie wird die Thematik der Inventurdurchführung in absehbarer Zeit voll automatisiert in real-time ablaufen.

3.2.2.2 Disposition

Zentrale Aufgabe der Disposition ist die zielgerichtete und bedarfsgesteuerte Warenbeschaffung. Hierzu ist es erforderlich, zukünftige Artikelbedarfe im Rahmen der Bedarfsrechnung zu ermitteln und darauf basierend Bestellmengen abzuleiten. Auch die Übermittlung und Überwachung der Bestellungen fällt in den Bereich der Disposition, genauso wie die eher mittelfristig ausgelegte Limitrechnung, die der Steuerung und Überwachung der Einkaufvolumina dient.[480] Zur Dispositionsdurchführung lassen sich verschiedene Verfahren einsetzen (siehe Abbildung 3-5 1+3):

Es können eine zentrale (8% / 25%), eine dezentral-Outlet-orientierte (62% / 60%) und eine dezentral-Zentrale-orientierte Disposition unterschieden werden (20% / 15%). Die Auswahl erfolgt in Abhängigkeit von den zu disponierenden Artikeln.

Im Falle der dezentralen Disposition werden im Outlet die Bedarfsmengen ermittelt und Bestellungen direkt an die Lieferanten abgegeben. Werden die Bestände wertmäßig geführt, muß die Disposition weitgehend manuell bzw. visuell als Sichtdisposition erfolgen. Sind dagegen mengenmäßige Bestände bekannt, kann die Ermittlung der Bedarfsmengen durch die IuK-Infrastruktur erfolgen. Die Zentrale stellt in diesem Fall nur eine Art Lieferanten dar.

Bei der zentralen Disposition wird die gesamte Bedarfsmengenermittlung und Bestellübermittlung von der Zentrale für die Outlets übernommen. Voraussetzung hierfür ist eine mengenmäßige Bestandsführung. Eine zentrale Disposition ist nur dann sinnvoll, wenn auf diese Weise Kostenvorteile – z.B. im Einkauf – erzielt werden können.

Eine Kombination aus den beiden dargestellten Prinzipien stellt die dezentral-zentrale Disposition dar. In diesem Szenario wird zunächst auf Outlet-Ebene der Bedarf ermittelt und dieser anschließend an die Zentrale übergeben. Dies betrifft im Unterschied zur dezentralen Disposition auch diejenigen Artikel, welche nicht von der Zentrale geliefert werden. Auf Zentral-Ebene werden die Bedarfsmengen der Outlets zusammengefaßt und unter Berücksichtigung von Konditionsvorteilen in Bestellungen umgesetzt. Dieses Prinzip sichert den Outlets einen hohen Grad an Autonomie und bietet aus zentraler Perspektive die Möglichkeit, lokale Besonderheiten bei der Disposition zu berücksichtigen sowie gleichzeitig die Synergievorteile der Einbindung in ein verteiltes Handelsunternehmen zu realisieren.

480 Vgl. Schütte et al. (2000), S. 273.

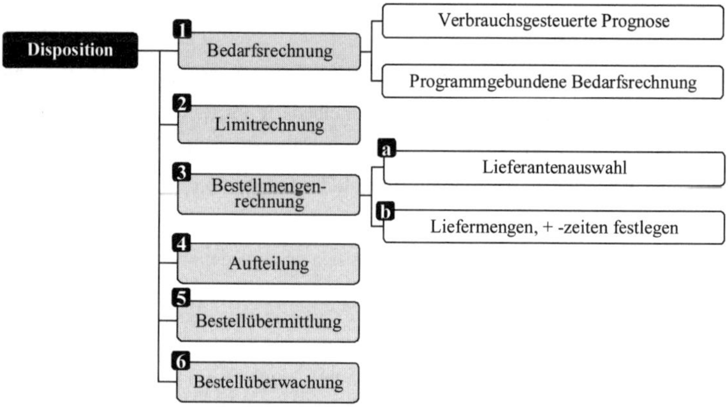

Abbildung 3-5: Teilbereiche der Disposition;
Quelle: In Anlehnung an Schütte/Vering/Wiese (2000), S. 170.

Während in Filial-Systemen die Teilbereiche 1-4 und 6 der Disposition (aus Abbildung 3-5) hauptsächlich in der Zentrale durchgeführt werden (90%), übernehmen definitionsbedingt die Franchise-Nehmer die Positionen 1 (60%), 2 (35%), 3a (5%), 3b (85%), 4 (30%), 5 (80%) und 6 (30%).

Die Limitrechnung (2) ist ein Instrument zur Steuerung der Warenbeschaffung mit dem Ziel der Kostensenkung und Liquiditätssicherung.[481] Bei ihr werden Beschaffungshöchstwerte für Sortimentsteile festgelegt und, darauf basierend, für einzelne Organisationseinheiten und Disponenten berechnet. Die Basis für die Ermittlung der Limits bilden im Rahmen der Absatzplanung erstellte (Plan-) Werte für Umsatz, Handelsspanne und Lagerbestand. Vereinfacht läßt sich das maximale Beschaffungsvolumen einer Warengruppe als Differenz zwischen dem erwarteten Umsatz und der erwarteten absoluten Handelsspanne dieses Umsatzes definieren. So werden die Kapitalbindungskosten begrenzt und Lagerkapazitäten optimiert.

Die Aufgabe der Bedarfsrechnung (1) ist es, zukünftige Artikelbedarfe zeit- und mengenmäßig zu ermitteln. Bei der im Handel dominierenden stochastischen Bedarfsrechnung wird eine Prognose der künftigen Bedarfe basierend auf einem gewählten Prognosemodell und den gegebenen Abverkaufswerten der Vergangenheit ermittelt.[482] Dabei ist die Betrachtung von Trend- und Saisoneinflüssen im Handel von großer Bedeutung: einerseits unterliegen große Sortimentsteile starken saisonalen Nachfrageschwankungen, andererseits führen periodisch wiederkehrende Aktionen und weitere verkaufsfördernde Maßnahmen zum raschen Verkauf der Artikel, auch wenn die Absatzmengen möglicher Alternativartikel berück-

[481] Vgl. beispielsweise Barth (1996), S. 330 ff.

sichtigt werden. Aufgrund der Schwierigkeit, derartige Verbundbeziehungen zwischen Artikeln bei einer großen Anzahl von Artikeln und damit einer Vielzahl möglicher Verbundeffekte zu bestimmen, werden diese bei der Analyse des Absatzes regelmäßig vernachlässigt. Eine Berücksichtigung von Trend- und/oder Saisoneinflüssen wird hingegen von einer Reihe der untersuchten IuK-Infrastrukturen unterstützt (45% / 75%). Fehlen derartige Prognosemodelle, so wird bei Saison- und Trendartikeln kaum eine adäquate automatisierte Absatzprognose möglich sein. Realisiert werden die verschiedenen verbrauchsgesteuerten Prognoseverfahren meist durch die einfache und gewichtete Mittelwertrechnung sowie die Methoden der exponentiellen Glättung.[483]

Basierend auf den ermittelten Bedarfsdaten, wird im Rahmen der Bestellmengenrechnung (3) festgelegt, welche Artikelmengen zu welchem Zeitpunkt zu bestellen sind. Nicht saisonale „Schnelldreher" werden mittels automatischer Disposition anberaumt. Bei stark saisonalen Artikeln, die zudem primär im Rahmen von Aktionen verkauft werden, dürfte hingegen der Pflegeaufwand für die in der IuK-Infrastruktur benötigten Dispositionsparameter größer sein als der manuelle Dispositionsaufwand. Dieses Beispiel macht deutlich, daß die IuK-Infrastruktur differenzierte Dispositionsarten zulassen können muß.

Unter Aufteilung (4) werden alle Funktionen subsumiert, die eine beschaffte Gesamtwarenmenge auf die Outlets verteilen. Aufteiler werden von den Logistikzentralen im Rahmen der zentralen Dispositon genutzt, um zentral Ware zu disponieren und dann auf die Outlets zu verteilen. Die Aufteilerfunktionalität unterstützt außerdem die Verteilung von Restbeständen des Zentrallagers an Outlets und das Zusammenfassen von dezentral gemeldeten Bestellmengen. Bereits bei der zentral durchgeführten Anlage der Lieferantenbestellung wird üblicherweise die Aufteilung in der IuK-Infrastruktur festgelegt. Dadurch kann die Ware beim Wareneingang direkt entsprechend den hinterlegten Aufteilungsmengen für die Outlets bereitgestellt werden, so daß der Zeitraum zwischen Wareneingang im Zentrallager und Anlieferung in den Outlets kurz gehalten werden kann. Der Aufteilung können dabei entweder feste Mengen oder prozentuale Verteilungssätze zugrunde liegen. Bei der mengenmäßigen Aufteilung wird, ausgehend von der gesamten Bestellmenge, eine Aufteilung in absoluten Größen auf die einzelnen Outlets vorgenommen – was in denjenigen Fällen zu Problemen führen kann, in denen die Liefermenge nicht mit der Bestellmenge übereinstimmt. Durch die Verwendung von prozentualen Aufteilen werden diese Probleme umgangen, doch ist dieses Verfahren nicht in Franchising-Netzwerken anwendbar.

482 Vgl. Ahlert et al. (1998), S. 34 ff.

483 Die exponentielle Glättung zweiter Ordnung ist einsetzbar für Zeitreihen mit Trendverlauf. Sind Saisoneinflüsse zu berücksichtigen, so ist eine exponentielle Glättung dritter Ordnung erforderlich. Vgl. Mertens (1991), S. 56 f.

Die Bestellübermittlung (5) umfaßt den digitalen oder physischen Transport der Bestelldaten vom Handelsunternehmen zum Lieferanten. Aufgrund der großen Anzahl von Einzelbestellungen werden oftmals automatisierte Übertragungsverfahren eingesetzt. Neben dem direkten Versenden von Faxen aus der IuK-Infrastruktur finden zunehmend die Verfahren des elektronischen Datenaustauschs (EDI) Anwendung.

Eine aktive Bestellüberwachung (6), bei der die Einhaltung der Liefertermine durch den Lieferanten überprüft wird, ist eine selten genutzte Funktion (3% / 8%). Die IuK-Infrastruktur kann durch eine Bestellüberwachung (inkl. des automatischen Versendens von Nachfragen bei fehlenden Auftragsbestätigungen, des Erinnerns kurz vor dem Liefertermin und von Mahnungen bei Lieferterminüberschreitungen) unterstützt werden.

Voraussetzung der Artikeldisposition durch das Outlet ist, daß der Artikel gelistet ist. Die Listung der Artikel wird in den Outlets in der Regel zu Ordersätzen zusammengefaßt. Für die Disposition sind insbesondere die bestellrelevanten Daten des Ordersatzes (u.a. Artikeldaten, Bestellmengeneinheiten, Lieferantendaten) von Bedeutung. Zudem enthalten Ordersätze Angaben zum Bezugsweg, da beispielsweise auf einem Ordersatz für eine Bestellmengeneinheit von einem bis zehn Stück als Lieferant die Zentrale angegeben ist, während größere Mengen direkt beim Lieferanten bestellt werden (siehe Tabelle 3-9).

		Franchising-Netzwerke	Filial-Systeme
Inhalt	**Kurzbeschreibung**	Zusammenfassung der Bedarfe und Generierung einer Bestellung	Zusammenfassung der Bedarfe und Generierung einer Bestellung
	Sender, Empfänger	Disposition kann systemgestützt beim FN erfolgen, wenn der Ordersatz oder die Bestelldaten in der dezentralen IuK-Infrastruktur vorliegen.	Zentrale: generiert Bestellvorschläge, die Filialen zur Verfügung gestellt werden (Ordersätze, Dispositionslisten). Bestellungen können sowohl zentral als auch dezentral getätigt werden.
	Auslöser (Ereignis)	Dezentrale Bestandsführung	Zentrale Bestandsführung
	Betriebswirt. Einordnung	Optimales Vorhalten des Sortiments	Optimales Vorhalten des Sortiments
	Bestandteile	Ordersatz/Dispositionslisten (Artikel, Warengruppe, Menge, Verkaufsdatum, Preis)	Ordersatz/Dispositionslisten (Artikel, Warengruppe, Menge, Verkaufsdatum, Preis)
	Eigenschaften der Daten	Nutzdaten: Artikelnummern Mengen; Kontrolldaten: Nullmengen, MHD-Überschreitungen	Nutzdaten: Artikelnummern Mengen; Kontrolldaten: Nullmengen, MHD-Überschreitungen
Wertigkeit	**Informationsrelevanz**	mittel: Auswirkungen auf das Betriebsergebnis von FN+FG	mittel: Auswirkungen auf das Betriebsergebnis von FN+FG
	Auswirkungen auf andere Prozesse	Abverkauf, Absatzplanung, Bestandsführung	Abverkauf, Absatzplanung, Bestandsführung
	Aktualitätsanforderung	hoch	hoch
	Periodizität	meist wöchentlich	meist wöchentlich
	Informationsvolumen	hoch	hoch
Form	**Informationsart**	strukturiert, Stammdaten	strukturiert, Stammdaten
	Übertragungsart	Manuelle Erfassung und elektronische Weiterleitung an Zentrale oder direkt an Lieferanten	Direkte elektronische Übermittlung an Zentrale, Bestellsammlung der Zentrale/des Regionallagers, Weiterleitung der Bestellung an Lieferanten
	Aggregationsebenen	Mengen (Verpackungseinheiten), Preise	Mengen (Verpackungseinheiten), Preise

Tabelle 3-9: Vergleich Franchising-Netzwerke zu Filial-Systemen im Teilprozeß Disposition.[484]
Quelle: Eigene Überlegungen.

[484] Die Inhalte dieser Tabelle geben die aggregierten Ergebnisse der Empirie wieder.

3.2.3 Strukturationstheoretische Schlußfolgerungen

Im Vergleich zu den Filial-Systemen zeichnen sich Franchising-Netzwerke durch einen außerordentlich hohen Grad an sozialer Organisiertheit der Netzwerkbeziehungen aus. Diese soziale Organisiertheit spiegelt die im Netzwerk herrschenden Regeln der Signifikation und Legitimation geprägte Netzwerkkultur und -identität wider.[485] Der Grad sozialer Organisiertheit von Unternehmungsnetzwerken im allgemeinen und von Franchising-Netzwerken im besonderen schlägt sich in allen drei Strukturdimensionen nieder. Die aus strukturationstheoretischer Sicht besonders wichtige Dimension der Domination kommt auch in der Kopplungsintensität[486] eines Netzwerkes als sozialem System zum Ausdruck, wobei die Kopplungsintensität beschreibt, wie eng bzw. wie lose die Aktivitäten der Franchise-Nehmer aufeinander bezogen sind. Diese Kopplung ist die Konsequenz der Gremien (Erfa-Gruppe, Marketingausschuß etc.). Unter anderem dadurch entsteht ein gemeinsamen Wertesystem bzw. eine Netzwerkidentität, nicht zuletzt auch mit der Unterstützung durch interorganisationale IuK-Infrastruktur.[487] Diese Kopplung ist struktureller Natur und zeigt nicht nur Art und Ausmaß des Ressourceneinsatzes, sondern auch die im Netzwerk geltenden Regeln der Signifikation und der Legitimation auf.

Franchising-Netzwerke mit ihrer loseren Kopplung im Vergleich zu Filial-Systemen weisen mehr Redundanz auf und zeichnen sich, nicht zuletzt deshalb, durch eine größere Lernfähigkeit aus. Dies allein läßt aber noch keine Rückschlüsse auf den Gesamterfolg eines Franchising-Netzwerks zu, da beispielsweise die Durchsetzung standardisierter Arbeitsverfahren im Netzwerk eher einer engen Kopplung bedarf.

Die strategische Führung von Franchising-Netzwerken spielt sich in einem Spannungsverhältnis zwischen Autonomie und Abhängigkeit ab. Zwar verfügt der Franchise-Geber in der Regel über alle zentralen allokativen und autoritativen Ressourcen, jedoch sind Franchise-Nehmer nicht nur kompetente Akteure, die aus strukturationstheoretischer Perspektive immer auch anders handeln können, sondern auch Unternehmer, denen ein gewisses Maß an Unabhängigkeit wichtig ist. Die sich in Franchising-Netzwerken ergebenden Strukturierungen sind insofern nicht einfach vom Franchise-Geber bewußt vorgegeben, sondern auch von den Franchise-Nehmern mitproduziert.

Die strategische Führerschaft, einschließlich ihrer hierarchischen Elemente, wird in den meisten der untersuchten Franchising-Netzwerke von den Franchise-Nehmern akzeptiert, da die Vorteilhaftigkeit einer fokalen Unternehmung, hier in Form des Franchise-Gebers, für die Gesamtheit des Netzwerks wahrgenommen wird. Eine Legitimationsproblematik tritt erst

485 Vgl. Castells (1996), S. 151 ff.
486 Sydow (1994a), S. 34.

dann ein, wenn es der Systemzentrale nicht dauerhaft gelingt, sich bezüglich der Ressourcenverteilung, insbesondere der Verteilung von Information und Wissen, einen Vorsprung gegenüber den Franchise-Nehmern zu sichern.

Die strukturelle Machtgrundlage, die einem Franchise-Geber die Netzwerkführung sichert, ist die Attraktivität des Geschäftskonzepts. Diese basiert auf einem stringenten System-Paket, das mit einer Marke verbunden ist und durch eine fokussierte Kommunikationspolitik abgesichert wird.[488] Ein hohes Maß an Informationsasymmetrie ermöglicht dem Franchise-Geber eine gewisse Machtfülle, was wiederum dem Franchise-Geber die Möglichkeit gibt, durch strategische Führung seine Interessen in allen Managementbereichen, einschließlich der Entscheidungen bezüglich der IuK-Infrastruktur, bis zu einem gewissen Grad durchzusetzen. Der sich in der Konsequenz einstellende wirtschaftliche Erfolg stabilisiert rekursiv die Machtposition des Franchise-Gebers.[489]

Aber auch die Franchise-Nehmer sind nicht ohne Einfluß auf die strategische Entwicklung des Netzwerks, denn die vom Franchise-Geber durchgesetzten Regeln der Signifikation und Legitimation lassen dem Franchise-Nehmer mehr oder weniger große Interpretationsspielräume. Zusätzlich können sich erfolgreiche Franchise-Nehmer informelle Chancen zur Einflußnahme erarbeiten: neben den genannten Einflußmöglichkeiten sehen Franchising-Netzwerke auch formelle Kanäle zur Partizipation der Franchise-Nehmer an der weiteren Entwicklung des Netzwerks vor. Allerdings beschränken sich diese Beteiligungsmöglichkeiten meist auf Detailaspekte wie Produkt- oder Prozeßinnovationen.

Eine große Bedeutung kommt in diesem Zusammenhang den Außendienstmitarbeitern zu, die die Funktion von „Boundary Spanners" wahrnehmen.[490] Sie agieren als Beziehungsmanager und sind oft der Dreh- und Angelpunkt der Beziehung zwischen Franchise-Geber und Nehmer.[491]

Die strategische Führung von Franchising-Netzwerken erfolgt aber nicht nur im Spannungsverhältnis zwischen Autonomie und Abhängigkeit, sondern auch zwischen Vertrauen und Kontrolle. Der Franchise-Nehmer ist zu Beginn seiner Mitgliedschaft zum Vertrauen gezwungen, da er sich auf das System des Franchise-Gebers eingelassen hat. Nach einiger Zeit entwickeln die Franchise-Nehmer durch Erfahrung Vertrauen in die strategische Führungskompetenz des Franchise-Gebers sowie die etablierten Managementstrukturen und -prozesse. Umgekehrt vertraut der Franchise-Geber dauerhaft dem Franchise-Nehmer nur dann, wenn

487 Vgl. Simon (2002a).
488 Vgl. Lindsey (2003), S. 89 f.
489 Vgl. Lewis/Lambert (1991), S. 212-219.
490 Vgl. Williams (2002), S. 34 ff. Siehe auch Poxton (1999), S. 89 f.
491 Vgl. Sydow (1999b), S. 293 ff.

dieser das in ihn gesetzte Vertrauen durch sein Handeln bestätigt.[492] Hohe Formalisierung u.a. unter Zuhilfenahme der IuK-Infrastruktur sowie ausgeprägte Kontrolle werden in diesem Prozeß als institutionelle Vertrauensgrundlagen wirksam. Alle Franchise-Geber setzen auf Kontrolle, ergänzt durch Vertrauen. Obwohl Franchise-Nehmer ihre Tätigkeits-, Entscheidungs- und Kontrollfreiheiten als größer ansehen als die Filialleiter, zeigen die untersuchten Unternehmen, daß auch Franchise-Nehmer intensiven Kontrollen ausgesetzt sind.

3.2.4 Zusammenfassung

Die Analyse von Franchising-Netzwerken und Filial-Systemen vor dem Hintergrund der Strukturationstheorie lenkt den Blick zunächst auf die strategische Führung durch die jeweilige Zentrale. Sie basiert auch in Franchising-Netzwerken auf den asymmetrisch verteilten Ressourcen (Wissen, System-Paket und Marke) und der auf sie Bezug nehmenden Reproduktion der Netzwerkbeziehungen im Licht der Dualität und Rekursivität von Struktur.[493] Dabei kommt es entscheidend darauf an, daß sich der Einsatz bzw. die Nutzung von allokativen und autoritativen Ressourcen vor allem an den im Netzwerk herrschenden Regeln der Signifikation und Legitimation orientiert – schließlich ist die strategische Netzwerkführung im Vergleich zum hierarchischen Filial-System auf Akzeptanz angewiesen.

Dieser strategische Fokus bezieht sich allerdings nur auf die Kernprozesse Sortimentsgestaltung und Preispolitik. Eher operativen Charakter haben die ebenfalls im Mittelpunkt der Arbeit stehenden Kernprozesse Kundenmanagement, Warenbewegung und Abverkauf sowie Disposition.

Die Reproduktion von Netzwerkbeziehungen im Rahmen aller untersuchten Kernprozesse basiert auf den Spannungsverhältnissen zwischen Autonomie und Abhängigkeit sowie Vertrauen und Kontrolle. In beiden Untersuchungsobjekten ist die soziale Organisiertheit, die sich in der Kopplungsintensität wiederspiegelt, wesentlich durch die Zentrale bestimmt. Ist die strategische Führung von Erfolg gekrönt, stabilisiert das die zentrale Position des Franchise-Gebers rekursiv.

492 Vgl. Sydow (1999a), S. 279 f. und Ackhoff (1967), S. 147 ff.
493 Vgl. Sydow/Windeler (2001), S. 129 ff.

3.3 Web Services-Technologien als „State of the Art"-Informations- und Kommunikations-infrastruktur

Vor dem Hintergrund der im vorangegangenen Kapitel erarbeiteten Anforderungen und Grenzen für eine prozeßeffiziente IuK-Infrastruktur sollen in diesem Abschnitt die Web Services-Technologien vorgestellt werden. Dazu werden zunächst das grundlegende Infrastrukturverständnis und die zentralen Standards erläutert. Anschließend erfolgt eine Fokussierung auf die sich entwickelnden Standards im Bereich Prozeßmanagement, wobei deren wesentliche Merkmale, Gemeinsamkeiten und Unterschiede erarbeitet werden.

3.3.1 Grundlagen der Web Services

Die bisherigen IuK-Infrastrukturen zeigen eklatante Schwächen bei der Integration heterogener Informationssysteme, insbesondere auch im Kontext der unternehmensübergreifenden Zusammenarbeit. Die Internettechnologien haben die Kommunikation zwischen Mensch und Maschine durch Browser-Software revolutioniert. Mit Web Services soll nun auf Basis dieser Technologien die automatisierte Kommunikation zwischen Softwarekomponenten grundlegend neu gestaltet werden, indem sie das Konzept einer flexiblen, dienstorientierten Systeminfrastruktur umsetzen.[494]

3.3.2 Konzept der Service Oriented Architecture

Die Service Oriented Architecture (SOA) „[...] represents a model in which small, loosely coupled pieces of application functionality are published, consumed, and combined with other applications over a network."[495] Im wesentlichen sollen damit Anwendungen flexibel aus verschiedenen Komponenten konfiguriert werden. Die SOA wird deshalb als eine Weiterentwicklung des Client/Server-Paradigmas angesehen, wobei die eigentliche Innovation in der losen Kopplung verteilter Ressourcen liegt, so daß diese dynamisch und unabhängig von Plattform und Standort genutzt werden können.[496] Lose Kopplung bedeutet, daß Verbindungen zwischen Komponenten hergestellt werden können, ohne daß deren Schnittstellen explizit aufeinander und auf ihre spezifische Funktionalität zugeschnitten sind und die Verbindung lediglich für die Dauer der Interaktion besteht.[497] Der Ansatz unterscheidet sich grundlegend

[494] Löwer/Picot (2002), S. 21.

[495] Sleeper/Robins (2002), S.7.

[496] Vgl. Sleeper/Robins (2002), S.8 und Hagel (2002), S.24; Gottschalk (2000), [Stand 30.03.2003].

[497] Vgl. Hagel (2002), S. 24.

von den bei EAI verwendeten Adaptern, welche jeweils speziell für die jeweiligen Einsatzzwecke angepaßt werden und gleichzeitig eine starre Kopplung darstellen.[498]

Bezogen auf die Anforderungen, die aus dem Ziel der kontinuierlichen Anpassungsfähigkeit komplexer, heterogener IuK-Infrastrukturen resultieren, weist die SOA folgende relevante Merkmale auf:

Einfachheit: Die Komplexität an den Endpunkten von Verbindungen wird reduziert, indem einerseits notwendige Informationen zur Herstellung und Verwaltung einer Verbindung zentralisiert werden und andererseits die Funktionalität allen beteiligten Komponenten als Dienst zur Verfügung gestellt wird. Dadurch muß die Funktionalität einer Komponente nur einmalig erstellt und nicht für jede zusätzliche Verbindung erneut angepaßt werden.[499]

Lose Kopplung: Die SOA ist eine modulare Infrastruktur, in der die Schnittstellen der einzelnen Komponenten auf allgemein definierten Standards basieren. Dadurch können Verbindungen zwischen einer Vielzahl verschiedener Komponenten einfacher und schneller hergestellt werden.[500] Des weiteren wird dadurch die Komplexität des Gesamtsystems verringert und gleichzeitig die Flexibilität hinsichtlich der Anpassung einzelner Verbindungen und Komponenten erhöht.[501]

Heterogenität: Die SOA ist plattformunabhängig, d.h. die Implementierung erfordert keine neue IuK-Infrastruktur. Vielmehr setzt die SOA auf den bisher vorhandenen Systemen und Anwendungen auf und bildet eine zusätzliche Ebene, die diese Komponenten integriert und deren Heterogenität kapselt.[502]

Offenheit: Die (grundlegenden) verwendeten Standards sollen herstellerunabhängig und allgemein akzeptiert sein, wodurch einerseits eine Interoperabilität gewährleistet wird und andererseits die Abhängigkeit von einzelnen Herstellern (Lock-In) vermieden werden kann. Ferner können zusätzliche, darauf aufbauende Standards zur Lösung spezifischer Probleme entwickelt werden.[503]

3.3.3 Definition und Funktionsweise von Web Services

Web Services stellen eine technische Implementierung der SOA dar und weisen damit auch deren Merkmale auf.[504] Vor diesem Hintergrund definieren Sleeper/Robins Web Services als

498 Vgl. Kap. 2.3.3.
499 Vgl. ebenda, S. 25.
500 Vgl. Hagel (2002), S. 26.
501 Vgl. Sleeper/Robins (2002), S. 10.
502 Vgl. Hagel (2002), S. 26.
503 Vgl. Sleeper/Robins (2002), S. 10; Hagel (2002), S. 26.
504 Vgl. Burbeck (2000), [Stand 02.04.2003].

„(...) loosely coupled, reusable software components that semantically encapsulate discrete functionality and programmatically accessible over standard Internet protocols."[505] Einzelne Softwarekomponenten werden als Dienste (Web Services) gekapselt, welche ihre Funktionalität und Schnittstellen selbst beschreiben, so daß ohne vorherige Abstimmung andere Komponenten mit ihnen dynamisch eine Verbindung herstellen und selbständig über Internetprotokolle kommunizieren können. Eine Komponente führt dabei idealerweise eine diskrete Funktionalität aus, wodurch eine möglichst feine Granularität des Gesamtsystems gewährleistet werden kann.[506] Web Services allein stellen dabei keine eigene Funktionalität dar, sondern vielmehr eine Hülle für bestehende Komponenten, welche auf unterschiedlichen Plattformen und Technologien basieren können, d.h. sie standardisieren die Kommunikation zwischen diesen gekapselten Komponenten.[507]

Komponenten in einer Web Services-Infrastruktur können jeweils eine oder mehrere Rollen einnehmen: Service-Anbieter, Service-Broker und Service-Nachfrager (vgl. Abbildung 3-6).[508] Der Anbieter eines Web Services muß diesen zunächst bei einem zentralen Service-Broker (vergleichbar mit einem Verzeichnisdienst) veröffentlichen, indem dort eine standardisierte Service-Beschreibung hinterlegt wird; ein Nachfrager kann dann bei dem Service-Broker nach einer bestimmten Funktionalität suchen. Anschließend kann er mit Hilfe der Service-Beschreibung den entsprechenden Web Service dynamisch koppeln und somit die Funktionalität der gekapselten Komponente nutzen.[509]

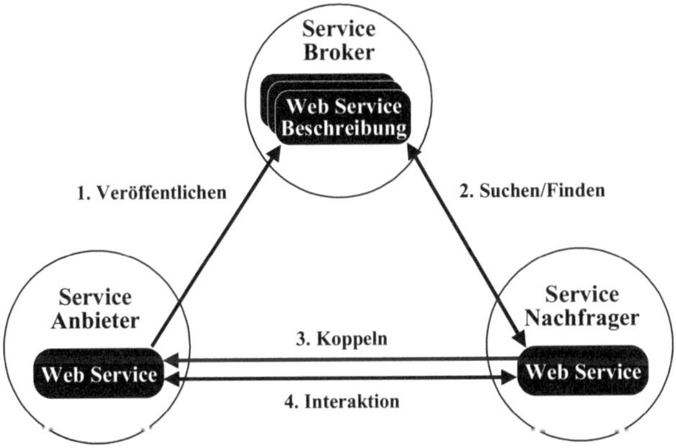

Abbildung 3-6: Rollen und Funktionen in der Web Services Infrastruktur;
Quelle: In Anlehnung an Gottschalk (2000).

505 Sleeper/Robins (2002), S. 2.
506 Vgl. Sleeper/Robins (2002), S. 2.
507 Vgl. Newcomer (2002), S. 15.
508 Siehe zur Rollentheorie Haug (1991), S. 482-491 und Griese (2002), S. 458 ff.
509 Vgl. Gottschalk (2000), [Stand 30.03.20 03] und Burbeck (2000), [Stand 02.04.2003].

Service-Anbieter, -Nachfrager und -Broker stellen dabei einzelne IuK-Infrastrukturen dar, die sich jeweils in unterschiedlichen oder auch in derselben Organisation befinden können. Dementsprechend lassen sich drei grundlegende Anwendungsszenarien für Web Services ableiten:[510]

- Das Nachfragen von Web-Services anderer Organisationen, einerseits im Sinne des IT-Outsourcing, d.h. dem Auslagern einzelner Geschäftsprozesse oder Funktionen, sowie andererseits im Sinne der unternehmensübergreifenden Zusammenarbeit wie z.B. die Integration eines Lieferanten;[511]
- Das Anbieten interner Geschäftsprozesse oder Funktionen gegenüber anderen Organisationen in Form von Web Services;
- Die interne Nutzung eigener Web Services im Bereich der Softwareentwicklung und zur Integration heterogener Anwendungen.

Aus der Perspektive des Geschäftsprozeßmanagements sind alle diese Anwendungsszenarien von Interesse, z.B. zur Lösung der Integrationsproblematik heterogener IuK-Infrastrukturen und zur Unterstützung der unternehmensübergreifenden Zusammenarbeit.

Die Web Services-Technologie baut auf einer Reihe verschiedener offener Standards auf, deren Entwicklung im wesentlichen von den Mitgliedern führender Standardisierungsgremien (vor allem W3C[512], OASIS[513] und WSIO[514] vorangetrieben wird.[515] Die zentrale technische Grundlage bilden dabei SOAP[516], WSDL[517] und UDDI[518], welche auf dem XML[519]-Standard des W3C aufbauen.[520]

SOAP ist ein Protokoll zur Kommunikation zwischen den Komponenten der Web Services-Infrastruktur. Es spezifiziert das Format der Nachrichten, die zwischen Service Anbieter, Nachfrager und Broker ausgetauscht werden.

WSDL ermöglicht die abstrakte Beschreibung eines Web Services, insbesondere dessen Referenzadresse, Kopplungsverfahren, Funktionalität und Nachrichtenstruktur der erwarteten

510 Vgl. Löwer (2003), S. 7, [Stand 28.02.2003].

511 Integration bedeutet hier z.B. die automatisierte Abfrage von Lieferzeiten durch ein IuK-System des Kunden. Siehe auch Stahl (2001), S. 61 ff.

512 World Wide Web Consortium.

513 Organisation of the Advancement of Structured Information Standards.

514 Web Services Interoperability Organization.

515 Vgl. Deitel et al (2003), S. 36. In diesem Zusammenhang bieten Deitel et al auch eine Betrachtung der Rollen und Strategien der wichtigsten Hersteller, vgl. ebenda, S. 167-188.

516 Simple Object Access Protocol.

517 Web Services Description Language.

518 Universal Description, Discovery, and Integration.

519 Extensible Markup Language, ein Standard zur Beschreibung von Daten und ihrer Semantik.

Inputs und generierten Outputs. Um einen Web Service zu nutzen, muß diese Beschreibung, in Abhängigkeit von den Kopplungsinformationen, in konkrete Formate und Protokolle übersetzt werden (in der Regel SOAP over HTTP).

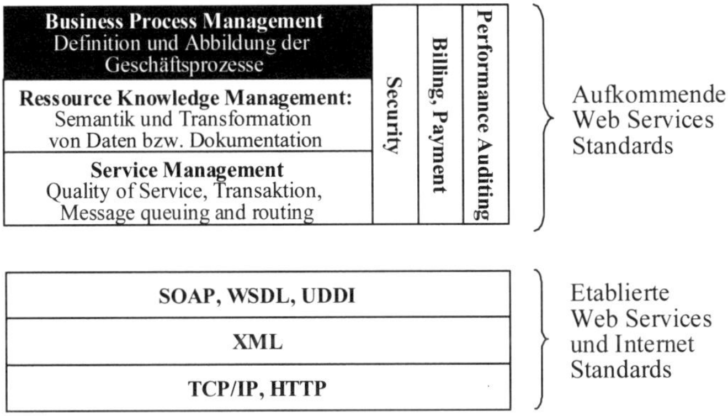

Abbildung 3-7: Web Services Standards;
Quelle: in Anlehnung an Hagel (2002), S. 32 und Minz et al. (2002), S. 8.

UDDI definiert Struktur und Inhalt von Web Services Verzeichnissen, welche neben den WSDL-Beschreibungen verschiedener Web Services auch administrative bzw. rechtliche Informationen enthalten können.[521]

Die angeführten Standards ermöglichen die Grundfunktionen der Web Services-Technologie. Für das Abbilden und die Koordination komplexer Geschäftsprozesse sind jedoch eine Reihe weiterer Standards notwendig (vgl. Abbildung 3-7).[522]

3.3.4 Orchestrierung und Choreographie

Für ein flexibles Geschäftsprozeßmanagement auf der Basis lose gekoppelter Softwarekomponenten ist ein Standard notwendig, mit dem mehrere Web Services derart koordiniert werden können, damit sie zusammen einen Geschäftsprozeß abbilden. Mittlerweile wurden von der Industrie eine Vielzahl verschiedener Ansätze entwickelt, wie z.B. BPEL4WS[523],

---

520 Vgl. Newcomer (2002), S. 14-32.

521 Zu letzteren zählen z.B. die anbietende Organisation und Nutzungsbedingungen.

522 Vgl. Silver (2002a), [Stand 09.03.2003]. Siehe auch Sieber (2003).

523 Business Process Execution Language for Web Services (entwickelt von IBM, Microsoft u.a.). Siehe unter anderem Kirchmer (1999), S. 34-39.

WSCI[524], BPML[525], XPDL[526], BPSS[527] und EDOC[528]. Welcher Standard sich letztendlich durchsetzen wird, ist zur Zeit nur schwer vorhersehbar. In der Praxis erscheinen BPEL4WS, WSCI und BMPL als die aussichtsreichsten „Kandidaten".[529]

Die Koordination von Web Services wird durch die Begriffe „Orchestrierung" und „Choreographie" konkretisiert. Die Orchestrierung beschreibt, wie die einzelnen Web Services in einem Prozeß durch Nachrichtenaustausch miteinander interagieren und in welcher Reihenfolge diese Interaktionen stattfinden. Dabei können sich verschiedene Interaktionen über mehrere Anwendungen oder Organisationen erstrecken und so einen langlebigen, transaktionalen Geschäftsprozeß abbilden. Die Choreographie regelt in diesem Zusammenhang das Verhalten der Web Services innerhalb spezifischer Interaktionen (insbesondere Abfolge und Inhalt der übertragenen Nachrichten) und kann mehrere Teilnehmer bzw. Quellen umfassen wie z.B. Kunden, Lieferanten und Partner.[530]

Die Orchestrierung bezieht sich dabei auf die interne Implementierung eines ausführbaren Geschäftsprozesses, in dem verschiedene Web Services die einzelnen Aktivitäten widerspiegeln. Dabei wird der Prozeß jeweils aus Sicht eines der Teilnehmer kontrolliert. Die Choreographie ist eher kollaborativer Natur, in der jede beteiligte Komponente lediglich ihren eigenen Anteil an einer spezifischen Interaktion beschreibt, ohne daß es dabei eine zentrale Kontrollinstanz gibt.[531]

3.3.5 Technische Anforderungen

Aus technischer Sicht ist ein Geschäftsprozeß eine vollständig koordinierte Abfolge serieller und paralleler Aktivitäten. Reale Geschäftsprozesse sind neben einer hohen Komplexität durch hohe Dynamik, Verteilung und Langlebigkeit gekennzeichnet: sie sind ständigen Änderungen durch wechselnde Umfeldbedingungen unterworfen und erstrecken sich über verschiedene IuK-Infrastrukturen und mehrere Organisationen. Einzelne Prozeßinstanzen können dabei über mehrere Monate oder Jahre andauern.[532]

---

524 Web Services Choreography Interface (entwickelt von BEA, Intalio, SAP und Sun).

525 Business Process Modelling Language (entwickelt von der Business Process Management Initiative, eine Vereinigung von ca. 130 Unternehmen unter Führung von CSC, Intalio und Sun).

526 XML Processing Description Language (entwickelt von der WfMC).

527 Business Process Specification Scheme (Teil von ebXML, entwickelt von der OASIS).

528 Enterprise Distributed Object Computing (entwickelt von der Object Management Group).

529 Vgl. Brown (2002), S. 38 und Johnston (2002), [Stand 04.04.2003].

530 Vgl. Peltz (2003), S. 3, [Stand 26.02.2003].

531 Vgl. ebenda, S. 4.

532 Vgl. Jablonski et al (2002), S. 28f.

Um die Modellierung und das Management derartiger Geschäftsprozesse durch IuK-Infrastrukturen auf der Basis von Web Services zu ermöglichen, müssen eine Reihe grundlegender technischer Anforderungen erfüllt sein:

Asynchroner Nachrichtenaustausch, d.h. ein Geschäftsprozeß sollte verschiedene Web Services gleichzeitig aufrufen können, ohne in einer bestimmten Reihenfolge jeweils eine Antwort abwarten zu müssen. So können z.B. in einem Einkaufsprozeß Angebote von verschiedenen Lieferanten gleichzeitig eingeholt werden. Diese Anforderung gewährleistet neben der Unterstützung langlebiger Prozesse auch die Ausfallsicherheit, Skalierbarkeit und Leistungsfähigkeit des Systems.[533]

Robustes Ausnahmemanagement, d.h. im System müssen Mechanismen vorgesehen sein, die festlegen, wie es bei einem aufgetretenen Fehler oder einer Abweichung vom modellierten Prozeß reagiert. Die Eskalation eines Problems sollte dabei die Wiederherstellung des Prozesses ermöglichen, anstatt dessen Abbruch zu verursachen.[534]

Transaktionale Integrität, d.h. wenn ein Prozeß abgebrochen wird, müssen die bis dahin durchgeführten Aktivitäten rückgängig gemacht werden können. Dabei müssen insbesondere langlebige und verteilte Transaktionen berücksichtigt werden. Wird z.B. eine Bestellung widerrufen, muß ggf. auch eine bereits durchgeführte Zahlung wieder rückgängig gemacht werden (sog. kompensierende Transaktionen).[535]

Anpassungsfähige und flexible Koordination, d.h. der Geschäftsprozeß muß unabhängig von den zugrunde liegenden Web Services modelliert werden können, damit sich einzelne Komponenten flexibel austauschen bzw. Prozesse flexibel anpassen lassen.[536]

Rekursive Komposition, d.h. ein Prozeß, der aus verschiedenen Web Services besteht, muß selbst wieder als Web Service beschrieben werden können. Dadurch können Prozesse wiederverwendet und zu komplexeren Geschäftsprozessen zusammengefügt werden.[537]

3.3.6 Zusammenfassung

Im vorliegenden Kapitel wurden allgemein die Web Services-Technologien und insbesondere die Prozeßkoordination lose gekoppelter Komponenten betrachtet. Zusammenfassend lässt sich festhalten, daß Web Services einen Trend zur Separation von IuK-Infrastrukturen zeigen.

533 Vgl. Peltz (2003), S. 4 [Stand 26.02.2003].

534 Diese Anforderung ist essentiell, da heute 80% der Implementierungszeit von Geschäftsprozessen für das Ausnahmemanagement verwendet wird, vgl. McDaniel (2001), S. 31.

535 Eine detaillierte Beschreibung system- und prozeßtechnischer Transaktionskonzepte bietet Leymann/Roller (2002).

536 Vgl. Peltz (2003), S. 4 [Stand 26.02.2003].

537 Vgl. ebenda, S. 4.

Die SOA reduziert die Komplexität bei der Integration heterogener Systeme durch die Zerlegung in „feingranulare“ Komponenten. Die technische Implementierung der SOA durch Web Services setzt auf der bestehenden IuK-Infrastruktur auf und abstrahiert die Integrationslogik auf eine eigene, höhere Systemebene.

Web Services sind dabei inhärent prozeßorientiert, d.h. sie kommunizieren asynchron durch Nachrichtenaustausch und stellen damit diskrete Aktivitäten innerhalb eines übergeordneten Geschäftsprozesses dar. Web Services besitzen selbstbeschreibende Schnittstellen, so daß externe Komponenten dynamisch auf die gekapselte Funktionalität zugreifen können. Durch eine standardisierte lose Kopplung der Komponenten wird die Flexibilität der IuK-Infrastruktur erhöht und gleichzeitig die Komplexität bei deren Koordination innerhalb von Geschäftsprozessen verringert.

Die Abbildung von Geschäftsprozessen erfolgt mittels der Beschreibung durch BPML-Code und dessen Ausführung in Prozeßmanagement-Systemen, welche die Interaktionen der beteiligten Web Services koordinieren. Die so entstehenden Anwendungen teilen die bisher fest programmierte Geschäftslogik in zwei unterschiedliche Ebenen: Prozesse und Funktionalität. Prozeßlogik wird durch BPML beschrieben und stellt den Kontrollfluss der Anwendung dar, während Funktionalität durch die als Web Services repräsentierten Softwarekomponenten implementiert wird (vgl. Abbildung 3-8).

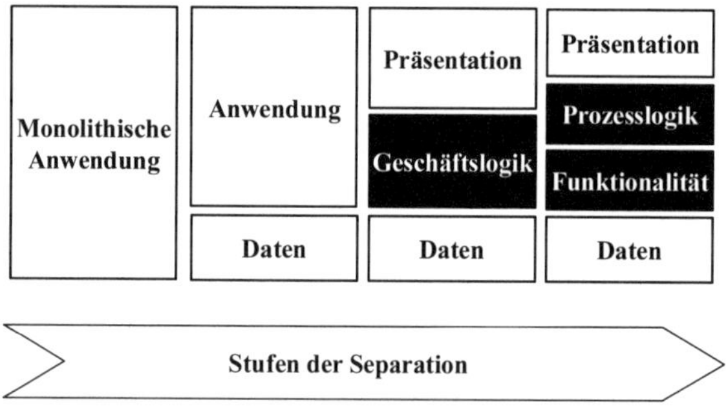

Abbildung 3-8: Separation von Prozeß und Funktion;
Quelle: in Anlehnung an O'Leonard (2002), S.33.

Diese Separation ist eine logische Weiterentwicklung bestehender Paradigmen in der Softwareentwicklung: die Entwicklung relationaler Datenbankmanagementsysteme führte zur anwendungsübergreifenden Speicherung von Daten in standardisierten, zentralen Datenbanken. Dann ermöglichte die Internettechnologie, insbesondere Browsersoftware und Anwendungsserver, die Trennung von Geschäftslogik und Benutzerinteraktion (Präsentation). Der primäre Treiber beider Entwicklungen war die Notwendigkeit, von verschiedenen Orten aus auf die gleichen Daten und gleichen Anwendungen zugreifen zu können.[538]

Im Vergleich zu den in Kapitel 2.3.2 vorgestellten Informationssystemen der IuK-Infrastruktur (ERP, WMS und EAI) können Web Services-Technologien als „State of the Art"-IuK-Infrastruktur bezeichnet werden.

Die Trennung von Prozeß und Funktion könnte nunmehr ein flexibles Prozeßmanagement ermöglichen, bei dem Geschäftsprozesse und beteiligte Komponenten unabhängig voneinander entwickelt, getestet und verändert werden. Die Bedeutung dieser Entwicklung und deren Auswirkungen auf das Geschäftsprozeßmanagement werden im folgenden Kapitel erarbeitet.

538 Vgl. O'Leonard (2002), S. 32.

3.4 Auswirkungen der Web Services-Technologien auf den Informations- und Kommunikationsfluß

Zielsetzung dieses Kapitels ist die Herausarbeitung der spezifischen Bedeutung von Web Services-Technologien für das Management von Geschäftsprozessen.

Dabei soll zunächst analysiert werden, ob Web Services zur Bewältigung der Flexibilitätsproblematik aktueller IuK-Infrastrukturen und zur Steigerung der Prozeßeffizienz geeignet sind. Anschließend erfolgt, ausgehend von der Darstellung einer möglichen technischen Implementierung in Form integrierter Geschäftsprozeßmanagement-Systeme, die Ableitung ökonomischer Implikationen und Handlungsempfehlungen.

3.4.1 Web Services als Enabler für prozeßeffizientes Geschäftsprozeß-Management

Im folgenden werden die zentralen Merkmale von Web Services den Anforderungen zur Unterstützung eines flexiblen Geschäftsprozeß-Managements gegenübergestellt. Danach werden Einsatzmöglichkeiten im Bereich der Anwendungsintegration und der Workflow Management-Systeme erörtert und die zunehmende Konvergenz dieser Bereiche betrachtet.

3.4.1.1 Web Services als Basis für einen flexiblen Infrastrukturansatz

Bisherige IuK-Infrastrukturen sind durch eine Vielzahl starr verzahnter, monolithischer Anwendungen mit heterogenen Plattformen gekennzeichnet. Die Probleme bei der internen wie externen Integration dieser Anwendungen stellen die Hauptursache für mangelhafte Flexibilität im Geschäftsprozeßmanagement dar. Web Services als Implementierung der SOA stellen aufgrund der standardisierten losen Kopplung feingranularer Komponenten einen wesentlich flexibleren Infrastrukturansatz dar, wie im folgenden näher erläutet wird. Die Web Services-Technologien ersetzen nicht die vorhandene Infrastruktur, sondern bauen vielmehr auf ihrer Funktionalität auf. Altsysteme können unabhängig von der verwendeten Plattform ihre über Schnittstellen verfügbare Funktionalität als Web Services bereitstellen;[539] so können sowohl komplexe Systeme als auch kleinste Softwarekomponenten an Geschäftsprozessen teilnehmen. Die interne technische Komplexität der Komponenten wird dabei gekapselt und bewußt

539 Die von der SAP AG entwickelte Integrations- und Applikationsplattform NetWeaver und die integrierte Kommunikationsplattform „xApps“ sind Teil der neuen, offenen und interoperablen webbasierten SAP Enterprise Services Architecture (SAP ESA). Im Sinne der Offenheit sind die Applikationen der SAP ESA kompatibel mit den gängigen Entwicklungs-Plattformen für das Web. Dazu zählen beispielsweise die .NET-Lösung von Microsoft oder die Java-basierte WebSphere von IBM.

von der Ebene der Geschäftsprozesse ferngehalten. Gleichzeitig tragen Web Services auch zu einer Vereinheitlichung der Middleware im Bereich der Daten- und Anwendungsintegration bei.[540] Diese Systeme können ebenfalls gekapselt und somit durch ein übergeordnetes Prozeßmanagement-System gesteuert werden.[541]

Geschäftsprozesse sind in der Realität komplex und ständigen, inkrementellen[542] Änderungen unterlegen, die sich meist nicht vorhersagen lassen. Heutige Anwendungen können jedoch oft nur einen vereinfachten Idealprozeß abbilden, der starr implementiert ist und so nur einen geringen Teil der korrespondierenden realen Prozesse perfekt unterstützen kann. Durch den Einsatz von Web Services hingegen können komplexe dynamische Prozesse modelliert und implementiert werden, die sich sogar während der Ausführung an sich ändernde Bedingungen anpassen lassen. Dazu tragen insbesondere die Trennung von Prozeßlogik und Funktionalität bei, wodurch Prozesse unabhängig von den zugrunde liegenden Anwendungen modelliert und geändert werden können. Jede Prozeßinstanz könnte spezifisch und dynamisch an die sich ergebenden Anforderungen angepaßt werden, womit sich die Realität der Geschäftsprozesse in den unterstützenden IuK-Infrastrukturen wesentlich besser repräsentieren läßt.[543]

Das Management von Geschäftsprozessen über Unternehmensgrenzen hinweg ist wesentliche Voraussetzung für die technische Unterstützung unternehmensübergreifender Zusammenarbeit. Über kollaborative Prozeßschnittstellen können den Franchise-Nehmern mit Web Services einzelne Funktionalitäten oder auch komplexe Prozesse zur Verfügung gestellt werden. So wird das Prozeßmanagement verteilter Komponenten ermöglicht, wodurch Geschäftsprozesse zwischen den Outlets flexibel konfiguriert und gesteuert werden können. Des weiteren lassen sich durch die Trennung von Prozeßlogik und Funktionalität spezifische Prozeßmodelle zwischen Organisationen austauschen und wiederverwenden. Ebenso wäre es denkbar, komplexe Geschäftsprozesse aus vorgefertigten Prozeßbausteinen zusammenzufügen, ähnlich dem Customizing von ERP-Systemen aus Referenzmodellen.[544]

Ein weiterer wichtiger Faktor für ein flexibles Geschäftsprozeßmanagement ist die Durchgängigkeit von der Prozeßgestaltung bis hin zur technischen Implementierung. Mit der direkten Übereinstimmung von graphischen BPMN-Prozeßmodellen und ausführbarem BPML-Code zur Koordinierung von Web Services erfolgt die Prozeßmodellierung und -implementierung technisch auf einer gemeinsamen Ebene, die jedoch von der Ebene der funk-

540 Web Services könnten auch bildhaft als „Middleware für Middleware" bezeichnet werden.

541 Vgl. Smith/Fingar (2002), S. 213.

542 Man unterscheidet zwischen inkrementeller und vollständiger Datensicherung. Bei der inkrementellen Form werden nur die Daten gesichert, die sich seit der letzten Sicherung verändert haben. Eine vollständige Datensicherung bezeichnet die Speicherung aller Daten unabhängig vom Datum ihrer letzten Sicherung.

543 Vgl. van Krogh/Ichiio/Nonaka (1998), S. 173 ff.

544 Vgl. Heym (1995), S. 67 f.

tionalen Softwarekomponenten getrennt ist.[545] Modellierte Prozesse können dadurch direkt implementiert werden und Eingriffe in den Quellcode der entsprechenden Anwendungen oder sonstige manuelle Anpassungen an IuK-Infrastrukturen sind kaum mehr notwendig. Damit könnten sich kontinuierliche Verbesserungen an Geschäftsprozessen schneller und kostengünstiger umsetzen lassen.

Die grundlegenden Standards der Web Services-Technologien sind heute weitgehend etabliert. Sie erfüllen damit die allgemeinen Anforderungen eines Infrastrukturansatzes, der eine kontinuierliche Adaptierung der Geschäftsprozesse ermöglicht.

3.4.1.2 Bedeutung von Web Services für die IuK-Infrastruktur

Die heutige IuK-Infrastruktur ist primär auf die Automatisierung bestehender Geschäftsprozesse ausgelegt. Dies hat zu einer komplizierten Systemlandschaft in Unternehmen geführt, wodurch das Geschäftsprozeßmanagement immer stärker von der technischen Seite getrieben wird. Unternehmen verwenden große Teile ihrer IT-Budgets für die Integration von Anwendungen, die per se nicht interoperabel sind. Gleichzeitig steigt die Komplexität der Systemintegration durch die unternehmensübergreifende Zusammenarbeit mit Partnern entlang der Wertschöpfungskette, bei der einzelne Verbindungsendpunkte durch verschiedene Organisationen kontrolliert werden. Integrationsprojekte erstrecken sich so mit über eine Vielzahl verschiedener Anwendungen, Plattformen und Organisationen. So sind beispielsweise direkte Verbindungen der Franchise-Nehmer zu Lieferanten immer häufiger auch in der IuK-Infrastruktur abgebildet.

Mit Web Services können die bereits beschriebenen Probleme moderner EAI-Lösungen teilweise bewältigt werden:[546] die Verwendung einheitlicher Standards könnte die Interoperabilität zwischen verschiedenen EAI-Systemen herstellen. Die Verwendung produktspezifischer Adapter könnte auf Seite der EAI-Systeme standardisiert werden, indem alle Anwendungen entsprechend als Web Services gekapselt werden.[547] Dies würde einerseits die Integrationskosten erheblich senken, andererseits aber auch das Geschäftsmodell der Anbieter in Frage stellen, die ihre proprietären Standards an wesentlichen Stellen durch offene Standards ersetzen und damit mögliche Lock-In Effekte aufgeben müßten. Des weiteren ist die primäre Domäne von EAI die Anwendungs- und Datenintegration, welche eher aus einer Bottom-up Perspektive erfolgt. EAI-Lösungen eignen sich gut zum Verbinden von Systemen, jedoch weniger zum ganzheitlichen Abbilden von Geschäftsprozessen. Insbesondere fehlt den meisten

545 Vgl. Horche (2003), S. 39.
546 Zu den Problemen bei EAI, vgl. Kap. 2.3.3.
547 Vgl. ebenso Patil/Simha (2003), S. 26 ff. und Murphy (2002), S. 44 f.

EAI-Systemen die Möglichkeit zur Integration externer Partner (B2Bi)[548] und die Unterstützung von Mensch-Maschine-Interaktionen (Workflow).

B2Bi-Systeme zur Partnerintegration sind ihrerseits primär auf den Datenaustausch über öffentliche Netzwerke ausgelegt, d.h. die Prozeßintegration wird meist nicht unterstützt. Web Services bieten hier durch Standardisierung der Schnittstellen, lose Kopplung, Orchestrierung und Choreographie einen vielversprechenden Ansatz, um die Datenintegration zu vereinfachen und eine unternehmensübergreifende Prozeßintegration zu ermöglichen.[549]

Die klassische Aufgabe von Workflow-Management-Systemen ist die Steuerung des Informationsflusses zwischen (menschlichen) Prozeßbeteiligten innerhalb eines Unternehmens unter Einbeziehung verschiedener Anwendungen.[550] Web Services können im Rahmen des Referenzmodells der WfMS zur Lösung verschiedener Probleme eingesetzt werden:[551] zur Anbindung der während der Prozeßaktivitäten auszuführenden Anwendungen kann WSCI als Prozeßschnittstelle verwendet werden. Weiterhin können Workflow-Engines selbst als Web Services gekapselt werden, wodurch sich Prozesse über mehrere WfMS hinweg steuern lassen könnten.

Durch Web Services unterstützte WfMS können aufgrund ihrer inhärenten Konzentration auf Prozesse mit menschlicher Interaktion nur partiell ein flexibles Geschäftsprozeßmanagement ermöglichen, nehmen dabei jedoch eine zentrale Rolle ein: sie schließen die Lücke zwischen den automatisierten und manuellen Teilen der Geschäftsprozesse durch die Versorgung menschlicher Prozeßteilnehmer mit Informationen zur Durchführung von Prozeßaktivitäten und Werkzeugen zur Top-Down-Prozeßgestaltung und -steuerung.

Das grundsätzliche Problem bei der Verwendung von EAI/B2Bi und WfMS sind die isolierten Ansätze zur Integration, welche aus der Prozeßperspektive nicht miteinander verzahnt und daher auch nicht für die ganzheitliche Abbildung und Ausführung komplexer End-to-End Prozesse geeignet sind. Während EAI eher Schnittstellen von Anwendungen als zentrales Element betrachtet und dementsprechend Prozesse als Abfolge von Schnittstelleninteraktionen darlegt, stehen bei WfMS typischerweise Dokumente im Mittelpunkt, wodurch Prozesse lediglich über deren Durchlauf an verschiedenen Arbeitsplätzen definiert werden.[552]

---

548 Vgl. Andrews (2001), S. 24. B2Bi steht für Business to Business Integration mit der Folge von Abstimmung der Koordinations- und Abwicklungsprozesse zwischenbetrieblicher Leistungsprozesse. Der Integrationsgrad ist geringer aufgrund von Long-Distance-Verbindungen mit eingeschränkter Sicherheit.

549 Vgl. Samtani/Sadhwani (2002b), S. 42 f. und Haan (2003), S. 39.

550 Für eine detaillierte Auseinandersetzung mit den WfMS siehe Kapitel 2.3.2.2.

551 Vgl. Plesums (2003), [Stand 20.04.2003].

552 Vgl. Smith/Fingar (2002), S. 3.

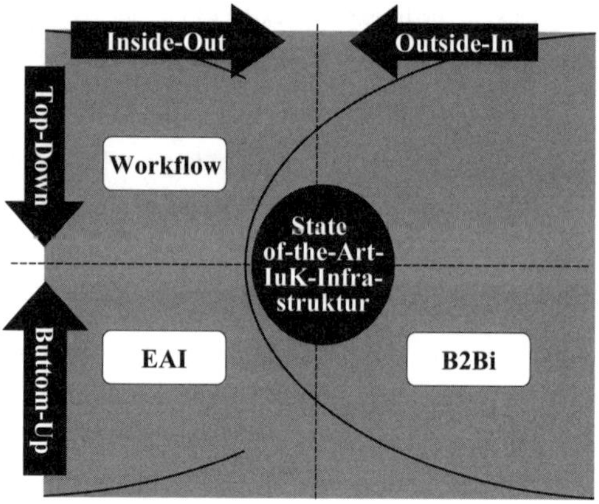

Abbildung 3-9: Konvergenz von EAI, B2Bi und WfMS;
Quelle: in Anlehnung an Smith et al (2002), S. 14.

Die strikte Unterscheidung zwischen Prozeßaktivitäten, die entweder von Menschen oder von IuK-Infrastrukturen ausgeführt werden, muß in einem ganzheitlichen Ansatz zur „State of the Art"-IuK-Infrastruktur aufgelöst werden (vgl. Abbildung 3-9).[553] Gleiches gilt für die strikte Trennung des Managements von Prozessen innerhalb einer und zwischen verschiedenen Organisationen: bei der Zusammenarbeit von Unternehmen in Geschäftsprozessen entlang der Wertschöpfungskette existiert aus Prozeßsicht kein grundlegender Unterschied zwischen der internen und externen Perspektive.[554] Ein ganzheitlicher Ansatz zum technischen Geschäftsprozeßmanagement muß es daher ermöglichen, komplexe End-to-End-Geschäftsprozesse zu modellieren und umzusetzen, indem es die Koordination kompletter Geschäftsprozesse auf folgenden unterschiedlichen Ebenen ermöglicht: Mitarbeiter des Franchise-Nehmers, Mitarbeiter des Franchise-Gebers, Anwendungen des FN und des FG, verschiedene IuK-Infrastrukturen, einzelne Outlets und gesamte Franchising-Netzwerke.[555]

Eine derartige, durch Web Services unterstützte Geschäftsprozeßmanagement-Lösung würde die Modellierung von Prozessen durch BPMN und BPML unterstützen, welche dann in einem integrierten Geschäftsprozeßmanagement-System (GPMS) – als „State of the Art"-IuK-Infrastruktur – ausgeführt werden.[556]

553 Vgl. O'Leonard (2002), S. 34 und Smith/Fingar (2002), S. 212.

554 Vgl. Smith/Fingar (2002), S. 14.

555 Vgl. ebenso McDaniel (2001), S. 30f., Whitney (2001) [Stand 09. 03.2003], Lunt (2002) [Stand 09.03.2003], Silver (2002b) [Stand 09. 03.2003], Smith et al. (2002), S. 14.

556 Zihali-Szabo (1995), S. 35 f.

Mit Web Services könnten Anwendungen durch die Kapselung der diskreten Funktionalitäten in feingranulare Komponenten zerlegt und über standardisierte Schnittstellen an das GPMS angebunden werden. Die Anwendungs- und Datenintegration würde im Kontext der spezifischen Geschäftsprozesse erfolgen, da die geschäftsrelevanten Daten Teil der Prozesse sind.[557] GPMS würden dabei die essentiellen Fähigkeiten der WfMS umfassen, um Prozesse mit menschlicher Beteiligung zu unterstützen. Prozeßänderungen könnten durch die Trennung von Prozeß und Funktionalität flexibel, dynamisch und inkrementell vorgenommen werden.

Zusammenfassend läßt sich festhalten, daß Web Services eine universelle Methode zum Aufbau komponentenbasierter, verteilter Anwendungen darstellen. Sie kapseln die interne Implementierung durch standardisierte Schnittstellen und bieten damit eine einfache Methode zur Bottom-up-Integration. Die so entstehenden Komponenten bilden diskrete Prozeßaktivitäten ab. Diese Fähigkeit vereinen Web Services mit der Möglichkeit einer standardisierten Top-Down-Prozeßmodellierung und -koordination. Die Web Services-Technologien können daher als Enabler für ein flexibles und prozeßeffizientes Geschäftsprozeßmanagement bezeichnet werden. Das operative Management der Prozesse hat allerdings durch ein GPMS zu erfolgen, welches „lediglich" auf den Web Services-Technologien aufbaut bzw. durch diese erst ermöglicht wird. Im nächsten Kapitel werden diese Systeme eingehender analysiert.

3.4.2 Integrierte Geschäftsprozeßmanagement-Systeme

Einer kurzen Erläuterung der grundlegenden Idee der Geschäftsprozeßmanagement-Systeme folgt die Betrachtung ihrer Infrastruktur. Abschließend wird ein Ausblick auf die zukünftige Entwicklung dieser Systemkategorie gegeben.[558]

In der Vergangenheit abstrahierten Datenbankmanagement-Systeme (DBMS) die Verwaltung von Daten und Datenmodellen aus der monolithischen[559] Anwendungssoftware. Dies verbesserte die Handhabbarkeit der Anwendungen, ermöglichte die unabhängige Anpassung von Datenstrukturen und einen anwendungsübergreifenden Zugriff auf explizite Daten.[560] Die Idee des GPMS knüpft an diese Evolution der Software-Abstraktion an, indem es die Separation von Prozeß und Funktion praktisch umsetzt.

---

557 Vgl. hierzu das Konzept der Container bei BPEL4WS und analog bei BPML.

558 Das in diesem Kapitel dargelegte GPMS-Konzept basiert im wesentlichen auf Forschungsarbeiten der BPMI und deren praktischen Umsetzung durch die Firmen Intalio und CSC.

559 Als monolithisch wird bezeichnet, was aus einem großen Ganzen besteht, im Gegensatz zu Modularem oder Zusammengesetztem. Beispiel: Die zahlreichen Anwendungen eines Unternehmens können sowohl monolithisch, d.h. mit allen benötigten Funktionen, direkt integriert als auch modular, d.h. Funktionen werden bei Bedarf mit Modulen nachgeladen, compiliert werden.

560 Das in diesem Kapitel dargelegte GPMS-Modell basiert im wesentlichen auf Forschungsarbeiten der BPMI und deren praktischen Umsetzung durch die Firmen Intalio und CSC. Vgl. Neal et al. (2001), S. 41. Bei-

Dabei werden Geschäftsprozesse explizit und unabhängig von den unterstützenden Anwendungen dargestellt und in einer eigenen Systemumgebung verwaltet. Das GPMS nimmt somit die Rolle der zentralen Systemebene im Unternehmen ein, welches sämtliche Anwendungen, Middleware und Backoffice-Systeme integriert, Geschäftsprozesse abbildet und automatisiert sowie die unternehmensübergreifende Zusammenarbeit mit Partnern, Lieferanten und Kunden ermöglicht.[561]

Das GPMS soll ein Management komplexer End-to-End-Geschäftsprozesse über heterogene verteilte IuK-Infrastrukturen ermöglichen. Anwendungen werden dazu einmalig in das GPMS integriert und stellen danach ihre diskreten Funktionalitäten zur Verfügung. Ziel ist es, statt individueller Integrationsprojekte eine einheitliche Prozeßinfrastruktur zu verwenden, die sämtliche IuK-Systeme im Unternehmen umschließt. Die Prozesse sollen damit unabhängig von den Anwendungen verwaltet und direkt im GPMS ausgeführt werden, möglichst ohne manuelle Eingriffe in den involvierten Systemen.[562]

Mit GPMS werden Prozesse in den Mittelpunkt der IuK-Infrastruktur gerückt, wodurch eine Abkehr von der datenzentrierten Perspektive bei DBMS/EAI erfolgt. Die Innovation bei Web Services und BPML liegt in der Art und Weise, wie Prozesse repräsentiert werden und wie IuK-Systeme mit ihnen interagieren. Betriebliche Anwendungen können entwickelt werden, indem die Prozesse direkt manipuliert und implementiert werden. Dabei werden die Konzepte und Sprachen der Betriebswirtschaft verwendet, nicht die der Informationstechnologie.[563] Das GPMS soll praktisch als „Übersetzer“ bzw. „Vermittler“ zwischen den zwei Welten der Betriebswirtschaft und der IT fungieren.[564]

Die Ebene der Integration ist verantwortlich für die Anbindung der gesamten IuK-Infrastruktur und Anwendungen im Unternehmen. Ähnlich wie bei EAI werden Konnektoren eingesetzt, welche die produktspezifischen Schnittstellen auf Ebene des GPMS vereinheitlichen.[565]

Im Unterschied zu EAI erfolgt zusätzlich zur Daten- und Anwendungsintegration auch eine Prozeßintegration, d.h. die in den Anwendungskomponenten vorhandenen Prozesse werden explizit über eine Prozeßschnittstelle dargestellt. Durch diese sog. Projektoren werden die verschiedenen Systeme als Web Services gekapselt und können so direkt an Geschäftsprozes-

---

spiele für explizite Daten sind Postanschrift, Name und Alter im Gegensatz zu impliziten Daten wie Click-Streams oder Verweildaten.

561 Vgl. McDaniel (2001), S. 31ff.

562 Vgl. Smith/Fingar (2002), S. 237 f., McDaniel (2001) und Gilbert (2002).

563 „Letting people speak in their native tongue and enabling machines to understand them (is) [Anm. D. Verf.] a paradigm shift in the world of business automation.“ Smith; Fingar (2002), S. 236.

564 Vgl. Smith/Fingar (2002), S. 79 und ebenda S. 236.

565 Vgl. Smith/Fingar (2002), S. 249.

sen teilnehmen, ohne daß weitere Eingriffe am Quellcode der spezifischen Systeme oder Konnektoren notwendig sind.

Die Ebene der Kollaboration regelt analog die Integration der unternehmensexternen IuK-Infrastruktur auf Prozeß- und Datenebene durch entsprechende, auf Web Services und XML basierenden Protokolle und Standards.

Die zentrale Ebene der Automation ist zuständig für die zuverlässige Ausführung der Geschäftsprozesse und unterstützt damit die oben beschriebenen Phasen des Prozeßlebenszyklus, insbesondere Design, Installation, Ausführung, Interaktion, Überwachung und Kontrolle.[566]

Entsprechende Software-Tools bilden dazu eine Prozeß-Entwicklungsumgebung, die sowohl eine betriebswirtschaftliche als auch eine technikorientierte Betrachtung von End-to-End-Prozessen ermöglichen. Kernstück dieser Ebene und damit des gesamten GPMS ist der Prozeß-Server, welcher neben der Ausführung des BPML-Codes für die Synchronisation der angebundenen Systeme, das Transaktionsmanagement und die Sicherheit auf Prozeßebene zuständig ist. Um letzteres zu gewährleisten, können z.B. „Process Firewalls“ eingesetzt werden, die basierend auf Rollenkonzepten den Zugriff durch die einzelnen Teilnehmer auf der Prozeßebene kontrollieren.

Die Steuerung operativer Prozeßinstanzen kann z.B. über ein Portal stattfinden, zu dem alle beteiligten Mitarbeiter des FN und des FG sowie Lieferanten (vergleichbar mit einem webbasierten Workflow-Client) Zugang haben.[567]

Das GPMS-Konzept ist mehr als ein verbessertes WfMS zur Ausführung von Geschäftsprozessen. Es stellt eine einheitliche Prozeßinfrastruktur auf Basis der Web Services-Standards dar, die alle wesentlichen Bestandteile von EAI, B2Bi und WfMS vereint und zusätzlich den gesamten Prozeßlebenszyklus, von der Modellierung über das operative Management bis hin zur Analyse, unterstützt. Die Web Services-Technologie spielt eine essentielle Rolle bei der Integration heterogener IuK-Infrastruktur und bildet die formale Grundlage für ein automatisiertes Management komplexer End-to-End-Prozesse. Das GPMS-Konzept ermöglicht damit die praktische Umsetzung des Ansatzes zum integrierten Geschäftsprozeßmanagement.

In welcher Form sich das GPMS-Konzept letztendlich durchsetzen wird, ist momentan noch nicht absehbar. Grundsätzlich sind zwei Szenarien denkbar – als neue Infrastrukturplattform, auf deren Grundlage betriebliche Anwendungen entworfen werden, oder als neuer Bestandteil existierender IuK-Infrastrukturen. Für beide Szenarien gibt es entsprechende Indikatoren: einerseits existiert mittlerweile eine Vielzahl an Unternehmen, die sich auf GPMS-

566 Vgl. Smith/Fingar (2002), S. 250.

567 Vgl. Intalio (Hrsg.) (2003), S. 7 [Stand 24.05.2003].

Lösungen spezialisiert haben,[568] andererseits sind die Anbieter von ERP-Systemen bestrebt, ihre zentrale Rolle in der IuK-Infrastruktur zu verteidigen und ihre Produkte entsprechend mit GPMS-Funktionalität auszustatten.[569]

In beiden Fällen wird jedoch die gleiche Problematik aus der Perspektive des Prozeßmanagements mit dem gleichen Lösungsansatz angesprochen, so daß von einem grundsätzlichen Trend in der Softwareentwicklung ausgegangen werden kann. Dies läßt sich auch an den Strategien der großen Softwareunternehmen ablesen, welche massiv im Bereich Web Services und GPMS investieren und gemeinsam die Forschung vorantreiben.[570]

Damit ist zumindest langfristig von einer zunehmenden Prozeßorientierung der IuK-Infrastruktur auszugehen, weshalb im abschließenden Kapitel die möglichen Auswirkungen dieses Paradigmenwechsels auf das Management von Geschäftsprozessen genauer untersucht werden sollen.

3.4.3 Implikationen eines flexiblen Geschäftsprozeßmanagements auf Basis der Web Services-Technologien

In diesem Abschnitt wird zunächst der konkrete Anwendungsnutzen eines idealtypischen GMPS und die Auswirkungen auf die unternehmensübergreifende Zusammenarbeit betrachtet. Danach wird kurz der ökonomische Nutzen skizziert, um abschließend eine kritische Würdigung vorzunehmen und Handlungsempfehlungen für das IuK-Infrastruktur-Management in Franchising-Netzwerken herauszuarbeiten.

3.4.3.1 Anwendungsnutzen integrierter Geschäftsprozeß-Management-Systeme

Die Verwendung betrieblicher Standardsoftware ohne die Unterstützung durch GPMS bringt einen bedeutenden Nachteil für das integrierte Geschäftsprozeßmanagement mit sich: sämtliche, und seien es noch so inkrementelle Modifikationen an automatisierten Prozessen ziehen entsprechende manuelle Änderungen im Quellcode der unterstützenden Anwendungen oder der jeweiligen Schnittstellen nach sich. Der Code repräsentiert dabei jedoch nicht direkt die Geschäftsprozesse, vielmehr erfolgt deren Umsetzung in Anwendungssoftware über die drei Phasen der Spezifikation Implementierung, Test und Installation, welche bei jeder Anpassung

568 Vgl. für einen Überblick der Unternehmen Chambers/Klima (2003) [Stand 02.05.2003].

569 z.B. SAP Netweaver, vgl. Murphy (2003), S. 10.

570 Insbesondere Microsoft.Net, IBM Websphere, BEA Weblogic. Vgl. Murphy (2003), S. 10.

des Prozesses erneut durchlaufen werden müssen.[571] Während dies bei internen Prozessen durch moderne Methoden der Softwareentwicklung, abgesehen von den ggf. sehr hohen Entwicklungskosten, zumindest theoretisch noch handhabbar ist, dürfte spätestens bei unternehmensübergreifenden Prozessen durch die fehlende Kontrolle über die IuK-Infrastrukturen der Franchise-Nehmer eine derartige Vorgehensweise nicht langfristig erfolgreich umsetzbar sein.

Das GPMS-Konzept bietet mit seiner prozeßorientierten Infrastruktur einen Ansatz, bei dem der Zwischenschritt der Transformation von Prozessen in Softwarecode entfällt, da die mit BPML modellierten Prozesse direkt ausführbar sind (vgl. Abbildung 3-10). Die Geschäftsprozesse werden durch intuitiv verständliche graphische Notationen modelliert. Die Prozesse können durch eine entsprechende Darstellung in BPML direkt vom GPMS ausgeführt werden, wo auch eine Simulation von Prozessen vor der Installation in Produktivsystemen möglich ist.[572]

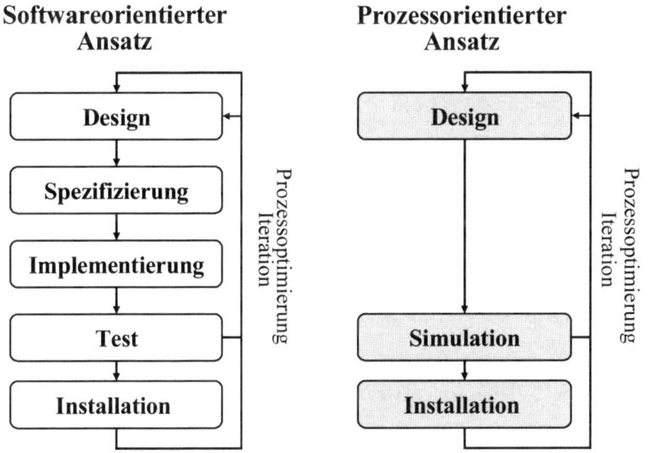

Abbildung 3-10: Software- versus Prozeßorientierung;
Quelle: In Anlehnung an Ferrera et al. (2001), S. 15.

Des weiteren können Prozesse in Echtzeit installiert oder aktualisiert werden, ebenso wie der Status einzelner Prozeßinstanzen jederzeit aktuell verfügbar ist.[573] Dadurch steigen in der Folge Effektivität und Effizienz im operativen Management der Geschäftsprozesse: es kann eine permanente Anpassung der Prozesse an sich ändernde exogene Bedingungen erfolgen, da

571 Vgl. Scheer (2002) S. 7f. In der Designphase erfolgt die Modellierung der Prozesse, die Spezifizierung erfolgt über Fach- sowie DV-Konzept, die Implementierung entspricht der Programmierung des Codes bzw. dem Customizing bei Standardsoftware und bei der Installation erfolgt die Migration in die produktiven Systeme. Siehe auch Thiemann (1994).

572 Vgl. Smith/Fingar (2002), S. 246 f.

573 Vgl. Lubet (2003), S. 41 und McDaniel (2001), S. 33.

die üblichen Iterationen beim Softwaretest bzw. Prototyping durch Simulationen ersetzt und so wesentlich beschleunigt werden. Die Zeit von der Modellierung bis zur Installation wird somit wesentlich verkürzt. Außerdem können durch Echtzeitanalysen Wirtschaftlichkeitsbetrachtungen einzelner Prozeßinstanzen noch während deren Ausführung vorgenommen werden und gegebenenfalls optimierende Maßnahmen ergriffen werden.[574] Bisher konnten Prozesse, sofern sie überhaupt explizit definiert waren, lediglich ex post durch Analysen auf Basis entsprechend extrahierter Daten auf ihre Leistungsfähigkeit hin untersucht und nur in größeren zeitlichen Abständen durch Reengineering-Projekte optimiert werden. Mit dem GPMS-Konzept kann folglich die Reaktionsfähigkeit der gesamten Organisation erhöht werden.[575] Das GPMS-Konzept bietet mit der Separation von Prozeßlogik und Funktionalität auch einen Ansatz zur klaren Trennung der Verantwortlichkeiten von Betriebswirtschaft und Informationstechnologie im Bereich Geschäftsprozeßmanagement. Traditionell ist zur Umsetzung von Prozessen die enge Zusammenarbeit von Fach- und IT-Abteilungen (oder/und Beratungsunternehmen) notwendig. Insbesondere die Transformation der durch die Fachabteilungen modellierten Prozesse in entsprechende DV-Konzepte erweist sich durch die Beteiligung verschiedener Mitarbeiter sowohl bei den FN als auch beim FG in der Praxis als fehleranfällig, da oft Probleme bei der Kommunikation zwischen diesen Arbeitswelten auftreten.[576] Mit den GPMS-Konzept kann sich das betriebswirtschaftliche Management einerseits auf die Erfassung, Modellierung, Analyse und Optimierung der Geschäftsprozesse konzentrieren, während andererseits die Hauptaufgaben der IT-Abteilung durch Anbindung der entsprechenden Softwarekomponenten und Sicherstellung der technischen Verfügbarkeit der Prozeßinfrastruktur gekennzeichnet sind. Eine Überschneidung der Aufgabenbereiche beschränkt sich somit im wesentlichen auf die Bereitstellung der Funktionalität und die Installation der Prozesse im produktiven System.[577] Beide Arbeitswelten können sich somit auf ihre jeweiligen Kernkompetenzen konzentrieren, wodurch in der Folge Reibungsverluste minimiert werden und auch aus der aufbauorganisatorischen Perspektive ein durchgängiges Prozeßmanagement möglich ist.[578]

Ein weiterer Vorteil des GPMS-Ansatzes ist die Mass-Customization komplexer Prozesse.[579] Bisher sind Geschäftsprozesse fest in den betrieblichen Anwendungen eingearbeitet, wodurch nur eine geringe Anzahl von Prozeßvarianten unterstützt wird und diese folglich nur

---

574 Vgl. McDaniel (2001), S. 33 und Weitzel/Son/König (2002), S. 371 ff.

575 Vgl. Lubet (2003), S. 41 und Smith/Fingar (2002), S. 240.

576 Vgl. Henderson/Venkatraman/Oldach (1996), S. 21-43.

577 Bei letzterer dürfte sich die Intensität der Zusammenarbeit verringern, da die dabei auftretenden Aufgaben aus Prozeßsicht relativ unabhängig voneinander gelagert sind.

578 „Process owners design and deploy their own processes, obliterating, not bridging, the business-IT divide", Smith/Fingar (2002), S. 127.

579 Zipkin, Paul (2001), S. 81-87.

einen begrenzten Anteil einer dynamischen Unternehmensrealität widerspiegeln können. Durch die Verwendung von „Process Warehouses“ können Prozesse beliebig oft wiederverwendet werden und damit auch als Basis für eine beliebig große Anzahl von Prozeßvarianten dienen.[580] So ist es z.B. denkbar, daß der Franchise-Geber grundlegende Geschäftsprozesse definiert und verschiedene Franchise-Nehmer Variationen dieser Prozesse entwickeln, welche entsprechend an die lokalen Bedingungen angepaßt werden (z.B. spezifische Kundenwünsche). Des weiteren ist der Zeitaufwand für die Einführung von Prozeßvarianten durch den verkürzten, durchgängigen Prozeßentwicklungs-Lebenszyklus wesentlich geringer, womit auch die Implementierung von ad-hoc- bzw. just-in-time-Prozessen zur einmaligen Nutzung möglich wird.[581] Zusammen mit der Abbildung komplexer, dynamisch anpaßbarer Prozesse auf der Basis einer formalen Fundierung wird eine realitätsnahe Umsetzung der Geschäftsprozesse möglich, in der jede individuelle Prozeßinstanz spezifische Merkmale aufweisen kann.

Letztendlich wird damit auch die Zusammenarbeit zwischen FN und FG vereinfacht. In der Vergangenheit basierte Kollaboration auf Standardprozessen (z.B. RosettaNet oder EDIFACT), welche, ähnlich dem Ansatz von Standardsoftware, versuchten, die Variantenvielfalt der realen Kollaborationsprozesse branchen- oder funktionsorientiert zu vereinheitlichen und auf wenige allgemeingültige Prozeßvarianten zu reduzieren. Mit BPML können Unternehmen diese Prozesse individuell und dennoch standardisiert gestalten, da Kollaboration mit dem GPMS-Ansatz auf einer standardisierten Repräsentation von Prozessen anstatt Standardprozessen basiert.[582] Insbesondere ist dabei das Management strukturierter kollaborativer Prozessen möglich, bei dem der Mensch im Mittelpunkt der Interaktionen steht.[583]

3.4.3.2 Wirtschaftlichkeitsbetrachtung integrierter Geschäftsprozeß-Management-Systeme

Die konkreten ökonomischen Effekte durch die Einführung integrierter GPMS-Lösungen hängen im Einzelfall von den spezifischen Prozessen, der eingesetzten IuK-Infrastruktur und dem damit verbundenen Automatisierungsgrad ab. Im allgemeinen dürfte sich jedoch vor allem die schnellere und einfachere Implementierung und Änderung von Geschäftsprozessen durch die informationstechnische Trennung von Prozeßlogik und Funktionalität auf die Kos-

580 Dem Process Warehouse kommt damit auch die Funktion eines organisationalen Wissenspeichers gleich, vgl. Scheer (2002), S. 86.

581 Vgl. Smith/Fingar (2002), S. 126.

582 Vgl. Smith/Fingar (2002), S. 123.

583 Vgl. O'Leonard (2002), S. 35.

tenseite auswirken.[584] Mit den verbesserten Möglichkeiten zur Integration vorhandener sowie neuer Franchise-Nehmer und heterogener Anwendungen können manuelle „non-value-added"-Aktivitäten reduziert werden.[585] Dies sollte zusammen mit einer effizienteren Benutzerführung auf der Basis von Prozeßportalen zu einer Verkürzung der Durchlaufzeiten führen.[586] Gleichzeitig kann durch automatisierte Qualitätssicherungsprozesse von einer allgemeinen Fehlerreduzierung ausgegangen werden.[587]

Neben diesen direkten Kostensenkungseffekten werden durch GPMS-Lösungen gleichzeitig strategische Wettbewerbsvorteile generiert, welche auf die erhöhte Flexibilität der Geschäftsprozesse, insbesondere auch in Verbindung mit dynamischen Wertschöpfungsnetzen, zurückzuführen sind. Dadurch wird es Unternehmen ermöglicht, sich schneller an veränderte Rahmenbedingungen anzupassen und somit Differenzierungspotentiale aufzubauen. Zusätzlich ergeben sich Gelegenheiten zur Erschließung neuer Erlösquellen, indem Unternehmen eigene Kernkompetenzen z.B. für andere Franchising-Netzwerke anbieten, um als „Dienstleistungs-Provider"[588] daraus komplexere Geschäftsprozesse individuell zu konfigurieren und wiederum am Markt anzubieten.

Demgegenüber stehen die Kosten zur Einführung von GPMS-Lösungen, welche jedoch signifikant geringer sind als bei bisherigen EAI- oder WfMS-Ansätzen, da Web Services und GPMS im wesentlichen auf der vorhandenen Infrastruktur aufsetzen und damit die Implementierungszeiten kürzer ausfallen. Gleichzeitig kann auch der Return of Investment bereits bestehender IuK-Infrastrukturen durch die Kapselung und mehrfache Wiederverwendung ihrer Funktionalität erhöht werden.

Diese Eigenschaften der Web Services-Technologien ermöglichen auch die Einführung in kleinen Schritten, da nur diejenigen Komponenten gekapselt werden müssen, welche in einem spezifischen Geschäftsprozeß benötigt werden. So kann bereits mit geringem finanziellem Aufwand und Risiko eine GPMS-Lösung für ein konkretes, abgegrenztes Problem eingeführt werden.[589]

Außerdem ist davon auszugehen, daß mit steigender Anzahl wiederverwendbarer Prozeßkomponenten und mit wachsender Ausbreitung einer Prozeßinfrastruktur Netzeffekte eintreten. Die positiven ökonomischen Effekte der Web Services-Technologien sollten sich daher

---

584 Es wird von 50% niedrigeren Implementierungskosten bei der Einführung neuer Systeme ausgegangen, vgl. Haan (2003), S. 39. Bei Prozeßanpassungen dürfte jedoch aufgrund einer zunehmend prozeßorientierten Infrastruktur die Ersparnis wesentlich höher ausfallen.

585 Vgl. Lunt (2003) [Stand 02.05.2003]

586 Vgl. Minz et al (2002), S. 9 und Lunt (2003) [Stand 02.05.2003].

587 Vgl. Minz et al (2002), S. 9.

588 Vgl. Meier (2003), S. 265-285.

589 Vgl. Hagel (2002), S. 74f.

im Zeitverlauf verstärken, während die Einführungskosten neuer Prozesse und Anwendungen aufgrund der zunehmend standardisierten Infrastruktur tendenziell eher sinken dürften.[590]

3.4.4 Kriterien zur Einsetzbarkeit von Web Services in Einzelhandels-Systemen

Zusammenfassend läßt sich festhalten, daß die Web Services-Technologien in der IuK-Infrastruktur eine Separation der Anwendungsschicht in den Ebenen der Prozeßlogik und der Funktionalität ermöglichen. Sie bieten die Möglichkeit zur standardisierten Abbildung von Geschäftsprozessen und gleichzeitig einer standardisierten, losen Integration verteilter Softwarekomponenten zur Ausführung diskreter Prozeßaktivitäten.

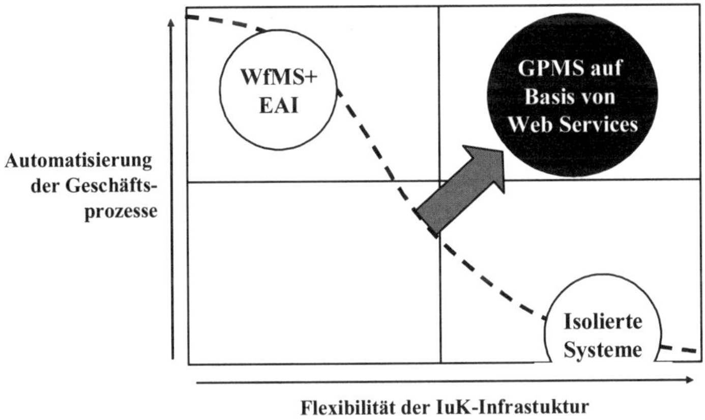

Abbildung 3-11: Flexible Automatisierung mit GPMS;
Quelle: Eigene Überlegungen.

Dabei kann die Koordination dieser losen Kopplungen durch eine integrierte GPMS-Lösung automatisiert werden. Dies bildet einen starken Gegenpol zum bisherigen Ansatz der monolithischen, funktionalen Anwendungen mit fest eingearbeiteten Standardprozessen und proprietären Integrationstechnologien zur manuellen Verbindung der Systeme, die letztendlich zu einer hochkomplexen, starren, funktions- bzw. datenzentrierten IuK-Infrastruktur führen und eine kontinuierliche Anpassung der Geschäftsprozesse verhindern.

Web Services ermöglichen die Entwicklung flexibler, prozeßorientierter Anwendungssysteme mit inhärenten Fähigkeiten zur kontinuierlichen Adaptierung der Geschäftsprozesse und der zur Ausführung von Prozeßaktivitäten genutzten Komponenten. Insbesondere wird mit

590 Vgl. ebenda, S. 91f.

dem GPMS-Konzept die informationstechnische Durchgängigkeit des Prozeßmanagements von der Modellierung bis hin zur Implementierung gewährleistet, welche eine direkte Repräsentation und Manipulation der Geschäftsprozesse in der IuK-Infrastruktur erlaubt und damit Umsetzungszeit und -kosten wesentlich verringert. Letztendlich kann dadurch ein hoher Automatisierungsgrad bei gleichzeitig hoher Flexibilität der Geschäftsprozesse erreicht werden (vgl. Abbildung 3-11).

Des weiteren vereinfachen Web Services aufgrund ihrer flexiblen Implementierung unter Nutzung bestehender verteilter IuK-Infrastrukturen die Zusammenarbeit über Unternehmensgrenzen hinaus und ermöglichen so zusammen mit dem GPMS-Konzept die prozeßeffiziente Orchestrierung von Franchising-Netzwerken.

Web Services eher ungeeignet	Kriterien der zu unterstützenden Prozesse	Web Services gut geeignet
niedrig	Änderlichkeit	hoch
niedrig	Verteilung	hoch
niedrig	Laufzeit	hoch
niedrig	Komplexität	hoch
niedrig	Strukturierbarkeit	hoch
hoch	Datendurchsatz	niedrig (moderat)

Tabelle 3-10: Kriterien zur Einsetzbarkeit der Web Services-Technologien;
Quelle: In Anlehnung an Yoo (2003), S. 16.

Durch die technischen Möglichkeiten von Web Services und GPMS-Lösungen sind diese vor allem bei gut strukturierbaren Prozessen mit relativ hoher Änderlichkeit, Verteilung, Laufzeit und Komplexität bei gleichzeitig moderaten Performanceanforderungen den bisher eingesetzten Technologien überlegen (vgl. Tab. 3-10).

Bei Prozessen mit geringer Änderlichkeit, Verteilung und Komplexität können Web Services zwar auch eingesetzt werden, jedoch ist hier der zu erwartende Nutzenzuwachs gegenüber vorhandenen Technologien ungleich geringer. Bei hohem Datendurchsatz und gleichzeitig kurzer Prozeßlaufzeit sind mit EAI-Lösungen bessere Ergebnisse zu erwarten, während bei völlig unstrukturierten Prozessen eine hohe Automatisierung weiterhin nur schwer erreichbar sein wird.

Vergleicht man die von Yoo entwickelten Kriterien (siehe Abbildung 2-10) zur Einsetzbarkeit aus Tabelle 3-10 mit den Dimensionen Inhalt, Wertigkeit und Form der Informationsflußanalyse aus Kapitel 3.1, lassen sich Parallelen ableiten. Abbildung 3-12 zeigt die Zusammenhänge auf.

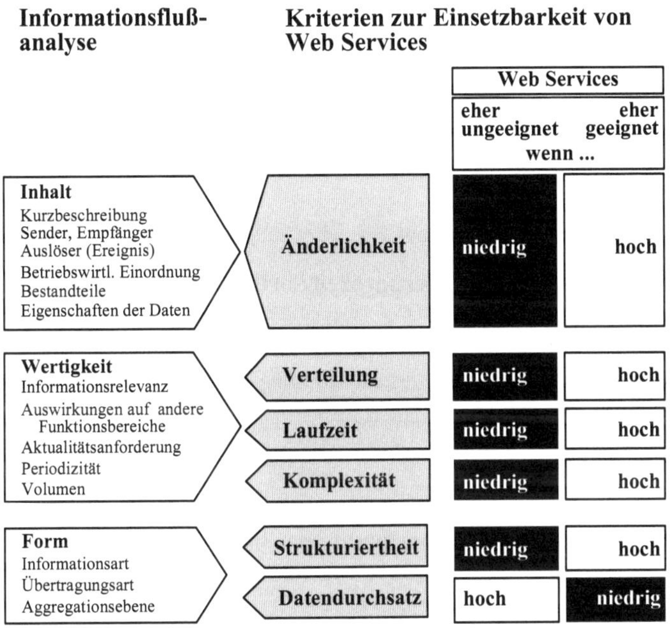

Abbildung 3-12: Zusammenhang von Informationsflußanalyse und Kriterien zur Einsetzbarkeit von Web Services-Technologien;
Quelle: Eigene Überlegungen.

Diese Struktur soll in der Folge dazu dienen, die in Kapitel 3.2 vorgestellten Ergebnisse der Empirie dazu zu verwenden, die Eignung der Web Services-Technologien für den Einsatz in Franchising-Netzwerken des Einzelhandels und seinen spezifischen Kernprozessen zu beurteilen.

3.5 Prozesseffizienter Einsatz von Web Services in Franchising-Netzwerken

Der an Yoo[591] angelehnte Kriterienkatalog dient der Eignungsüberprüfung der Web Services-Technologien auf Kernprozeßebene für den Vergleich zwischen Franchising-Netzwerken und Filial-Systemen.

3.5.1 Web Services und der Kernprozeß Sortimentspolitik

Untersucht man den Kernprozeß Sortimentsgestaltung/Absatzplanung gemäß den entwickelten Kriterien Änderlichkeit, Verteilung, Laufzeit, Komplexität und Strukturiertheit, läßt sich keine eindeutige Aussage zugunsten einer der beiden Organisationsformen treffen (siehe Abbildung 3-13). Sowohl für Franchising-Netzwerke als auch für Filial-Systeme sprechen die Ausprägungen von je drei Dimensionen.

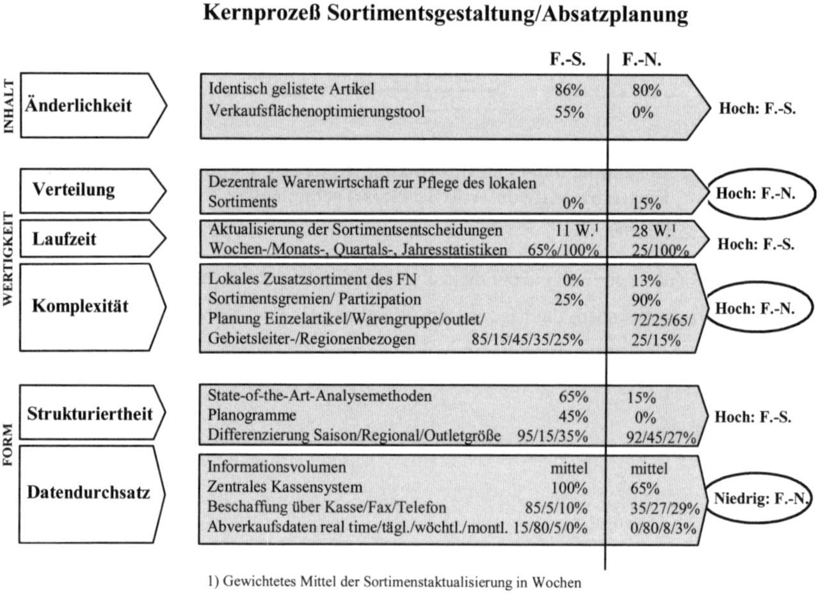

Kernprozeß Sortimentsgestaltung/Absatzplanung
F.-S.
F.-N.
INHALT
Änderlichkeit
Identisch gelistete Artikel 86% 80%
Verkaufsflächenoptimierungstool 55% 0%
Hoch: F.-S.
WERTIGKEIT
Verteilung
Dezentrale Warenwirtschaft zur Pflege des lokalen Sortiments 0% 15%
Hoch: F.-N.
Laufzeit
Aktualisierung der Sortimentsentscheidungen 11 W.1 28 W.1
Wochen-/Monats-, Quartals-, Jahresstatistiken 65%/100% 25/100%
Hoch: F.-S.
Komplexität
Lokales Zusatzsortiment des FN 0% 13%
Sortimentsgremien/ Partizipation 25% 90%
Planung Einzelartikel/Warengruppe/outlet/
Gebietsleiter-/Regionenbezogen 85/15/45/35/25% 72/25/65/25/15%
Hoch: F.-N.
FORM
Strukturiertheit
State-of-the-Art-Analysemethoden 65% 15%
Planogramme 45% 0%
Differenzierung Saison/Regional/Outletgröße 95/15/35% 92/45/27%
Hoch: F.-S.
Datendurchsatz
Informationsvolumen mittel mittel
Zentrales Kassensystem 100% 65%
Beschaffung über Kasse/Fax/Telefon 85/5/10% 35/27/29%
Abverkaufsdaten real time/tägl./wöchtl./montl. 15/80/5/0% 0/80/8/3%
Niedrig: F.-N.
1) Gewichtetes Mittel der Sortimenstaktualisierung in Wochen

Abbildung 3-13: Eignungsvergleich für den Kernprozeß Sortimentspolitik;[592]
Quelle: Eigene Überlegungen.

---

591 Vgl. Yoo (2003), S. 16.

592 Die Ergebnisse der Empirie wurden eingehend in Kapitel 3.2.1.1 vorgestellt.

Für die Filial-Systeme scheinen die Dimensionen Änderlichkeit, Laufzeit und Strukturiertheit eher geeignet zu sein, während die Dimensionen Verteilung, Komplexität und Datendurchsatz für die Franchising-Netzwerke sprechen.

Es kann somit bezüglich der Verfolgung des Zieles Prozeßeffizienz für den Kernprozeß Sortimentsgestaltung/Abverkauf keine eindeutige Aussage getroffen werden.

3.5.2 Web Services und der Kernprozeß Preispolitik

Im Falle des Kernprozesses Preispolitik zeigt sich ein anderes Bild. Erstens bezieht sich die Analyse mangels empirischer Ergebnisse hier nur auf die Kriterien Änderlichkeit, Komplexität, Strukturiertheit und Datendurchsatz. Zweitens ergibt sich aus dem relativen Vergleich der beiden Organisationsformen, daß die Franchising-Netzwerke, bei gleicher Gewichtung der Kriterien[593], die Nutzung der Web Services-Technologien zur Steigerung der Prozeßeffizienz eher rechtfertigen (siehe Abbildung 3-14).

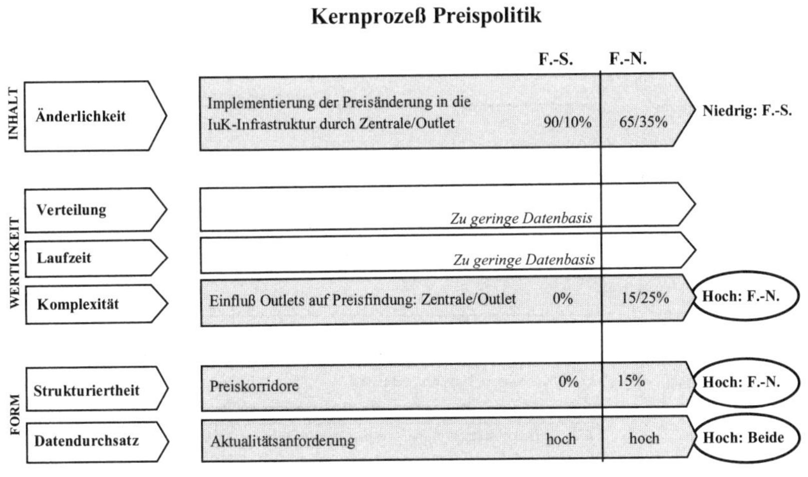

Abbildung 3-14: Eignungsvergleich für den Kernprozeß Preispolitik;[594]
Quelle: Eigene Überlegungen.

Außer der Dimension Änderlichkeit sprechen alle anderen Dimensionen für die Franchising-Netzwerke. Die Ausprägungen für den Bereich Datendurchsatz würden für eine Anwendung in beiden Organisationsformen sprechen.

593 Eine Gleichgewichtung der Kriterien rechtfertigt auch Yoo in bezug auf S. 9.

594 Die Ergebnisse der Empirie wurden eingehend in Kapitel 3.2.1.2 vorgestellt.

Insgesamt gesehen ist eine relativ höhere Eignung der Web Services-Technologien für Franchising-Netzwerke festzustellen.

3.5.3 Web Services und der Kernprozeß Kundenmanagement

Die Analyse des Kernprozesses Kundenmanagement erlaubt ein fundiertes Ergebnis zugunsten einer relativ höheren Eignung der Web Services-Technologien für den Einsatz in Franchising-Netzwerken (siehe Abbildung 3-15).

Bezüglich der Dimension Strukturiertheit kann wohl für eine Eignung beider Organisationsformen gesprochen werden, da sich kaum ein Unterschied zwischen Franchising-Netzwerk und Filial-System nachweisen läßt.

Eine Steigerung der Prozeßeffizienz durch Web Services-Technologien ist hier für Franchising-Netzwerke relativ wahrscheinlicher.

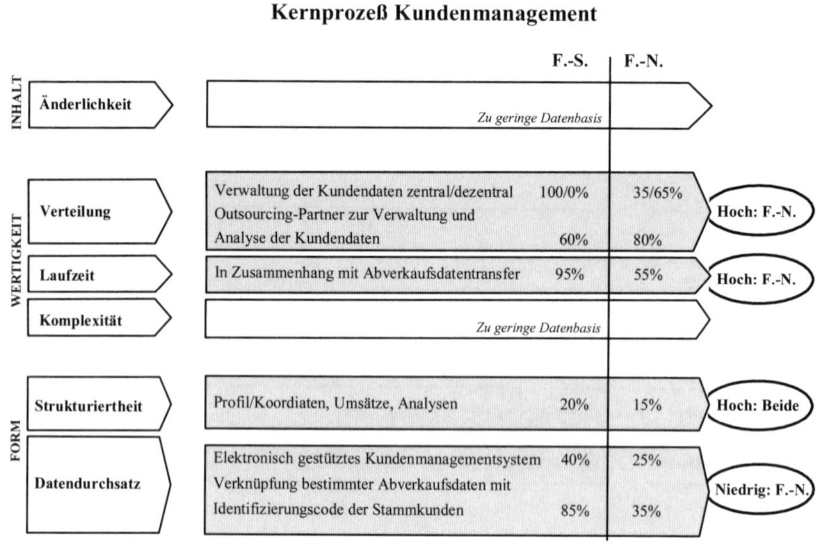

Kernprozeß Kundenmanagement
F.-S.
F.-N.
INHALT
Änderlichkeit
Zu geringe Datenbasis
WERTIGKEIT
Verteilung
Verwaltung der Kundendaten zentral/dezentral 100/0% 35/65%
Outsourcing-Partner zur Verwaltung und
Analyse der Kundendaten 60% 80%
Hoch: F.-N.
Laufzeit
In Zusammenhang mit Abverkaufsdatentransfer 95% 55%
Hoch: F.-N.
Komplexität
Zu geringe Datenbasis
FORM
Strukturiertheit
Profil/Koordiaten, Umsätze, Analysen 20% 15%
Hoch: Beide
Datendurchsatz
Elektronisch gestütztes Kundenmanagementsystem 40% 25%
Verknüpfung bestimmter Abverkaufsdaten mit
Identifizierungscode der Stammkunden 85% 35%
Niedrig: F.-N.

Abbildung 3-15: Eignungsvergleich für den Kernprozeß Kundenmanagement;[595]
Quelle: Eigene Überlegungen.

Es sei aber auf die dünne Datenbasis für die Dimensionen Änderlichkeit und Komplexität verwiesen.

---

[595] Die Ergebnisse der Empirie wurden eingehend in Kapitel 3.2.1.3 vorgestellt.

3.5.4 Web Services und der Kernprozeß Warenbewegung/Abverkauf und Bestandsführung

Untersucht man den Kernprozeß Warenbewegung/Abverkauf und Bestandsführung, findet man für die Kriterien Änderlichkeit und Komplexität – bei Gleichgewichtung der Ausprägungen – eine relativ gleich gute Eignung für den Einsatz von Web Services-Technologien und somit zur Steigerung der Prozeßeffizienz (siehe Abbildung 3-16).

Kernprozeß Warenbewegung/Abverkauf und Bestandsführung

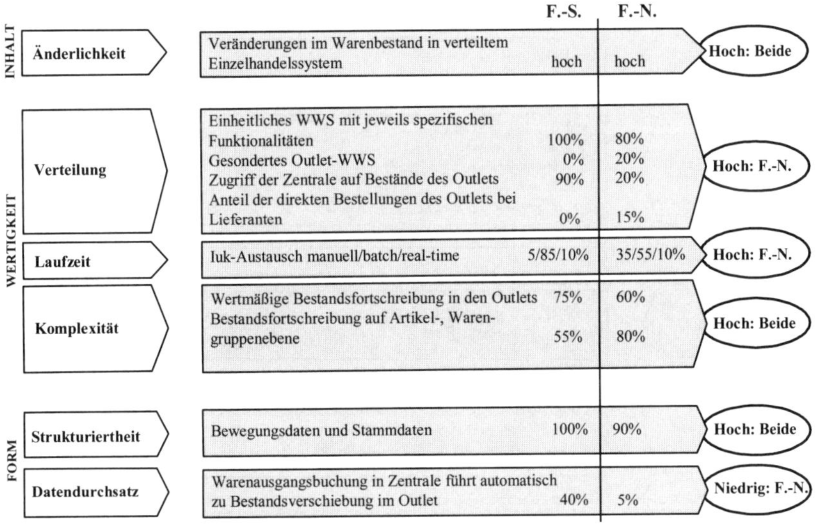
F.-S.
F.-N.
INHALT
Änderlichkeit
Veränderungen im Warenbestand in verteiltem Einzelhandelssystem hoch hoch
Hoch: Beide
WERTIGKEIT
Verteilung
Einheitliches WWS mit jeweils spezifischen Funktionalitäten 100% 80%
Gesondertes Outlet-WWS 0% 20%
Zugriff der Zentrale auf Bestände des Outlets 90% 20%
Anteil der direkten Bestellungen des Outlets bei Lieferanten 0% 15%
Hoch: F.-N.
Laufzeit
Iuk-Austausch manuell/batch/real-time 5/85/10% 35/55/10%
Hoch: F.-N.
Komplexität
Wertmäßige Bestandsfortschreibung in den Outlets 75% 60%
Bestandsfortschreibung auf Artikel-, Warengruppenebene 55% 80%
Hoch: Beide
FORM
Strukturiertheit
Bewegungsdaten und Stammdaten 100% 90%
Hoch: Beide
Datendurchsatz
Warenausgangsbuchung in Zentrale führt automatisch zu Bestandsverschiebung im Outlet 40% 5%
Niedrig: F.-N.

Abbildung 3-16: Eignungsvergleich für den Kernprozeß Warenbewegung/Abverkauf und Bestandsführung;[596]
Quelle: Eigene Überlegungen.

Die Dimensionen Verteilung, Laufzeit und Datendurchsatz zeigen eine – relativ zur den Filial-Systemen – höhere Eignung für den Einsatz der Web Services in Franchising-Netzwerken.

Insgesamt läßt sich somit in allen Dimensionen eine höhere Eignung der Franchising-Netzwerke zur Begegnung der spezifischen IuK-Bedarfe durch den prozeßeffizienten Einsatz von Web Services feststellen.

596 Die Ergebnisse der Empirie wurden eingehend in Kapitel 3.2.2 und 3.2.2.1 vorgestellt.

3.5.5 Web Services und der Kernprozeß Disposition

Im Falle des Kernprozesses Disposition lassen sich die Ergebnisse für alle Kriterien eindeutig interpretieren (siehe Abbildung 3-17).

Während mit Änderlichkeit, Komplexität und Strukturiertheit drei von fünf Dimensionen für eine relativ größere Eignung der Web Services-Technologien in Filial-Systemen sprechen, zeigen Verteilung und Datendurchsatz eine größere Eigung für Franchising-Netzwerke.

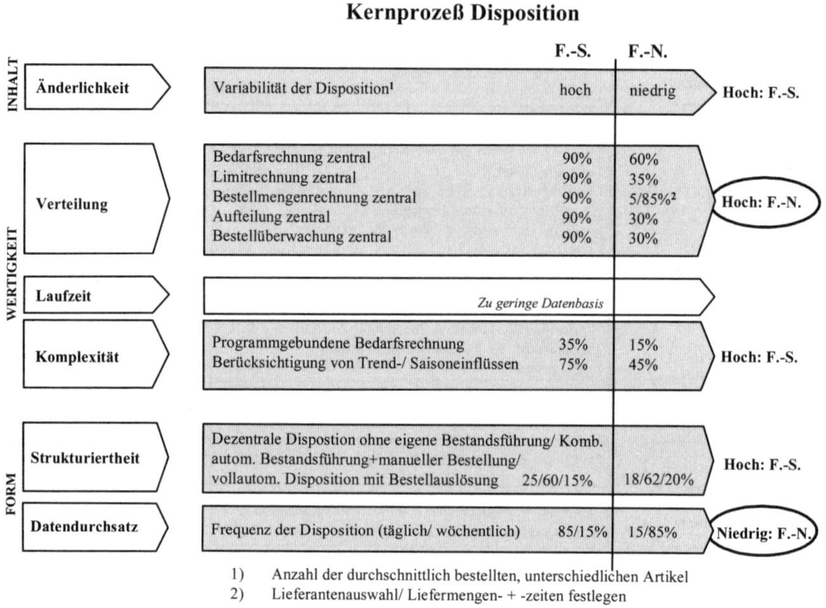

Kernprozeß Disposition
F.-S.
F.-N.
INHALT
Änderlichkeit
Variabilität der Disposition¹ hoch niedrig
Hoch: F.-S.
WERTIGKEIT
Verteilung
Bedarfsrechnung zentral 90% 60%
Limitrechnung zentral 90% 35%
Bestellmengenrechnung zentral 90% 5/85%²
Aufteilung zentral 90% 30%
Bestellüberwachung zentral 90% 30%
Hoch: F.-N.
Laufzeit
Zu geringe Datenbasis
Komplexität
Programmgebundene Bedarfsrechnung 35% 15%
Berücksichtigung von Trend-/ Saisoneinflüssen 75% 45%
Hoch: F.-S.
FORM
Strukturiertheit
Dezentrale Dispostion ohne eigene Bestandsführung/ Komb. autom. Bestandsführung+manueller Bestellung/ vollautom. Disposition mit Bestellauslösung 25/60/15% 18/62/20%
Hoch: F.-S.
Datendurchsatz
Frequenz der Disposition (täglich/ wöchentlich) 85/15% 15/85%
Niedrig: F.-N.
1) Anzahl der durchschnittlich bestellten, unterschiedlichen Artikel
2) Lieferantenauswahl/ Liefermengen- + -zeiten festlegen

Abbildung 3-17: Eignungsvergleich für den Kernprozeß Disposition;
Quelle: Eigene Überlegungen.

Im Kernprozeß Disposition ist somit insgesamt eine größere Eignung zur Steigerung der Prozeßeffizienz unter Zuhilfenahme von Web Services für Filial-Systeme festzustellen.

3.5.6 Zusammenfassung und kritische Würdigung

Web Services-Technologien eignen sich zur Unterstützung der IuK-Bedarfe in Franchising-Netzwerken und können einen wichtigen Beitrag zu einer prozeßeffizienten „State of the Art"-IuK-Infrastruktur in Franchising-Netzwerken leisten.

Im Vergleich zu Filial-Systemen des stationären Einzelhandels läßt sich feststellen, daß die spezifischen Bedarfe und Anforderungen der Franchising-Netzwerke durch Web Services besser berücksichtigt werden. Abbildung 3-18 faßt die Ergebnisse der Analyse auf Kernprozeßebene aus Kapiteln 3.5 zusammen.

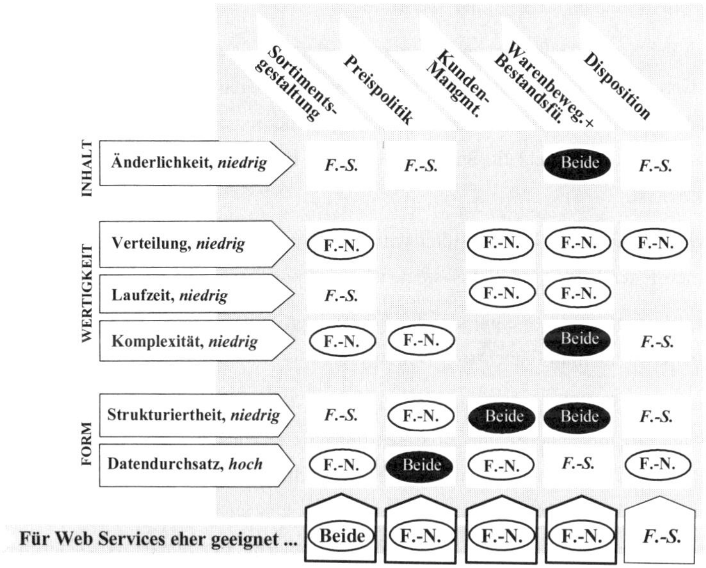

Sortiments-gestaltung
Preispolitik
Kunden-Mangmt.
Warenbeweg.x Bestandsfü.
Disposition
INHALT
Änderlichkeit, *niedrig*
WERTIGKEIT
Verteilung, *niedrig*
Laufzeit, *niedrig*
Komplexität, *niedrig*
FORM
Strukturiertheit, *niedrig*
Datendurchsatz, *hoch*
F.-S.
F.-N.
Beide
Für Web Services eher geeignet ...

Abbildung 3-18: Eignung der Web Services-Technologien auf Kernprozeßebene;
Quelle: Eigene Überlegungen.

Allerdings zeigt sich in keinem der fünf Kernprozesse eine vollständige Übereinstimmung zwischen den Bedarfen der Organisationsformen und den Eignungskriterien der Web Services.

Im Kernprozeß Sortimentsgestaltung sprechen die Ausprägungen von je drei Dimensionen für eine Eignung der Web Services gleichermaßen für Franchising-Netzwerke und Filial-Systeme. Somit ist keine Vorteilhaftigkeit für eine der beiden Organisationsformen identifizierbar.

Bezüglich des Kernprozesses Preispolitik lassen sich aufgrund einer zu geringen Datenbasis nur für vier von sechs Dimensionen fundiert beurteilen. Während in der Dimension Änderlichkeit eine relativ größere Eignung für Filial-Systeme zu Tage tritt, eignen sich Franchising-Netzwerke gemäß Komplexität, Strukturiertheit und Datendurchsatz (gleiche Eignung für beide Organisationsformen) eher für den Einsatz von Web Services. Insgesamt finden wir eine größere Eignung der Franchising-Netzwerke.

Gleiches gilt für den Kernprozeß Kundenmanagement, für den die Franchising-Netzwerke in allen (außer Strukturiertheit, da ähnliches Eignungsniveau) Dimensionen die Filial-Systeme bezüglich der Eignung übertreffen.

Auch der Kernprozeß Warenbewegung/Abverkauf zeigt eine größere Eignung von Franchising-Netzwerken für den Einsatz von Web Services gegenüber den Filial-Systemen – obwohl sich die Filial-Systeme in der Dimension Datendurchsatz besser positionieren und für die Dimensionen Änderlichkeit, Strukturiertheit und Komplexität eine vergleichbare Eignung festzustellen ist.

Allein der Kernprozeß Disposition wird von den Filial-Systemen knapp dominiert: von fünf Dimensionen legen die Filial-Systeme in dreien positive Eignungsausprägungen vor.

Über alle Kernprozesse eignt sich der Einsatz von Web Services zur Steigerung der Prozeßeffizienz vor allem in Franchising-Netzwerken.

Bevor Web Services jedoch mittelfristig in der Praxis Verbreitung finden können, sind noch einige grundlegende Fragen zu klären. So müssen für die Konfiguration von Franchising-Netzwerken einerseits noch zusätzliche Standards und Mechanismen für die Gewährleistung von Sicherheit und Serviceverfügbarkeit entwickelt werden, andererseits bedarf es allgemein einheitlicher, offener und auf breiter Basis akzeptierter Standards. Daneben sind im Zusammenhang mit der automatisierten Nutzung von Diensten externer Anbieter auch Fragen der Semantik, Abrechnung und rechtliche Aspekte bisher nur unzureichend beantwortet. Ein weiterer wichtiger Aspekt im Rahmen der Standardisierung ist die Frage, welche Organisationen in Zukunft die Weiterentwicklung der Standards vorantreiben werden und inwieweit diese dabei Macht auf Unternehmen ausüben könnten, die ihre Prozeßinfrastruktur auf Basis dieser Standards implementierten. Solange dieser Fragenkomplex nicht ausreichend geklärt ist, sind die hier beschriebenen langfristigen Investitionsentscheidungen aufgrund potentiell hoher Abhängigkeiten mit relativ großen Risiken für die betroffenen Unternehmen verbunden.

Ebenso ist die Frage nach der Zerlegung bestehender Anwendungssysteme in einzelne Komponenten noch nicht hinreichend untersucht. Zwar läßt sich durch Web Services grundsätzlich jegliche IuK-Infrastrukturen nach außen hin in ihre einzelnen Funktionen zerlegen, jedoch bleibt abzuwarten, inwieweit dabei in der Praxis eine ausreichende Granularität mit akzeptablem Aufwand erreicht werden kann. Gegebenfalls muß daher die Verfügbarkeit möglichst feingranularer Softwarekomponenten abgewartet werden. Des weiteren dürfen Web Services nicht als „Allheilmittel“ für die Integrationsproblematik betrachtet werden, da die technische Leistungsfähigkeit bestehender Integrationstechnologien unter Umständen nicht erreicht werden kann. Insbesondere in Back-End-Systemen mit Anforderungen an Datendurchsatz und Performance ist der Einsatz von EAI-Lösungen sinnvoller.[597] Web Services sind dagegen eher für die (zusätzliche) Integration auf höherer Geschäftsprozeßebene geeignet, auf der eine entsprechende Kapselung der EAI-Systeme vorgenommen werden kann.

Grundsätzlich stellt sich auch die Frage, inwieweit sich die Gesamtheit der implizit vorhandenen Geschäftsprozesse eines Unternehmens explizit modellieren läßt. Insbesondere sind kollaborative Prozesse mit menschlicher Beteiligung (z.B. Forschung und Entwicklung) in der Realität oft unstrukturiert und praktisch nicht bis ins letzte Detail vorhersagbar.[598] Solche Prozesse können nur bedingt explizit dargestellt werden und erzeugen daher bei zunehmender Automatisierung auch eine größere Anzahl an Ausnahmen, die dann wiederum außerhalb der IuK-Infrastruktur manuell gelöst werden müssen. Web Services-Prozeßmanagement-Standards bieten hierfür zwar ein relativ robustes Ausnahmemanagement, welches zumindest die Eskalation des Problems ermöglicht, jedoch ist die informationstechnische Unterstützung vollständig unstrukturierter und damit ex-ante nicht modellierbarer Prozesse auf der Basis von Web Services momentan nicht möglich.[599]

Das Management von Geschäftsprozessen umfaßt auch eine Vielzahl nicht zu vernachlässigender Konfliktpotentiale: organisatorische Blockaden, politische Grabenkämpfe, Widerstand gegen den Wandel und Anreizprobleme bei den Prozeßbeteiligten sind nur einige der Themen, welche zwar von der technischen Umsetzung unabhängig gelagert sind, jedoch durch die neuen Möglichkeiten zur kontinuierlichen Anpassung von Geschäftsprozessen sogar an Gewicht und Bedeutung gewinnen könnten.[600]

Trotz dieser Risiken und bisher ungeklärten Fragen kann es bereits heute unter Beachtung damit verbundener Restriktionen sinnvoll sein, Web Services zur losen Integration und GPMS-Lösungen zur Unterstützung eines flexiblen Geschäftsprozeßmanagements einzusetzen. Um das Risiko möglichst gering zu halten, ist es empfehlenswert, mit der inkrementellen Einführung der Technologie in einem klar abgegrenzten Pilotprojekt mit beispielsweise nur einem Franchise-Nehmer zu beginnen, welches schnell positive Resultate und Lernerfolge verspricht und darauf aufbauend zügig ausgebaut werden kann.

Für die Web Services-Technologien erscheinen insbesondere Integrationsprojekte in Bereichen der unternehmensübergreifenden Zusammenarbeit (z.B. Einkaufs- und Vertriebsprozesse) interessant, da hier der Automatisierungsgrad aufgrund der kostspieligen und inflexiblen EDI-Technologie bislang sehr niedrig ist, weshalb relativ schnell mit der Erreichung nachhaltiger Wettbewerbsvorteile gerechnet werden kann. Ausgehend von diesen direkt an

597 Vgl. Patil/Simha (2003), S. 31.

598 Vgl. Paolini (2002), S. 66.

599 Einen Lösungsansatz auf der Basis der Fuzzy-Theorie beschreibt O'Leonard (2002), S. 36.

600 Vgl. zu den Konfliktpotenzialen Picot/Reichwald/Wigand (2001), S. 251f.

den Unternehmensgrenzen befindlichen Prozessen, kann im nächsten Schritt zur Lösung der Flexibilitätsproblematik die Einführung einer Prozeßinfrastruktur entlang der netzwerkweiten Wertschöpfungskette erfolgen. Gleichzeitig können Möglichkeiten zum Outsourcing einzelner Geschäftsprozesse untersucht werden.[601]

---

601 Vgl. ebenso Hagel (2002), S. 87-103.

4 Zusammenfassende Schlußbetrachtung und Ausblick

Ziel der vorliegenden Arbeit ist es, einerseits einen Beitrag zum wissenschaftlichen Erkenntnisfortschritt, andererseits einen Problemlösungsbeitrag für die Praxis zu leisten. Der Schwerpunkt liegt dabei auf der Identifizierung von Bedarfen und Gestaltungspotentialen der Informations- und Kommunikationsinfrastruktur von Franchising-Netzwerken im Vergleich zu anderen Organisationsformen des stationären Einzelhandels und deren prozeßeffizienter Begegnung durch Web Services-Technologien als „State of the Art"-IuK-Infrastruktur.

Die Evolution und das hohe relative Wachstum von Franchising-Netzwerken im Vergleich zu Filial-Systemen rechtfertigt den Fokus auf diese Organisationsform (Kapitel 1.2).

Eine ausführlichen Bestandsaufnahme und Würdigung verschiedener auf die Thematik der Spezifika von IuK-Bedarfen in Franchising-Netzwerken anwendbarer Forschungsansätze rechtfertigt den Fokus auf die Strukturationstheorie von Giddens[602] sowie die Weiterentwicklungen von Orlikowski und Orlikowski/Yates[603] (Kapitel 1.3).

Die sich akzentuierende wirtschaftliche und informationstechnische Vernetzung der stationären Einzelhandels-Systeme spiegelt sich auch auf Ebene der Kernprozesse wider (Kapitel 2.1). Dabei wird die empirisch basierte Auswahl auf die fünf Kernprozesse Sortimentspolitik, Preispolitik, Kundenmanagement, Warenbewegung/Abverkauf und Disposition in den Mittelpunkt gerückt und dient als Bezugsrahmen für eine Analyse der Anforderungen an die Informations- und Kommunikationsinfrastruktur in Franchising-Netzwerken.

Die Untersuchung der Wirtschaftlichkeit des Einsatzes einer spezifischen IuK-Infrastruktur im Sinne einer Mittel-/Ziel-Relation erfordert eine operationalisierbare Meßgröße. Zur Analyse der Effizienz von prozeßorientierten Organisationen, zu denen auch Franchising-Netzwerke des Einzelhandels zählen, wird Frese[604] gefolgt, der hierfür das Konzept der Prozeßeffizienz vorschlägt (Kapitel 2.2).

---

602 Vgl. Giddens (1984): The Constitution of Society; Outline of the Theory of Structuration. Cambridge/Giddens (1991a): Die Konstitution der Gesellschaft – Grundzüge einer Theorie der Strukturierung. Frankfurt/Main; Giddens (1991b): Structuration Theory; past, present an future. In: Jary (Eds.) Bryantm C.G.A., Giddens' theory of structuration, A critical appreciation, London/New York, S. 201 – 222; Giddens (1995): Die Konstitution der Gesellschaft; Grundzüge einer Theorie der Strukturierung. 2. Aufl., Frankfurt a. M., New York; Giddens (1999): Soziologie, 2. Auflage, Graz/Wien.

603 Vgl. Orlikowski (1992): The Duality of Technology: Rethinking the concept of technology in organizations. In: Organization Science Vo. 3, No. 3, S. 398-427. und Orlikowski/Yates (1994): Genre Repertoire; the structuring of communicative practices in organizations. In: Administrative Science Quarterly, Vol. 39, S. 541-574.

604 Vgl. Frese (1993b), S. 19 ff.

Eine eingehende Darstellung des Status Quo der Potentiale und Grenzen von in Unternehmen aktuell implementierten IuK-Infrastruktur-Ausprägungen zeigt vorhandene Schwachstellen und Verbesserungspotentiale auf (Kapitel 2.3).

Der methodische Grundstock zur Untersuchung der Problemstellung wird mit der Informationsflußanalyse gelegt (Kapitel 3.1), eine angemessene Beschreibungstechnik ausgewählt und anschließend um Beschreibungsmerkmale erweitert, die Dokumentation, Bewertung und Vergleich der IuK-Bedarfe ermöglichen soll.

Aufbauend auf der Informationsflußanalyse, die als Grundlage des Vergleichs der Organisationsformen Franchising-Netzwerk und Filial-System dient, werden auf Kernprozeßebene Unterschiede herausgearbeitet, die teilweise strukturationstheoretische Interpretationen zulassen (Kapitel 3.2).

Die im Mittelpunkt stehenden Web Services-Technologien werden ausführlich vorgestellt und auf ihren Einfluß zur Steigerung der Prozeßeffizienz hin überprüft (Kapitel 3.3).

Die Auswirkungen von Web Services auf den Informations- und Kommunikationsaustausch in Einzelhandels-Systemen im allgemeinen wird anhand des Konzepts der integrierten Geschäftsprozeß-Management-Systeme aufgezeigt (Kapitel 3.4). Darauf aufbauend wird ein Kriterienkatalog entwickelt, der die Eignungsüberprüfung von Web Services in unterschiedlichen Organisationsformen ermöglichen soll.

Die Darlegung eines prozeßeffizienzsteigernden Einsatzes von Web Services in den einzelnen Kernprozessen der Franchising-Netzwerke gegenüber den Filialsystemen wird auf Grundlage der Informationsflußanalyse überwiegend erreicht.

Vorgehensweise und Bewertungsmerkmale für Informationsflüsse können auch auf andere Prozesse und Organisationsformen angewandt werden. Diese dürften künftig für weitere Fragestellungen der IuK- und der Organisationsgestaltung von Interesse sein. Hierzu können insbesondere die Wahl der Organisationsform (1) und die betriebswirtschaftlichen Entscheidungsprobleme bei der Auswahl und Einführung der IuK-Infrastruktur (2) gezählt werden.

1. Filial-Systeme sind gekennzeichnet durch eine straffe Führung durch die Zentrale, insbesondere in den Bereichen Sortiments-, Beschaffungs- und Preispolitik. Der Hauptteil der warenwirtschaftlichen Funktionen wird ebenfalls zentral ausgeführt. Den Outlets kommt aus der IuK-Infrastruktur-Perspektive im wesentlichen die Rolle der Warenausgangs- bzw. Abverkaufsdatenerfassung zu. Diese in der Praxis weit verbreitete Organisationsform wird grob durch folgende Charakteristika beschrieben:

- **Sortimentspflege**: Keine eigenständige Stammdatenpflege im Outlet; die zentrale Einkaufsabteilung ist für die Listung zuständig;

- **Kundenmanagementsysteme** in Form von Kundenkarten sind eher selten anzutreffen;
- Keine aktuellen **Bestandsinformationen** im Outlet durch Verzögerung bis zur Wareneingangsbuchung in der Zentrale; der Wareneingang (Warenannahme und - Prüfung) erfolgt im Outlet, die Erfassung der Wareneingänge im WWS wird in der Zentrale vorgenommen; der Warenausgang wird im Outlet erfaßt; häufig nur aggregierte Verkaufszahlen auf Warengruppen- oder noch höherer Ebene (Hauptwaregrupöpen, Abteilungen) in der Zentrale;
- **Disposition** im Outlet anhand manueller Listen; die Disposition der Artikel wird anhand der Ordersätze im Outlet durchgeführt, das Bestellwesen (Sammlung der Bestellungen, Übermittlung zum Lieferanten) ist zentral angesiedelt; es besteht ein hoher Anteil an Bestellungen per Fax oder Telefon, welche zum überwiegenden Teil nicht in der WWS, also in der IuK-Infrastruktur, erfaßt werden;

Dagegen weisen Franchising-Netzwerke als dezentrale Organisationsform folgende Charkteristika auf:

- Der grundsätzliche Trend zu einer stärkeren Kundenbindung erfordert die dezentrale Verwaltung von Kundenkarten im Rahmen des **Kundenmanagementsystems**; die darauf aufbauenden Analysen von Umsätzen und Warenkörben werden meist vom Franchise-Geber übernommen;
- Dezentrale **Bestandsführung;** Wareneingangserfassung auf Warengruppen- oder Artikelebene mit Bezug zur Bestellung; Abwicklung der Abverkaufsdatenerfassung auf detaillierteren Erfassungsobjekten als im Filial System;
- **Disposition** und Bestellwesen werden dezentral im Outlet abgearbeitet, während die Stammdatenpflege der Artikel und Lieferanten vom Franchise-Geber übernommen wird (außer dezentrales Sortiment ist vorhanden).

2. Ein Ausgangspunkt für die weitergehende Forschung kann die in Abbildung 4-1 beispielhaft gezeigte Analyse der Prozeßeffizienz für das einzelne Einzelhandels-Outlet sein. Das Ergebnis einer Implementierung von Web Services-Technologien könnte eine generelle Aufwandsreduzierung mit der Folge einer Verschiebung von Ressourcen von kundenfernen in wertschöpfende, kundennahe Bereiche sein.

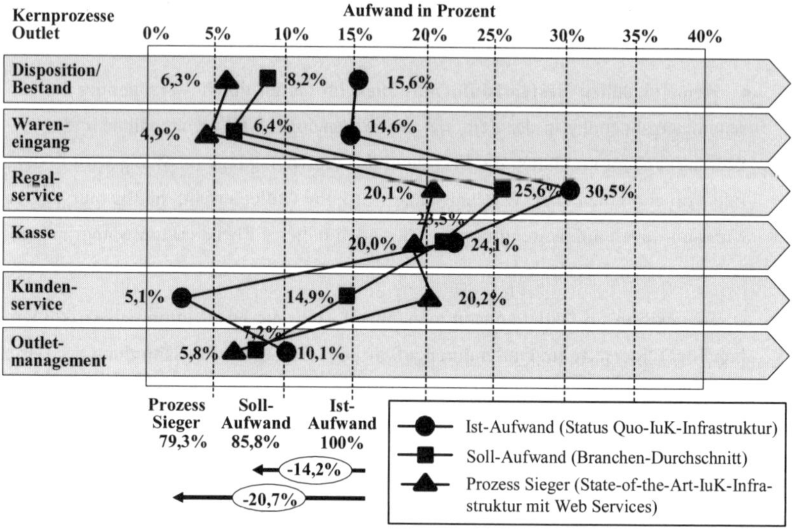

Abbildung 4-1: Analyse Prozeßeffizienz Outlet;
Quelle: Eigene Überlegungen aufbauend auf Stegmann (2004), S. 9.

Verglichen mit dem „Prozeß-Sieger“, d.h. dem Sieger je Prozeß (z.B. Outlet A im Prozeß Disposition, Outlet B im Prozeß Kundenservice, etc.) ist beispielsweise eine Aufwandsreduzierung von über 20% möglich. Die Mitarbeiter verbringen deutlich weniger Zeit mit Ware und Administration und haben somit mehr Zeit für ihre Kunden. Die Gründe für den relativ hohen Aufwand nicht direkt kundenorientierter Arbeiten in Outlets, wie z.B. Disposition oder Regalpflege, liegen häufig in eingefahrenen Prozessen und mangelnder technologischer Unterstützung. Vor allem manuelle oder teilautomatisierte Dispositionsabläufe verursachen einen hohen Zeitaufwand. Im Wareneingang liegt der Fokus auf dem Warenhandling und einer teilweise aufwendigen Grob- und Feinkontrolle der Streckenlieferungen in jedem Outlet. Beispiele bei verschiedenen Händlern zeigen, daß durch konsequente und im Konditionssystem hinterlegte Lieferantenvereinbarungen zu Lieferqualitäten und -service der Wareneingang wesentlich stärker auf Stichprobenkontrollen zurückgreifen kann. Teilweise werden diese Kontrollaktivitäten ganz auf Lieferanten übertragen. Dies setzt allerdings ein funktionierendes System der Lieferantenbewertung und eine effiziente Kommunikation zwischen Zentrale und Outlet voraus. Zur Outletsteuerung, -planung und -kontrolle werden vielfach noch „selbstgestrickte“ Berichte herangezogen, deren Qualität von Kompetenz und Interesse des Franchise-Nehmers bzw. Filialleiters abhängt. Eine effiziente IuK-Infrastruktur mit festgelegten, für alle Outlets einheitlichen Standardberichten bedeutet eine erhebliche Zeitersparnis z.B. bei der Zahlenaufbereitung und läßt Freiraum für stärker kundennahe Tätigkeiten. Daneben bietet ein professionelles Kennzahlensystem den Vorteil der einfacheren übergreifenden Steuerung aller Outlets.

Auf abstrakterer Ebene lassen sich folgende Schlüsse ziehen:

Im Informationszeitalter werden starren monolithischen Gebilden die Grenzen aufgezeigt, da der dynamische Wandel ständig an deren Grundfesten rüttelt. Die Informations- und Kommunikations-Infrastruktur muß diesen Anforderungen Rechnung tragen und ein hohes Maß an Flexibilität und Integrationsfähigkeit bieten.

Historisch gewachsene IuK-Infrastrukturen sind durch eine hohe Heterogenität funktionsorientierter Insellösungen gekennzeichnet. Die damit verbundene komplexe Integrationsproblematik ist mit den bisher eingesetzten isolierten Lösungsansätzen nicht zufriedenstellend beherrschbar und stellt die Hauptursache für die mangelhafte Flexibilität der Geschäftsprozesse dar.

Die im Rahmen dieser Arbeit vorgestellten Web Services-Technologien bieten einen standardisierten Ansatz zur Integration heterogener, verteilter IuK-Infrastrukturen auf Basis der Internettechnologien. Sie ermöglichen mit der losen Kopplung feingranularer Softwarekomponenten die Entwicklung flexibler prozeßorientierter Anwendungen. Eine formale theoretische Fundierung für die Koordination einzelner Komponenten erlaubt die Modellierung komplexer, verteilter Geschäftsprozesse als ausführbaren Code und damit eine realitätsnahe Abbildung der Unternehmensabläufe. Dabei wird die in der Software bislang fest verankerte Geschäftslogik technisch in anwendungs- und unternehmensübergreifende Prozesse sowie diskrete Funktionalitäten zerlegt, wodurch das Prozeßmanagement in einer eigenen, die IuK-Infrastruktur überlagernden Systemebene stattfinden kann. Somit bieten Web Services-Technologien einen aussichtsreichen Lösungsansatz für das eingangs dieser Arbeit erwähnte Flexibilitätsproblem der aktuellen IuK-Infrastrukturen.

Weiterhin bewirken Web Services-Technologien eine Konvergenz einzelner Systemansätze zur Prozeß-, Anwendungs- und Datenintegration, hin zu einem integrierten Infrastrukturansatz in Form von Geschäftsprozeßmanagement-Systemen. Diese zentrale Integrationsplattform stellt eine einheitliche Prozeßinfrastruktur zur Verfügung, welche auf Basis offener Standards den gesamten Prozeßlebenszyklus durchgängig unterstützt und die unternehmensübergreifende Zusammenarbeit koordiniert. Damit bewirken Web Services eine drastische Verkürzung des Zeitraums von der Prozeßgestaltung bis zur Prozeßimplementierung und ermöglichen so eine kontinuierliche Anpassung der Geschäftsprozesse an sich dynamisch ändernde Umfeldbedingungen.

Die standardisierte Koordination lose gekoppelter Prozeßkomponenten und die dynamische Integration externer Partner in unternehmensübergreifende Prozesse erleichtern das Outsourcing ganzer Geschäftsprozesse und forcieren damit die Entstehung dynamischer Wertschöpfungsnetze, die sich unter der Führung eines Orchestrators – dem Franchise-Geber – flexibel an spezifische Bedürfnisse anpassen und über verschiedene verteilte Organisationen hinweg konfigurieren können.

Aufgrund der technologischen Fähigkeit zur inkrementellen Einführung von Geschäftsprozeßmanagement-Lösungen auf Basis von Web Services ist es für Unternehmen bereits zum jetzigen Zeitpunkt sinnvoll, in klar abgegrenzten Pilotprojekten mit geringem Risiko Erfahrungen mit diesen Technologien zu sammeln. Bevor jedoch ein derartiger Integrations- und Prozeßmanagement-Ansatz in größerem Umfang eingesetzt werden kann, müssen sich erst einheitliche, offene Web Services-Standards durchsetzen und die teilweise noch in sehr frühen Entwicklungsstadien befindlichen Technologien einen höheren Reifegrad erlangen.

Auf die im Rahmen der Erläuterung der Problemstellung aufgeführten Fragen sind nunmehr Antworten gefunden:

Sind in Franchising-Netzwerken des Einzelhandels spezifische Informations- und Kommunikationsbedarfe im Vergleich zu Filial-Systemen anzutreffen?

Ja!

Erfordert die Organisationsform Franchising-Netzwerk spezifische IuK-Infrastrukturen zur Beantwortung der eventuell spezifischen IuK-Bedarfe?

> Im Vergleich zu den Filial-Systemen sind unterschiedliche IuK-Bedarfe und -Flüsse anzutreffen, denen, um die systeminhärenten Vorteile des Franchisings zu realisieren, durch Web Services optimal begegnet werden kann.

Haben Web Services-Technologien ein prozeßeffizienzsteigerndes Potential? Sind Franchising-Netzwerke – im Vergleich zu Filial-Systemen – in besonderem Maße für den Einsatz dieser „State of the Art"-IuK-Infrastruktur geeignet?

> Aus theoretischer Sicht haben Web Services einen prozeßeffizienzsteigernden Einfluß auf die Leistungserstellung. Das in diesem Kapitel vorgestellte Konzept „Analyse der Prozeßeffizienz Outlet" könnte einer Operationalisierung der Überprüfung dienen und so im Rahmen zukünftiger empirischer Studien einen Beitrag zur Erfolgsfaktorenforschung leisten.

Als grundlegende Frage bleibt jedoch offen, inwieweit komplexe bestehende IuK-Infrastrukturen mit vertretbarem Aufwand in möglichst feingranulare Komponenten zerlegt werden können, um diese entsprechend sinnvoll als Bestandteil einer flexiblen, prozeßorientierten Anwendung einzusetzen. Des weiteren stellt sich die Frage, ob sich die Vielzahl der für verschiedene Aspekte notwendigen Web Services-Standards ohne weiteres in einer integrierten Lösung vereinen lassen und wie das Management der Standards dabei gelöst wird. Letztendlich sollten auch die potentiellen Risiken aus dem Abhängigkeitsverhältnis zwischen Unternehmen und Standardisierungsorganisationen untersucht werden. Insbesondere könnten letztere eine bedeutende Machtposition gegenüber denjenigen Unternehmen aufbauen, die eine umfassende Prozeßinfrastruktur auf Basis entsprechender Standards implementiert haben. Zur Beantwortung dieser Fragestellungen besteht noch intensiver, praxisrelevanter Forschungsbedarf.

5 Anhang

Das folgende Kapitel 5 setzt sich aus zwei Teilen zusammen: In 5.1 wird der Interviewleitfaden inkl. einer schematischen Auswertung der Ergebnisse präsentiert. Er bildet die Grundlage der zweiten Phase der Empirie und außerdem den Grundstock für die in Kapitel 3.2 vorgestellten Ergebnisse.

Sämtliche Interviews wurden vom Verfasser unter teilweiser Begleitung von Mitarbeitern der SAP Retail Solutions GmbH „face to face" durchgeführt. Interviewzeitraum war Februar bis September 2003.

Kapitel 5.2 besteht aus der Aufzählung der Interviewpartner und deren Einordnung in die Schematik des in Kapitel 1.1 vorgestellten Untersuchungskonzepts.

5.1 Interviewleitfaden der empirischen Untersuchung

Kapitel 1)
Einleitung – Zusammensetzung der Stichprobe

	Kapitel	Zielgruppe
1)	Einleitung	Franchisegeber, -nehmer + Zentrale und Filialleiter
2)	Franchisegeber	Franchisegeber, Zentrale, Experten (FG+EXP)
3)	Franchisenehmer	Franchisenehmer (FN), Filialleiter
4)	Kommunikation und Informationsaustausch	Franchisegeber, -nehmer, Z, Fl., Experten, IT-Abteilung FG (FG+FN+EXP+IT)
5)	Technologie	IT

Struktur der Interviewteilnehmer ✓

- Franchising-Netzwerke: 35%
- Filialsysteme: 23%
- Experten: 11%
- IT: 8%
- Franchisenehmer: 15%
- Filialleiter: 8%

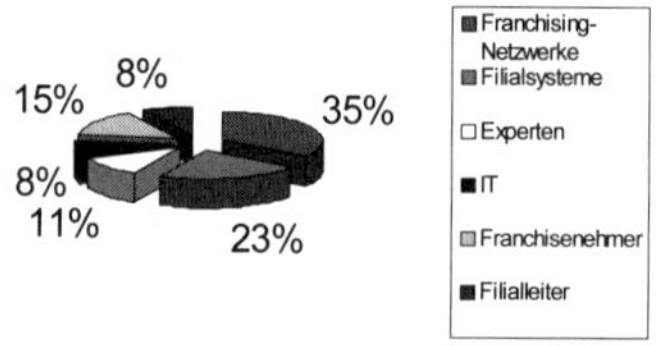

Von insgesamt 50 geführten Interviews wurden in der 2. Phase 21 Franchising-Netzwerke und ihre spezifischen IuK-Bedarfe analysiert

(n=50)

Stephan J. Meier, Oktober 2003

Kapitel 1)
Einleitung – Zusammensetzung der Stichprobe

Struktur nach globalem Umsatz 2001

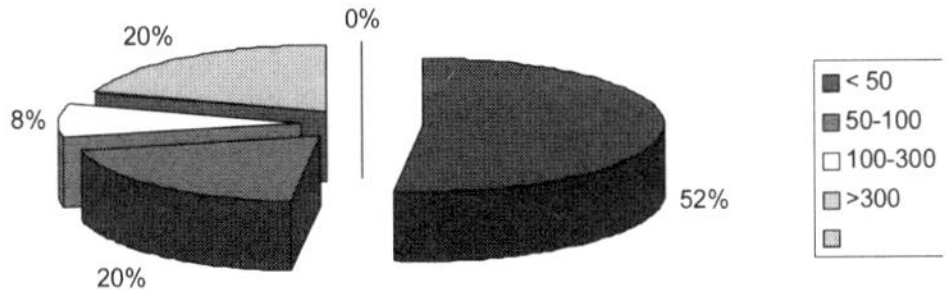

Durchschnittlich haben die untersuchten Unternehmen ein globalen Umsatz von 197 Mio. Euro und einen Outlet-Umsatz von 0,46 Mio. Euro

(n=43)

Ø-Franchisenehmer Umsatz

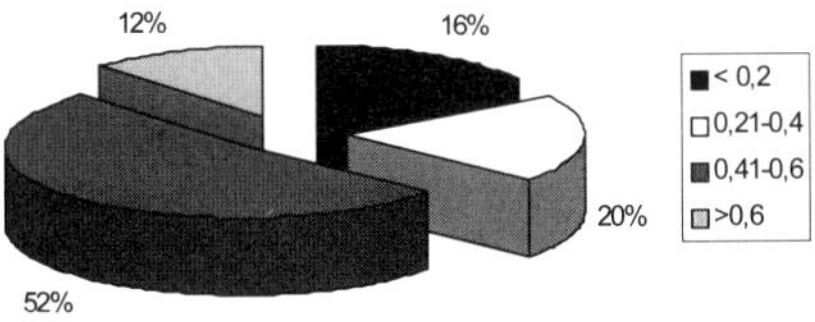

52 % der untersuchten Franchisenehmer realisieren einen jährlichen Umsatz zwischen 0,41 - 0,6 Mio. Euro

(n=25)

2 Stephan J. Meier, Oktober 2003

Kapitel 1)
Einleitung – Zusammensetzung der Stichprobe

Struktur nach Anzahl der Franchisenehmer pro Franchising-Netzwerk

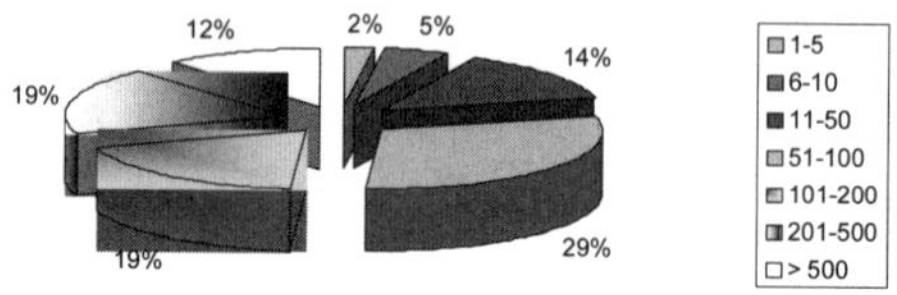

29 % der Franchising-Netzwerke verfügen zwischen 51-100 Franchisenehmer

(n=43)

3 Stephan J. Meier; Oktober 2003

Kapitel 1)
Einleitung – Zusammensetzung der Stichprobe

Q.1.1. Bitte ordnen Sie ihr Franchising-Netzwerk in das folgende Schema ein?

- Teil des E-Franchising-Projekts; zutreffendes ankreuzen
- Nicht relevant für das E-Franchising-Projekt

Typologisierung Business-Format-Franchising

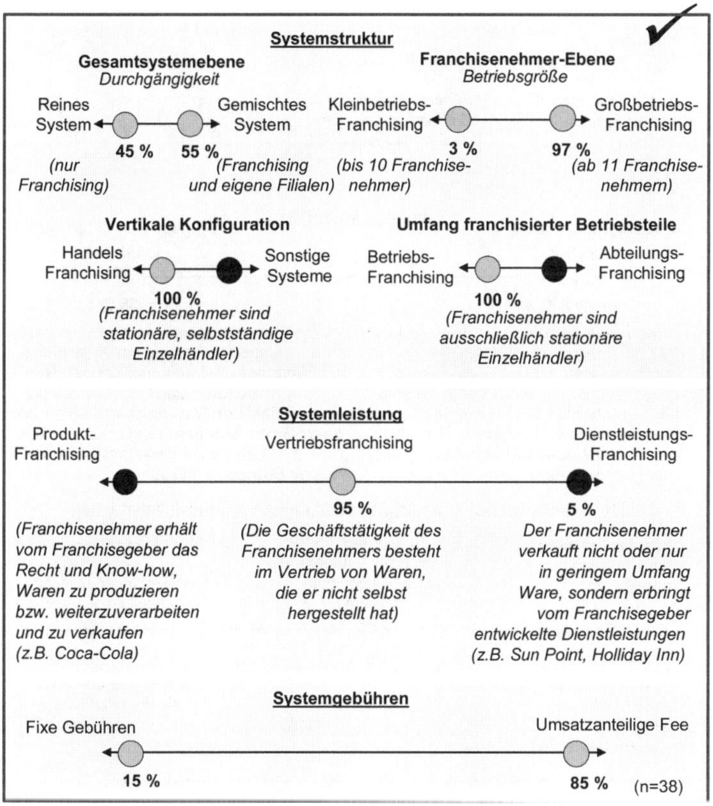

4 Stephan J. Meier, Oktober 2003

Kapitel 1)
Einleitung – Zusammensetzung der Stichprobe

Q.1.2. Wie würden sie ihr Franchising-Netzwerkes in das folgende Schema einordnen?

- Teil des E-Franchising-Projekts; zutreffendes ankreuzen
- Nicht relevant für das E-Franchising-Projekt

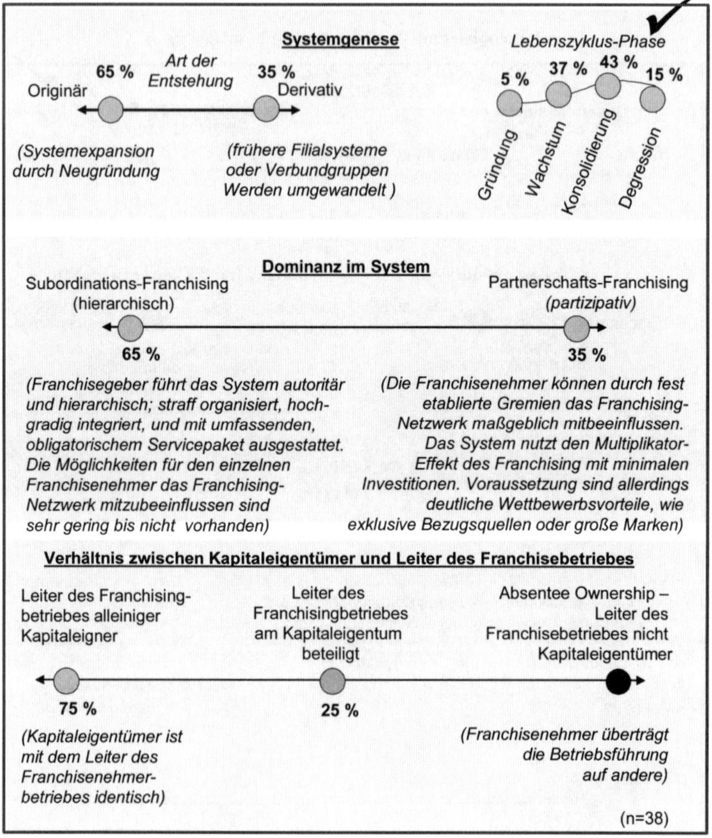

Systemgenese
Art der Entstehung
65 %
Originär
35 %
Derivativ
(Systemexpansion durch Neugründung
(frühere Filialsysteme oder Verbundgruppen Werden umgewandelt)
Lebenszyklus-Phase
5 %
37 %
43 %
15 %
Gründung
Wachstum
Konsolidierung
Degression
Dominanz im System
Subordinations-Franchising (hierarchisch)
Partnerschafts-Franchising (partizipativ)
65 %
35 %
(Franchisegeber führt das System autoritär und hierarchisch; straff organisiert, hochgradig integriert, und mit umfassenden, obligatorischem Servicepaket ausgestattet. Die Möglichkeiten für den einzelnen Franchisenehmer das Franchising-Netzwerk mitzubeeinflussen sind sehr gering bis nicht vorhanden)
(Die Franchisenehmer können durch fest etablierte Gremien das Franchising-Netzwerk maßgeblich mitbeeinflussen. Das System nutzt den Multiplikator-Effekt des Franchising mit minimalen Investitionen. Voraussetzung sind allerdings deutliche Wettbewerbsvorteile, wie exklusive Bezugsquellen oder große Marken)
Verhältnis zwischen Kapitaleigentümer und Leiter des Franchisebetriebes
Leiter des Franchising-betriebes alleiniger Kapitaleigner
Leiter des Franchisingbetriebes am Kapitaleigentum beteiligt
Absentee Ownership – Leiter des Franchisebetriebes nicht Kapitaleigentümer
75 %
25 %
(Kapitaleigentümer ist mit dem Leiter des Franchisenehmer-betriebes identisch)
(Franchisenehmer überträgt die Betriebsführung auf andere)
(n=38)

Kapitel 2) Franchisegeber

Q.2.0. Beschreiben Sie bitte Ihre routinemässige Kommunikation, den Informationsaustausch mit dem Franchise-Nehmer/ Filialleiter?

1. **Warenwirtschaft:** 38 % über eine zentrale Warenwirtschaft in der die Outlets integriert sind (davon 48 Filialsysteme), 27 % über zwei unterschiedliche Systeme und in 35 % der befragten Unternehmen verfügt nur der Franchisegeber über eine Warenwirtschaft (n=35).
2. **Kassensystem:** In 87 % der Unternehmen werden mindestens folgende Daten, per ISDN-Verbindung in die Zentrale gesendet: Umsatz pro Artikel, Bon Anzahl. Im Anschluß daran werden zentral Analysen gefahren (n=35).
3. **Außendienst:** 92 % der Outlets werden mindestens einmal pro Monat von Außendienstmitarbeitern besucht (n=35)
4. **Rundschreiben:** 61 % der Unternehmen senden wöchentlich postalische Rundschreiben (n=35).

Q.2.1. Welche Probleme treten allgemein bei der Kommunikation und dem Informationsaustausch zwischen FG und FN auf?

1. **Warenwirtschaft:** 29 % der Unternehmen klagen über mangelnde Standardisierung der Stammdaten (n=31).
2. **Anwenderwissen:** 35 % der Unternehmen stellen mangelndes Wissen der Anwender bezüglich der Anwendungsfunktionen der Warenwirtschaft fest (n=21).
3. **Vielfältigkeit der genutzten Medien:** Friktionen bei der Einführung einer Intranetplattform die möglichst viele Kanäle des routinemäßigen Informations- und Kommunikationsaustausches integriert (n=19).
4. **Gleichbehandlung:** 61 % der Unternehmen die sowohl über eigene Filialen als auch als Franchisegeber fungieren, machen keinen Unterschied zwischen der IuK-Infrastruktur (n=12).
5. **Mehrwert von Analysen** aus dem Systemkopf wird von den Franchisenehmern nicht genutzt (n=19).
6. **Vollständige Transparenz** der Zahlen vom Franchisenehmer (67 %) nicht gewünscht (n=9).

Kapitel 2) Franchisegeber

Q.2.3. Messen Sie die Qualität der von Ihnen für die Franchisenehmer erstellten Leistungen ?

Ja: 76%

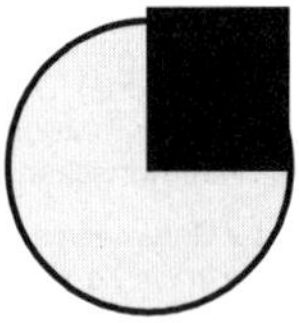

Nein: 24 %

(n=38)

Wenn ja, wie?

1.	**Frequenz:**	65 % befragen jährlich, 14 % befragen öfter als jährlich, 21 % befragen unregelmäßig/ weniger als jährlich (n=38).
2.	**Inhalte:**	76 % Globalzufriedenheit (89 % FN*, 57 % FL*), 84 % Zufriedenheit mit Marktauftritt des Systems, 81% Zufriedenheit mit Beziehung zur Zentrale (93 % FN*, 75 % FL*), 69 % Zufriedenheit mit Leistungen der Zentrale (74 % FN*, 65 % FL*) (n=38).
3.	**Durchführung:**	34 % durch unabhängiges Institut, 66 % durch eigene Mitarbeiter (n=33).

* FN=Franchisenehmer, FL=Filialleiter

Q.2.5. Erfolgt für die Franchisenehmer (quasi als Service durch die Zentrale) auch eine Buchhaltung/Bilanzierung?

1. 9% der Franchising-Netzwerke bieten als Dienstleistung **Buchhaltung** an (n=38).
2. 5% der Franchising-Netzwerke bieten als Dienstleistung **Bilanzierung** an. Wobei diese Leistung von Outsourcing-Partnern erbracht wird (n=38).

Q.2.7. Beurteilen Sie den Grad der wirtschaftlichen Selbständigkeit der FN!

Franchisegeber:

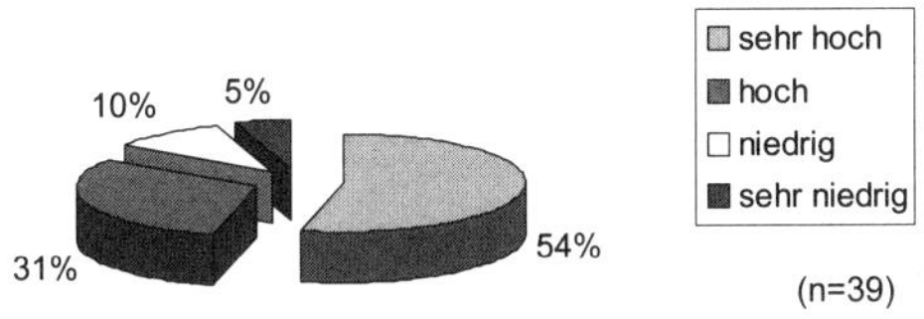

Franchisenehmer:

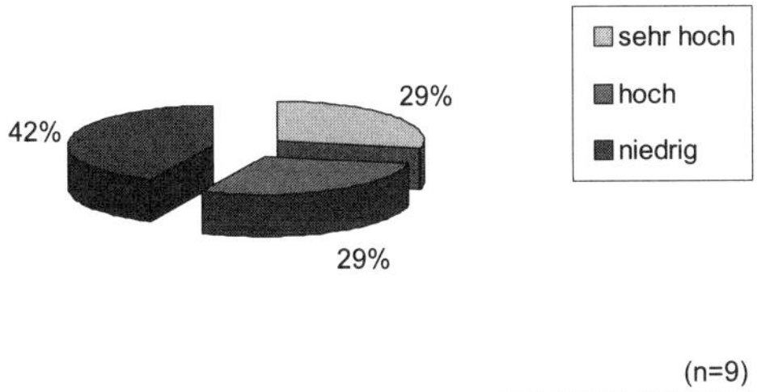

Kapitel 2)
Franchisegeber

Q.2.8. Inwieweit können FNs die Strategie / Entscheidungen des Dienstleistungs- netzwerkes beeinflussen?

Franchisegeber:

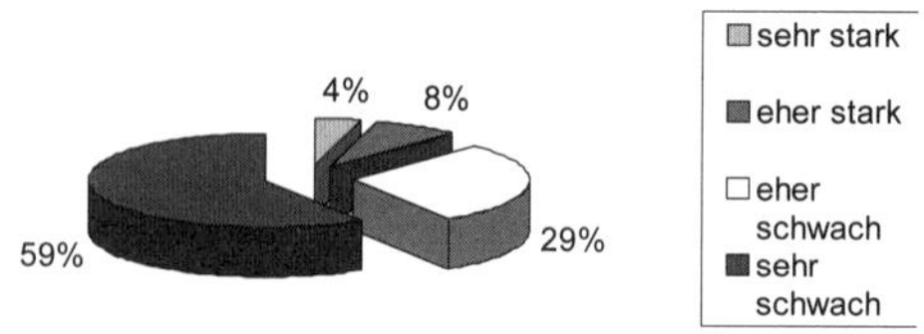

(n=38)

Franchisenehmer Q3.3.:

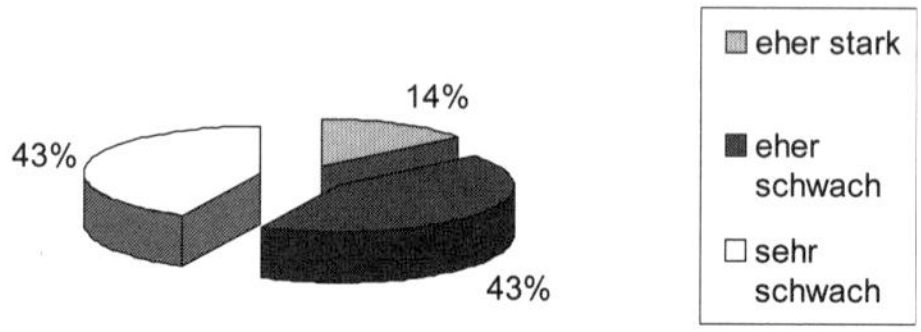

(n=9)

Wenn ja, in welchen Bereichen und in welchem institutionellen Rahmen (z.B. Gremien, Befragungen, usw.)**?**

Sortimentsausschüsse, Jahresmeetings, Erfa-Gruppen und der Außendienst sind die wichtigsten formellen Kanäle für die FNs Einfluß zu nehmen (n=9).

Q.2.9. Wie schätzen Sie die Zukunft Ihres Geschäftsmodells ein?

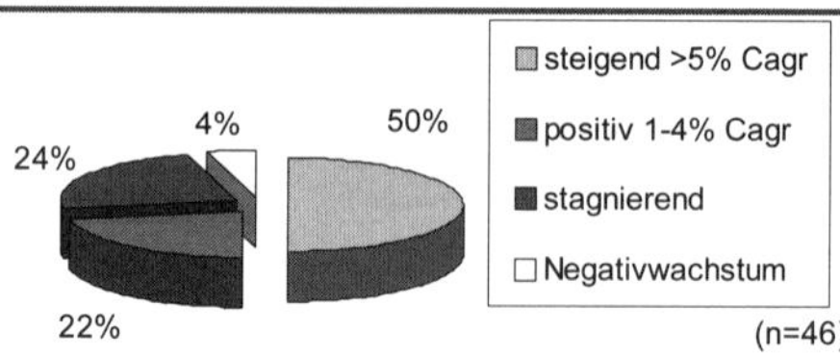

(n=46)

2003

Q.2.10. + 3.3. Wie erfolgreich schätzen Sie Ihr Unternehmen ein?

Franchisegeber:

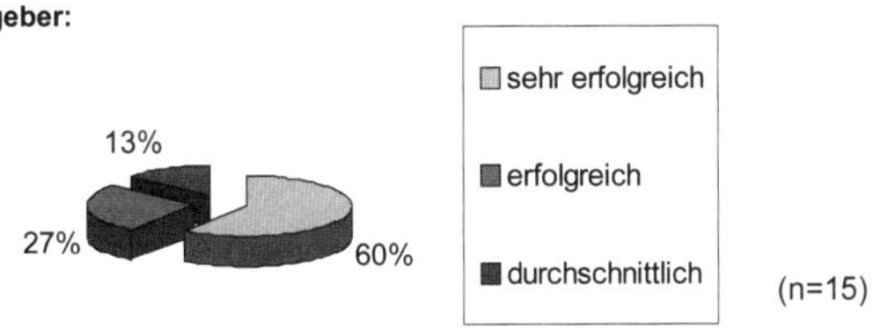

Franchisenehmer:

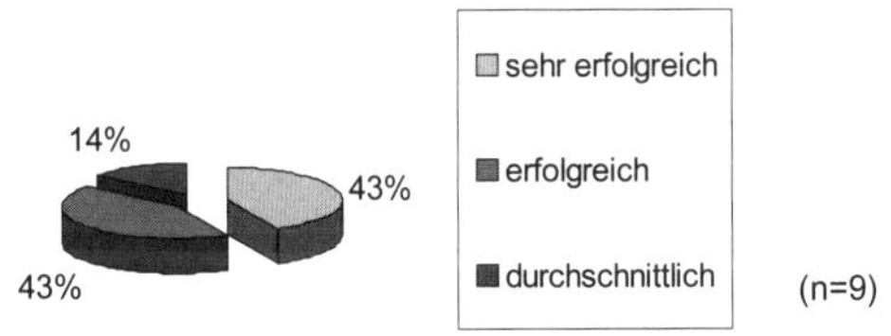

Q.3.4. Verfügen Sie über genug Informationen um Ihr Unternehmen erfolgreich zu führen?

1. **Franchisegeber:** 45 % sind der Meinung über ausreichende Informationen zu verfügen, 55 % sind sicher mit mehr Informationen die Kapialrenditen von Franchisegeber und –nehmer erhöhen zu können (n= 14).
2. **Franchisenehmer:** 75 % sind mit ihrem Informationsstand zufrieden und 25 % sind der Meinung mit mehr Information auch eine höher Kapitalrendite erzielen zu können (n= 9).
3. **Filialleiter:** 80 % benötigen nicht mehr Informationen um wirtschaftlicher zu arbeiten (n= 5).

Q.3.5. Welche Informationen sind Ihrer Meinung nach für das erreichen von größt möglichem wirtschaftlichen Erfolg einer Einzelhandelsunternehmung mit mehreren Outlets nötig, und wie sollten sie generiert und kommuniziert werden?

1. **Franchisegeber:** Warenwirtschaft mit permanenten Beständen auch in den Outlets, tägliche Umsatzstatistiken, Deckungsbeiträge der einzelnen Artikel, Transparenz über Personalkosten FG und FN (n= 14).
2. **Franchisenehmer:** Einkaufspreise, Umsätze, Deckungsbeiträge der einzelnen Artikel, ABC-Statistiken (n= 9).
3. **Filialleiter:** Warenwirtschaft, Bestellwesen, Personalkosten (n= 5).

Kapitel 3) Franchisenehmer

Q.3.6. Was läuft aus Ihrer Sicht nicht optimal (rechtzeitige Informationsversorgung, richtige Informationen, Qualität der ausgetauschten Daten, etc.)?

1. **Franchisegeber:** Fehlerhafte Daten der Franchisenehmer 50 & mangelnde Versiertheit der FNs im Umgang mit IuK 80 %, Migrationsproblematik, Papierwust, häufige Medienbrüche (n= 14).
2. **Franchisenehmer:** Zuviel an Information 55 %, zu zeitintensive Beschäftigung mit IuK (n= 9).
3. **Filialleiter:** Daten nicht zeitnah genug 30%, Datenwust (n= 5).

Q.3.7. Was spricht aus ihrer Sicht gegen eine ASP-Lösung als neutralen Mittler zwischen FG und FNs?

- **Notwendigkeit wird meist nicht gesehen** (FG, 90 %, n=13)
- **Noch zu teuer** (FG, 70 %, n=13)
- **Vertraulichkeitsproblematik nicht ausgeprägt genug** (FG, 80 %, n=13)
- **Vertrauen zum FG ist meist vorhanden** (FN, 66 %, n=9)

Q.3.8. Können Sie sich vorstellen, dass eine ASP-Lösung Vertraulichkeitsproblematiken aus der Welt schaffen könnte?

- **Theoretisch ja** (FG, 100 %, n=13)
- **Aber der Transfer des Know Hows vom FG zum Outsourcing-Partner und zurück ist komplex** (FG, 80 %, n=13)
- **Reaktionsschnelligkeit geht verloren** (FG, 30 %, n=13)

Kapitel 4)
Informations- und Kommunikationsaustausch

Q.4.1. Welchen Einfluß haben Franchisenehmer auf die verwendete IuK-Infrastruktur?

Es gibt genaue Vorgaben bezüglich der zu nutzenden Hardware, Software und Dienste	**78 %**
Es gibt vom Franchisegeber empfohlene IuK-Infrastrukturen, die aber nicht verpflichtend eingeführt werden müssen	**13%**
Franchisenehmer können zwischen einer definierten Auswahl von Hardware-, Software-Lösungen auswählen	**9 %**
	n=21

Q.4.2. Gibt es ihrer Meinung nach Unterschiede zwischen klassischen Filialsystemen und Franchising-Netzwerken bezüglich der Informations- und Kommunikationsbedarfe? Haben Sie persönliche Erfahrungen ?

1. **Franchisegeber:** Infobedarf höher als bei Filialleiter (Pull), FN nutzt zur Vergügung gestellte Infos weniger, da kein Druck und Gegenteil 32 %, Bestellgenauigkeit 13 %, Mitarbeiterführung 21 %, Informationsverpflichtung 23 %, strategischer Abstimmungsbedarf (Sortiment, Werbung 33 % (n= 14).
2. **Franchisenehmer:** Professionelle Unternehmensführung durch Arbeitsteilung (FN: Verkauf; FG: Strategie, Back office, IuK) (n=4)

Q.4.3. Welchen prozentualen Anteil repräsentiert die Kommunikation mit dem jeweiligen elektronischen Medium innerhalb des Franchising-Netzwerkes?

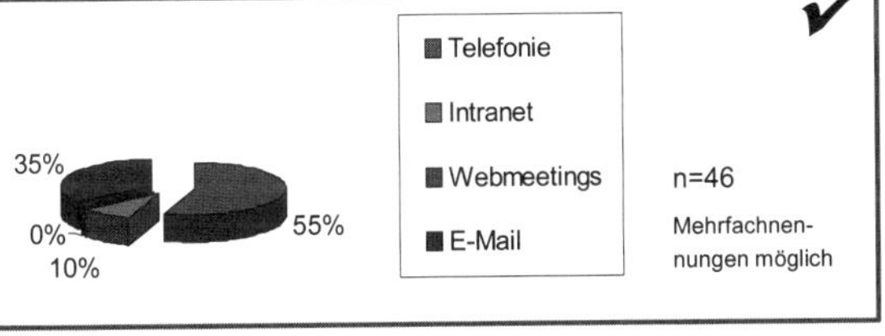

Q.4.4. Welchen prozentualen Anteil repräsentiert die Kommunikation mit dem jeweiligen elektronischen Medium im B2B-Bereich des Franchising-Netzwerkes (approved suppliers)?

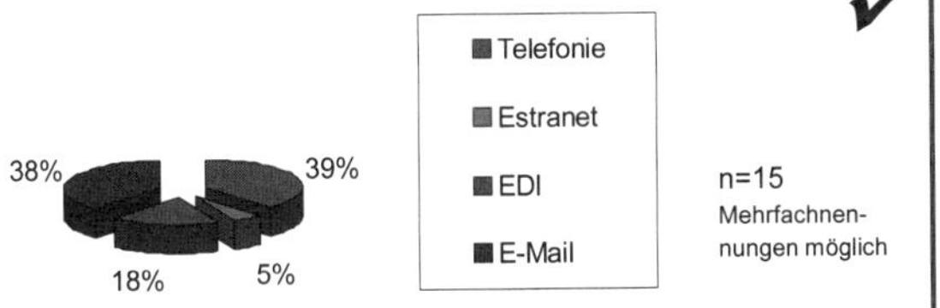

Q.4.5. Zwischen welchen Parteien des Franchising-Netzwerks finden die häufigsten formellen, IuK-gestützten Informationsflüsse statt (nach Aufkommen)?

1. Informationsflüsse vom Franchisegeber in Richtung Franchisenehmer
2. Informationsflüsse vom Franchisenehmer in Richtung Franchisegeber
3. Informationsflüsse innerhalb des Franchisegebers
4. Informationsflüsse innerhalb des Franchisenehmers
5. Informationsflüsse zwischen Franchising-Netzwerk und Dritten (B2C+B2B)
6. Informationsflüsse unter den Franchisenehmern

14 Stephan J. Meier; Oktober 2003

Q.4.6. A) Ist Ihr Unternehmen im Vergleich zu anderen Franchising-Netzwerken fortschrittlich im Bezug auf die genutzten Kommunikationsmedien?

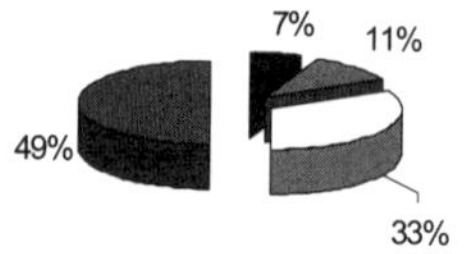

Q.4.7. B) Warum und in welchen Bereichen?

1. Intranet/Portal (kein Papier mehr: Bestellwesen, Handbuch)
2. Integrierte Warenwirtschaft (FG und FN)
3. Online-Shop
4. Integration der Lieferanten durch EDI
5. Fileserver-Funktionalität
6. Chat-Rooms

Q.4.8.+4.9. Nennen Sie aktuelle Entwicklungen im IuK-Bereich, mit denen Sie sich aktuell beschäftigen und die die direkten Einfluß auf den zukünftigen wirtschaftlichen Erfolg Ihres Franchising-Netzwerks haben werden?

1. Content Management System,
2. Intranet,
3. VPN,
4. Kassensoftware mit mehr Auswertungsparametern
5. zentrale Warenwirtschaft,
6. Real-time Anbindung
7. Linux
8. Bestellvorschläge
9. Businessware
10. CRM
11. Einbindung der Lieferanten in Warenwirtschaft

Q.4.10. Welche Informationsangebote werden dem Franchisenehmer zur Verfügung gestellt?

1. **Handbuch (inkl. Aktualisierung, Checklisten, Musterverträge, etc.), Markt-Know How 100 %** (n=28)
2. **Plan/Ist-Vergleiche 95 %** (n=28)
3. **Benchmarking/Erfa-Gruppen 90 %** (n=28)
4. **Deckungsbeitragsrechnung 85 %** (n=28)
5. **Marktinformationen 65 %** (n=28)
6. **Beschwerdemanagement 45 %** (n=28)

Q.4.11. Ist ein franchising-netzwerk-weites Portal installiert?

8 Franchising-Netzwerke von 46 haben ein Portal => 17 %

A) Gib es personalisierbare Informationsangebote?

Berichtswesen 25 % (n=24)

B) Dient das Portal auch zur Prozessunterstützung (Applikationsintegration)?

In keinem der 8 Franchising-Netzwerke die über ein Portal verfügen ist eine Applikationsintegration anzutreffen

C) Wenn ja, welche integrierten Funktionen beinhaltet das Portal?

Aktuell keine (n=8)

Kernfunktion Marketing und seine Teilbereiche

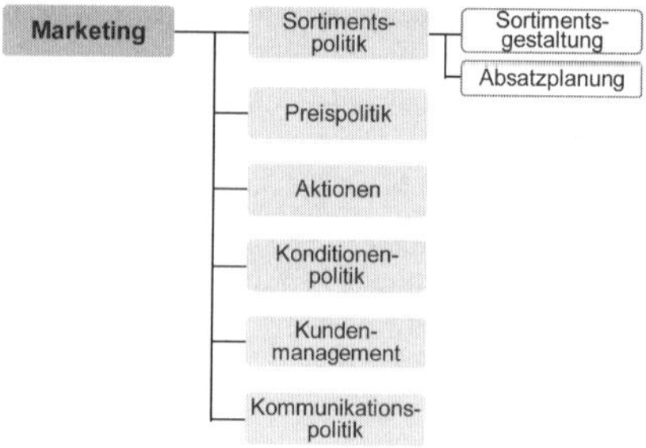

Q.4.13. A) **Welchen prozentualen Anteil nimmt der jeweilige Sortimentsteil in Ihrem Franchising-Netzwerk ein ? Um welche absolute Artikelanzahl handelt es sich jeweils ?**

In 22% (4 von n=21) Franchising-Netzwerken wird ein lokales Sortiment angeboten. Daraus ergibt sich die folgende Verteilung auf die Sortimentsbestandteile:

Franchising-Netzwerke:

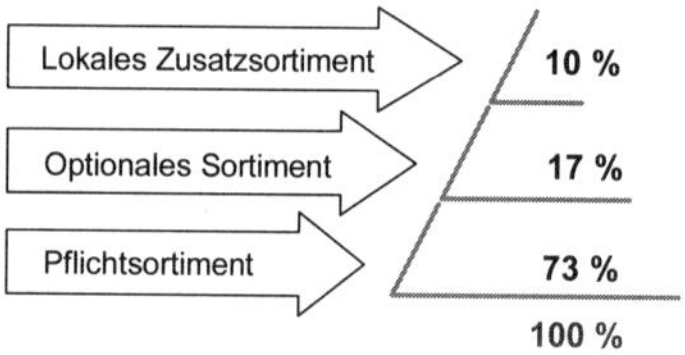

In 78 % (17 von 21) Franchising-Netzwerken wird kein lokales Sortiment angeboten. Daraus ergibt sich die folgende Verteilung der Sortimentsbestandteile:

Franchising-Netzwerke: **Filialsysteme:**

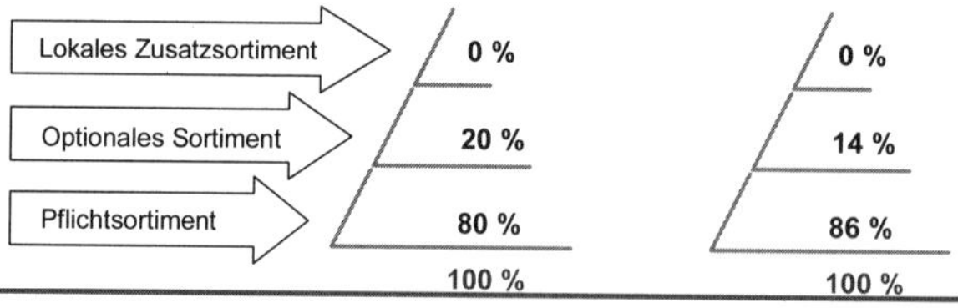

B) Werden vom FG Strukturierungsmerkmale (z.B. Planogramme) für die Sortimentsgestaltung verwendet ?

In keinem der befragten Franchising-Unternehmen werden Planogramme genutzt.

In 45% der Filialsysteme werden Planogramme verwendet.

C) Erfolgt eine Differenzierung des Sortiments (Saison, Regionen, Outletgröße, Betriebstypen)

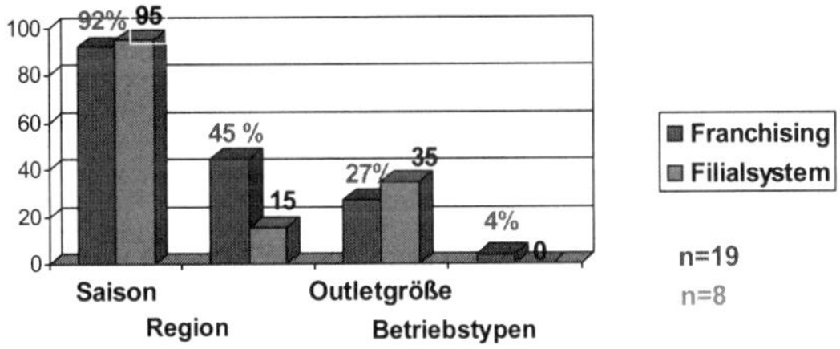

Zahlen

D) Inwiefern wird bei der Sortimentsgestaltung auf Spezifika des FN bei der Sortimentsgestaltung Rücksicht genommen (z.B. Kaufkraftindizes, Standort des Outlets, etc.) ?

In keinem der befragten Franchising-Netzwerke werden Spezifika des FN bei der Sortimentsgestaltung berücksichtigt.

Einzig flexible Variable ist die Outletgröße auf die mit Sortimentsbausteinen mit Sortimentstiefe reagiert werden.

Kapitel 4) Informations- und Kommunikationsaustausch

D) In welchen periodischen Abständen werden Sortimentsentscheidungen franchising-netzwerkweit aktualisiert ?

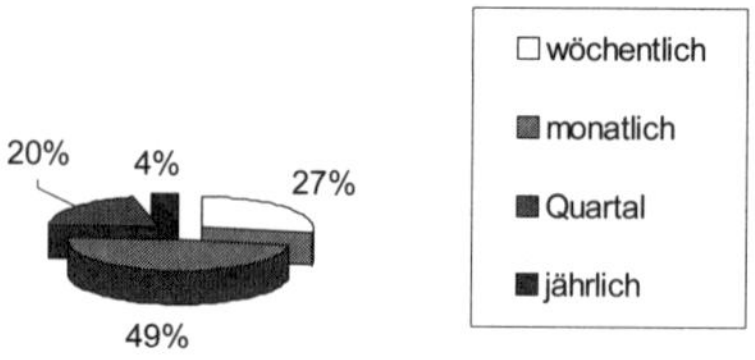

n=17

**E) Welchen Einfluß hat der FN im Bezug auf Veränderungen/Weiterentwicklung des zentralen Sortiments des Franchising-Netzwerkes ?
Welche Kommunikationsprozesse finden in diesem Rahmen statt ?**

Bei 90 % der Franchising-Netzwerke Einfluß durch:

- Sortimentsausschüße
- Informelle Gespräche über Außendienst
- Diskussionsforen im Intranet

In Filialsystemen haben die Filialleiter keinen Einfluß auf Sortimentsentscheidung

F) Werden Analysemethoden zur Optimierung des Sortiments verwendet ? Wenn ja welche (z.B. Data Warehouse-Analyse) ?

Obi, Blume 2000 und Quelle nutzen BW. Kein anderes der untersuchten Franchising-Netzwerke hat ein Tool zur Sortimentsanalyse. Meist werden selbst gestrickte Excel-Tools genutzt (15 %).

In 65 % der Filialsysteme werden zentral Tools zur Optimierung eingesetzt.

G) Unterstützt der FG den FN bei der Sortimentsoptimierung ?

Ja über Benchmarks, Sortimentsausschüße, Erfa-Gruppen, Außendienst-Mitarbeiter. Ausschließlich bezogen auf das Pflicht- und optionale Zusatzsoriment

H) Beschreiben Sie den Listungsprozeß eines neuen Produktes. Wer gibt den Anstoß? Welchen Unterschied gibt es zwischen zentralem und dezentralem Sortiment ?

Automatische und manuelle Listungsregeln mit denen FG Artikel Warengruppen und FN-Kategorien zuorden (Positivlistung):

- Normalbausteine für das Pflichtsoriment
- Optinale Bausteine für spezifische Sortimente (optionale Sortiment)
- Aktionsbausteine (inkl. Saison)

Entscheidungsgrundlage Category Management und Sortimentsausschüße, Lieferantenverhandlungen, Zuteilungen, POS-Material, Werbung

Artikel in Warenwirtschaft eröffnen / Warendisponierung

Informationen an Logistik, an alle FN

Es ist kein definierter Listungsprozeß für das dezentrale Sortiment identifizierbar.

I) Gibt es Beispiele für den Weg eines Artikels aus dem lokalen Sortiment eines FN in das Pflichtsortiment des gesamten Franchising-Netzwerkes ? Welche Hürden muß der Artikel auf einem solchen Weg nehmen ?

Kommt äußerst selten vor. Wenn dann eher in kleinen Systemen. Hürde ist in diesem Fall eine attraktive Deckungs-beitragsrechnung und die Abstimmung im Sortimentsausschuß

J) Wie, und wenn ja, mit welchen Methoden unterstützt der FG den FN bei der Listungsentscheidung für das optionale und das lokale Sortiment ?

Der FG unterstützt den FN in keinem System bei der Listungsentscheidung für das optionale/lokale Sortiment.

K) Verfügt der FN über dieselben Informationen bei der Listungsentscheidung wie der FG ?

Wenn nein, aufgrund welcher Informationsbasis trifft der FN seine Entscheidungen ?

In der Regel kennt der Franchisenehmer die Einkaufskonditionen des FG.

Auf Grundlage des vom FG kommunizierten Deckungsbeitrags

L) Ist eine dezentrale Artikelpflege des lokalen FN-Sortiments möglich/ nötig ?

1. **Franchisegeber:** 90 % nein; 100% nicht nötig (n= 14)
2. **Franchisenehmer:** 80 % nein; 66 % nötig (n= 9)
3. **Filialleiter:** 100 % weder möglich noch nötig (n= 5).

M) Kann der FN die Listung selbst vornehmen, oder entscheidet dies der zentrale Category Manager?

1. **Franchisegeber:** 100% zentraler Category Manager (n= 14)
2. **Franchisenehmer:** 100% zentraler Category Manager außer im Falle einer unabhängigen dezentralen Warenwirtschaft(n= 9)
3. **Filialleiter:** 100% zentraler Category Manager (n= 5).

N) Stehen die jeweiligen lokalen Artikeldaten nach der Listung allen anderen FNs auch zur Verfügung ?

1. **Franchisegeber:** 100% nein (n= 14).
2. **Franchisenehmer:** 100% nein (n= 9).
3. **Filialleiter:** n.a. (n= 5).

O) Wird das Filiallayout/Regalaufbau vom FG vorgegeben? Gibt es für den FN Entscheidungsspielräume? Wo liegen die Grenzen dieses Spielraums?

1. **Franchisegeber:** 80 % wird vorgegeben (n= 14).
2. **Franchisenehmer:** 66 % wird vorgegeben, abhängig von Outletgröße ergeben sich Freiheitsgrade (n= 9).
3. **Filialleiter:** 100% fest vorgeben (n= 5).

P) Wie wird der FN über das geforderte Filiallayout bzw. Desse Änderungen, informiert ? (z.B. Portallösung, Handbuch (Papierversion))

1. **Franchisegeber:** Handbuch (n= 14).
2. **Franchisenehmer:** Handbuch (n= 9).
3. **Filialleiter:** Arbeitsanweisungen (n= 5).

Q) Wie häufig wird der FN über Filiallayoutänderungen informiert ?

1. **Franchisegeber:** 80 % 1 mal jährlich, 20 % öfter (n= 14).
2. **Franchisenehmer:** 81 % 1 mal jährlich, 19 % öfter (n= 9).
3. **Filialleiter:** 80 % 1 mal jährlich, 20 % öfter (n= 5).

R) Verfügt der FN über ein dezentrales Tool zur Regal-, Verkaufsflächenoptimierung ? Wenn nein, wie optimiert der FN sein lokales Sortiment ? Hat der FG Zugriff auf die Ergebnisse der lokalen Optimierung ?

Die FNs verfügen über kein dezentrales Tool zur Verkaufsflächenoptimierung. Sie optimieren nach Informationen die sie vom FG oder anderen FNs bekommen. Der Informationsaustausch findet über Benchmarks und Ausschüße statt. Lokale Optimierung wird eventuell informell über Ausschüße an den FG weitergeleitet.

S) Profitieren auch andere FN von der lokalen Optimierung eines einzelnen FN ? Wenn ja, wie werden die Ergebnisse "veröffentlicht" bzw. Gibt es einen direkten Informationsaustausch zwischen den FN ?

s.o.

Q.4.14. Bitte überprüfen Sie den Teilbereich Absatzplanung auf Verantwortlichkeiten, Kommunikation und IuK-Unterstützung.

Die Entscheidungen der Sortimentsbildung und Artikellistung bilden die Grundlage der Absatzplanung. Es gilt Planungsebenen und Planungsparameter zu unterscheiden. Planung findet zu 85 % auf der Ebene von Warengruppen und nur zu 15 % auf der Ebene von Einzelartikeln statt. Planungen beziehen sich auf Absatzmenge und Umsatz.

Ausgehend von unabhängigen Planungen des einzelnen FNs und des FGs zum jeweiligen Outlet werden für das Pflicht-Sortiment, in einem zweiten gemeinsamen Schritt, einmal jährlich Plan-Umsätze festgelegt.

A) Welche Informationen werden zur Absatzplanung verwendet ?

Franchisenehmer, Region, Außendienstmitarbeiter, Artikel, Warengruppe und als Strukturelemente: Mengen, Stückpreise, Umsätze und Deckungsbeiträge.

B) **Werden Abverkaufsdaten vom FN an FG geschickt, oder hat FG jederzeit Zugriff auf diese Daten ?**

Abverkaufsdaten werden zu 80% täglich an FG geschickt. 8% schicken wöchentlich, 3% monatlich (n=43)

Bei 9% der untersuchten Unternehmen hat der FG jederzeit Zugriff auf die Daten (n= 4), wovon 3 Outlets Filialen sind.

C) **Wenn ja, in welcher Form (Aggregationsniveau)/auf welchem Weg, werden die FN-Abverkaufsinformationen dem FG zur Verfügung gestellt ?**

Artikelnummer, Menge, Kundenzahl, Preis, Uhrzeit

D) **Werden die Abverkaufsinformationen auf FN/auf FG-Ebene für Entscheidungen genutzt ?**

Die Abverkaufsdaten werden auf beiden Ebenen für Dispositions-, Planungs-, Sortimentsgestaltungsentscheidungen herangezogen sowie zur Berechnung der Franchisegebühr genutzt.

E) **Wie geht der Beschaffungsvorgang vonstatten ? Bündelt der Systemkopf alle Bedarfe der Outlets (Pflicht- und optionales Sortiment), oder kontaktiert das Outlet die Lieferanten direkt ? Wie werden Bedarfe kommuniziert ?**

In 87% der Franchising-Netzwerke (100% der Filialen) bündelt der Systemkopf die Bestellungen der Outlets und leitet sie an die Lieferanten weiter.

Bedarfe werden zu	**29 %/10%**	**telefonisch**
	27 %/5%	**per Fax**
	35 %/65%	**über Warenwirtschaft**
	9 %/20%	**über EDI**

an Lieferanten kommuniziert (n=34/10).

F) Gibt es Absatzziele, die zwischen dem einzelnen FN und dem FG in regelmäßigen Abständen ausgehandelt werden und auf die sich beide Seiten verpflichten ?

In 90 % der Franchising-Netzwerke werden Absatzziele einmal jährlich vereinbart.

In Filialsystemen monatlich 15% und quartal 85% zentral erstellte und dann kommunizierte Absatzziele.

G) Wird eine Tracking-Funktion für Bestellungen benutzt/ benötigt (Kontrolle Beschaffungsplan) ?

Keines der interviewten Unternehmen verfügt über bzw. nutzt eine Tracking-Funktion

Q.4.15. Bitte überprüfen Sie den Teilbereich Preispolitik auf Verantwortlichkeiten, Kommunikation und IuK-Unterstützung.

A) Sind die Preise für das Pflicht-, das optionale Sortiment vom FG vorgegeben ?
Gibt es Empfehlungen/definierte Korridore, in denen der FN sich frei bewegen kann (+/- x % bzw. obere/untere Preisgrenze) ?

Franchising-Netzwerke: Offiziell gibt es nur Preisempfehlungen. In der Regel halten sich die FNs an die Vorgaben, da sie Repressalien fürchten (n=14)

Hier spielt die Problematik der Scheinselbstständikeit und die Gruppenfreistellung eine Rolle.

Filialsysteme: Es gibt keine Korridore. Alle Preise sind fest definiert (n=5).

B) Hat der FN Einfluß bei der Festlegung der Preisstrategie für das zentrale Sortiment (Plicht- und optionales Sortiment) ? Wenn ja, wie manifestiert sich dieser Einfluß und wie läuft der Abstimmungsprozeß ?

> Einfluß und Abstimmung beschränkt sich in allen Franchising-Netzwerken auf Sortimentsausschüße.
>
> Allerdings unterscheiden sich die Franchising-Netzwerke im Bezug auf die Abstimmungsregeln.
>
> Die Mehrheit der Franchisegeber beanspruchen jedoch für sich federführend bei der Bestimmung der Preispolitik zu sein.
>
> (von FG wahrgenommener Einfluß der FN 15%
> von FN reklamierter Einfluß 25%).

C) Welche Freiheiten haben die FN bezüglich der Preispolitik in ihrem lokalen Sortiment ?

> Franchisenehmer haben absolute Freiheit bei der Preisfindung ihres lokalen Sortiments.

D) Wie werden die Preisinformationen vom FG zum FN kommuniziert ?
Finden regelmäßige Preisupdates statt ?
Müssen die Preise vom FN abgerufen werden, oder werden sie vom FG automatisch in die Kassensysteme des FN eingestellt ?

> Bei integrierter, gemeinsamer Warenwirtschaft werden Preise vom Franchisegeber gepflegt und somit auch in die Kassensysteme eingestellt.
>
> In allen anderen Fällen werden Preisinformationen über Rundschreiben kommuniziert (15%).

E) Werden den FN Mitbewerberpreisinformationen zur Verfügung gestellt ? Erhebt der FN selbst ? Wie werden in der Folge diese Informationen weitergeleitet ?

> In 35 % der Franchising-Netzwerke werden Mitbewerberanalysen durch den Franchisegeber als Dienstleistung erbracht. In den anderen Systemen haben Mitbewerberpreise auf informellem Wege – vor allem über die Franchisenehmer in den Sortimentsausschüßen – Einfluß.

F) Über welche Informationen verfügt der FN im Rahmen der Kalkulation für sein lokales Sortiment ?

Franchisenehmer kennt seine fixen und variablen Kosten und kann so eine Deckungsbeitragsrechnung erstellen.

Franchisegeber erbringt aber in keinem Fall Unterstützung zur Pflege oder Kalkulation des lokalen Sortiments.

G) Über welche Kalkulationstools verfügt der FN ? Gibt es eine Hilfestellung des FG bezüglich der Preiskalkulation ?

Es gibt teilweise selbst gestrickte Excel-Tools (20% der FN bei n=5).

Eine Hilfestellung des Franchisegebers bezüglich der Preiskalkulation ist in keinem der Franchising-Netzwerke anzutreffen.

H) Sind dem FG die Preise der lokalen FN-Sortimente bekannt ?

Die Preise des lokalen Sortiments sind dem FG nicht bekannt.

I) Wo wird die Preishistorie gespeichert ? Ist sie vom FN jederzeit abrufbar ?

Preishistorie wird sowohl von FG als auch von FN gespeichert.

Wobei das Kassensystem in der Regeln nur die Preise des aktuellen Jahres abrufbar zur Verfügung stellt.

Kapitel 4)
Informations- und Kommunikationsaustausch

Q.4.16. Bitte überprüfen Sie den Teilbereich Aktionen auf Verantwortlichkeiten, Kommunikation und IuK-Unterstützung.

A) **Ist der FN zur Teilnahme an allen zentralen Aktionen des FG B) Kann der FN selbständig lokale Aktionen planen und durchführen ?**

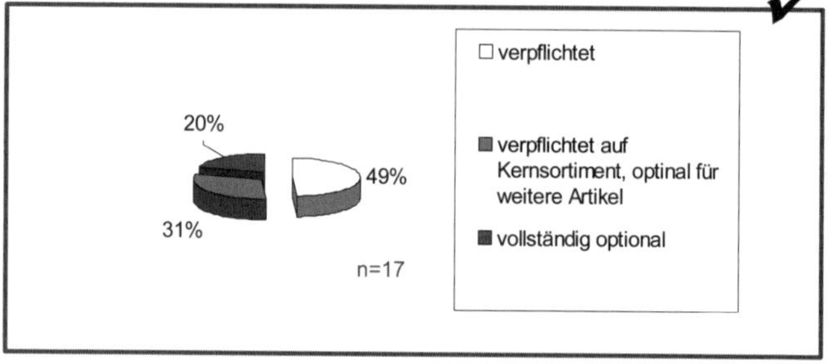

B) **Kann der FN selbstständig lokale Aktionen planen und durchführen?**

Ja. In allen Franchising-Netzwerken kann der FN lokale Aktionen durchführen.

C) **Wie unterstützt der FG den FN bei der Planung und Durchführung von lokalen Aktionen ?**

In 80 % der Systeme werden optinale Aktionspakete angeboten (n=20).

D) **Mit welcher Regelmäßigkeit finden zentrale und lokale Aktionen statt ?**

- **Seltener als monatlich: 5 %**
- **Monatlich: 45 %**
- **2 wöchentlich 35 %**
- **Wöchentlich 15 %**

(n=21)

E) Wird in Zusammenhang mit Aktionen mit Konsignationsware gearbeitet ? Wenn ja, wer verwaltet den Bestand dieser Artikel ?

In 15 % der Franchising-Netzwerke wird mit Konsignationsware gearbeitet und in all diesen Fällen werden diese Artikel vom Franchisegeber verwaltet (n=15).

F) Gelten die Prinzipien der Preispolitik auch bei Aktionen (Freiheiten bei der Preisbestimmung, etc.) ?

Ja die Freiheiten der Preisbestimmung gelten auch bei Aktionen.

G) Findet die Auswertung über den Aktionserfolg auf FN- oder FG-Ebene statt ? Wie wird ausgewertet ? Wie werden die Informationen ausgetauscht ?

Die Auswertung des Aktionserfolgs findet in 70 % aller Fälle auf der Ebene des Franchisegebers statt.

Der Franchisenehmer erhält eine Analyse und Bewertung die ihm zu einer Steigerung der Erfolgs bei der nächsten Aktion helfen soll.

Q.4.17. Bitte überprüfen Sie den Teilbereich Konditionenpolitik auf Verantwortlichkeiten, Kommunikation und IuK-Unterstützung.

Welche Freiheiten hat der FN bei der Anwendung von Konditionenpolitik ?

Der Franchisenehmer hat volle Freiheit bei der Anwendung der Konditionenpolitik.

Bei an den Franchisenehmer herantretenden Großabnehmern gibt es in der Regel die Möglichkeit die Einkaufspreise für den Franchisenehmer zu variieren.

Dieser Prozess läuft informell über Telefon ab.

Die IuK-Unterstützung beschränkt sich auf die Möglichkeit ins Kassensystem flexibel Preise eingeben zu können.

Q.4.18. Bitte überprüfen Sie den Teilbereich Kundenmanagement auf Verantwortlichkeiten, Kommunikation und IuK-Unterstützung.

A) Verfügt das Franchising-Netzwerk über ein Kundenmanagementsystem ?

40 % der Filialsysteme und 25% der Franchising-Netzwerke verfügen über ein Kundenmanagementsystem (n=20).

B) Die Kundendatenverwaltung

Die Kundendatenverwaltung dezentral beim FN angesiedelt.

Es wird dem FN freigestellt ob er die Daten dem FG weiterleitet oder nicht (Yves Rocher).

C) Gibt es ein Kundenkartensystem ? Wie sieht es aus ?

15 % der Franchising-Netzwerke haben ein Kundenkartensystem (n=X)

Davon sind 70% komplett outgesourct (z.B.: Paybox bei Obi)

D) Folgende Funktionen werden von Outsourcingpartner übernommen:

Komplette Verrechnung, Erstellung von Kundenprofilen und sonstiger Auswertungen, sowie Kundenakquise und Werbung.

E) Die Reklamationsbearbeitung erfolgt

□ zentral beim FG □ dezentral beim FN □ durch beide
Prozeßbeschreibung

Sowohl bei Franchisegeber als auch beim Franchisenehmer werden Reklamationen bearbeitet.

Der Prozeß sieht in der Regel vor, daß Reklamationen die vom FN nicht in ausreichender Qualität bearbeitet werden können, an den FG weitergegeben werden.

IuK-Infrastruktur stellt außer bei Online-Beschwerden, keinerlei Rolle.

Q.4.19. Bitte überprüfen Sie den Teilbereich Kommunikationspolitik auf Verantwortlichkeiten, Kommunikation und IuK-Unterstützung.

A) Welchen Einfluß haben die FN bei der Konzipierung franchising-netzwerkweiter Werbekonzepte ? Wie findet die Abstimmung statt ?
Sind die Konzepte individualisierbar auf den einzelnen FN ?

Werbekonzepte werden meist vom Franchisegeber in Werbeausschüßen oder Jahreskonferenzen vorgestellt.

10 % der Franchisenehmer (n=9) sind der Meinung, daß Sie Einfluß auf die Werbekonzepte haben.

Kapitel 4)
Informations- und Kommunikationsaustausch

B) **Besitzen die FN Freiheiten zur individueller Kommunikationsplanung ?**

> **Die Franchisenehmer besitzen im Rahmen der streng festgelegten Corporate Identity alle Freiheiten zu individueller Kommunikationsplanung.**

C) **Werden lokale Werbekonzepte durch FG-Know how unterstützt (Templates für Printanzeigen, konzipierte Hörfunkspots, etc.) ?**

> **Lokale Werbekonzepte werden durch den FG in 80 % der Franchising-Netzwerken unterstützt.**
>
> **So sind Templates für Printanzeigen, vorkonzipierte Hörfunk- oder Kinospots, PR-Aktionen oder Postwurfsendungen als Dienstleistung abrufbar.**

D) **Wird die Werbewirksamkeit der Kommunikationspolitik analysiert ?**
Von FG/FN/Dritten ? Mit welchen Analysemethoden ?

> **Es findet nach Wissen der Gesprächspartner keine Analyse der Werbewirksamkeit statt.**

Kernfunktion Warenbewegung und Abverkauf und seine Teilbereiche

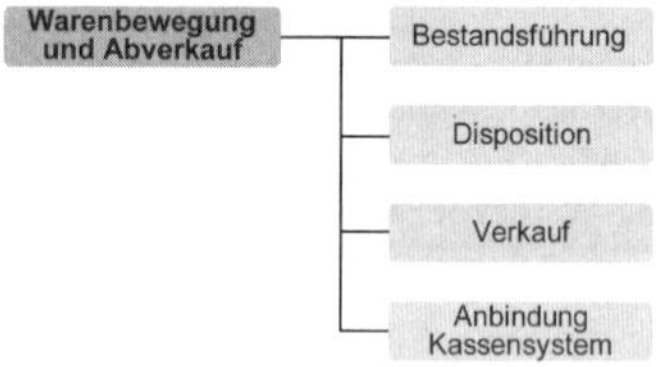

Informations- und Kommunikationsaustausch

Q.4.20. Bitte überprüfen Sie den Teilbereich Bestandsführung auf Verantwortlichkeiten, Kommunikation und IuK-Unterstützung.

A) Erfolgt die Bestandsführung zentral oder dezentral ? ✓

> Bestandsführung erfolgt meist dezentral (80%/100%)
> Die Bewertung der Bestände wird bei der Wareneingangserfassung im Rahmen der Lieferscheinbewertung vorgenommen (100%).

B) Wie wird die Bestandsfortschreibung auf FN-Niveau durchgeführt ? ✓

> In der Regel über das Kassensystem (95%/100%).
> Abverkäufe werden abgebucht, Lieferungen eingebucht.

C) Hat der FG Zugriff auf die Bestände des FN ? Wenn ja, wie ? ✓

> Nur bei integriertem WWS (20 % von n=10) hat der FG-Zugriff.
> Entweder über Standleitungsverbindung als Batch-Information, oder durch die automatisch angestossene, regelmäßige Datenübertragung via ISDN.

Informations- und Kommunikationsaustausch

H) Wird im Plicht- und optionalen Sortiment mit Konsignationsbeständen gearbeitet?
Wenn ja, wer verwaltet den Konsignationsbestand?

☒ FG
☐ FN

☐ jeweils zentrales/dezentrales Sortiment

Wie wird im jeweiligen Fall mit der Thematik "Schwund" verfahren?

> Problematik des Franchisenehmers. ✓
> Gelieferte Ware muß bezahlt werden.
> In einigen Systemen werden als Dienstleistung Testkäufe und Überwachungssysteme angeboten.

Q.4.21. Bitte überprüfen Sie den Teilbereich Disposition auf Verantwortlichkeiten, Kommunikation und IuK-Unterstützung.

A) Gibt es einen zentralisierten Bestellvorgang für Bestellungen bei externen Lieferanten?

> Der Franchisegeber übernimmt in 85 % der untersuchten Franchising- ✓
> Netzwerke die Bestellung bei externen Lieferanten. Bei 15 % der
> Franchising-Netzwerke hat der Franchisenehmer die
> Möglichkeit auch das Pflichtsortiment direkt beim Lieferanten
> zu bestellen.

B) Welches Dispositionsprinzip wird verwendet?

> ☒ zentrale Ermittlung der Bedarfsmengen (Filialsysteme 100%)
> F-N.: 78 % ☒ dezentral (Bedarfsmengen werden dezentral ermittelt)
>   ☐ Sichtdisposition
>   20 %   X unter Zuhilfenahme von MDEs
>   80 %   X Papier
>   22 % ☒ Gemischt zentral und dezental

E) Welche Daten enthält der Ordersatz (Mehrfachnennungen) ?

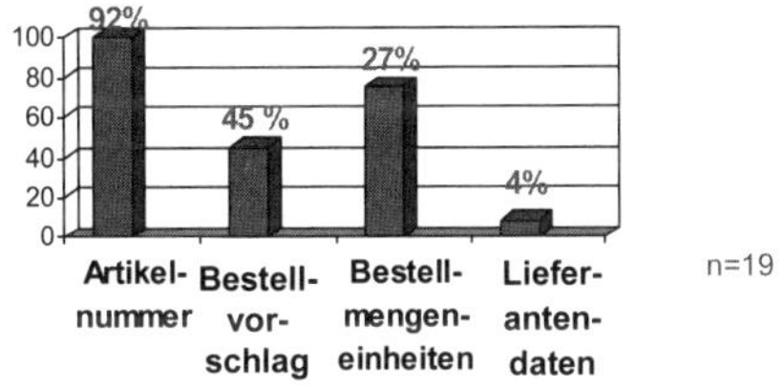

F) Enthält der FN-FG-Ordersatz auch die Artikel des spezifischen dezentralen FN-Sortiments ?

Nein.

G) Führt eine Bestandsverschiebung (Lieferung von FG an FN) automatisch zu einer Wareneingangsbuchung beim FN ?

X automatisch (bei integrierten Systemen zu 98 %),
X manuell (bei dezentralen Systemen zu 100 %).

H) Hat der FN die Möglichkeit der Auftragsverfolgung/ Avisierung ?

Nein.

Kapitel 4)
Informations- und Kommunikationsaustausch

Q.4.22. Bitte überprüfen Sie den Teilbereich Verkauf auf Verantwortlichkeiten, Kommunikation und IuK-Unterstützung.

- **artikelgenaue Bestandsführung: 37 %**
- **wertmäßige Bestandsführung: 63 %**

Die Erfassung des Warenausgangs erfolgt mittels Datenkassen im Outlet. Die Datenkassensysteme sind üblicherweise nicht Bestandteil des Warenwirtschaftssystem. Allerdings werden sie über entsprechende Schnittstelle sehr eng an das WWS angebunden. Die zentrale Schnittstelle von der WWS zum Kassensystem umfaßt den Download der Artikel- und Preisinformationen. Auf diese Weise wird an den kassen ein Preis-Look–up sowie ein artikelgenaue Erfassung der Verkaufsvorgänge möglich. In umgekehrter Richtung vom Kassensystem zum WWS sind unterschiedlich ausgestaltete Schnittstellen denkbar. So können einerseits die Verkaufsvorgänge in verdichteter Form an die Warenwirtschaft übertragen werden. Diese Informationen stellen die Grundlage für die Bestandsfortschreibung und Auswertungen des Kaufverhaltens (zum Beispiel Bonanalysen) dar.

Auf der Distributionsseite fallen Verkauf, Warenausgang bzw. die Kommissionierung und die Fakturierung zeitlich und sachlich am Point of Sale, also im Outlet zusammen.

Die Erfassung des Warenausgangs und die Fakturierung erfolgen mittels der Datenkassen. In Abhängigkeit von der Informationsgenauigkeit werden die Abverkaufsdaten artikelgenau oder in verdichteter Form erfaßt. In der Regel entstehen hierbei keine offenen Posten, die in einer Debitorenbuchhaltung bearbeitet werden müßten, da die Rechnungen sofort beglichen werden.

Q.4.23. Bitte überprüfen Sie den Teilbereich Anbindung Kassensystem auf Verantwortlichkeiten, Kommunikation und IuK-Unterstützung.

A) Es erfolgt ein regelmäßiger Datentransfer zum FG ?

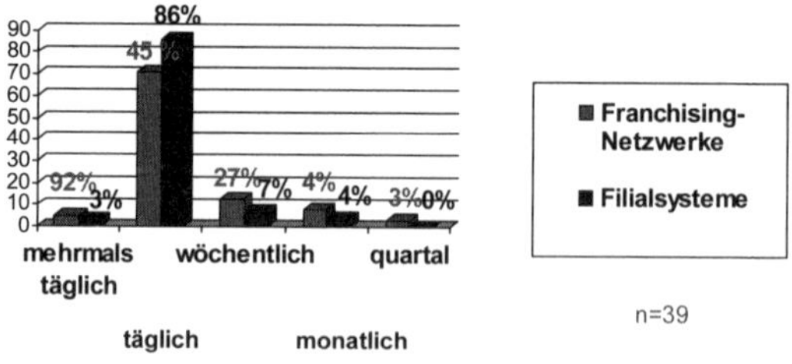

n=39

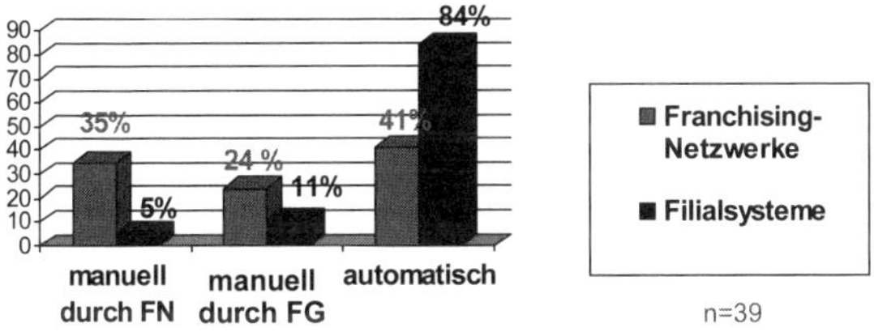

n=39

B) Der FN verfügt über die selben Auswertungstools zur Analyse der Abverkaufsdaten wie der FG ?

Nein. Der FG verfügt über performantere Systeme, deren Ergebnisse er seinen Franchisenehmern zur Verfügung stellt.

C) Die Preispflege und –übertragung am POS wird ausgeführt von ?

Vom Franchisenehmer.
Bei großen Systemen wie Obi ist Rack-Jobbing anzutreffen. Teilweise wird dann auch von Externen die Preispflege übernommen.

Kernfunktion Führungsinformation und seine Teilbereiche

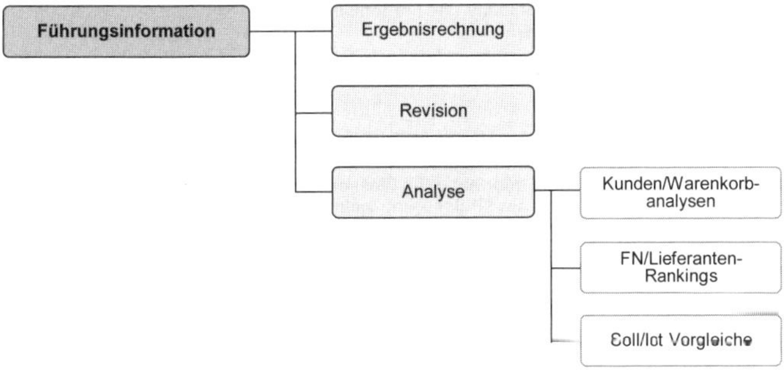

Q.4.24. Bitte überprüfen Sie den Teilbereich Ergebnisrechnung auf Verantwortlichkeiten, Kommunikation und IuK-Unterstützung.

A) Die FN-Deckungsbeitragsrechnung wird

dezentral vom FN erstellt: 29 %
zentral vom FG erstellt: 13 %
durch Outsourcingpartner erstellt: 58 %

n=28

B) Die Kosten- und Erlösrechnung wird

dezentral vom FN erstellt: 25 %
zentral vom FG erstellt: 8 %
durch Outsourcingpartner erstellt: 67 %

n=27

C) Die Personalwirtschaft wird

dezentral vom FN verwaltet: 95 %
zentral vom FG verwaltet: 5 %

n=28

Outsourcingpartner übernehmen folgende Funktionen:

Lohnbuchhaltung

C) Bietet die implementierte IuK-Infrastruktur die Möglichkeit von elektronischen Personalkontrollen an?

In Franchising-Netzwerken nicht netzwerkweit, sondern nur innerhalb des Unternehmens des Franchisenehmers.

In Filialsystemen ist die Zeiterfassung und die Verwaltung von Urlaubstagen unter Zuhilfenahme der IuK-Infrastruktur weit verbreitet.

D) Im Falle einer zentralen Dienstleistung des FG im Rahmen der Personalwirtschaft:
Welche Informationen fliessen vom FN zum FG ? Und welche zurück ?
Welche sind Pflicht- und welche sind optionale Dienstleistungen ?

n.a.

E) Gibt es zusätzlich zu den systeminhärenten, andere Anreizsysteme[1)] zur Förderung der ergebnisorientierten Leistungsbereitschaft ?
Welche Bemessungsgrundlagen werden für die Berechnung der Franchisefee herangezogen ?

	Franchising-Netzwerke	Filialsysteme
Umsatz:	100 %	80 %
abgesetzte Menge:	0 %	0 %
Deckungsbeitrag:	0 %	20 %
	n=14	n=5

Wie regelmäßig findet die Berechnung der Franchisefee statt ?

Zu 95 % jährliche Berechnung mit monatlichen Abschlagszahlungen.

D) Wird eine Abrechnungsprüfung vorgenommen ?

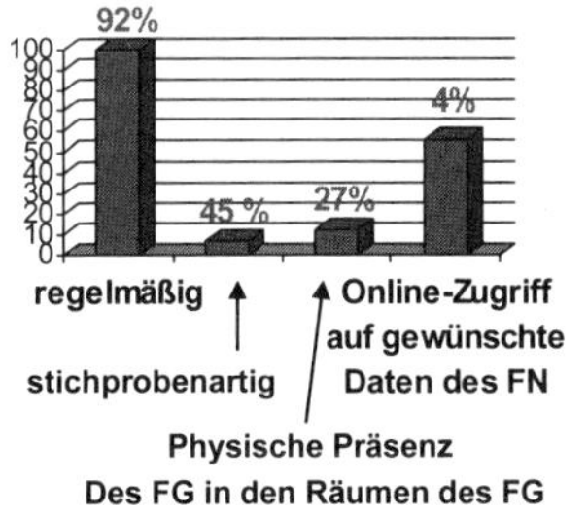

Franchising-Netzwerke

n=39

Mehrfachnennungen möglich

Q.4.25. Bitte überprüfen Sie den Teilbereich Revision auf Verantwortlichkeiten, Kommunikation und IuK-Unterstützung.

A) Welche Teilfunktionen der Rechnungsprüfung werden wie bearbeitet ?

Franchising-Netzwerke

Rechnungserfassung:	schriftlich 40%; elektronisch 60%; n=11
Rechnungskontrolle:	schriftlich 40%; elektronisch 60%; n=11

Franchising-Netzwerke

Rechnungserfassung:	schriftlich 20%; elektronisch 80%; n=5
Rechnungskontrolle:	schriftlich 40%; elektronisch 60%; n=5

B) Wie wird die FN-Buchhaltung abgewickelt ?

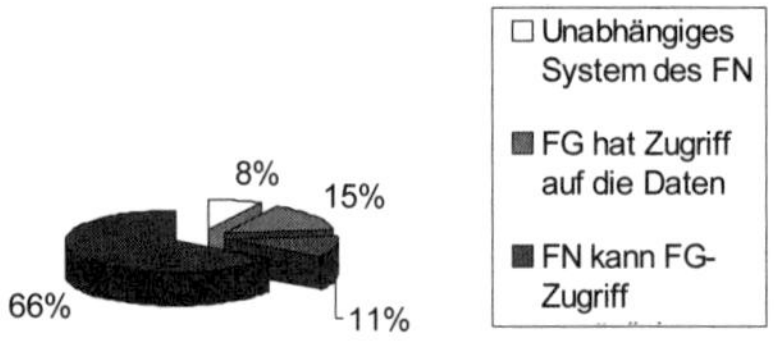

Q.4.26. Bitte überprüfen Sie den Teilbereich Kunden-/Warenkorbanalysen, auf Verantwortlichkeiten, Kommunikation und IuK-Unterstützung.

Werden regelmäßige Kunden-/Warenkorbanalysen vorgenommen ?

Franchising-Netzwerk

durch den FG anonymisiert für das Gesamtsystem:	5%	
durch den FG als Dienstleistung für die einzelnen FNs:	25%	
durch den FN:	15%	n=11
nein:	55%	

Filialsystem

durch die Systemzentrale:	75%	
durch den Filialleiter :	15%	
nein:	10%	n=7

Informations- und Kommunikationsaustausch

B) Zur Erstellung von ABC-Analysen gilt folgendes: ✓

```
n=39
Mehrfachnennungen möglich
```

	FN	DB	durch FG erstellt	wöchentlich	jährlich
	100%	100%	87%		48%
	Artikel	Umsatz Plan/Ist-Abweichung	durch FN erstellt	monatlich quartal	
	100%	4% 3%	13% 5%	29%	18%

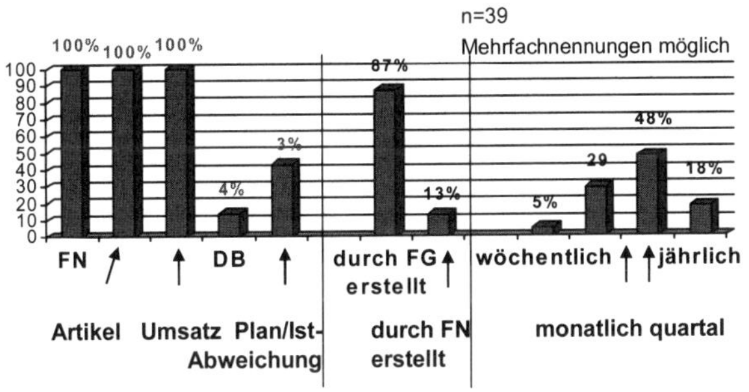

Q.4.27. Bitte überprüfen Sie den Teilbereich FN/Lieferantenrankings, auf Verantwortlichkeiten, Kommunikation und IuK-Unterstützung.

Ist die Erfassung und Pflege von Informationen zur franchising-netzwerkweiten externen Lieferantenbeurteilung möglich?
Wie wirken die FN bei Lieferantenauswahl mit? ✓

n.a.

Q.4.28. Bitte überprüfen Sie den Teilbereich Soll/Ist-Vergleiche auf Verantwortlichkeiten, Kommunikation und IuK-Unterstützung.

A) Es werden Ist/Plan-Zahlen erstellt ?

	Franchising-Netzwerk	Filialsysteme
monatlich:	5 %	25 %
quartal:	25 %	35 %
jährlich:	70 %	40 %

B) Es werden Ist/Ist-Zahlen zum Vormonat erstellt ?

durch den Systemkopf:	95 %	100 %
durch den FN/FL:	5 %	0 %

C) Es werden Ist/Ist-Zahlen zum Vorjahr erstellt ?

durch den FG:	95 %	100 %
durch den FN:	5 %	5 %
	n=14	n= 6

Technologie

Q.5.1. Beschreiben Sie bitte Ihre aktuelle Systemlandschaft? ✓

Durchschnittliche Systemlandschaft:

Franchisegeber		Franchisenehmer
Zentrale Warenwirtschaft — Datenbank — Lager — Logistik	ISDN/Internet	Warenwirtschaft — POS-Kassen-System

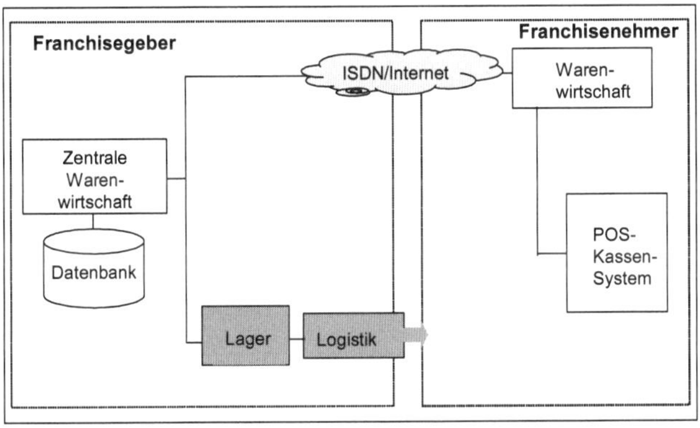

Beispielhafte Systemlandschaft

Outlet: Novelserver, Dos PC, IBM-Kassen, event. Scanner Datalogic (Cisco-Router)

Systemkopf: AS 4000, Terra Data, RS 600, SAP FI

Q.5.3. Welche Netzwerk-Infrastruktur wird genutzt ?

	Franchising	Filialsystem
Wählleitung	75 %	65 %
Standleitung	15 %	25 %
Internetverbindung (via)	10 %	10 %
Satelit	0 %	0 %

n=31

Q.5.4. Sehen Sie Ihre Unternehmen in einem Bereich als Benchmark in Bezug auf die verwendete IuK-Infrastruktur?

n.a.

Q.5.5. Welches Produkt benutzen Sie als Systemarchitektur?

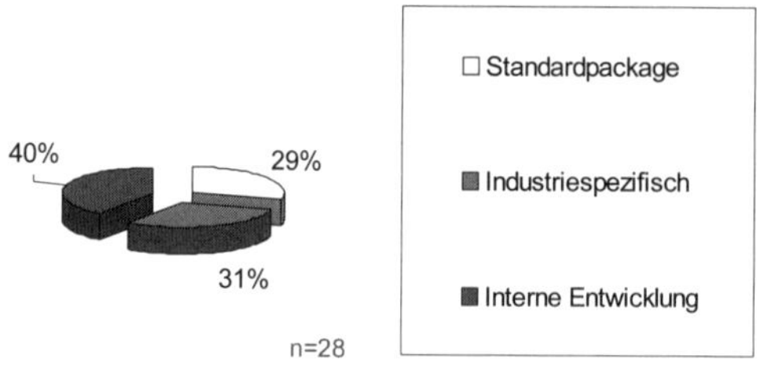

Q.5.7. Seit wann nutzen Sie Ihre aktuelle Systemlandschaft? ✓

```
40 ┬
30 ┤     28%  31%
    │17%       24%
20 ┤
10 ┤              8%
    │                2%
 0 ┴
   <1998  2000  2002
      1999  2001  demnächst
                  geplant
```
■ Franchising-Netzwerke

n=17

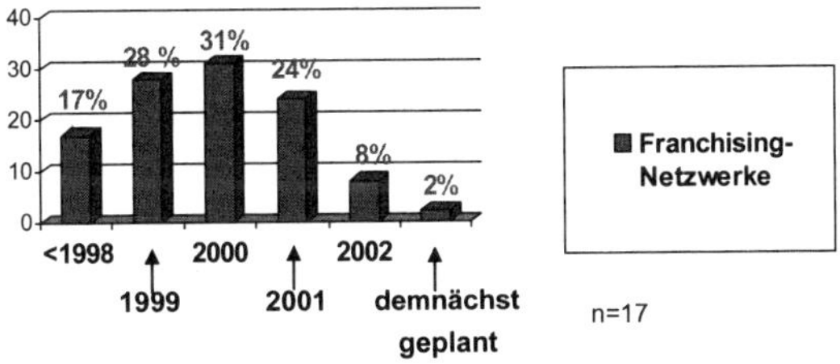

Q.5.8. Gibt es eine weitergehende elektronische Unterstützung? ✓

- MDE-Geräte
- W-Lan

Q.5.9. Wann sind welche Ausbaustufen (in Bezug auf welche Funktionen) geplant? ✓

- Online-Shop
- VPI
- Portal

Q.5.10. Wieviele Nutzer sind direkt mit dem (eventuell vorhandenen) Portal verbunden?

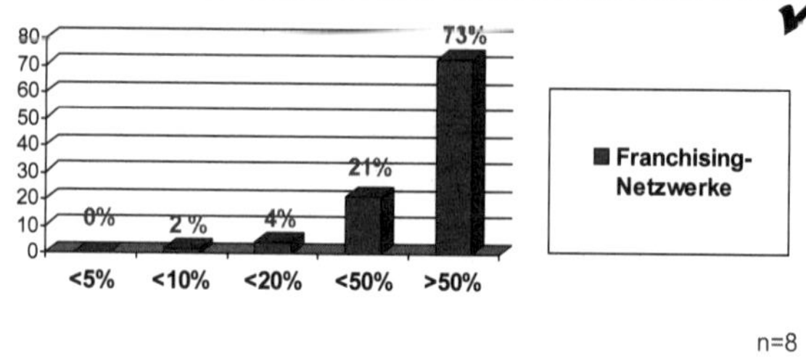

Q.5.11. Gibt es ein Single-Sign-on?

In den 6 Franchising-Netzwerken mit Portal gibt es Single-Sign-on.

Allerdings ohne Applicaton-Integration.

Q.5.12. Sind die folgenden technischen Herausforderungen gelöst?
Wenn ja wie?

- Berechtigungen für individuelle Stammdaten in Kombination mit zentralen Stammdaten

  Ja: 15% nein: 85% Lösung: freie Artikelnummer oder dezentrale unabhängige WWS

- Individuelle Verkaufpreise für alle Artikel, u.U. Kalkulation für individuelle Sortimente

  Ja: 100 %nein: 0 % Lösung: Preise der WWS können verändert werden

- Mitgliederindividuelle Auswertungen, die durch die Mitglieder selbst abgerufen werden können

  Ja: 15% nein: 85 %

- Dezentrale Sicherung aller outletindividuellen Daten (Belege, Bestände)

  Ja: 100 %nein: 0 % Lösung: Dezentraler Dos PC

- Gibt es eine Standard-Schnittstelle für POS (einheitliche Datenformate oder Übertragungsprotokolle)

  n.a.

- Stellt das Stammdatenvolumen/Belegvolumen die existierende Infrastruktur vor Probleme

  Ja: 10 % nein: 85 %

Technologie

Q.5.13. Können Sie sich vorstellen, dass eine ASP-Lösung Vertraulichkeitsproblematiken aus der Welt schaffen könnte?

Nein, nicht notwendig ✓

Q.5.14. Gibt es einen Themenbereich der Ihnen wichtig erscheint, der aber noch keine Erwähnung gefunden hat? ✓

- Systemanbieter und Händler müssen gemeinsam leistungsfähige Systeme konzipieren und weiterentwickeln.

- Die Systemanbieter müssen deutlich mehr Einzelhandels-Knowhow aufbauen und konsequent branchenspezifische Best-Practice bei Entwicklung und Implementierung der WWS umsetzen.

- Der Einzelhandel muss mehr als bisher bereit sein, die eigenen Geschäftsprozesse an diese Standard-Systeme anzupassen. Anderenfalls wird Erfolg und Wachstum für beiden Parteien erschwert.

5.2 Aufzählung der befragten Unternehmen

	Unternehmen	Ansprechpartner	Position	Segment	Phase der Empirie
1	Apollo Optik GmbH	**Herr Koch**	(Leiter Franchise)	Franchise-Geber	1
2	Aral AG	**Herr Ludwig**	(Partner-betreuung)	Franchise-Geber	1
3	Bang & Olufsen GmbH	**Herr Jagoda**	(Partner-betreuung).	Franchise-Geber	2
4	Bang & Olufsen GmbH	**Frau Kiffer**	(Geschäfts-führerin)	Franchise-Nehmer	2
5	Bellone Syncon S.A.	**Frau Bellone**	(Geschäfts-führerin)	Experte	1
6	Benetton GmbH	**Frau Kloos**	(Geschäfts-führerin)	Filialleiterin	2
7	Blume 2000 GmbH	**Herr Dr. Böckenholt**	(Geschäfts-führer)	Gemischtes System	2
8	Burger King GmbH	**Herr Berger**	(Finanz-vorstand)	Gemischtes System	2
9	Burger King GmbH	**Herr Guillpain**	(IT-Abteilung).	IT	2
10	Centrum für F&C Universität Münster e.V.	**Frau Wunderlich**	(Geschäfts-führerin)	Experte	1
11	Dt. Franchise Verband e.V.	**Frau Fischer**	(Statistik)	Experte	1
12	Eichelschulte AG	**Herr Eickelschulte**	(Geschäfts-führer)	Franchise-Geber	2
13	Engel & Völkers	**Frau Krug**	(Leiterin Vertrieb)	Filialleiterin	2
14	Foto Porst AG	**Frau Kroos**	(Bezirks-leiterin)	Franchise-Geber	1
15	Fressnapf AG	**Herr Schuster**	(Geschäfts-führer)	Franchise-Nehmer	1
16	GfD GmbH	**Herr Krüger**	(Geschäfts-führer)	Gemischtes System, IT	1
17	Intersport GmbH & Co. KG	**Herr Kuder**	(Stabsstelle EDV Entwicklung)	Franchise-Geber, IT	2
18	KA International GmbH	**Frau Graf**	(Franchise-Nehmer-betreuung)	Franchise-Geber	2
19	Kamps AG	**Herr Pollotzek**	(Leiter IT/ Partner-betreuung)	Gemischtes System	2
20	Kamps AG	**Frau Nedbala**	(Inhaberin)	Franchise-Nehmer	2
21	Kamps AG	**Frau Schenk**	(Filialleiter)	Filialleiter	1
22	Kochlöffel GmbH	**Herr Kaiser**	(Leiter Franchise)	Gemischtes System	2
23	McData GmbH	**Frau Ewald**	(Geschäfts-	Franchise-Geber	2

			führerin)		
24	McData GmbH	**Frau Runge-Brosius**	(Geschäfts-führer)	Franchise-Nehmer	2
25	McDonalds	**Herr Plauen**	(Geschäfts-führer)	Franchise-Nehmer	1
26	Montblanc GmbH	**Frau Schröder**	Leitung IT)	Gemischtes System, IT	2
27	More & More GmbH	**Frau Leistner**	(Geschäfts-führerin)	Filialleiterin	2
28	Müller Brot GmbH & Co. KG	**Herr Bauer**	(Verkaufs-leiter Retail)	Gemischtes System	1
29	Müller Brot GmbH & Co. KG	**Frau Leonhard**	(Geschäfts-führerin)	Filialleiterin	2
30	Musikschule Fröhlich GmbH	**Herr Fröhlich**	(Geschäfts-führer DVF)	Franchise-Geber, Ex-perte	1
31	Nestlé Franchise GmbH	**Frau Weber**	(Partner-betreuung)	Franchise-Geber	2
32	Obi Gmbh	**Herr Sieben-haar**	(Geschäfts-führer Ver-trieb)	Franchise-Geber	2
33	Portas GmbH	**Herr Hehner**	(Leiter Ver-trieb)	Franchise-Geber	2
34	Projekt & Training	**Frau Berger**	(Geschäfts-führerin)	Experte	2
35	Quelle AG	**Frau Stier**	(Leiterin Partner-management)	Gemischtes System	2
36	Quelle AG	**Frau Schwarz**	(Geschäfts-führer)	Franchise-Nehmer	2
37	Segafredo GmbH	**Frau Spaett**	(Franchise-Nehmer-betreuung)	Gemischtes System	2
38	Segafredo GmbH	**Herr Heigl**	(Geschäfts-führer)	Franchise-Nehmer	2
39	Spar Schweiz	**Herr Mähr**	(Leitung EDV)	IT	2
40	Spar Schweiz	**Frau Brändle**	(Partner-betreuung)	Gemischtes System	2
41	Strenese GmbH	**Herr Scheicher**	(Leitung Fili-albetreuung)	Gemischtes System	2
42	Subway GmbH	**Herr Friedrich**	(Geschäfts-führer)	Gemischtes System	2
43	Syncon Austria GmbH	**Frau Frauen-huber**	(Geschäfts-führerin)	Experte	2
44	Syncon Deutschland GmbH	**Dr. Boehme**	(Geschäfts-führer)	Experte	2
45	TeeGschwendner GmbH	**Herr Gschwendner**	(Geschäfts-führer)	Franchise-Geber	1
46	The Body Shop	**Frau Schmidt**	(Geschäfts-führer)	Franchise-Nehmer	1
47	Tiroler Bauernstandl AG	**Herr Obermül-ler**	(Vorstands-vorsitzender)	Franchise-Geber	2

48	Vom Faß AG	**Frau Wendlandt**	(Geschäftsführerin)	Franchise-Nehmer	2
49	Yello Strom GmbH	**Herr Lang**	(Geschäftsführer)	Experte	2
50	Yves Rocher GmbH	**Herr Klement**	(Partnerbetreuung)	Franchise-Geber	2

Literaturverzeichnis

Aalst, Will van der; van Hee, Kees M. (2002): Workflow Management: Models, Methods and Systems, Cambridge/Massachusetts.

Ackhoff, Russel L. (1967): Management Missinformation Systems. In: Management Science, Jg. 14, Nr. 4, S. 147-156.

Adam, Dietrich (1996): Planung und Entscheidung. Modelle – Ziele – Methoden. 4. Aufl., Wiesbaden.

Adams, J. Stacey (1980): Interorganizational processes and organizational boundary actvities. In: Cummings, L.L.; Staw, B.M. (Hrsg.): Research in organizational behavior 2, Greenwich, S. 321-355.

Adriaans, Paul; Zantinge, Dave (1996): Data Mining, Harlow.

Ahlert, Dieter (1981a): Vertragliche Vertriebssysteme zwischen Industrie und Handel. Wiesbaden.

Ahlert, Dieter (1981b): Absatzkanalstrategien des Konsumgüterherstellers auf der Grundlage vertraglicher Vertriebssysteme mit dem Handel. In: Ahlert, Dieter, Vertragliche Vertriebssysteme zwischen Industrie und Handel, Wiesbaden, S. 43-98.

Ahlert, Dieter (Hrsg.) (1981): Vertragliche Vertriebssysteme zwischen Industrie und Handel, Wiesbaden.

Ahlert, Dieter (Hrsg.) (1992): Schriften zu Distribution und Handel, Bd. 8, Frankfurt Main.

Ahlert, Dieter (2000): Die aktuellen Problemstellungen des Franchising aus der Perspektive der Wirtschaftswissenschaften. In: Ahlert, D. (Hrsg.). Diskussionsforum für Handel, Distribution und Netzwerkmanagement, Münster.

Ahlert, Dieter (Hrsg.) (2000): Diskussionsforum für Handel, Distribution und Netzwerkmanagement, Münster.

Ahlert, Dieter (2001) (Hrsg.): Handbuch Franchising & Cooperation, Nürnberg.

Ahlert, Dieter; Olbrich, Rainer (Hrsg.) (1997): Integrierte Warenwirtschaftssysteme und Handelscontrolling, Stuttgart.

Ahlert, Dieter; Becker, Jörg; Olbrich, Rainer; Schütte, Reinhard (1998) (Hrsg.): Informationsmanagement für Handelssysteme. Wiesbaden.

Ahlert, Dieter; Blaich, Günther; Evanschitzky, Heiner; Hesse, Josef (2000): Erfolgsforschung in Dienstleistungsnetzwerken. In: Ahlert, Dieter; Evanschitzky, Heiner; Hesse, Josef: Exzellenz in Dienstleistung und Vertrieb – konzeptionelle Ansätze und empirische Ergebnisse.

Ahlert, Martin (2001): Controllingkonzeptionen für Franchisesysteme. In: Ahlert, Dieter (Hrsg.): Handbuch Franchising & Cooperation, Nürnberg. S. 185-212.

Ahn, Heinz; Dyckhoff, Harald (1997): Organisatorische Effektivität und Effizienz. In: WiSt, 26. Jg., Nr. 1, S. 2-6.

Alba, Ralf. D. (1982): Taking stock of network analysis: A decade`s results. In: Bacharach, S. B. (Hrsg.), Research in the sociology of organizations, Conneticut: Greenwich, S. 39-74.

Alchian, Armen A.; Demsetz, Harold (1972): Production, Information Costs, and Economic Organization. In: American Economic Review, Vol. 62, Nr. 2, S. 777-795.

Allen, Rob (2003): Workflow: An Introduction. Elektronisch veröffentlicht, URL: http://www.wfmc.org/information/workflow-An_Introduction.pdf, [Stand 26.03.2003].

Alon, Ilan (2001): The use of Franchising by US based retailers. In: Journal of small business management, Nr. 2, Vol. 39, S. 111-122.

Alt, Rainer; Schmidt, Beat (2000): Logistik und Electronic Commerce. In: ZfB, Jg. 70, Nr. 1, S. 80-93.

Alt, Rainer; Schmid, Beat (2001): Logistik und Electronik-Commerce-Perspektiven durch zwei sich wechselseitig ergänzende Konzepte. In: ZfB, Jg. 71, Nr.1, S. 75-99.

Altmann, Ferdinand W. (1996): Stabilität vertraglicher Kooperationsverhältnisse im Franchising, Frankfurt.

Amies, Michael (2001): Don't leave Home without your flexibility kit. In: Franchising World. New York.

Amos, James H. Jr. (2001): Franchising, more than any act of government, will strengthen the global economy. In: Franchising World, Vol. 33, Nr. 4, S. 8.

Andrews, Walter (2001): B2B Technologies and initiatives start making sense B2B Technologies and initiatives start making sense;. In: Gartner Research Com-13-8345.

Andrews, Walter; Perlstein, Linn (2001): Shared-Commerce Services: Franchising E-CommerceShared-Commerce Services: Franchising E-Commerce; In: Gartner Advisory Research Note 12-2412.

Apelt, Maja (1999): Vertrauen in der zwischenbetrieblichen Kooperation. Wiesbaden.

Apshankar, Kapil (2002): ERP and Web Services - The Third Wave. In: Web Services Business Strategies and Architectures, hrsg. v. Fletcher, P; Waterhouse, M., Birmingham, S. 85-99.

Ausschuß für Begriffsdefinitionen aus der Handels- und Absatzwirtschaft (Hrsg.) (1995): Katalog E, 4.Auflage, Köln.

Axelrod, Robert M. (1984): The Evolution of Cooperation, New York.

Ayers, Jim (2001): Is supply chain management the same as ERP? Prag.

Bacharach, Samuel B.; Bamberger, Peter; McKinney, Valerie (2000): Boundary Management Tactics and Logics of Action: The Case of Peer-Support Providers. In: Administrative Science Quarterly, Vol. 45, S. 704-736.

Bachmann, Rainer (2001): Trust, Power and Control in Trans-Organizational Relations. In: Organization Studies, Vol. 22, Nr. 2, S. 337-365.

Badaracco, Joseph L. Jr. (1991): The Boundaries of the Firm. In: Etzioni, Amitai; Lawrence Paul R. (Hrsg.): Socio-Economics: Towards a new synthesis; New York, London, S. 293-327.

Baetge, Michel; Oberbeck Heinrich (1986): Zukunft der Angestellten. Frankfurt und New York.

Bahr, Christian (2002): Verbundgruppenfranchising und Kartellverbot, Düsseldorf.

Baker, Walter L.; Hamm, Jane (1999): Getting prices right on the web. In: Mckinsey Quarterly, Jg. 2001, Nr.2.

Bardach, Eugene (1998): Getting agencies to work together, Washington

Barling, Bert; Stark, Holger 1998: Business-to-Business Electronic Commerce. Opening the Market, Jg. 1, Burlington etc.

Barley, Stephen R. (1986): Technology as an Occasion for Structuring. In: Administrative Science Quaterly, Jg. 31, Heft 5, S. 78-108.

Barth, Kurt (1999): Betriebswirtschaftslehre des Handels. Wiesbaden 1999, S. 27 ff.

BBE Unternehmensberatung (2003): Einzelhandelsklima, Befragungsmonat Dezember 2003; Elektronisch veröffentlicht, URL: http://www.bbeberatung.com/bbe_cms/news/Klima_dezember03.php, [Stand, 12.02.2004].

Becker, Fred G. (1990): Anreizsysteme für Führungskräfte - Möglichkeiten zur strategisch-orientierten Steuerung des Managements. Stuttgart.

Becker, Jörg (1991): CIM-Integrationsmodell; Die EDV-gestützte Verbindung betrieblicher Bereiche. Berlin et al.

Becker, Jörg (1999): Informationsmanagement. Berlin et al.

Becker, Jörg; Schütte, Reinhard (1996): Handelsinformationssysteme, Landsberg/Lech.

Beger, Rudolf; Gärtner, Hans-Dieter; Mathes, Rainer (1989): Unternehmenskommunikation. Grundlagen – Strategien – Instrumente; In: Skript „Basistext für Unternehmenskommunikation", Prof. Dieter Leuthold, Hochschule Bremen.

Behr, Volker (1999): Der Franchise-Vertrag. Eine Untersuchung zum Recht der USA mit vergleichenden Hinweisen zum deutschen Recht. Wien.

Bellmann, Klaus; Hippe, Alan (1996): Netzwerkansatz als Forschungsparadigma im Rahmen der Untersuchung interorganisationaler Unternehmensbeziehungen. In: Bellmann, Klaus, Hippe Alan (Hrsg.), Management von Unternehmensnetzwerken: interorganisationale Konzepte und praktische Umsetzung, Wiesbaden, S. 3-18.

Bellmann, Klaus; Hippe, Alan (Hrsg.) (1996): Management von Unternehmensnetzwerken: interorganisationale Konzepte und praktische Umsetzung. Wiesbaden.

Berning, Harald (1997): Die Abhängigkeit des Franchise-Nehmers – Selbstständigkeit durch vertikal Gruppenkooperation oder Auflösung des Nominalarbeitsverhältnisses? Konstanz.

Berry, Leonard L. (2001): The old pillars of new retailing. Best Practice. N.Y.

Berthon, Pierre; Holbrook, Morris B; Hulbert, James M. (2003): Understanding and Managing the brand space. In: Sloan Management Review, Vol. 44, Nr. 2, S. 49-54.

Beuthien Volker; Schwarz, Günter; Träger, Uwe (1994): Handelskooperationen und Franchisesysteme im Distributionswettbewerb in Europa. Eine handelspolitische und wettbewerbsrechtliche Darstellung und Analyse. München, Ifo-Institut für Wirtschaftsforschung.

Bleek, Wolf-Gideon (2002): Software-Entwicklung für Infrastrukturen – konstruktiver Umgang mit Interferenzen, Hamburg.

Bleicher, Knut (1987): Zum Management zwischenbetrieblicher Koordination; Vom Joint Venture zur strategischen Allianz. In: v. Bühner (Hrsg.), Führungsorganisation und Technologiemanagement, Berlin, 77 ff.

Bleicher, Knut (1993): Führung. In: Wittmann, Waldemar et. al. (Hrsg.), Handwörterbuch der Betriebswirtschaft, 5. Auflage, Band 1, Sp. 1270-1284.

Bleicher, Knut (1995): Vertrauen als kritischer Faktor einer Bewältigung des Wandels. In: ZfO, Jg. 64, Nr. 6, S. 390-395.

Bleicher, Knut (1997): Management auf dem Weg zum virtuellen Unternehmen. In: Schuh, G., Wiendahl, H.-J. (Hrsg.), Komplexität und Agilität steckt die Produktion in der Sackgasse, Berlin u.a., S. 11-24.

Bleicher, Knut (1998): Paradoxe Trends organisatorischer Entwicklung. In: ZfO, Jg. 67, Nr. , Editorial.

Blutner, Doris; Wiesnthal, Helmut (2001): Netzwerkbeziehungen in der Wissensgesellschaft; Theorieninventur und Theorientest in praktischer Absicht. Berlin.

Böhm, Hubertus (1998): Checkliste Franchising; Franchise-Systeme aufbauen und erfolgreich führen. München.

Böhm, Hubertus (2001): Der Wandel in der Franchise-Landschaft. In: Absatzwirtschaft online, elektronisch veröffentlicht, URL: http://www.absatzwirtschaft.de, [Stand 12.04.02].

Böhm, Rolf; Fuchs, Emmerich; Pacher, Gerhard (1993): System-Entwicklung in der Wirtschaftsinformatik. 2. Aufl., Zürich.

Boisvert, Hugues (2001): Reinventing the @nterprise. In: CMA Management, Jg. 75, Nr.2, S. 30-33.

Bonus, Holger; Greve, Rolf; Kring, Thorn; Polster, Dirk (1999): Der genossenschaftliche Finanzverbund als strategisches Netzwerk - Neue Wege der Kleinheit. In: Arbeitspapiere des Instituts für Genossenschaftswesen der Westfälischen Wilhelms-Universität Münster, Nr. 16.

Borchert, Stefan (1999): Distributionsnetzwerke als Strategiealternative zu Fusionen im Handel. In: Der Verbund, Nr. 4.

Borchert, Stefan (2000): Distributionsnetzwerke; eine Organisationsform mit Chancen für Handelsunternehmen. In: Ahlert, Dieter (Hrsg.): Diskussionsforum für Handel, Distribution und Netzwerkmanagement, Münster 2000.

Brabandt, Jörn (2001): Transparenz der Datenstandardisierung der Schnittstellen, In: Information Management & Consulting, 16. Jg., Nr. 1, S. 44-48.

Bradley, Sam P.; Nolan, Richard L. (1998): Capturing Value in the Network Era; Harvard Business School Press, Boston.

Braßler, Axel; Schneider Herfried (2001): Stand und Entwicklungstendenzen des Electronic Supply Chain Management. In: ZfO, Jg. 70, Nr. 3, S. 143-151.

Brening, Hendrik (1990): Informationsflußbezogene Schnittstellen bei industriellen Produktionsprozessen. In: IM Information Management, Jg. 5, Nr. 1, S. 19-29.

Brickley, John A.; Dark, Frederik H. (1987): The choice of organizational form; The case of franchising. In: Journal of Financial Economics, Jg. 18, S. 401-220.

Brockhoff, Klaus (1983): Informationsverarbeitung in Entscheidungsprozessen. In: ZfB, S. 53-62.

Brockhoff, Klaus; Hausschildt, Jürgen (1993): Schnittstellen-Management - Koordination ohne Hierarchie. In: ZfO, Jg. 62, Nr. 6, S. 396-403.

Bronner, Rolf (1992): Komplexität. In: Frese, Erich (Hrsg.), Handwörterbuch der Organisation, 3. Aufl., Stuttgart, S. 1121-1130.

Brown, Steve (2002): A Fight to the Finish for Process Standards? In: Web Services Journal, 2. Jg., 2002, Nr. 12, S. 38-39.

Bruhn, Manfred (1997): Kommunikationspolitik. Bedeutung, Strategien, Instrumente, München.

Bruhn, Manfred; Stauss, Bernd (Hrsg.) (2002): Electronic Services. Wiesbaden.

Brynjolfsson, Erik (1993): The Productivity Paradoxon of Information Technology. In: Communications of the ACM, Jg. 36, Nr. 12, S. 67-77.

Brynjolfsson, Erik; Shinkyu, Yang (1996): Information Technology and Productivity; A Review of Literature. In: Advances in Computers, Jg. 43, Nr. 2, S. 179-214.

Bühner, Rolf (1989): Strategie und Organisation; Neuere Entwicklungen. In: ZfO, Jg. 58, Nr. 4, S. 223 - 232.

Bungarten, Theo (Hrsg.) (1994): Kommunikationsprobleme in und von Unternehmungen. Wege zu ihrer Erkenntnis und Lösung; Berlin.

Buono, Anthony F. (1996): Enhancing Strategic partnership; Intervening in network organizations. Online im Internet: http://fidelio.emerald-library.com/pdfs/199994.pdf - 24.06.2003.

Burbeck, Steve (2000): The Tao of E-Business Services, elektronisch veröffentlicht, URL: http://www-106.ibm.com/developerworks/webservices/ library/ws-tao/, [Stand 02.04.2003].

Burgfeld, Beate (1998): Organisationstheorie und Informationstechnologie, Wiesbaden.

Business-International (1990): Making Alliances Work. Lessons from companies' successes and mistakes, Business International/Economist Group, London.

Buvik, Arnt; John, George (1999): When does vertical coordination improve industrial purchasing relationships? In: Journal of Marketing, Jg. 64, Nr. 4, S. 52-64.

Buxmann, Peter; König, Wolfgang (2000): Zwischenbetriebliche Kooperation auf der Basis von SAP-Systemen. Perspektiven für die Logistik und das Service-management. Berlin.

Calkins, John D.; Eagle, Jevi S.; Farello, Michael J.; Horn, Michelle B.; Loch, Mark A. (1999): You want profits with that?. In: The McKinsey Quarterly, Nr. 4, S. 134-143, elektronisch veröffentlicht, URL: http://www.mckinsey quarterly.com, [Stand 09.02.03].

Carney, Michael; Gedajlovic, Ernest (1991): Vertical integration in frachise systems: Agency theory and resource ecplanations. In: Strategic Management Journal, Jg. 12, S. 607-629.

Castells, Manuel (1996): The network enterprise; the culture, institutions, and organizations of the informational economy. In: The Information Age, Economy, Society and Culture, S. 151-200.

Castells, Manuel (2003): Das Informationszeitalter; Teil 1: Der Aufstieg der Netzwerkgesellschaft, Opladen.

Chambers, Bill; Klima, Christine (2003): BPM: When Speed Counts, elektronisch veröffentlicht, URL: http://www.transformmag.com/db_area/archs/ 2003/04/tfm0304f1_1.shtml, [Stand 02.05.2003].

Champy, James; Hammer, Michael (1993): Re-Engineering the Corporation: A Manifesto for Business Revolution. New York.

Chen, Anne (2001): ERP II: It's alive! New York.

Chesher, Martin; Kaura, Richard (1998): Electronic Commerce and Business Communications, Berlin.

Chmielewicz, Klaus (1994): Forschungskonzeptionen der Wirtschaftswissenschaft. 3. Aufl., Stuttgart.

Chrobok, Rainer (1998): Netzwerk. In: ZfO, Jg. 67, Nr. 4, S. 242-243.

Cooper, Cliff L. (Hrsg) (1975): Theories of group processes. London.

Corsten, Hans (Hrsg.) (2001): Unternehmungsnetzwerke. München u.a..

Corsten, Hans (2001): Grundlagen und Koordination in Unternehmensnetzwerken. In: Corsten, Hans (Hrsg.): Unternehmungsnetzwerke, S. 1-58, München u.a., 2001.

Creusen, Udo (1993): Controllingkonzepte im Franchising am Beispiel Obi-Bau- und Heimwerkermärkte, In: Mayer, E. (Hrsg.) (1993), S. 282-297.

Crozier, Michel; Friedberg, Erhard (1993): Die Zwänge des kollektiven Handelns; Über Macht und Organisation. Frankfurt.

CSC Foundation Research Journal, 3. Jg., 2001, Nr. 1.

Cummings, Leonhard L.; Staw, Boris M. (1980) (Hrsg.): Research in organizational behavior 2. Greenwich.

Dautzenberg, Philipp (1996): Verbundgruppenmanagement im Spannungsfeld zwischen Zentralisierung und Dezentralisierung. Diss. Universität St. Gallen.

Davenport, Thomas H. (1993): Process Innovation. Reengineering Work through Information Technology. Boston.

Day, Jonathan D.; Mang, Paul Y.; Richter, Ansgar; Roberts, John (2001): The innovative organization. In: McKinsey Quarterly, Nr. 2.

De Long, David (2000): Building the Knowledge-based Organization; How Culture drives Knowledge Behaviors. Working Paper, Ernst & Young Center for Business Innovation, http://www.businessinnovation.ey.com/mko/newpdfs/cultdorg.pdf, [Stand 05.06.2000].

Dearden, Paul (1972): Management Information Systems, S. 101, N.Y.

Deitel, Harvey M.; Deitel, Paul J.; DuWaldt, Bernhard; Trees, Leo (2003): Web Services - A Technical Introduction, Upper Saddle River / New Jersey.

DeSanctis, Gill; Monge, Paul (1999): Introduction to the special issue: Communication processes for virtual organizations. In: Organization Science, Jg. 10, Nr. 6, S. 693-703.

Deutscher Franchise Verband: Jahrbuch Franchising 2001, München und Berlin.

Dieners, Rolf-Christian (1999): Effizienzbremse interne Kommunikation, In: Personalwirtschaft, Nr. 1, S. 41-43.

DIHK (Hrsg.) (2001): Franchising, Berlin.

Diller, Heinrich; Kusterer, Manfred (1998): Beziehungsmanagement. In: Marketing – ZFP, Jg. 10, Nr. 3, S. 211-220.

Dolmetsch, Rolf; Huber, Thomas; Fleisch, Edgar; Österle, Hubert (1998): Accelerated SAP, 4 Case Studies, Arbeitsbericht des Instituts für Wirtschaftsinformatik der Universität St. Gallen, St. Gallen.

Domke-Damonte, Darla (2001): Interactive effects of international strategy and throughput technology on entry mode for service firms. In: Management international Review, Vol. 40, Nr. 1, S. 41-59.

Doz, Yves L.; Hamel, Gary (1998): Alliance advantage; The art of creating value through partnering. Boston, Harvard Business School Press.

Drucker, Peter F. (1995): The Information Executives Truly Need. In: Harvard Busines Review, Jg. 73, Nr. 1, S. 54-62.

Drumm, Hans Jürgen (1996): Das Paradigma der Neuen Dezentralisation. In: DBW, Jg. 56, Nr. 1, S. 7-19.

Duschek, Stephan (1998): Kooperative Kernkompetenzen; Zum Management einzigartiger Netzwerkressourcen. In: ZfO, Jg. 67, Nr. 4, 230-236.

Duschek, Stephan (2002): Innovation in Netzwerken; Renten - Regeln -Relationen. Wiesbaden.

Dzinkowski, Ramona (2001): McDonald's Europe. In. Strategic Finance, Vol. 82, Nr. 11, S. 24-27.

Ebert, Kurt (1986): Warenwirtschaft und Warenwirtschafts-Controlling. Frankfurt Main.

Eggert, Ulrich (1998): Der Handel im 21. Jahrhundert. München.

Ehrmann, Thomas (2002): Reale Franchisesysteme, begrenzter Opportunismus und kooperative Elemente. In: ZfB, Jg. 72, Nr. 11, S. 1133-1154.

Eisenhardt, Kathleen M. (1989a): Agency Theory; An Assessment an Review. In: Academy of Management Review, Vol. 14, Nr. 1, S. 57-74.

Eisenhardt, Kathleen M. (1989b): Building Theories from Case Study Research. In: Academy of Management Review, Vol. 14, Nr. 4, S. 532-550.

Elgin, Jeff (2000): There's more to franchise growth than building a system. In: Franchising World, Vol. 32, Nr. 4, S. 8-9.

Elschen, Regine (1991): Gegenstand und Anwendungsmöglichkeiten der Agency-Theorie. IN: Zeitschrift für betriebswirtschaftliche Forschung 43 (11), S. 1002-1011.

Endres, Egon; Wehner, Theo (1995): Störungen zwischenbetrieblicher Kooperation; Eine Fallstudie zum Grenzstellenmanagement in der Automobilindustrie. In: Schreyögg, Georg, Sydow, Jörg (Hrsg.), Managementforschung 5, Berlin, New York, S. 1-45.

Endruweit, Günther; Trommsdorf, Gisela (Hrsg.) (2002): Wörterbuch der Soziologie, 2. Auflage, Stuttgart.

Eppler, Martin J.; Diemers, Daniel (2001): Reale und virtuelle Gemeinschaften im betriebswirtschaftlichen Kontext - Ansätze zum Verständnis und Management von Communities. In: Die Unternehmung, 55. Jg., Nr. 1, S. 25 - 41.

Etzioni, Amitai; Lawrence, Paul R. (Hrsg.) (1991): Socio-Economics: toward a new synthesis, New York, London.

Euro Handels Institut (EHI) (2002): Handel aktuell 2002. Köln.

Evanschitzky, Heiner; Steiff, Julian (2000): Network Excellence-Positionierungsmodell und erfolgsfaktorenorientierte Balanced Scorecard. In: Ahlert, Dieter, Evanschitzky, Heiner, Hesse, Josef, Exzellenz in Dienstleistung und Vertrieb – konzeptionelle Ansätze und empirische Ergebnisse.

Faisst, Werner (1998): Die Unterstützung virtueller Unternehmen durch Informations- und Kommunikationssysteme. Eine lebenszyklusorientierte Analyse, Dissertation Universität Nürnberg-Erlangen.

Feldmeth, Joshua M.; Skrovan, Sandra J. (2000): Convenience Stores. In: PWC Industry Outlook.

Fenwick, Laura (2001): IFA's eyes on international franchising. In: Franchising World, Vol. 33, Nr. 4, S. 22-23.

Feyh, Lothar (k.A.a): Einzel-Franchise oder Multi-Unit-Franchise. Deutscher Franchise Tag.

Feyh, Lothar (k.A.b): Was den Erfolg des Franchising ausmacht. Deutscher Franchise Tag.

Fleisch, Edgar (2001): Das Netzwerkunternehmen; Strategien und Prozesse zur Steigerung der Wettbewerbsfähigkeit in der „Networked Economy". Berlin, etc.

Fleisch, Edgar; Österle, Hubert (1999): Kooperative Leistungssysteme und Informationstechnologie. Thexis, Nr. 3, S. 54-59.

Flocken, Peter (Hrsg.) (2001): Erfolgreich im Verbund – Die Praxis des Netzwerkmanagements. Eschborn.

Flohr, Eckhard (2001): Franchise Vertrag. München.

Flohr, Eckhard (2002): Franchising erobert Märkte. München.

Frank, Ulrich (1997): Erfahrung, Erkenntnis und Wirklichkeitsgestaltung; Anmerkungen zur Rolle der Empirie in der Wirtschaftsinformatik. In: Grün, O., Heinrich, L.J. (Hrsg.), Wirtschaftsinformatik - Ergebnisse empirischer Forschung, S. 21-35, Wien, New York.

Franzen, Hermann (2003): Der Einzelhandel in der Krise!?, Rede des Präsidenten des Hauptverbandes des Deutschen Einzelhandels e.V. (HDE), im Industrieclub Düsseldorf, 08. Oktober 2003.

Frauenhofer, Margit (2002): Vertriebsformen. Elektronisch veröffentlicht, URL: http://www.syncon.com/vertriebsformen, [Stand 13. Juni 2003].

Frese, Erich (Hrsg.) (1992): Handwörterbuch der Organisation, 3. Aufl., Stuttgart.

Frese, Erich (1993a): Grundlagen der Organisation. Konzepte – Prinzipien – Strukturen. 5. Aufl., Wiesbaden.

Frese, Erich (1993b): Führung, Organisation und Unternehmensverfassung. In: Wittmann, Waldemar, et. al. (Hrsg.), Handwörterbuch der Betriebswirtschaft, 5. Auflage, Band 1, Sp. 1284-1299.

Frese, Erich (1995): Grundlagen der Organisation. 6. Aufl., Wiesbaden.

Frese, Erich (2000): Grundlagen der Organisation. Konzept - Prinzipien - Strukturen, 8. überarbeitete Aufl., Wiesbaden.

Frey, Bruno S.; Osterloh, Margit (1997): Sanktionen oder Seelenmassage? Motivationale Grundlagen der Unternehmensführung. In: DBW, Jg. 57, Nr. 3, S. 307-321.

Friedman, Raymond A.; Podolny, Joel (1992): Differentiation of Boundary Spanning Roles; Labor Negotiations and Implications for Role Conflict. In: Adminstrative Science Quarterly, Vol. 37, Nr. 1, S. 28-47.

Frits, Pil K.; Holweg, Matthias (2003): Exploring Scale; The Advantages of Thinking Small. In: Sloan Management Review, Vol. 44, Nr. 2, S. 33-40.

Fritz, David M. (2002): Franchising has its limitations. In: Marketing News, Vol. 34, Nr. 6, S. 16.

Gabriel, Roland (2002): Computergestützte Informations- und Kommunikationssysteme in der Unternehmung; Technologien, Anwendungen, Gestaltungskonzepte. Berlin.

Gadatsch, Andreas (2002): Management von Geschäftsprozessen: Methoden und Werkzeuge für die IT-Praxis; eine Einführung für Studenten und Praktiker, Braunschweig u.a.

Gaitanides, Michael (1992): Ablauforganisation. In: Frese, Erich (Hrsg.), Handwörterbuch der Organisation, 3. Aufl., Stuttgart, Sp. 1-18.

Gaitanides, Michael (Hrsg.) (1994): Prozeßmanagement. Konzepte; Umsetzungen und Erfahrungen des Reengineering. München.

Gaitanides, Michael; Scholz, Rainer; Vrohlings, Alwin (1994): Prozeßmanagement; Grundlagen und Zielsetzungen. In: Gaitanides, Michael (Hrsg.): Prozeßmanagement, Konzepte, Umsetzungen und Erfahrungen des Reengineering, München.

Garnsey, Elizabeth W.; Kelly, Seamas B. (1995): Structuration and Enacted Social Systems, Critical Issues in Systems Theory and Practice, New York.

Garrelts, Frank (1998): Märkte im Umbruch-Kooperation als Chance im Handel. München.

Gassmann, Oliver; Fuchs, Marius (2001): Führung von multilateralen Kooperationen. ZfO, Jg. 70, Nr. 6, S. 346-353.

Gaul, Wolfgang (1995): Datenanalyseverfahren. In: Tietz u. a. (Hrsg.), Handwörterbuch des Marketing, S. 414 ff., Stuttgart.

Gawenda, Holger (2002): Controllinganforderungen und –instrumente in Handelsunternehmen mit Filialnetz bzw. Franchisesystem im Vergleich; Diplomarbeit Universität Rostock.

Gemünden, Hans Georg; Walter, Achim (1995): Der Beziehungspromotor; Schlüsselperson für interorganisationale Innovationsprozesse. In: Zeitschrift für Betriebswirtschaft, Jg. 65, Nr. 9, S. 971-986.

Giddens, Anthony (1984): The Constitution of Society; Outline of the Theory of Structuration. Cambridge.

Giddens, Anthony (1991a): Die Konstitution der Gesellschaft – Grundzüge einer Theorie der Strukturierung. Frankfurt Main.

Giddens, Anthony (1991b): Structuration Theory; past, present an future. In: Jary, D. (Eds.) Bryantm C.G.A., Gidden's theory of structuration, A critical appreciation, London/New York, S. 201-222.

Giddens, Anthony (1995): Die Konstitution der Gesellschaft; Grundzüge einer Theorie der Strukturierung. 2. Aufl., Frankfurt a. M., New York.

Giddens, Anthony (1999): Soziologie, 2. Auflage, Graz/Wien.

Gilbert, Phil (2002): Key Concepts for Business Process Optimization, In: EAI Journal, Nr. 8, S. 40-43.

Göbel, Elisabeth (1996): Prozeßorganisation; Radikaler Neubeginn oder Wissensbestände im neuen Gewand ? In: Zeitschrift für Planung, Jg. 7, S. 309-318.

Golembiewski, Rainer T.; McConkie, Martin (1975): The centrality of interpersonal trust. In: Cooper, Clif L. (Hrsg.), Theories of group processes, London, S. 131-185.

Götz, Klaus (Hrsg.) (1999): Wissensmanagement: Zwischen Wissen und Nichtwissen, München.

Gottschalk, Karl (2000): Web Services Architecture Overview, elektronisch veröffentlicht, URL: http://www-106.ibm.com/developerworks/web/library/wovr/, [Stand 30.07.2003].

Grandori, Anna (1997): An Organizational Assessment of Interfirm Coordination Modes. In: Organization Studies, Vol. 18, Nr. 6, S. 897-925.

Griese, Hartmut M. (2002): Rolle. In: Endruweit, Günther, Trommsdorf, Gisela (Hrsg.), Wörterbuch der Soziologie, 2. Auflage, Stuttgart, S. 458-462.

Grimm, Heike (1999): Existenzgründung in den USA. München.

Grochla, Ernst (1980) (Hrsg.): Handwörterbuch der Organisation. 2. Aufl., Stuttgart.

Gross, Hans; Skaupy, Wilhelm (1969): Das Franchise System; Handbuch für Franchisegeber & Franchisenehmer. Düsseldorf und Wien.

Gruden, Anders; Strannegard, Peter (2003): Business Process Integration: The Next Wave, in: EAI Journal, Nr. 1, S. 10-12.

Grün, Oliver; Heinrich, Ludwig J. (Hrsg.) (1997): Wirtschaftsinformatik - Ergebnisse empirischer Forschung, Wien, New York.

Gryza, Cornelia; Michaelis, Thorsten; Walz, Harald (2000): Strategisches Informationsmanagement. Das Intranet als entscheidender Faktor in der Unternehmenskommunikation, Siemens Aktiengesellschaft (Hrsg.), Berlin und München.

Gust, Eva-Maria (2001): Customer value management in Franchisesystemen. Dissertation München, Wiesbaden.

Gutenberg, Erich (1984): Grundlagen der Betriebswirtschaft. Band II, Der Absatz, Berlin.

Gutzwiller, Thomas (1996): Standardsoftware, Desktop-Integration und Workflow-Management, In: Praxis des Workflow-Managements: Grundlagen, Vorgehen, Beispiele. München.

Haan, Andre (2003): Web Services: A Sea Change Taking Place, In: EAI Journal, 2003, Nr. 2, S. 37-39.

Hagel, John (2002): Out of the Box: Strategies for Achieving Profits Today and Growth Tomorrow through Web Services, Boston/ Massachusetts.

Hahn, Dietger (1997): Konzepte strategischer Führung; Entwicklungstendenzen in der Theorie und Praxis unter besonderer Berücksichtigung der Globalisierung. In: Zeitschrift für Betriebswirtschaft, Jg. 68, Nr. 6, S. 563-579.

Hammer, Michael (2002): Der Weg zum supereffizienten Unternehmen. In: Harvard Business Manager, Nr. 2, S. 40-52.

Hammer, Michael; Champy, James (1994): Reengineering the Corporation: A Manifesto for Business Revolution, New York.

Handlbauer, Gernot; Hinterhuber, Hans H.; Matzler, Kurt (1998): Kernkompetenzen. In: WISU, Nr. 8 -9, S. 911-916.

Hanrieder, Manfred (1991): Franchising; Planung und Praxis; Das Handbuch für erfolgsorientiertes Arbeiten mit und in Partner-Systemen. Stuttgart.

Hansen, Ute (1990): Absatz und Beschaffungsmarketing des Einzelhandels. Eine Aktionsanalyse, 2. neubearb. und erw. Auflagen, Göttingen.

Haug, Frigga (1991): Rollentheorie. In: Kerber, Harald, Schnieder, Arnold (Hrsg.), Handbuch Soziologie, Hamburg, S. 482-491.

Hauschildt, Jürgen (1980): Zielsysteme. In: Grochla, Ernst (Hrsg.): Handwörterbuch der Organisation. 2. Aufl., Stuttgart, Sp. 2419-2430.

Hauschildt, Jürgen (1998): Promotoren; Antriebskräfte der Innovation. Reihe BWL Aktuell, Arbeitspapiere der Universität Klagenfurt, Nr. 1.

Hauschildt, Jürgen; Gemünden, Hans Georg (Hrsg.) (1999): Promotoren; Champions der Innovation. 2. Aufl., Wiesbaden.

Hax, Herbert (1991): Theorie der Unternehmung; Information, Anreize und Vertragsgestaltung. In: Ordelheide, Dieter, Rudolph, Bernd, Büsselmann, Elke (Hrsg.), Betriebswirtschaftslehre und ökonomische Theorie, Stuttgart, S. 51-72.

Heilmann, Heidi (1994): Workflow Management. Integration von Organisation und Informationsverarbeitung. München.

Heinrich, Lutz J. (1996): Systemplanung. Planung und Realisierung von Informatik-Projekten Band 1, 7. Aufl., München-Wien.

Helm, Roland (2001): Einflussfaktoren auf die Wahl verschiedener institutioneller Formen des internationalen Absatzes. In: Die Unternehmung, Jg. 55, Nr.1, S. 43-57.

Hempelmann, Bernd (2001): Ökonomische Analyse der Vertragsbeziehungen im Franchising. In: WiSt, Nr. 2, S. 75-78.

Henderson, John C.; Venkatraman, Norbert, Oldach, Chris (1996): Aligning Business and IT Strategies. In: Lufman, Jennifer M.(Hrsg.) (1996): Competing in the Information Age, Strategic Alignment in Practice. Oxford, New York et al., S. 21-42.

Herbst, Dieter (1999): Interne Kommunikation, Berlin.

Herrfeld, Patricia (1998): Die Abhängigkeit des Franchisenehmers; Rechtliche und ökonomische Aspekte. Wiesbaden.

Hesse, Wolfgang; Barkow, Georg; von Braun, Hubert; Kittlaus, Hans-Bernd; Scheschonk, Gert: Terminologie der Softwaretechnik. Ein Begriffsystem für die Analyse und Modellierung von Anwendungssystemen. Teil 2: Tätigkeits- und ereignisbezogene Elemente. Informatik Spektrum, 17 (1994) 2, S. 96-105.

Heym, Martin (1995): Prozeß- und Methodenmanagement für Informationssysteme. Überblick und Referenzmodell. Berlin.

Hiemenz, Christian: Unterstützung von Unternehmensnetzwerken durch Software-Tools. München.

Heinrich, Peter; Schulz zu Wiesch, Jochen (Hrsg.), Wörterbuch der Mikropolitik, Opladen, S. 186-190.

Hippe, Alan (1996): Betrachtungsebenen und Erkenntnisziele in strategischen Unternehmensnetzwerken. In: Bellmann, Klaus; Hippe Alan (Hrsg.), Management von Unternehmensnetzwerken, interorganisationale Konzepte und praktische Umsetzung, Wiesbaden, S. 21-53.

Hippe, Alan (1997): Interdependenzen von Strategie und Controlling in Unternehmensnetzwerken. Wiesbaden, Gabler.

Hirschheim, Rudy; Sabherwal, Rajiv (2001): Detours in the path toward strategic information systems alignment. In: California Management Review, Vol. 44, Nr. 1, S. 87-108.

Hoffmeister, Mike (1998): Multi-Franchise-Konzepte im Automobileinzelhandel; Entwicklung und Auswirkungen auf die Absatzkanalpolitik der Automobilhersteller. Wiesbaden.

Holtbrügge, Dirk (2001): Neue Organisationsformen. In: ZfO, Jg. 70, Nr. 6, S. 338-345.

Holten, Roland (2003): Integration von Informationssystemen, in: Wirtschaftsinformatik, 45. Jg., Nr. 1, S. 41-52.

Horche, Frank (2003): Auswirkungen der Web Services Technologien; München.

Horváth, Peter; Mayer, Reinhold (1989): Prozeßkostenrechnung. Der neue Weg zu mehr Kostentransparenz und wirkungsvolleren Unternehmensstrategien, In: Controlling, 1. Jg., Heft 4, S. 214-219.

Inkpen, Arthur C. (1996): Crating Knowledge through Collaboration. In: California Management Review, 39 (1), S. 123-144.

Intalio (Hrsg.) (2003): Intalio n3 Product Overview, elektronisch veröffentlicht, URL: http://www.intalio.com/reg/downloads/colateral/ Intalio-n3-Product-Overview.pdf, [Stand 24.07.2003].

Jablonski, Stefan; Böhm, Markus; Schulze, Wolfgang (1997): Workflow Management, Entwicklung und Anwendungen von Systemen, Heidelberg.

Jablonski, Stefan; Meiler, Christian; Petrov, Ilia (2002): E-Collaboration: Prozeßorientierung als Grundlage der IT-Strategie- und Systemauswahl, in: Information Management & Consulting, 17. Jg., 2002, Nr. 4, S. 26-32.

Jarillo, Carlos J. (1988): On Strategic Networks, in. Strategic Management Journal, 9. Jg., Heft 1, S. 31-41.

Jary, Davis; Bryantm C.G.A. (1991): Gidden's theory of structuration, A critical appreciation, London/New York.

Jensen, Michael C.; Meckling, William H. (1976): Theory of the Fim; Managerial Behavior, Agency Costs, and Ownership Structure. In: Journal of Financial Economics, Vol. 3, S. 305-360.

Johnston, Stuart (2002): Web Services Wars Take Artistic Turn, elektronisch veröffentlicht, URL: http://www.fawcette.com/xmlmag/2002_10/magazine/columns/signal/sjohnston/default_pf.asp, [Stand 04.08.2003].

Jost, Peter-Jürgen (2000): Organisation und Motivation; eine ökonomisch-psychologische Perspektive. Wiesbaden.

Jost, Wolfram (2003): Prozeßanalyse als Grundlage für das Design und die Weiterentwicklung von ERP-Systemen, elektronisch veröffentlicht, URL: http://www.netskill.com/ids/jost_6.2003, [Stand 04.06.03].

Jost, Wolfram (2003a): Prozeßanalyse als Grundlage für das Design und die Weiterentwicklung von ERP-Systemen. online im Internet: www.netskill.com/ids/jost_6.2003, [Stand 04.06.03].

Jost, Wolfram (2003b): Prozeßanalyse als Grundlage für das Design und die Weiterentwicklung von ERP-Systemen, elektronisch veröffentlicht, URL: http://www.competence-site.org/netskills/jost/ERP/, [Stand 30.05.03].

Kalliwoda, Norbert (2000): Die Kombination von Franchise- und Filial-Systemen. Shaker.

Kaltenmorgen, Norbert; Klüber, Roland; Leser, Florian; Alt, Rainer (2001): eServices for Integrating eMarkets, in: Business Networking: Shaping Collaboration Between Enterprises, hrsg. v. Österle, H.; Fleisch, E.; Alt, R., Berlin u.a. (Springer), 2001, S. 229-246.

Kanter, Rosabeth Moss (1991): Interorganizational Bonds and Intraorganizational Behavior. In: Etzioni, Amitai, Lawrence Paul R. (Hrsg.), Socio-Economics, toward a new synthesis, New York, London, S. 329-344.

Kaub, Ernst (1992): Franchising als strategische Partnerschaft. In: Zentes, Joachim (Hrsg.)(1992), S. 161-184.

Kelly, Kevin (1999): NetEconomy: Zehn radikale Strategien für die Wirtschaft der Zukunft, München.

Kenis, Paul; Schneider, Viktor (Hrsg.) (1996): Organisation und Netzwerk, institutionelle Steuerung in Wirtschaft und Politik, Frankfurt Main, New York.

Kerber, Harald; Schnieder, Arnold (Hrsg.) (1991): Handbuch Soziologie, Hamburg.

Kern, Walter (Hrsg.) (1979): Handwörterbuch der Produktionswirtschaft, Stuttgart.

Kessler, Ulrich (2001): Franchise CD 2001. Münster.

Khan, Rashid (2002): A Perfect Marriage: Workflow and EAI. In: EAI Journal, Nr. 2, S. 20-21.

Kieser, Alfred (1995): Anleitung zum kritischen Umgang mit Organisationstheorien. In: Kieser, Alfred (Hrsg.), Organisationstheorien, 2. Aufl., Stuttgart et. al., S. 1-30.

Kieser, Alfred (Hrsg.) (1999): Organisationstheorien, 3. Auflage, Stuttgart.

Kilberth, Klaus/Gryczan, Guido/Züllighoven, Heinz (1994): Objektorientierte Anwendungsentwicklung, Braunschweig, 2.Auflage.

Kirchmer, Mathias (1999): Business Process oriented implementation of standard software. how to achieve competitive advantage efficiently and effectively. 2. Aufl., Berlin.

Kirsch, Werner (1993): Strategische Unternehmensführung. In: Wittmann, Waldemar et. al. (Hrsg.), Handwörterbuch der Betriebswirtschaft, 5. Auflage, Band 3, Sp. 4094-4111.

Klein, Joachim (1991): Darstellung der Problematik heterogener betrieblicher Informationssysteme am Informationsmodell der Unternehmung. In: IM Information Management, 4 (6), S. 46-55.

Klein, Stefan (1996): Interorganisationssysteme und Unternehmensnetzwerke; Wechselwirkung zwischen organisatorischer und informationstechnischer Entwicklung. Wiesbaden.

Kleinaltenkamp, Michael; Wolters, Heiko (1997): Die Gestaltung von Systempartnerschaften zwischen Automobilherstellern und ihren Zulieferern; eine spieltheoretische Analyse. In: Schreyögg, Georg; Sydow, Jörg (Hrsg.): Managementforschung 7, Berlin, New York, S. 45-78.

Kling, Rob (1999): What is Social Informatics and Why Does it Matter? In: D-Lib Magazine; Jg. 5, Vol. 5, No.1; Elektronisch veröffentlicht, URL: http://www.dlib.org:80/dlib/ january99/kling/01kling.html, [Stand 10.10.2002].

Klöfer, Friedrich; Nies, Ulrich (1997): Erfolgreich durch interne Kommunikation, 3., vollst. überarb. und erw. Aufl., Würzburg.

Kloyer, Martin (1995): Management von Franchisenetzwerken. Wiesbaden.

Knigge, Jürgen (1995): Franchising. In: Tietz u. a. (Hrsg.): Handwörterbuch des Marketing, S. 702 ff., Stuttgart.

Knittel, Friedrich (2002): Gestaltung computergestützter Informations- und Kommunikationssysteme. In: Gabriel, Roland; Knittel, Friedrich; Taday, H.; Reif-Mosel, A.-K.: Computergestützte Informations- und Kommunikationssysteme in der Unternehmung; Technologien, Anwendungen, Gestaltungskonzepte. Berlin.

Knyphausen-Aufseß, Dodo zu (1997): Auf dem Weg zu einem ressourcenorientierten Paradigma? Resource Dependence Theorie der Organisation und Ressource-based View des Strategischen Managements im Vergleich. In: Ortmann, Günther; Sydow Jörg; Windeler, Arnold (Hrsg): Theorien der Organisation: die Rückkehr der Gesellschaft, Opladen, S. 315-359.

Köfer, Franz; Nies, Ulrich (2001): Erfolgreich durch interne Kommunikation; Neuwied und Kriftel.

Kopp, Ralf (2001): Management von Verbünden. In: Flocken, Peter u.a. (Hrsg.), Erfolgreich im Verbund, Die Praxis des Netzwerkmanagements. Eschborn, S. 58-88.

Korte, Hermann; Schäfers, Bernhard (Hrsg.) (2000): Einführung in die Hauptbegriffe der Soziologie. 5. Aufl., Opladen.

Kosiol, Erich (1962): Organisation der Unternehmung, Wiesbaden.

Kosiol, Erich (1975): Das Phänomen der Organisation und seine wissenschaftliche Behandlung. In: Grochla, Erwin (Hrsg.): Organisationstheorie, Stuttgart, S. 41-46.

Kostova, Tatiana; Roth, Kendall (2002): Adoption of an organizational Practice by subsidiaries and relational effects. Academy of Management Review, Vol. 45, Nr.1, 215-233.

Krcmar, Helmut (2000): Informationsmanagement, Berlin.

Krebs, Markus; Rock, Richard (1994): Unternehmensnetzwerke; Eine intermediäre oder eigenständige Organisationsform. In: Sydow, Jörg;Windeler, Arnold (Hrsg.) (1994), Management interorganisationaler Beziehungen. Vertrauen, Kontrolle und Informationstechnik, Opladen, S. 321-349.

Krey, Anette (2002): Controlling filialisierter Handelsunternehmen; Konzeption für empfängerorientiertes Controlling unter Berücksichtigung einer themenorientierten Warenpräsentation. Hamburg.

Kroll, Wolfgang (2001): Informationspflichten im Franchising. Frankfurt.

Krüger, Werner; Homp, Christian (1997): Kernkompetenzmanagement. Steigerung von Flexibilität und Schlagkraft im Wettbewerb, Wiesbaden.

Krystek, Ulrich; Redel, Wolfgang; Reppegather, Sebastian (1997): Grundzüge virtueller Organisationen; Elemente und Erfolgsfaktoren, Chancen und Risiken. Wiesbaden.

Kubitschek, Christian (2000): Franchising; Effizienzvergleich mit alternativen Vertriebskonzepten. Wiesbaden.

Kuhn, Axel; Hellingrath, Bernd (2002): Supply Chain Management; Optimierte Zusammenarbeit in der Wertschöpfungskette. Berlin, u.a.

Kunkel, Michael (1994): Franchising und asymmetrische Information; Eine institutionenökonomische Untersuchung. Wiesbaden

Küster, Martin (2000): Opportunismus und Motivation in Franchise- und Vertragshändler-Systemen. Stuttgart.

Laurent, Monika (1996): Vertikale Kooperation zwischen Industrie und Handel. Deutscher Fachverlag, Frankfurt.

Lawrence, Thomas B.; Hardy, Cynthia; Phillips, Nelson (2002): Institutional effects of interorganizational collaboration; the emergence of proto-institutions. In: Academy of Management Journal, Vol. 20, Nr. 1, S. 34-46.

Le Mar, Bernd (1997): Kommunikative Kompetenz; Der Weg zum innovativen Unternehmen; Berlin, Heidelberg, New York.

Lee, Henry; Padmanabhan, Victor; Whang, Shila (1997): The Bullwip Effect in Supply Chains. In: Sloan Management Review, Jg. 38, 1997, Nr. 3, S. 245-261.

Lee, Soo Bum (2002): An Investigation of Factors Affecting the Quality of the Relationship between Franchisee and Franchisor and its Impact on Franchisee´s Performance, Satisfaction, and Commitment: A Study of the Restaurant Franchise System. Diss. Virginia State University.

Lehner, Friedrich; Hildebrand, Kurt; Maier, Rainer (Hrsg.) (1995): Wirtschaftsinformatik; Theoretische Grundlagen. München und Wien.

Letmathe, Peter (2001): Operative Netzwerke aus Sicht der Theorie der Unternehmung. ZfB, Jg. 71, Nr. 5, S. 551-569.

Lewis, Marvin C.; Lambert, Dean M. (1991): A model of channel member performance, dependence, and satisfaction. In: Journal of Retailing 67 (2), S. 205-225.

Leymann, Frank; Roller, Dieter (2002): Business Processes in a Web Services World. Elektronisch veröffentlicht, URL: http://www.106.ibm.com/developerworks/webservices/library/ws-bpelwp/; [Stand 04.04.2003].

Liebsch, Katharina (2000): Identität und Habitus. In: Korte, Hermann, Schäfers, Bernhard (Hrsg.), Einführung in Hauptbegriffe der Soziologie, 5. Auflage, Opladen, S. 65-82.

Ließmann, Harald (2000): Schnittstellenorientierung und Middleware-basierte Busarchitekturen als Hilfsmittel zur Integration heterogener betrieblicher Anwendungssysteme, Erlangen-Nürnberg (Universität).

Lindsey, Michael K. (2003): Branding on the web; Protecting franchising's crown jewels. In: Franchising World, Vol. 33, Nr. 4, S. 57-58.

Loebbecke, Claudia (2001): eCommerce; Begriffsabgrenzung und Paradigmenwechsel. In: BFuP, Jg. 53, 2001, S. 93-108.

Löffelholz, Martin; Altmeppen, Klaus-Dieter (2001): Was kosten Internal Relations? In: PR Magazin – Das Magazin der Kommunikationsbranche; Nr. 10; S. 55-62.

Loose, Anton; Sydow, Jörg (1994): Vertrauen und Ökonomie in Netzwerkbeziehungen; Strukturationstheoretische Betrachtungen. In: Sydow, Jörg; Windeler, Arnold (Hrsg.) (1994): Management interorganisationaler Beziehungen, Opladen. S. 32 ff.

Lorange, Peter, Chakravarthy, Bala, Roos, Johan, Van de Ven, Andrew (Hrsg.) (k.A.): Implementing Strategic Processes: Change, Learning and Cooperation. New York.

Love, John (1996): McDonalds Story; Anatomie eines Welterfolges. Düsseldorf.

Löwer, Ulrich (2003): Verschieben Web Services Unternehmensgrenzen? Erklärungsbeiträge zweier Theorien der Unternehmung, elektronisch veröffentlicht, URL: http://www.iuk.bwl. uni-muenchen.de/~loewer/unternehmensgrenzen_web_services.pdf, [Stand 28.08.2003].

Löwer, Ulrich M.; Picot, Arnold (2002): Web Services - Technologie-Hype oder Strategie-Faktor? In: IM, Die Fachzeitschrift für Information Management und Consulting, Heft17, Jg. 3, S. 20-25.

Lubet, Paola (2003): Putting Data and Business Process Integration in Context. In: Web Services Journal, 3. Jg., 2003, Nr. 5, S. 38-41.

Lufman, John M. (Hrsg.) (1996): Competing in the Information Age, Strategic Alignment in Practice. Oxford, New York et al., S. 21-42.

Luhmann, Niklas (1984): Soziale Systeme. Frankfurt Main.

Lunt, Penny (2003): Rewriting the Rules of Workflow, elektronisch veröffentlicht, URL: http://www.transformmag.com/db_area/archs/2002/07/ tfm0207f1.shtml, [Stand 09.08.2003].

Lutz, J. Heinrich (1993): Informationsmanagement. In: Wittmann, W. et al. (Hrsg.) (1993): HWB, Bd. 2, 5. Aufl., Stuttgart, Sp. 1749-1760.

Maas, Peter (1990): Franchising in wirtschaftspsychologischer Perspektive. Frankfurt Main.

Mabert, Albert; Soni, Ashok (2001): Enterprise Resource Planning: Common myths versus evolving reality. In: Business Horizons, S. 69-73.

Madnick, Stuart (1991): The Information Technology Platform. In: Scott Morton, Michael (ed.), The Corporation of the 1990s, The Information Technology and Organizational Transformation, S. 27-60.

Maicher, Martin; Scheruhn, Hans-Jörg (Hrsg.) (1998): Informationsmodellierung; Referenzmodelle und Werkzeuge. Wiesbaden.

Malone, Thomas; Crowston, K. (1994): The Interdisciplinary Study of Coordination. In: ACM Computing Surveys, Jg. 26, Nr. 1, S. 87-119.

Mambrey, Peter; Schrott, Gregor; Pipek, Volkmar (2001): Kommunikation und Kooperation im Wissensaustausch in Virtuellen Verbünden. In: Oberquelle, H./Oppermann, R./Krause, J. (Hrsg.): Tagungsband der Mensch & Computer 2001, 1. Fachübergreifende Konferenz, 5.3.-8.3.2001, Bad Honnef, (Berichte des German Chapter of the ACM, Band 55), Stuttgart.

Mandewirth, Sven O. (1997): Transaktionskosten von Handelskooperationen; Ein Effizienzkriterium für Verbundgruppen und Franchise-Systeme. Heidelberg.

Markmann, Frank (2002): Franchising in Verbundgruppen; Eine ökonomische Analyse der institutionellen Barrieren seiner Implementierung. Wiesbaden.

Martin, Rainer E. (1988): Franchising and risk management. In: American Economic Review 78 (5), S. 954-968.

Martinek, Michael (2000): Franchising 2000; Standortbestimmung und Zukunftsperspektiven des Franchisebetriebs, elektronisch veröffentlicht, URL: http://www.franchise-world.de/news/archiv, [Stand 28.02.2003].

Martinez, Jörg; Mertens, Sven (1998): Gestaltung der Informations- und Kommunikationsstruktur zur Optimierung betrieblicher Prozesse. In: REFA-Nachrichten; Nr. 3; S. 21-26.

Maurer, Reiner; Mauterer, Heiko; Gemünden, Hans-Georg (2002): Systematisierung des Nutzens von EPR-Systemen in der Fertigungsindustrie; Wirtschaftsinformatik Heft 44, S. 109–116.

Mayer, Jörg H.; Mitzkus, Heiko (2001): EDV-technische Umsetzung integrativer Führungsinformationssysteme; Konzeption eines Anforderungsprofils und Evaluierungsergebnisse am Beispiel des SAP Strategic Management. In: Controlling, Jg. (2001), Nr. 12, S. 631-642.

McAfee, Andrew; Oliveau, Francois-Xavier (2002): Confronting the limits of networks. In: Sloan Management Review, Summer, S. 85 ff.

McDaniel, Tyler (2001): Ten Pillars of Business Process Management, in: EAI Journal, 2001, Nr. 11, S. 30-34.

McKinsey Global Institute (2002): How IT Enables Productivity Growth, Washington DC, S. 32.

Meffert, Wagner H., Backhaus (1994) (Hrsg.): Führung von Franchise-Systemen, Dokumentationspapier 64, Wissenschaftliche Gesellschaft für Marketing und Unternehmensführung e.V., Münster.

Meier, Philip (2000): Interne Kommunikation von Unternehmen. Theoretische und empirische Aspekte zur Organisation und Sprache der internen Kommunikation großer Unternehmen; Zürich.

Meier, Stephan J. (1999): Interorganisationssysteme und zielorientierte Leistungskoordination; Steigerung strategischer Flexibilität durch den Einsatz von Businessware in Unternehmungsnetzwerken, Diplomarbeit Universität Potsdam.

Meier, Stephan J. (2003): E-Franchising; Franchisegeber als Dienstleistungs-Provider. In: Rasche, Christoph; Wagner, Dieter (Hrsg.) (2003): Professional Services; Mismanaged Industries – Chancen und Risiken; Werkstattbericht; Mehring, S. 265-285.

Mertens, Peter (1991): Grundzüge der Wirtschaftsinformatik. München.

Mertens, Peter; Griese, Joachim; Ehrenberg, Dieter (1998): Virtuelle Unternehmen und Informationsverarbeitung. Berlin.

Metz, Thomas (2001): Telearbeit; Technologische Träume und organisationstheoretische Perspektiven. In: ZfO, Jg. 70, Nr. 2, S. 93-98.

Meurer, Jochen (1997): Führung von Franchisesystemen; Führungstypen; Einflußfaktoren; Verhaltens- und Erfolgswirkungen. In: Schriftenreihe Unternehmensführung und Marketing. Bd. 30, Wiesbaden, S. 97-105.

Meyer, Michael; Heimerl-Wagner, Peter (2000): Organisationale Veränderung; Transformationsreife und Umweltdruck. In: DBW, Jg. 60, Nr. 2, S. 167-181.

Minz, Rainer; Datel, Anthony; Wenzky, Holger (2002): Web Services - nur eine Schimäre? In: Information Management & Consulting, 17. Jg., 2002, Nr. 3, S. 6-12.

Mitchell; John C. (1967): The concept and use of social networks. In: Mitchell, John C. (Hrsg.), Social networks in urban situations, Manchester, S. 1-12.

Möllering, Guido (2002): Hinein ins Vertrauen!? Eine konstruktive Kritik zum betriebswirtschaftlichen Vertrauensverhältnis. In: ZfO, 71. Jg, Nr. 2, S. 81-88.

Morschett, Dirk (2002): Retail Branding und Integriertes Handelsmarketing, Wiesbaden.

Müller, Bernd F.; Stolp, Patrick (1999): Workflow-Management in der industriellen Praxis: vom Buzzword zum High-Tech-Instrument, Berlin u.a.

Müller, Manuella (2000); Die Balance halten: Zwischen Technologie und Unternehmenskultur, Mehring.

Müller-Böling, Detlef (1992): Methodik der empirischen Organisationsforschung. In: Frese, Erich (Hrsg.), Handwörterbuch der Organisation, 3. Aufl., Stuttgart, Sp. 1491-1505.

Müller-Hagedorn, Lothar (1995): Betriebstypen im Einzelhandel. In: Tietz u. a. (Hrsg.), Handwörterbuch des Marketing, S. 238 ff., Stuttgart.

Müller-Hagedorn, Ludwig (1998). Der Handel, Stuttgart.

Müller-Stevens, Günter (1991): Virtualisierung von Organisationen. Stuttgart.

Murphy, Carol A. (2003): EAI -Industry Health Check. In: Web Services Journal, 3. Jg., Nr. 5, S. 6-45.

Mutscher, Stefan, Österle, Helmut (1999): Investitionen in Standardsoftware; Ein geschäftsorientierter Ansatz zur Nutzenmessung und -bewertung. In: Scheer, A.-W.; Nüttgens, M. (Hrsg.): Electronic business engineering. 4. Internationale Tagung Wirtschaftsinformatik, Heidelberg, S.443–468.

Müther, Markus (2002): Prozeßstrukturanalyse für Unternehmen der Convenience-Branche, Diplomarbeit Fernuniversität Hagen im Fach Wirtschaftsinformatik.

Naisbitt, John (2001): Grußwort zum Anlaß des Deutschen Franchisetages, in Frankfurt am 19-23.9.2001.

Neal, Doug; Smith, Howard; Butler, David (2001): The Evolution of Business Processes: From Description to Data to Smart Executable Code. In: CSC Foundation Research Journal, 3. Jg., 2001, Nr. 1, S. 39-49.

Nebel, Jürgen; Schulz, Albrecht; Wessels, Andrea Maria (2001): Das Franchise System. Handbuch für Franchisegeber & Franchisenehmer. 2. überarb. Ausgabe, Neuwied, Kriftel.

Neuberger, Oswald (1995): Mikropolitik; Der alltägliche Aufbau und Einsatz von Macht in Organisationen. Stuttgart.

Newcomer, Eric (2002): Understanding Web Services: XML, WSDL, SOAP, and UDDI, Boston / Massachusetts u.a.

Nohria, Nitin; Joyce, William (2003): What Really Works: The 4+2 Formula for Sustained Business Success; New York.

o.V. (2001): Warum wächst Franchising? In: FranchisingMag, Heft 10, S. 36-38.

o.V. (2002): Forum Franchise und System. Franchise Telex 2002, Bonn.

Oberquelle, Herbert; Oppermann, Rainer; Krause, Jakob (Hrsg.) (2001): Tagungsband der Mensch & Computer 2001, 1. Fachübergreifende Konferenz, 5.3.-8.3.2001, Bad Honnef, (Berichte des German Chapter of the ACM, Band 55), Stuttgart.

Oehme, Werner (1992): Handels-Marketing. 2. neubearb. u. erw. Aufl. , München.

Oelsnitz, Dietrich von der (1995): Individuelle Selbststeuerung; der Königsweg „moderner" Unternehmensführung? In: DBW, Jg. 55, Nr. 6, S. 707-720.

Oess, Markus (2001): Vertriebsmodelle. In: Lebensmittel Praxis, Jg. (2001), Nr. 20, S. 13-16.

Olbrich, Rainer (1992): Informationsmanagement in mehrstufigen Handelssystemen - Grundlage organisatorischer Gestaltungsmaßnahmen unter Berücksichtigung einer repräsentativen Umfrage zur Einführung dezentraler computergestützter Warenwirtschaftssysteme im Lebensmittelhandel. In: Ahlert, Dieter (Hrsg.): Schriften zu Distribution und Handel, Bd. 8, Frankfurt Main.

Olbrich, Rainer (1997): Stand und Entwicklungsperspektiven integrierter Warenwirtschaftssysteme. In: Ahlert, Dieter, Olbrich, Rainer (Hrsg.), Integrierte Warenwirtschaftssysteme und Handelscontrolling, S. 117-172, Stuttgart.

O'Leonard, James (2002): Business Process Logic: Half Empty or Half Full? In: EAI Journal, 2002, Nr. 11, S. 32-36.

Olesch, Günther (1995): Kooperation. In: Tietz u. a. (Hrsg.), Handwörterbuch des Marketing, Stuttgart, Sp. 1273-1284.

Olesch, Günther (1998): Kooperation im Wandel; Zur Bedeutung und Entwicklung der Verbundgruppen. Frankfurt Main.

Olesch, Günther (Hrsg.) (1998): Kooperation im Wandel. Frankfurt Main.

Olson, Mancur (1986): Die Logik des kollektiven Handelns; Kollektivgüter und die Theorie der Gruppen. Tübingen.

Ordelheide, Dieter; Rudolph, Bernd; Büsselmann, Elke (Hrsg.) (1991): Betriebswirtschaftslehre und ökonomische Theorie, Stuttgart.

Orlikowski, Wanda (1992): The Duality of Technology: Rethinking the concept of technology in organizations. In: Organization Science Vo. 3, No. 3, S. 398-427.

Orlikowski, Wanda; Yates, Joanne (1994): Genre Repertoire; the structuring of communicative practices in organizations. In: Administrative Science Quarterly, Vol. 39, S. 541-574.

Ortmann, Günther; Windeler, Arnold; Becker, Albrecht (1990): Computer und Macht in Organisationen; Empirische Analyse von Einführungsprozessen computergestützter Informationssysteme und deren Auswirkungen unter mikropolitischem Focus, Opladen.

Ortmann, Günther; Sydow, Jörg; Windeler, Arnold (1997): Organisation als reflexive Strukturation. In: Ortmann, Günther, Sydow, Jörg, Windeler, Arnold (Hrsg), Theorien der Organisation, die Rückkehr der Gesellschaft, Opladen, S. 315-359.

Ortmann, Günther; Sydow, Jörg (1999): Grenzmanagement in Unternehmensnetzwerken; Theoretische Zugänge. In: DBW, Jg. 59, Nr. 2, S. 205-220.

Ortmann, Günther; Sydow, Jörg (Hrsg.) (2001): Strategie und Strukturation; Strategisches Management von Unternehmen, Netzwerken und Konzernen. Wiesbaden.

Ossadnik, Wolfgang (2000): Markt- versus ressourcenorientiertes Management; alternative oder einander ergänzende Konzeptionen einer strategischen Unternehmensführung? In: Die Unternehmung, Jg. 54, Nr. 4, S. 273-287.

Österle, Hubert (1995): Middleware: Grundlagen, Produkte und Anwendungsbeispiele für die Integration heterogener Welten, Braunschweig u.a.

Österle, Hubert.; Vogler, Petra (1996) (Hrsg.): Informatik. Braunschweig.

Österle, Hubert; Fleisch, Edgar.; Alt, Rainer (Hrsg.) (2002): Wirtschaftsinformatik. Berlin u.a.

Osterloh, Margit; Grand, Simon (1999): Praxis der Theorie; Theorie der Praxis; Zum Verhältnis von Alltagstheorie des Managements und Praktiken der theoretischen Forschung. In: Schreyögg, Georg (Hrsg.): Organisation und Postmoderne, Grundfragen, Analysen, Perspektiven, Wiesbaden, S. 349-361.

Otto, Andreas; Kotzab, Herbert (2001): Der Beitrag des Supply Chain Management zum Management von Supply Chains-Überlegungen zu einer unpopulären Frage. In: ZfBF, Jg. 53, Nr ?, S. 157-177.

Padberg, Andreas (2000): Strategische Netzwerke versus Cross-border Unternehmensakquisitionen - Analyse alternativer Markteintrittsformen. Dissertation, Wiesbaden.

Paolini, George (2002): Web Services: Implications for Business Processes. In: Web Services Journal, 2. Jg., 2002, Nr. 6, S. 66.

Patil, Snajay; Simha, Nick (2003): Integrations Approaches: Web Services vs. Distributed Component Models. In: Web Services Journal, 3. Jg., Nr. 4, S. 26-28.

Peckert, Felix; Erdmann, Günter; Kiewitt, Antje (2001): Gründung mit System, Jahrbuch Franchise und Lizenz 2001, Frankfurt a.M.

Peltz, Chris (2003): Web Services Orchestration, elektronisch veröffentlicht, URL: http://devresource.hp.com/drc/technical_white_papers/WSOrch/ WSOrchestration.pdf, [Stand 26.07.2003].

Peterhans, Michael (1995): Informationsmanagement. In: Lehner, Friedrich, Hildebrand, Kurt, Maier, Rainer (Hrsg.): Wirtschaftsinformatik – Theoretische Grundlagen, München und Wien, S. 327-368.

Peters, Gerd (1988): Ablauforganisation und Informationstechnologie, Köln.

Petrovic, Otto (1994): Lean Management und informationstechnologische Potentialfaktoren. In: Wirtschaftsinformatik, Jg. 36, Nr. 6, S. 580-590.

Pibernik, Richard (2001): Flexibilitätsplanung in Wertschöpfungsnetzwerken. In: ZfB, Jg. 71, Nr. 8, S. 893-913.

Picot, Arnold (1991): Ökonomische Theorien der Organisation; Ein Überblick über neuere Ansätze und deren betriebswirtschaftliches Anwendungspotential. In: Ordelheide, Dieter; Rudolph, Bernd; Büsselmann, Elke (Hrsg.): Betriebswirtschaftslehre und ökonomische Theorie, Stuttgart, S. 143-170.

Picot, Arnold; Wolff, Bernd (1994): Franchising als effiziente Vertriebsform. In: Kaas, K. P. (Hrsg.): Kontrakte, Geschäftsbeziehungen, Netzwerke, ZfbF-Sonderheft 35, S. 223-243.

Picot, Arnold; Dietl, Helmut; Franck, Egon (2001): Organisation - Eine ökonomische Perspektive; 2. überarbeitete und erweiterte Auflage. Stuttgart.

Picot, Arnold; Heger; Dominik K.; Neuburger, Rahild (2001): Der elektronische Handel-Potentiale für Unternehmen. In: Ifo-Schnelldienst, Jg. 54, Nr. 6, S. 19-26.

Picot, Arnold; Reichwald, Ralf; Wigand, Rolf T. (2001): Die grenzenlose Unternehmung; Information, Organisation und Management. 4. Auflage, Picot, Arnold; Fiedler, Marina (2002): Institutionen und Wandel. In: DBW, Jg. 62, Nr. 3, S. 242-259.

Plattner, Hasso (1991): Grußwort. In: Geschäftsbericht SAP AG, Walldorf. S. 3-5.

Plave, Lee J.; Amolsch, Regina B. (2002): How to implement dot.com franchising solutions; two aspects of a multi-faceted issue. In: Franchising World, Vol. 32, Nr. 5, S. 17-19.

Plesums, Charles A. (2003): Getting Started in Workflow, elektronisch veröffentlicht, URL: http://www.plesums.com/image/getstartedworkflow.html, [Stand 20.07.2003].

Polster, Dirk (2001): Verbundexterne Kooperation von Genossenschaftsbanken; Möglichkeiten, Grenzen, Alternativen. In: Arbeitspapiere des Instituts für Genossenschaftswesen der Westfälischen Wilhelms-Universität Münster, Nr. 23.

Popper, Karl (1994): Logik der Forschung, 10. Aufl., Tübingen

Porter, Michael E. (1997): Wettbewerbsstrategie. Methoden zur Analyse von Branchen und Konkurrenten, 9. Aufl., Frankfurt Main/New York.

Potthof, Ingo (1998): Empirische Studien zum wirtschaftlichen Erfolg der Informationsverarbeitung. In: Wirtschaftsinformatik, Jg. 40, Nr. 1, S. 54-65.

Powell, Walter W. (1987): Hybrid Organizational Arrangements. In: California Management Review, Vol. 30, Nr. 1, S. 67-87.

Powell, Walter W. (1990): Neither Market Nor Hierarchy; Network Forms of Organization. In: Staw, Berthold (Hrsg.): Research in Organizational Behavior, Vol. 12, S. 295-336.

Powell, Walter W. (1996): Weder Markt noch Hierarchie; Netzwerkartige Organisationsformen. In: Kenis, P., Schneider,V. (Hrsg.): Organisation und Netzwerk, institutionelle Steuerung in Wirtschaft und Politik, S. 213-271, Frankfurt Main, New York.

Poxton, Richard (1999). Working across the boundaries. London.

Prahalad, Chris K.; Krishnan, Michael S. (2002): The dynamic syncronisation of strategy and information technology. In: MIT Sloan Management Review, Summer 2002, S. 24-33.

Prigge, Wolfgang-U. (2000): Rollentheorie. In: Reinhold, Gerd (Hrsg.), Soziologie-Lexikon, 4. Auflage, München und Wien, S. 541-544.

Probst, Gilbert J. B. (1992): Selbstorganisation. In: Frese, Erich (Hrsg.), Handwörterbuch der Organisation, 3. Aufl., Stuttgart, S. 2255-2270.

Probst, Gilbert J. B.; Scheuss, Ralph-W. (1984): Die Ordnung von sozialen Systemen; Resultat von Organisieren und Selbstorganisation. In: ZfO, Jg. 53, Nr. 8, S. 480-481.

Puschmann, Thomas; Alt, Rainer; Sassmannshausen, Dirk (2002): Enterprise Application Integration bei Robert Bosch, in: Business Networking in der Praxis: Beispiele und Strategien zur Vernetzung mit Kunden und Lieferanten, Hrsg. v. Österle, H.; Fleisch, E.; Alt, R.; Berlin u.a., S. 272-298.

Quinn, Shirley (k.A.): High-tech solutions for a low-tech industry. In: Franchising World, Vol. 32, Nr. 3, S. 39-40.

Radermacher, Fedor J. (2002): Globalisierung Ausgleich oder Untergang. In: Informatik-Spektrum, Dez. 2002, S. 411-426.

Raithel, Ulla (2001): Grenzmanagement in Unternehmensnetzwerken; Ein Beitrag zur Nutzung organisationsübergreifender personaler Beziehungen. Dissertation, München.

Rasche, Christoph; Wagner, Dieter (Hrsg.) (2003): Professional Services; Mismanaged Industries – Chancen und Risiken; Werkstattbericht; Mehring.

Rehm, Ludwig (1999): Ein Fuzzy Approach im Information Retrieval, Diplomarbeit der Technischen Universität Wien.

Reichard, Christoph (1998): Netzwerk. In: Heinrich, Peter, Schulz zu Wiesch, Jochen (Hrsg.), Wörterbuch der Mikropolitik, Opladen, S. 186-190.

Reichwald, Ralf (1993): Die Wirtschaftlichkeit im Spannungsfeld von betriebswirtschaftlicher Theorie und Praxis, Arbeitsberichte des Lehrstuhls für Allgemeine und Industrielle Betriebswirtschaftslehre, Bd. 1, München.

Reif-Mosel, Ane-Kristin (2002): Die Unternehmung als Informations- und Kommunikationssystem. In: Gabriel, Rainer; Knittel, Fritz; Taday, Heinz; Reif-Mosel, Ann-Kathrin, S. 99-154.

Reinhold, Gerd (Hrsg.) (2000): Soziologie-Lexikon, 4. Auflage, München und Wien,

Reuss, Holger (1998): Konfliktmanagement im Franchisevertrieb der Automobilindustrie. Mehring.

Richter, Rudolf (1990): Sichtweise und Fragestellungen der Neuen Institutionenökonomik. In: Zeitschrift für Wirtschafts- und Sozialwissenschaften, 110. Jg., Nr. 4, S. 571-591.

Riggert, Wolfgang (2000): Betriebliche Informationskonzepte, 2. Aufl., Braunschweig, Wiesbaden.

Ring, Peter S.; Van de Ven, Andrew H. (1994): Developmental Processes of Cooperative Interorganizational Relationships. In: Academy of Management Review, Vol. 19, Nr.1, S. 90-118.

Ritter, Thomas (1998): Innovationserfolg durch Netzwerkkompetenz; Effektives Management von Unternehmensnetzwerken. Dissertation, Wiesbaden.

Ritter, Thomas; Gemünden, Hans Georg (1998): Die netzwerkende Unternehmung; Organisationale Voraussetzungen netzwerk-kompetenter Unternehmen. In: ZfO, Jg. 67, Nr. 5, S. 260-265.

Roland Berger Strategy Consultants (Hrsg.) (2002): B2B-Marktplätze; Trends und Strategien in der Networked Economy. Frankfurt Main.

Rolf, Arno (1998): Grundlagen der Organisations- und Wirtschaftsinformatik. Berlin, Heidelberg, New York.

Ropohl, Gerd (Hrsg.) (2001): Erträge der interdisziplinären Technikforschung, Berlin, S. 125-143.

Rosemann, Michael (1996): Komplexitätsmanagement in Prozeßmodellen – Methodenspezifische Gestaltungsempfehlungen für die Informationsmodellierung, Wiesbaden.

Rößl, Dietmar (1994): Gestaltung komplexer Austauschbeziehungen; Analyse zwischenbetrieblicher Kooperation. Dissertation, Wiesbaden.

Rößl, Dietmar (1996): Selbstverpflichtung als alternative Koordinationsform von komplexen Austauschbeziehungen. In: Zfbf, Jg. 48, Nr. 4, S. 311-334.

Rotthowe, Thomas (1998): Information Interface Management in Retail Organizations. Dissertation Uni Münster.

Rüegg-Stürm, Johannes; Achtenhagen, Leona (2000): Management-Mode oder unternehmerische Herausforderung; Überlegungen zur Entstehung netzwerkartiger Organisations- und Führungsformen. In: Die Unternehmung, Jg. 54, Nr. 1, S. 3-21.

Rüegg-Stürm, Johannes; Young, Monika (2001): Die Bedeutung neuer netzwerkartiger Führungs- und Organisationsformen für die Dynamisierung von Unternehmen. In: Die Unternehmung, Jg. 55, Nr. 3, S. 187-213.

Rühli, Edwin; Schmidt, Sascha L. (2001): Strategieprozeßforschung. In: Zeitschrift für Betriebswirtschaft, Jg. 71, Nr. 5, 531-550.

Rupprecht-Däullary, Marita (2001): Zwischenbetriebliche Kooperation. Möglichkeiten und Grenzen durch neue Informations- und Kommunikationstechnologien. Picot, Arnold; Reichwald, Ralf (Hrsg.), Wiesbaden.

Russ, Gail S.; Galang, Maria Carmen; Ferris, Gerald R. (1998): Power and Influence of the Human Resources Function through Boundary Spanning and Information Management. In: Human Resource Management Review, Vol. 8, Nr. 2, S. 125-148.

Samtani, Gunjan; Sadhwani, Dimple (2002a): Enterprise Application Integration (EAI) and Web Services, In: Web Services Business Strategies and Architectures, Hrsg. v. Fletcher, Paul; Waterhouse, Martin; Birmingham, S. 39-54.

Samtani, Gunjan; Sadhwani, Dimple (2002b): Business To Business Integration (B2B) and Web Services, In: Web Services Business Strategies and Architectures, Hrsg. v. Fletcher, Paul; Waterhouse, Martin; Birmingham, S. 57-68.

Sandberg, Jörgen (2000): Understanding Human Competence at Work; An Interpretive Approach. In: Academy of Management Journal, Vol. 43, Nr. 1, S. 9-25.

SAP Retail Solutions (2002): Industry Report Textilwirtschaft. Walldorf.

Sarasvathy, Saras D. (2001): Causation and effectuation; Toward a theoretical shift from economic inevitability to entrepreneurial contingency. In: The Academy of Management Review, Vol. 26, Nr.2, S. 243-263.

Sauter-Sachs, Sybille (1993): Führung und Kommunikation; In. Die Unternehmung, Nr.1, S. 329-334.

Sauther, Dan (k.A.): Why should you buy a franchise? In: The National Public Accountant, Vol. 45, Nr. 1, S. 18-19.

Schäfers, Bernhard (2000): Soziales Handeln und seine Grundlagen; Normen, Werte, Sinn. In: Korte, Hermann, Schäfers, Bernhard (Hrsg.): Einführung in Hauptbegriffe der Soziologie, 5. Auflage, Opladen, S. 25-44.

Schamp, Eicke W. (2001): Vernetzte Produktion. Industriegeographien aus institutioneller Perspektiven. Darmstadt, Wissenschaftliche Buchgesellschaft.

Schanz, Günther (1992): Organisation. In: Frese, Erich (Hrsg.): Handwörterbuch der Organisation, 3. Aufl., Stuttgart, Sp. 1459-1471.

Schanz, Günther (1997): Wissenschaftsprogramme; Orientierungsrahmen und Bezugspunkte betriebswirtschaftlichen Forschens und Lehrens; ein historischer Abriß. In: WiSt, Nr. 11, S. 554-561.

Scheer, August-Wilhelm (1990): Handbuch Informationsmanagement; Aufgaben – Konzepte - Praxislösungen. Wiesbaden.

Scheer, August-Wilhelm; Nüttgens, Michael (Hrsg.) (1999): Electronic business engineering. 4. Internationale Tagung Wirtschaftsinformatik, Heidelberg.

Scheer, August-Wilhelm (2002): ARIS - Vom Geschäftsprozeß zum Anwendungssystem, Berlin u.a.

Scheer, August-Wilhelm; Grieble, Oliver; Hans, Stephanie; Zang, Sven (2002): Geschäftsprozeßmanagement - The 2nd Wave, in: Information Management & Consulting, 17. Jg., 2002, Sonderausgabe Geschäftsprozeßmanagement, S. 9-15.

Schenk, Hans-Otto (1995): Handelsbetriebe. In: Tietz u. a. (Hrsg.), Handwörterbuch des Marketing, S. 853 ff., Stuttgart.

Scholes, Eileen (1997): Gower Handbook of internal communication; Aldershot.

Scholz, Christian (1992): Effektivität und Effizienz, organisatorische. In: Frese, E. (Hrsg.): Handwörterbuch der Organisation. 3. Völlig neu gest. Aufl., Stuttgart, Sp. 533-552.

Scholz, Christian (1994): Die virtuelle Organisation als Strukturkonzept der Zukunft? Stuttgart.

Schott, Karsten; Mäurer, Rolf (2001): Auswirkungen von EAI auf die IT-Architektur in Unternehmen, In: Information Management & Consulting, 16. Jg., Nr. 1, S. 39-43.

Schuh, Gerd; Wiendahl, Hans-Jörg (Hrsg.) (1997): Komplexität und Agilität steckt die Produktion in der Sackgasse, Berlin u.a.

Schreyögg, Georg (Hrsg.) (1999): Organisation und Postmoderne, Grundfragen, Analysen, Perspektiven, Wiesbaden, S. 349-361.

Schreyögg, Georg; Noss, Christian (1994): Hat sich das Organisieren überlebt?; Grundfragen der Unternehmenssteuerung in neuem Licht. In: Die Unternehmung, Jg. 48, Nr. 1, S. 17-33.

Schreyögg, Georg, Conrad, Peter (Hrsg.) (1996): Managementforschung 6, Berlin, New York.

Schreyögg, Georg, Sydow, Jörg (Hrsg.) (1997): Managementforschung 7, Berlin, New York.

Schreyögg, Georg, Sydow, Jörg (Hrsg.) (1999): Managementforschung 9, Berlin u. New York.

Schulz, Andrea (2002): Innerbetriebliche Kommunikation. Theoretischer Anspruch und betriebliche Realität, Bremen.

Schulz-Schaeffer, Ingo (2000): Sozialtheorie der Technik. Frankfurt Main.

Schütte, Rainer (1998): Grundsätze ordnungsmäßiger Referenzmodellierung. Konstruktion konfigurations- und anpassungsfähiger Modelle, Wiesbaden.

Schütte, Reinhard; Vering, Oliver; Wiese, Jens (2000): Erfolgreiche Geschäftsprozesse durch standardisierte Warenwirtschaftssysteme. Berlin.

Schweiger, Alfred (2001): Planung von Marketing Informationssystemen. In: Zeitschrift für Planung, Nr. 12, S. 187-204.

Scott Morton, Michael (Hrsg.) (1991): The Corporation of the 1990s; The Information Technology and Organizational Transformation. New York.

Seidl, Jörg (2003): Business Process Performance; White Paper ExperTeam AG, Köln.

Seifert, Dirk (2001): Efficient Consumer Response. In: Zerres, Michael (Hrsg.), 2. Aufl., München, Mehring.

Seufert, Andreas (2001): Anforderungen und Gestaltungspotentiale der Informations- und Kommunikationstechnologie im Rahmen von Wissensnetzwerken. St.Gallen.

Seufert, Andreas; Back, Andrea (1999): Anforderungen und Gestaltungspotentiale der Informations- und Kommunikationstechologie im Rahmen von Wissensnetzwerken. St.Gallen.

Seufert, Andreas; Back, Andrea; von Krogh, Georg (1999): Wissensnetzwerke; Vision - Referenzmodell – Archetypen und Fallbeispiele. In: Götz, Klaus (Hrsg.): Wissensmanagement: Zwischen Wissen und Nichtwissen, S. 133-156, München.

Seufert, Andreas; Von Krogh, Georg; Back, Andrea (1999): Towards Knowledge Networking. In: Journal of Knowledge Management, Nr. 3, S. 180-190.

Seyffert, Rudolf (1972): Wirtschaftslehre des Handels, 5. Aufl., Opladen.

Shani, Rob (1998): Creating Sustainable Work Systems: Emerging Perspectives and Practices. London u.a.

Sieber, Pascal (2003): Koordination und Kooperation - Zwei Imperative für den Erfolg in der vernetzten B2B Welt. PSI- Ideen für die vernetzte Welt, elektronisch veröffentlicht, URL: http://www.pascal-sieber.ch, [Stand 16.05.03].

Sieber, Pascal (2001): Virtuelle Unternehmen in der IT-Branche. Wechselwirkungen zwischen Internet-Nutzung, Strategie und Organisation; Bern.

Silver, Bruce (2002): Choreography: The Next Step for Web Services, elektronisch veröffentlicht, URL: http://www.transformmag.com/db_area/archs/ 2002/08/tfm0208br.shtml, [Stand 09.08.2003].

Simon, H.A. et al. (1954): Centralisation vs. Decentralisation in Organizing the Controller's Departement, New York.

Simon, Herbert (1998): Preismanagement, 4. Aufl., Wiesbaden.

Simon, Herrman (2002a): Management und Marketing Herausforderungen im 21. Jahrhundert. Elektronisch veröffentlicht, URL: http://www.simon-kucher.com, [Stand 22.06.02].

Simon, Herrman (2002b): Informationstechnologie-Herausforderungen für die Branche. Elektronisch veröffentlicht, URL: http://www.simon-kucher.com, [Stand 22.06.02].

Sjurts, Insa (1998): Kontrolle ist gut, ist Vertrauen besser? Ökonomische Analysen zur Selbstorganisation als Leitbild neuer Organisationskonzepte. In: DBW, Jg. 58, Nr. 3, S. 283-298.

Skaupy, Wilhelm (1995): Franchising – Handbuch für die Betriebs- und Rechtspraxis. 2. Aufl., München.

Sleeper, Brent; Robins, Bill (2002): The Laws of Evolution, San Francisco.

Smith, Howard; Fingar, Peter (2002): Business Process Management: The Third Wave, Tampa / Florida.

Snow, Charles C.; Thomas, James B. (1996): Building Networks; Broker Roles and Behaviours. In: Lorange, Peter, Chakravarthy, Bala, Roos, Johan, Van de Ven, Andrew (Hrsg.): Implementing Strategic Processes: Change, Learning and Cooperation.

Sonnenschein, Martin (1998): Organisation von Informationsflüssen an Schnittstellen betrieblicher Funktionsbereiche. Diplomarbeit, Technische Universität Karlsruhe.

Spremann, Klaus (1990): Asymmetrische Information. In: ZfB, Jg. 60, Nr. 5/6, S. 561-586.

Staber, Udo (2002): Soziale Netzwerke in der projektorientierten Unternehmung. In: Der Betriebswirt, Jg. 43, Nr. 3, S. 21-28.

Staehle, Wolfgang H. (1975): Die Stellung des Menschen in neueren betriebswirtschaftlichen Theoriesystemen. In: Zeitschrift für Betriebswirtschaft, Jg. 45, S. 713-724.

Staehle, Wolfgang H./Sydow, Jörg (1992): Management-Philosophie. In: Frese, Erich (Hrsg.), Handwörterbuch der Organisation, 3. Aufl., Stuttgart, Sp. 1268-1301.

Stahl, Günter K. (2001): Management der sozio-kulturellen Integration bei Unternehmenszusammenschlüssen und -übernahmen. In: DBW, Jg. 61, Nr. 1, S. 61-80.

Staud, Josef L. (1999): Geschäftsprozeßanalyse mit ereignisgesteuerten Prozeßketten: Grundlagen des Business Reengineering für SAP R/3 und andere betriebswirtschaftliche Standardsoftware, Berlin u.a.

Staudt, Erich; Merker, Richard (2001): Betriebswirtschaftliche Theoriebildung im Spannungsfeld von Organisationen und Technik. In: Ropohl, Gerd (Hrsg.) (2001): Erträge der interdisziplinären Technikforschung, Berlin, S. 125-143.

Stauss, Bernd (2003): Definiton Dienstleistungen, elektronisch veröffentlicht, URL: http://www1.ku -eichstaett.de/ WWF/ABWLDLM/, [Stand 15.02.2003].

Stegmann, Sandra (2004): Wertschöpfungsanalyse Handel: Ein Instrument zur gesamthaften Neuausrichtung der Handelsprozesse; Studie Cell Consulting; elektronisch veröffentlicht, URL: http://www.cell -consulting.com/a/2/100/index.htm; [Stand 7.01.2004].

Steiner, Gunter (2001): Beförderungs- und Austrittsregeln in Partnerschaften; Theoretische Überlegungen und Befunde. In: ZfB Ergänzungsheft, Nr. 1, S. 27-49.

Steinmann, Herbert; Hennemann, C. (1993): Personalmanagementlehre zwischen Managementpraxis und mikro-ökonomischer Theorie. In: Zeitschrift für Betriebswirtschaft 64 (1), S. 95-113.

Stengel, Rüdiger von (1999): Gestaltung von Wertschöpfungsnetzwerken. Wiesbaden.

Sydow, Jörg (1992): Strategische Netzwerke. Wiesbaden.

Sydow, Jörg (1994a): Franchise-Systeme als strategische Netzwerke. Ökonomische Analyse einer Organisationsform der Dienstleistungsproduktion. In: Meffert, Wagner H., Backhaus (Hrsg.): Führung von Franchise-Systemen, Dokumentationspapier 64, Wissenschaftliche Gesellschaft für Marketing und Unternehmensführung e.V. Münster; S. 16-40.

Sydow, Jörg (1994b): Franchisingnetzwerke. In: Zeitschrift für Betriebswirtschaft 64, (1), S. 95-113.

Sydow, Jörg et al. (1995): Netzwerkorganisation; Interne und externe Restrukturierung von Unternehmungen. In: WiSt, Nr. 12, S. 629-634.

Sydow, Jörg (1999a): Führung in Netzwerkorganisationen; Fragen an die Führungsforschung. In: Schreyögg, Georg, Sydow, Jörg (Hrsg.), Managementforschung 9, Berlin u. New York, S. 279-292.

Sydow, Jörg (1999b): Management von Netzwerkorganisationen; Zum Stand der Forschung. In: Sydow, Jörg (Hrsg.), Management von Netzwerkorganisationen, Wiesbaden, S. 293-314.

Sydow, Jörg (Hrsg.) (1999): Management von Netzwerkorganisationen. 2. Auflage, Wiesbaden.

Sydow, Jörg; Windeler, Arnold (Hrsg.) (1997): Management interorganisationaler Beziehungen, Opladen.

Sydow, Jörg; Well, Bennet van (1996): Wissensintensiv durch Netzwerkorganisationen; Strukturationstheoretische Analyse eines wissensintensiven Netzwerkes. In: Schreyögg, Georg, Conrad, Peter (Hrsg.), Managementforschung 6, Berlin, New York, S. 191-234.

Sydow, Jörg; Windeler, Arnold (1997): Steuerung von und in Netzwerken; Perspektiven, Konzepte, vor allem aber offene Fragen. In: Sydow, Jörg, Windeler, Arnold (Hrsg.), Steuerung von Netzwerken, Wiesbaden, S. 1-24.

Sydow, Jörg; Duschek, Stephan (2000). Starke Beziehungen, durchlässige Grenzen; Grenzmanagement in einem Dienstleistungsnetzwerk. In: DBW, Jg. 60, Nr. 4, S. 441-458.

Sydow, Jörg; Windeler, Arnold (2001): Strategisches Management von Unternehmungsnetzwerken; Komplexität und Reflexität. In: Ortmann, Günther, Sydow, Jörg (Hrsg.), Strategie und Strukturation, Strategisches Management von Unternehmen, Netzwerken und Konzernen, Wiesbaden, S. 129-142.

Szyperski, Norbert (1980): Informationsbedarf. In: v. Grochla, Ernst (1980) (Hrsg.): HWO, 2. Aufl., Stuttgart, Sp. 904-913.

Szyperski, Norbert; Klein, Stefan (1993): Informationslogistik und virtuelle Organisation; Die Wechselwirkung von Informationslogistik und Netzwerkmodellen der Unternehmung. In: Die Betriebswirtschaft, Jg. 53, Nr. 2, S. 187-208.

Tacke, Veronika (1997): Systemrationalisierung an ihren Grenzen; Organisationsgrenzen und Funktionen von Grenzstellen in Wirtschaftsorganisationen. In: Schreyögg, Georg, Sydow, Jörg (Hrsg.), Managementforschung 7, Berlin, New York, S. 1-44.

Thiemann, Peter (1994): Grundlagen der funktionalen Programmierung. Stuttgart.

Thorelli, Hans B. (1986): Networks; Between Markets and Hierarchies. In: Strategic Management Journal, Vol. 7, Nr. 1, S. 37-51.

Tietz, Bruno (1987): Franchising in ausgewählten Bereichen des Handels in der Gemeinschaft; eine wettbewerbspolitische Analyse. Amt für Veröffentlichungen der EG / Luxemburg 1987.

Tietz, Bruno (1991a): Handbuch Franchising; Zukunftsstrategien für die Marktbearbeitung. Landsberg/Lech, 2. Völlig überarbeitete Aufl.

Tietz, Bruno (1991b): Management und Kommunikation in Franchise-Systemen. Franchising-Märkte der Zukunft, S. 5-20, Winterthur-Versicherungen / Deutschland.

Tietz, Bruno (1993): Der Handelsbetrieb. Grundlagen der Unternehmenspolitik, 2. neubearb. Aufl., München, S. 4-9.

Tietz, Bruno (Hrsg.) (1995): Handwörterbuch des Marketing. Stuttgart.

Tomczak, Torsten (1992): Forschungsmethoden in der Marketingwissenschaft; Ein Plädoyer für den qualitativen Forschungsansatz. In: Marketing ZFP, Jg. 12, Nr. 2, S. 77-87.

Tomczak, Torsten; Belz, Christian; Schügel, Marcus; Birkhofer, Ben (1999): Alternative Vertriebswege; Neue Vertriebswege zum Kunden. Forschungsinstitut für Absatz und Handel, S. 184-193, St. Gallen.

Treubling, Walter (1990): Entscheidungen gut vorbereiten; DFG-Projekt zu Gestaltungsalternativen bei komplexen Strukturen. fir+aiw-Mitteilungen, Jg. 22, Nr. , S. 3-6.

Trommsdorff, Volker (Hrsg.) (1988): Handelsforschung, Heidelberg.

Trommsdorff, Volker; Fielitz, Helge; Hormuth, Steffen (1988): Integrierte Warenwirtschaftssysteme im Handel. In: Trommsdorff, Volker (Hrsg.) Handelsforschung, Heidelberg, S. 179-192.

Trott zu Solz, Christian (1991): Informationsmanagements im Rahmen eines ganzheitlichen Konzepts zur Unternehmensführung, Göttingen.

Türk, Klaus (Hrsg.) (2000): Hauptwerke der Organisationstheorie; Wiesbaden.

van Gemert, Lisette (1994): Diagnosis and solutions of communication problems; In: Bungarten, Theo (Hrsg.): Kommunikationsprobleme in und von Unternehmungen. Wege zu ihrer Erkenntnis und Lösung; Berlin.

van Krogh, Georg; Ichijo, Kazuo; Nonaka, Ikujiro (1998): Knowledge Enablers. In: von Krogh, Georg; Roos, Johan; Kleine, Dirk (Hrsg.), Knowing in Firms, S. 173-204, London.

Veltmann, Ludwig (Hrsg.): Synergien - Das Magazin für Kooperations- und Franchisemanager (früher: Der Verbund!).

Vogler, Petra (1996): Chancen und Risiken von Workflow-Management, In: Praxis des Workflow-Managements : Grundlagen, Vorgehen, Beispiele, Hrsg. v. Österle, H.; Vogler, P., Braunschweig, S. 343-362.

von Bühner, Heinz (Hrsg.) (1989): Führungsorganisation und Technologiemanagement, Berlin.

von Guretzky, Bernhard (2001): Schritte zur Einführung des Wissensmanagements. Wissen verteilen und nutzen. Wien

von Krogh, Gunnar (1998): Care in Knowledge Creation. In: California Management Review, 40 (3), S. 133-153.

von Werder, A. (1999): Effizienzbewertung organisatorischer Strukturen. In: Wirtschaftswissenschaftliches Studium, 28, 8, S. 412-417.

von Werder, A.; Gemünden, H.G. (1999): Kundennähe durch moderne Informationstechnologien. In: ZfbF-Sonderheft 25, S.167-190.

Wagner, Armin (1982): Franchising oder Filialen. In: Franchise Report (Deutschland), 3/4, S. 5 ff.

Wagner, Dieter (1991): Organisation, Führung und Personalmanagement. Neue Perspektiven durch Flexibilisierung und Individualisierung, 2., überarb. Aufl., Freiburg im Breisgau.

Wagner, Dieter; Nolte, Heike (Hrsg.) (1995): Managementbildung. München.

Walgenbach, Peter (1999): Giddens' Theorie der Strukturierung. In: Kieser, Alfred (Hrsg.), Organisationstheorien, 3. Auflage, Stuttgart, S. 355-375.

Walgenbach, Peter (2000): Das Konzept der Vertrauensorganisation; Eine theoriegeleitete Betrachtung. In: DBW, Jg. 60, Nr. 6, S. 707-720.

Wall, Frederike (2000): Kostenwirkung der Prozeßorientierung, In: Wirtschaftsinformatik, Heft 3, S. 210-221.

Walter, Jochen (2001): Anwendungsintegration durch Integrationsanwendungen, In: Diebold Management Report, Nr. 1, S. 6-10.

Wanzek, Jörg (2000): Internet und Interne Kommunikation. Elektronisch veröffentlicht, URL: http://wirz.ch/d/wissen/eintrag_detail.htm?nr=193, [Stand 20.7.03].

Weibler, Jürgen; Deeg, Jürgen (1998): Virtuelle Unternehmen; Eine kritische Analyse aus strategischer, struktureller und kultureller Perspektive. In: Zeitschrift für Planung, Jg. 9, Nr. 2, S. 107-124.

Weick, Karl E. (1969): The Social Psychology of Organizing. Reading, New York.

Weick, Karl E. (1995): Der Prozeß des Organisierens. Frankfurt Main.

Weik, Elke; Lang, Rainhart (Hrsg.) (2001): Moderne Organisationstheorien; Eine sozialwissenschaftliche Einführung. Wiesbaden.

Weil, Peter; Subramani, Mani; Broadbent, Marianne (2002): Building IT Infrastructure for Strategic Agility. In: MIT Sloan Management Review, Fall 2002, S. 57-65.

Weinert, Ansfried B. (1984): Menschenbilder als Grundlage von Führungstheorien; Analyse und Systematisierung von a priori Klassifikationen. In: ZfO, Jg. 52, Nr. 2, S. 117-123.

Weinert, Ansfried B. (1995): Menschenbilder und Führung. In: Kieser, Alfred (Hrsg.), Handwörterbuch der Führung, 2. Auflage, Stuttgart, Sp. 1495-1510.

Weitzel, Tim; Son, Sertac; König, Wolfgang (2002): Infrastrukturentscheidungen in vernetzten Unternehmen; Eine Wirtschaftlichkeitsanalyse am Beispiel von X.500 Directory Services. In: Wirtschaftsinformatik, Nr. 4, S. 371-381.

Well, Bennet van (2001): Standardisierung und Individualisierung von Dienstleistungen; Zur Organisation wissensintensiver Unternehmensnetzwerke. Dissertation, Wiesbaden.

Wettklo, Michael; Schultze, Marc-Andreas (2003): ERP-Strategien im collaborative Business, Eschborn.

White, John (1997): IC's role in competetiveness and innovation; In: Scholes, Eileen: Gower Handbook of internal communication; Aldershot.

Whitney, Theresa (2001): Collaboration Meets Process Integration, elektronisch veröffentlicht, URL: http://www.transformmag.com/db_area/archs/2001/ 09/tfm0109f1.shtml, [Stand 09.08.2003].

Whittington, Richard (1992): Putting Giddens into Action; Social Systems and Managerial Agency. In: Journal of Management Studies, Vol., Nr., S. 693-712.

Wiesenthal, Helmut (2000): Markt, Organisation und Gemeinschaft als „zweitbeste" Verfahren sozialer Koordination. In: Werle, R.; Schimank, U. (Hrsg.), Gesellschaftliche Komplexität und kollektive Handlungsfähigkeit, Frankfurt, S. 44-73.

Wigand, Rolf T. (1995): Information Technology und Payoff: The Productivity Paradox Revisited, New York.

Wilde, Klaus D.; Schweizer, Alfred (1995): Marketing-Informationssysteme. In: Tietz u. a. (Hrsg.), Handwörterbuch des Marketing, S. 1554 ff., Stuttgart.

Wildemann, Horst (1995): Informationsflußintegration. In: Zihali-Szabo, M.G. (Hrsg.), Kleines Lexikon der Informatik, München-Wien, S. 261-267.

Wildemann, Horst (1997): Koordination von Netzwerken. In: Zeitschrift für Betriebswirtschaft, Jg. 67, Nr. 4, S. 417-439.

Wilkesmann, Udo (1999): Lernen in Organisationen. Frankfurt Main, New York.

Willcocks, Leslie P.; Plant, Robert (2001): Pathways to E-Business leadership; Getting from bricks to clicks. In: Sloan Management Review, S. 50-59.

Williams, John (1997): Matching the internal and external imageMatching the internal and external image;. In: Scholes, Eileen: Gower Handbook of internal communication; Aldershot.

Williams, Paul (2002): The Competent Boundary Spanner. In: Public Administration, Vol. 80, Nr. 1, S. 103-124.

Williamson, Oliver E. (1973): Markets and Hierarchies, Some Elementary Considerations. In: American Economic Review, Vol. 63, Nr. 2, S. 316-325.

Williamson, Oliver E. (1975): Markets and Hierarchies; Analysis of Anti-Trust Implications. New York.

Williamson, Oliver E. (1985): The Economic Institutions of Capitalism; Firms, Markets, Relational Contracting. New York, London.

Willmott, Hugh (1981): The Structuring of Organizational Structure; A Note. In: Adminstrative Science Quarterly, Vol. 26, Nr. 3, S. 470-474.

Windeler, Arnold (2001): Unternehmensnetzwerke; Konstitution und Strukturation. Wiesbaden.

Winkeler, Thomas; Raupach, Ernst; Westphal, Lothar (2001): Enterprise Application Integration als Pflicht vor der Business-Kür, In: Information Management & Consulting, 16. Jg., Nr. 1, S. 7-16.

Wittmann, Waldemar (1959): Unternehmung und unvollkommene Information. Unternehmerische Voraussicht - Ungewißheit und Planung, Opladen.

Wittmann, Waldemar et. al. (Hrsg.) (1993): Handwörterbuch der Betriebswirtschaft, 5. Auflage, Berlin.

Wittmann, Waldemar (1979): Wissen in der Produktion. In: Kern, W. (Hrsg.): Handwörterbuch der Produktionswirtschaft, Stuttgart, Sp. 2261-2272.

Wolff, Bernd (1999): Per Organisationstheorie durch die Wirtschaftsinformatik, elektronisch veröffentlicht, URL: http://asi-www.informatik.uni-hamburg.de/personen/wolff/WI&WT-Essen1998.pdf; [Stand 14.5.2003].

Wrigley, Norbert; Lowe, Michael (2002): Reading Retail. A geographical perspective on retailing and consumption spaces, London.

Wurzel, Hans-Werner (2002): Die Zukunft liegt in unternehmensübergreifenden Netzwerken, In: t&m Technologie & Management, H. 3, S. 13-17.

Wüthrich, Hans A.; Philipp, Andreas (1998): Grenzenlose Chancen durch Virtualisierung!?. In: ZfO, Jg. 67, Nr. 4, S. 201-206.

Yates, Joanne.; Orlikowski, Wanda.; Okamura, K. (1999): Explicit and implicit structuring of genres; Electronic communication in Japanese R&D organization. In: Organization Science, Jg. 10, Nr. 1, S. 83-103.

Zander, Ernst (1982): Mitarbeiter informieren. Information als Führungsaufgabe, Taschenbuch für betriebliches Informationswesen, Heidelberg.

Zelewski, Stephan (1999): Strukturalistische Rekonstruktion einer theoretischen Begründung des Produktivitätsparadoxons der Informationstechnik. In: Wirtschaftsinformatik und Wissenschaftstheorie, Bestandsaufnahme und Perspektiven, Becker, Jörg, König, Wolfgang, Schütte, Reinhard, Wendt, Oliver, Zelewski, Stephan (Hrsg.), Wiesbaden 1999, S. 25-68.

Zentes, Joachim (Hrsg.) (1992): Strategische Partnerschaften im Handel. Stuttgart.

Zentes, Joachim (1999): Forschungsprojekt: Neue Dimensionen des Handelsmarketing. Stuttgart.

Zentes, Joachim; Swoboda, Bernhard (1998): Die Verbundgruppen auf dem Weg zum Informationsverbund. . In: Olesch, Günther (Hrsg.), Kooperation im Wandel. Frankfurt Main, S. 220-243.

Zentes, Joachim; Swoboda, Bernhard (2000): Perspektiven der Zentralregulierung. In: Studien für die Praxis, Band XIV, DFV, Frankfurt Main.

Zentralverband gewerblicher Verbundgruppen (ZVG); Internationale Betriebs-Beratung GmbH (IBB); Zentes, Joachim (Hrsg.) (2003): Zukunft der Kooperationen. Frankfurt Main.

Zentralverband gewerblicher Verbundgruppen e.V. (ZGV); IVE; Wieselhuber (Hrsg.) (2002): Benchmarking-Studie Verbundgruppen 2000; Kernergebnisse der Benchmarkingstudie bei den Mitgliedern des ZGV. IVE. o.O.

Zentral Verband gewerblicher Verbundgruppen (ZVG); Internationale Betriebs-Beratung GmbH (IBB); Zentes, Joachim (Hrsg.) (2003): Zukunft der Kooperationen. Frankfurt Main.

Zihali-Szabo, M.G. (Hrsg.) (1995): Kleines Lexikon der Informatik, München-Wien

Zimmer, Marco; Ortmann, Günther (2001): Strategisches Management; strukturationstheoretisch betrachtet. In: Ortmann, Günther; Sydow, Jörg (Hrsg.), Strategie und Strukturation, Strategisches Management von Unternehmen, Netzwerken und Konzernen, Wiesbaden, S. 27-55.

Zipkin, Paul (2001): The limits of mass customization. In: Sloan Management Review, 2001, S. 81-87.